쉽고 간결한 학교상담

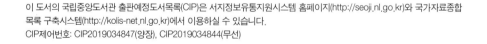

이 도서의 국립중앙도서관 출판예정도서목록(CIP)은 서지정보유통지원시스템 홈페이지(http://seoji.nl.go.kr)와 국가자료종합
목록 구축시스템(http://kolis-net.nl.go.kr)에서 이용하실 수 있습니다.
CIP제어번호: CIP2019034847(양장), CIP2019034844(무선)

Brief Counselling in Schools
Working with Young People from 11 to 18

데니스 라인스 지음
정희성·장정은·박강희·오승민·김영란·김시원·이화목회상담센터 옮김

쉽고 간결한 학교상담

한울
아카데미

Brief Counselling in Schools
Working with Young People from 11 to 18(Third Edition)
by Dennis Lines

Copyright ⓒ Dennis Lines 2011
Korean translation copyright ⓒ HanulMPlus Inc. 2019

All rights reserved. English language edition published by SAGE Publications of London, Thousand Oaks, New Delhi and Singapore, ⓒ Dennis Lines 2011.

이 책의 한국어판 저작권은 SAGE Publications Ltd.와의 독점계약으로 한울엠플러스(주)에 있습니다. 저작권법에 의해 보호를 받는 저작물이므로 무단전재 및 무단복제를 금합니다.

세 번째 판을 만들자는 제안을 처음 받았을 때는 가벼운 과제가 되리라고 짐작했다. 그저 최신 참고자료를 더하고 신경과학에서 새로이 발견된 것들을 집어넣어 조금만 편집하면 될 것이라고 생각했다. 그러나 각 장을 다시 읽은 후에는 현재의 상황에 맞추려면 책 전체를 다시 구성해야 한다는 것이 분명해졌다. 개정판은 학교 안에서 일어나는 폭력과 공격성에 대한 새로운 장을 추가해 약간 수정한 것이었으나, 이 세 번째 판은 사실상 새로운 책이 되어버렸다. 훨씬 더 포괄적인 입장을 포함시키는 이 과제를 나는 대단히 즐겼다.

이 책이 출판될 즈음에 영국은 상당 기간 발생하지 않았던 긴축재정의 시기로 들어가고 있을 것이다. 그 결과, 학교상담에 또 다른 도전거리를 줄 것이다. 사실 내 자신의 자리도 정부의 예산 삭감과 정리해고의 위협 아래 놓일 수 있다. 이러한 변화의 때에는 현장의 상담사가 응용력을 발휘할 필요가 있다.

상담과 심리치료는 최근에 조사연구 승인을 위해 더 큰 발판을 얻으려고 노력해왔으며, 그 전문단체들은 변화하는 요구와 요건들에 적응할 수밖에 없었다. 조사연구에서 나온 정보를 가지고 직관적으로 상담하는 현장과 상담사 자격을 공인받는 요건 사이의 긴장이 이 직업군 내부에 있어왔다. 거의 십 년간 이 직업군을 법제화하려는 움직임이 성큼 다가왔다. 비록 법규화의 보폭은 내각이 달라지면서 속도가 줄어들긴 했지만 말이다. 중등 수준에서는 국립학교academy•가 교육을 하기에 더 대중적인 수단이 되기 쉽다. 국립학교는 지자체의 통제를 벗어나서 사립과 공립의 동반 관계에 놓일 수 있기 때문이다. 이 모든 변화로 현장의 상담사들에게 주는 의미들이 생

• [옮긴이] 영국 교육부에서 직접 지원을 받으며 지자체의 관할 바깥에 있다. 개인이나 기업의 후원을 받을 수도 있다. 보통은 중등교육기관이지만 유치원과 초등학교까지 있는 경우도 있으며 국가의 교육과정의 과목들이 아니라도 가르칠 수 있다. 여러 형태의 국립학교가 있다.

겨날 것이다. 학교에서의 상담이 살아남으려면 이런 변화에 유연하게 적응을 잘해야 할 필요가 있을 것이다. 이 세 번째 판은 상담사와 치유전문직 훈련생이 급격하게 변화하고 있는 치유전문가 시장에서 틈새를 찾는 데 더 잘 준비되도록 지지하는 데 노력했다. 적응에 관해 이 책에서 특히 강조하는 것은 단기상담의 장점을 권장하기 위해서다.

그 어느 때보다도 사회 변화를 더 밀어붙이는 요소가 하나 있는데, 그것은 늘 변하지 않는 확실한 사실이기도 하다. 십 대*가 자기 내면의 감정과 사교 관계에서 독립적이고도 성취감을 느끼며 살아내야 하는 도전에 맞서느라 오늘도 여전히 고군분투한다는 바로 그 사실이다. 대부분의 교육환경을 성인기를 준비하는 장으로 만드는 일은 본질적인 과제이며, 상담은 그 과제의 중요한 부분을 담당하고 있다. 그 대상은 사회적 혜택에서 제외된 학생뿐 아니라 경우에 따라 어려움을 경험하고 있는 모든 학생들이다.

아주 달라진 이 세 번째 판을 만들 기회를 준 세이지SAGE의 출판 팀에 감사드린다. 나의 감사는 또한 이전 판들을 비판적으로 평가해주고 검토해준 사람들, 그리고 이름 없이 이 과제에 동력이 되어준 사람들에게도 향한다. 늘 그렇듯이 나의 상담 경험을 풍성하게 만들어준 학생들에게도 고마움을 전한다. 특히 코너 티어니Connor Tierney와 엘리 깁스Ellie Gibbs 두 학생과 그들의 사진을 표지에 사용할 수 있게 허락해준 그들의 부모님에게도 감사를 드린다. 또한 샬럿 헤시Charlotte Hessy와 테레사 호치키스Teresa Hotchkiss에게도 감사를 표하는데, 샬럿은 인간의 두뇌를 그려주었고 테레사는 학내의 폭력적인 괴롭힘에 관한 장을 위해서 만화 인물들을 그려주었다.

데니스 라인스
2011년 4월

• [옮긴이] 십 대(teenager)란 만 열세 살부터 열아홉 살까지이다. 열 살, 열한 살, 열두 살은 pre-teen이다.

이 책의 개정판을 쓸 기회를 준 세이지 팀에 감사한 마음을 전한다. 최신 자료를 보충한 것 외에도 이번 개정판은 아동보호에 관한 영국의 현행법과 학교 상담실에 적용되는 새로운 법들을 반영했다. 또한 '영국 상담과 심리치료 협회British Association for Counselling and Psychotherapy: BACP'에서 나온 『상담과 심리치료를 위한 윤리강령Ethical Framework for Good Practice in Counselling and Psychotherapy』도 반영했다. 청소년기의 발달을 사회적 구성주의의 사고로 보면 그 시각이 더 넓어지는데, 그것을 개정판에 집어넣어 이 책이 더 보편적이도록 했다. 따라서 본문의 구성도 달라졌는데, 사례는 그 앞에 전구 모양 표식을 두어 구별하였고, 각 장의 끝에는 핵심 포인트를 두어 신속히 참고할 수 있게 했다. 이렇게 책을 구성해준 네이선 마시Nathan Marsh에게 감사를 표한다.

이 책 초판에 대한 주요한 비판 중 하나는 너무 유럽 중심적이라는 것이었다. 그래서 나는 다중문화의 배경을 가진 독자들이 이 책을 더 이용하기 좋도록 바로잡으려고 노력했다. 그 밖에도 학교 안에서의 폭력과 공격성에 관한 부분이 다루어지지 않았던 단점이 있었다. 미국의 어떤 검토자가 그것을 지적해주었다. 우연의 일치로 그때 학교에서 싸움을 멈출 줄 모르는 한 청소년과 내가 함께하고 있었고, 그 경험 덕분에 이번 개정판에서는 아주 많은 자료를 새로운 장으로 추가했다. 마무리하는 장은 한 학술지의 서평에서 격려를 받은 덕분에 쓰였다. 그 서평은 단기상담의 강조점이 과제 중심의 상담과는 달리 심리학적인 강조점이 있다는 것을 반겼다. 나는 이 마지막 장을 구성하면서 특히 즐거움을 느꼈으며, 세이지가 나에게 치유적인 통찰들을 확장할 기회를 주어서 이 책이 더 온전한 치료를 위한 것이 될 수 있다는 점에서 대단히 기쁘다.

데니스 라인스
2006년 1월

마음을 함께 나누지 않는다면 개인의 생각은 헛되고 무미건조해진다. 조언을 해준 이론가와 현장 상담사들에게 나는 큰 빚을 졌다. 수많은 동료들이 내가 이 책을 쓰도록 격려해주었다. 먼저 내가 훈련을 받을 때 선생님이었던 재닛 벨라미Janet Bellamy와 빌 오코넬Bill O'Connell에게 감사드린다. 그들은 학문적 철저함을 고수하면서도 나의 상담기술이 성숙해갈 때 상상력을 가지고 참아주었기 때문이다. 특히 빌은 간결상담이 어디로 움직일지에 대해 그 방향을 가리켜주었다. 나는 또한 론 베스트Ron Best에게 감화되고 용기를 얻었음에 감사드린다. 내가 그를 개인적으로 만난 적은 없지만 서신은 자주 주고받았다. 또한 편집위원인 앨리슨 포이너Alison Poyner와 세이지 팀의 다른 사람들에게도 고마움을 전한다. 이 과제를 계속하도록 나를 격려해주고 학교를 기반으로 한 간결상담에서 내가 배운 모든 것을 쓸 수 있는 기회를 주었기 때문이다. 내 동료 교사들에게도 늘 고맙다. 나의 이상주의를 학교환경의 제한 속에서 실효성 있게 적용할 수 있도록 아주 많은 것을 가르쳐주었다. 마리 우즈Marie Woods와 웬디 올드필드-오스틴Wendy Oldfield-Austin은 초고에 여러 가지 제안을 해주어서 특히 고맙다. 또한 지금 교장과 전직 교장 두 분에게 감사를 드린다. 그들은 학교에서의 상담 제공을 버밍엄 교육청Local Education Authority: LEA과 발맞추어 지지해왔으며, 그렇게 함으로써 학생들이 자신과 남의 감정을 읽어내는 능력을 기르도록 지원해야 할 필요에 무게를 실어주었다. 또한 교정이라는 괴로운 일을 해준 디어드리 바버Deirdre Barber에게도 감사한다.

　마지막으로 그리고 더욱 중요하게는, 삶의 풍성한 경험을 가지고 나를 날마다 가르쳐준 인생 교사들인 학생내담자들에게 고마움을 표한다. 그들은 상담을 받으러 나에게 왔지만, 나는 말로 표현할 수 없이 많은 것을 그들로부터 배워왔다. 그리고 상담실에서 그들이 내놓는 모든 문제들이 나의 상담을 발달시키고 나의 기법을 다듬어주었다. 어떤 열다섯 살짜리 여학생은 그림을 시리즈로 그려서 아버지와의 폭풍 같은 관계를 자세히 표현해주었다. 간결 미술치료를 통해서 우리는 그 학생의 세상을 탐구했고 이것은 내가 청소년 내담자와 함께했던 일 중에서 가장 가슴이 저미는 사례 중 하나였다. 아쉽게도 그 학생은 내가 자기 이야기를 출판하거나 그의 그림을 이용하도록 허락하지는 않았다. 내가 아쉬웠다고 기억하는 이유는 그 자료가 이 책에 기여할 만한 것이었기 때문이다. 그러나 분명히 나는 그 학생의 바람을 존중했다. 내가 그때 얻었던 교훈들이 이후의 내담자들과 함께할 때 거의 의식하지 못한 새에 스며들어 버렸다는 것을 나중에 알고서 놀랐다. 상담을 더욱 잘할 잠재력을 가진 상담사에게는 모든 내담자가 무언가를 덧붙여주는 것 같다. 만일 내담자가 다른 수준에서 말하고 있고 느끼고 있는 바로 그것을 상담사가 직관하고 있을 수 있다면 말이다.

데니스 라인스

2001년 8월

차례

이 책을 쓰려고 생각하게 된 최초의 추동력은 더 효과적인 교내상담이라는 대의를 위한 캠페인을 하려는 것이었고, 둘째로는 대부분의 학교 상담사가 어떤 신념과 배경을 가졌든 간결하게 또는 한정된 시간 안에 상담하는 이유를 따져보게 하는 것이었다. 이 세 번째 판에서도 비슷한 목적을 전하고 있지만, 재정적인 제약과 정치적 변화라는 새로운 맥락의 교육환경 안에서 그렇게 할 것이다.

학교의 상담환경은 많이 변화되기 시작했는데, 그 이유는 대부분의 교육기관에서 상담이 교육의 부속물 역할을 주로 하기 때문이다. 교육성취도 수치를 올리려는 경쟁이 계속 늘어나면서 초등학교나 중등학교 학생을 위한 상담의 공급은 관행상 우선순위가 높은 교육적 지원들과 자원 확보를 놓고 경쟁해야만 한다. 그러나 교육성취도 수치를 높이는 것과 정서적·사회적 복지를 개선하는 것은 서로 배타적인 목표가 아니다. 그 둘은 상호의존적이다. 전자가 후자에 달려 있다는 주장을 강력히 지지하는 사례도 있다. 이 책은 그 주장을 지지한다.

학교상담과 학습

괴롭힘을 당할까 염려하는 학생, 부모의 별거를 눈앞에 둔 학생, 자기 몸의 이미지나 성적인 발달에 집착하는 학생, 또는 질병, 식구의 사별, 가장 친한 친구와의 어긋남에 관해 염려하는 학생, SNS에서 공개적으로 놀림받을 가능성이 있는 학생은 효과적으로 학습할 수 없고, 커리큘럼을 가장 잘 전달하는 자극물조차도 충분히 이용할 줄 모른다.

이 세 번째 판을 쓰면서 학습을 감정적·사회적으로 방해하는 것들을 줄이는 데 학교상담이 효과가 있다는 조사연구를 제시하는 것이 나는 기뻤다. 이전 판에서 망라했던 전형적인 사춘기의 문제들에다 이번 판에서 추가로 포함시킨 것은 자해하는 학생이나 인터넷을 통한 괴롭힘에 연관된 학생을 위한 개입이다. 이 두 가지 문제도 학습 과정을 방해하는 것이다.

학교상담과 조사연구

이 책은 또한 신경과학 연구들로부터 밝혀지는 증거들이 점점 많아지며 십 대의 두 뇌지도가 그려지고 있음을 인정하고 받아들이는 것에 일차적으로 초점을 맞춘다. 이 세 번째 판은 사춘기의 발달에 해당되는 현행 조사연구들을 수집 및 분석하고, 그와 나란히 신경계 요소로부터 생기는 사회적 반응과 감정적 반응을 분석한다. 이러한 반응들은 학교에서 상담을 포함한 돌봄을 담당하는 교직원 팀에서 관리되어야 한다.

상담사는 명목상 두 개의 그룹으로 양극화되는 경향이 있다. 한 그룹은 증거기 반 치유법과 비용효율성을 더 강조하고, 다른 그룹은 그런 증거는 발견될 수 없다고 추론하면서 인간주의적인 설득을 더 강조한다. 그러나 기금 기부자, 교장, 교육감에 게는 그 주장이 주로 학문적인 것으로 들릴 뿐이다. 기성 교육의 특정 집단에 관한 증거기반 치유가 제시되지 않는 한, 그들이 시간과 돈을 학교상담에 배정할 가능성 은 낮아진다. 학교상담의 효율성에 대한 증거기반 조사연구가 이제 등장하기 시작하 고 있으며 이 세 번째 판은 희망이 보이는 이런 흐름을 미리 조망한다.

간결요법의 효과에 관한 조사연구들이 시간제한적인 학교상담에서 빌려 쓰는 접근법들과 함께 제시될 것이다. 이 책이 주장하는 바는 학교상담 대부분이 실제로 도 간결하게 하려는 경향이 있다는 것이다. 교육현장의 상담사는 많은 경우 취사선 택을 하는 절충적 상담을 하거나 자기의 상담이 통합적이라고 묘사한다. 학교기반 상담 조사연구에 대한 관심이 다시 생겨나면서 최근에는 다원적인 상담을 많이 주목 하고 있다. 어떤 사례들에서 제시되는 간결상담 모델은 통합적이고, 어떤 사례에서 는 그 치유법이 다원적인 관점에서 유래한다.

학교상담과 성찰

이 책의 이전 판들에 대한 타당한 비판 하나는 교육환경에서 일하는 청소년 치료자 가 정기적으로 부닥치는 도덕적·윤리적 갈등을 다루지 않았다는 것이었다. 이 세 번 째 판에서는 이 불균형을 고치려고 시도했고, 청소년의 다양한 딜레마를 함께 이야 기할 때 그 치유적인 만남의 막다른 곳에서 일어나는 일들을 더 세밀하게 성찰했다.

이렇게 성찰하여 제시하는 것이, 안전조치 기준과 아동보호법이 있는 문화 안에서의 십 대 상담이 쉽지 않은 일임을 말하기 위한 정당한 첨언임을 나는 알게 되었다. 성찰해보는 질문들이 또한 상담을 공부하는 학생에게는 상담이라는 가장 신나는 형태의 지원을 훈련받으면서 자신의 견해와 가치관을 검토해보는 수단이 되기도 한다.

이 책이 의도하는 독자층

이 책은 일차적으로는 '중등교육기관secondary school or college'●에 자리 잡기 원하는 상담사를 위한 것이다. 또한 교육당국자들, 교장, 교육감에게도 흥미가 있을 책이다. 그들이 학교에서 상담 서비스를 시작하거나 이미 하고 있는 서비스 유지를 고려하고 있다면 말이다. 특히 1, 3, 4장에 망라된 주제에 관심이 있을 것이다. 임상심리학자나 교육심리학자, 교사상담사, 멘토, 경력이 있는 상담사, 관계중심 상담사, 학생 복지 담당 교직원, 사회복지사, 교육기관의 사회복지사 등 다양한 범주의 실행자들이 청소년에게 치유적으로 단기간 지원하는 방식을 고려한다면, 청소년의 다양한 어려움을 다루는 이론적이고도 실천적인 자료인 이 책이 매우 도움이 된다는 것을 알게 될 수도 있다.

상담훈련과 상담기술의 모듈 방식을 강의하는 강사들도 이 책에 들어 있는 참고자료, 각 장에 들어 있는 내용을 각 장 표지에 요약해놓은 것, 그리고 성찰 과제가 수업 도구로 활용될 수 있음을 알 게 될 것이다. 그리고 학생들에게 청소년을 위한 증거기반 간결상담에 대한 통찰을 제공하는 데도 도움이 될 것이다.

반차별적 상담, 사례 삽화, 안전조치

이 책 전반에 걸쳐 상담, 심리치료, 치유라는 용어는 글 쓰는 다양한 양식에 따라서 맥락상 바꿔 사용했을 뿐, 용어 및 용법상의 어떤 위계를 암시하는 내재적인 함의는 전혀 없다. 상담을 받는 내담자가 7~9학년(11~14세)이면 '중학생pupil'이라고 하고, 10~13학년(15~18세)에 속하면 '고등학생student'이라고 부를 것이다. 경우에 따라서는

● [옮긴이] 영국에서는 고등학교 이름 뒤에 high school보다는 college를 붙이는 경우가 많다. 대학교는 3차 교육기관이기에 한국처럼 단과대학교를 지칭하는 말이 여기서는 아니다.

그들을 집단적으로 '청소년' 또는 '사춘기'라고도 하는데, 다시 말하지만 이는 문제의 다양성 때문이다. 내담자의 이름은 익명이거나 신분 보호를 위해 만들어낸 인물이다. 내가 염두에 둔 내담자 대부분은 '고지된' 동의를 스스로 할 수 없는 연령이기 때문이다. 그럼에도 불구하고 사례들은 내가 실행했던 상담들을 반영해준다.

인종, 젠더, 사회 계층, 성 지향성이라는 의미에서 반反차별적 상담 실행을 하려는 모든 시도를 목표로 하며, 본의 아니게 간과한 편견적인 어떤 용어나 실행이 있다면 나는 미리 사과를 구한다. 나는 최근에 국립학교가 된 영국의 한 학교에서 전업으로 상담하는 상담사이지만, 이 책을 읽는 전 세계의 독자들을 자각하고 있으며 따라서 적합한 조사연구 데이터를 골랐다. 권할 만한 실행 사항들 중에는 특히 스스로 내담자를 찾는 것 및 다른 교직원과 협력하는 일에 관한 것이 시간제 근무 상담사에게는 너무 의욕적인 것이어서 고려할 만하지 못할 수도 있다. 그럼에도 그런 것들이 이상적인 것으로 제시되기는 할 것이다.

안전조치와 아동보호법은 주로 영국에서 상담을 실행하는 상담사들을 위해 썼다. 이러한 요건들은 독자가 각기 나라의 법에 맞추어 해석할 필요가 있다. 왜냐하면 대부분의 서구 민주국가들은 아동과 취약한 성인의 복지에 안전조치를 하도록 비슷한 절차를 가지고 있기 때문이다.

각 장의 내용

이 책은 두 부분으로 구성되었다. 1~5장은 간결요법을 사용할 때 특정한 환경에 있는 내담자 그룹에 관련된 이론적·심리적·법적 문제들에 대한 조사연구를 망라한다. 6~13장은 원칙과 통찰을 실천으로 옮기는 것, 즉 학교에서 십 대가 겪는 총체적인 범위의 어려움을 어떻게 다룰지 보여준다.

1장에서 다루는 것은 증거기반 상담의 실행과 단기요법의 효율성에 관한 조사연구로서, 학교에서 적용될 때는 어떠한지 보여준다. 그다음 장은 특정한 접근법들이 단기적으로 어떻게 적용될지, 또는 시간제한이 있는 실행에 적용될 수 있는 접근법들은 어떤 것인지를 볼 것이다. 상담 구조화에 대한 조언과 안내는 3장에서 다루어진다. 4장은 교육환경에 있는 내담자의 지위를 둘러싼 윤리적·법적 이슈들을 고려한다. 그다음 5장은 '사춘기'를 다문화적 관점에서 정의하려는 시도이다.

간결요법 사례는 6장에서 시작되는데, 낮은 자존감을 우울증, 불안 그리고 학대에 대한 반응을 통해서 다룰 것이다. 7장에서 검토할 것은 자해와 자살 생각이며, 그다음 8장에서는 학내 괴롭힘에 대한 반응을 다루는 다양한 간결상담 접근법들이다. 분노, 공격성, 폭력은 9장에서 다루어지고, 상실과 사별은 10장을 차지할 것이다. 부모나 보호자가 결별할 때 청소년이 마주하게 되는 특별한 시련이 11장의 주제. 흡연, 마약과 알코올 남용은 12장에서 다루어질 것이고, 십 대의 성이라는 민감한 문제를 다루는 13장으로 이 책은 마무리된다.

핵심적 특징

이 책의 실천 부분은 특별히 학교 상담사가 상담을 하다가 교착 상태에 이르면 들춰보도록 디자인되었다. 이 세 번째 판은 시간의 압박을 받는 실행자가 학교상담에서 간결요법 스타일과 접근법의 본질을 파악할 수 있는 방식으로 저술되었다. 그리고 소개된 특정 기법들은 신속하게 내담자에게 접근하는 데 효과적임을 나뿐 아니라 다른 상담자들도 발견해왔다. 각 장에 담긴 다양한 주제와 접근법에는 적절한 제목을 붙여서 본문을 간명하게 제시했다.

조사연구 데이터를 더 광범위하게 탐구하고 싶은 사람은 체크 모양 표식 옆에 있는 자료를 참조하면 된다. 제시된 문제의 서사, 맥락, 뒤따르는 담론을 통한 치유 과정을 탐구하고 싶은 독자가 쉽게 찾도록 사례 삽화插話 앞에도 전구 모양 표식을 해두었다. 각 장의 마무리에는 그 장이 담고 있는 자료를 훑어보기 좋도록 요점을 정리했다. 각 장에서 제기되는 도덕적이고 윤리적인 이슈들은 논의와 개인적인 성찰을 위해 제시되었지만, 또한 청소년상담사 훈련 과정에서 쓰게 될 논문의 적절한 질문 역할도 할 것이다.

01 Brief Counselling

간결상담

이 장에서 다룰 내용

들어가는 말

상담에 관한 조사연구를 일반적으로 검토함으로써 제일 먼저 고려할 것은 치유의 효율성이다. 그다음에는 간결요법Brief Therapy이 어떤 것에 구체적으로 기여하는지를 볼 것이다. 마지막으로는 학교상담에 대한 조사연구를 검토할 것이다. 교장과 교육감은 학교에서 상담을 제공할 재정을 확보할 것인지를 결정할 때 어려운 과제를 만난 셈이다. 그들의 일차적 관심은 시험 결과에 의해 측정되는 학업 상승이다. 그래서 주된 관심사는 상담이 이 목적에 부합하느냐의 여부일 것이다. 학생이 스트레스를 받을 때보다 만족스러울 때 공부를 더 잘한다는 것이 인정되면, 그다음 질문은 학교상담이 학생의 불안과 염려를 줄여주는지 여부에 관한 것이 될 것이다.

상담은 비싼 공급물이다. 비록 학생들 스스로 작성하는 조사서를 보면 학교상담이 도움이 된다고 말하는 일관성이 있지만, 어떤 교육당국자는 주관적인 조사서보다는 더 객관적인 증거를 요구할 수도 있다. 학교상담이 학생의 염려 및 불안을 줄이는 데 효과적이라는 것을 보여주기 시작하는 객관적인 조사연구들이 있다.

증거기반 상담

스미스와 글라스와 밀러(Smith, Glass and Miller, 1980)가 수행했던 대규모 조사연구 프로젝트가 결론 내린 것은 모든 심리치료가 언어적이든 행위적이든, 심리역동적이든, 개인중심적이든 체계적이든, 내담자에게 혜택을 주었으며 효과적이었음을 일관되게 보여준다는 것이다. 믹 쿠퍼(Cooper, 2008)의 조사는 이전의 연구들이 맞다고 동의한다. 그럼에도 불구하고 상담사들은 때로 조사연구의 함의들을 염두에 두기를 꺼린다.

 미국의 한 연구가 보여주는 바로는 도움이 되는 심리치료 방법의 등급을 매길 때 심리치료자의 4%만이 조사연구 문헌에 가장 높은 등급을 준 반면, 48%는 '지속적으로 내담자와 함께한 경험'에, 10%는 '이론적 문헌'에, 8%는 '자신이 내담자가 되어본 경험'에 가장 높은 등급을 매겼다

(Morrow-Bradley and Elliott, 1986).

상담에 관한 조사연구에 들어 있는 함정

교육당국자들과 기금 관리자들은 상담을 위한 재원을 마련해야 할지 고려할 때 이러한 거리낌을 경계할 수도 있지만, 상담사들이 조사연구를 묵살하는 것은 부분적으로 어느 정도 정당한 이유가 있을 수 있다. 건전한 조사연구에 의한 정보에 기반을 둔 상담과 학교상담이야말로 오늘날에는 보고의 책임이 있지만, 조사연구에 근거한 상담이란 생각만큼 해내기가 쉽지 않다. 체계상 곤란한 점들이 있기 때문이다. 예를 들자면, 조사연구는 그 성격상 특정한 것들보다는 일반적인 것들을 가지고 말하며 (Cooper and McLeod, 2011), 조사연구에 이미 주어진 접근법이나 기법을 위해 평균적인 산출을 고려한다. 그러나 이렇게 하여 나온 결과는 주어진 접근법이나 기법이 실제로 어떤 내담자를 결정적으로 향상시켰음을 의미하지 않는다(Cooper, 2008: 4). 덧붙여 말하자면 모든 조사연구는 본질적으로 조사연구자의 가정과 연구주제에 의해 영향을 받는다.

제약업계에서 알려진 사실은 어떤 제약회사가 위임한 조사연구든 간에 경쟁사의 상품보다 자기 회사의 상품이 더 좋은 결과를 낳는다는 것이다. 즉, '발견된' 것은 '찾고 있던' 바로 그것이다. 만일 인지행동치료cognitive behaviour therapy: CBT 조사연구자들이 어떤 주어진 문제, 가령 공황장애를 위해 치료 프로그램을 시험하고 있는 중인데, 인지행동치료가 객관적으로 효과가 있음을 발견했다면 이 장애를 가진 내담자의 평균 숫자를 위해 성공했다고 주장할 수도 있다. 그러나 그 치료법이 다른 치료법보다 더 낫다고 주장할 수는 없다, 만일 비교 테스트가 이루어지지 않았다면 말이다(Cooper and McLeod, 2011).

또 다른 한계는 조사연구자가 성과를 재기 위해 사용하는 도구가 특정한 도구에 집중된다는 것이다. 조사연구자들은 동일한 데이터를 분석하고도 다른 결론에 닿을 수 있다. 만일 치료자가 선택한 개입 방법으로 신체 증상을 감소시키려고 하면서 이것이 성공적임을 증명할지라도, 그 개입 방법은 좋은 인간관계나 스트레스의 경감 같은 다른 문제의 개선에는 최선이 아닐 수도 있다. 마지막으로 말할 것은, 어떠한 문화적 집단이 선호하는 접근법이 다른 집단에게는 효과적이지 않을 수도 있다는 점이다(Cooper, 2008: 3~4).

이런 한계에도 불구하고 메타분석은 대부분의 상담과 심리치료가 효과적(Cooper,

2008, 2010)임을 입증해주고, **모든 사실은 친절하다**˙는 칼 로저스Carl Rogers의 감상 (Rogers, 1961: 24)을 모든 상담사와 심리치료사가 신뢰해야 함을 입증한다. 쿠퍼가 말하는 것은 내담자의 느낌이 평가되든, 그보다 더 측정이 가능한 행위(예를 들어 핵심 상담 성과 도구Clinical Outcomes in Routine Evaluation-Outcome Measure: CORE-OM˙˙에 따른 점수로)가 평가되든, "이런 연구로 발견된 바는 상담과 심리치료에 참여함이 긍정적인 변화와 연관된다는 것이다……"(Cooper, 2008: 16).

 부지 중에 선택된 '통제집단'(즉, 치유적 개입을 받지 않고 있는 사람들)과 비교하는 '무작위 대조군 비교검사randomised controlled trials: RCTs'˙˙˙에서도 보여주는 사실은 치료를 받고 있는 자들이 시간이 흐르면 통제집단보다 더 많이 향상되는 경향이 있다는 것이다(Lambert and Ogles, 2004). 그리고 플라세보 효과로 알려진 기대치 요소를 배제하려고 노력하는 임상 시도에서도, 플라세보 효과가 차이를 만들어낼지라도 그 변화는 치유적 개입만큼 크지 않다는 것을 알게 되는데, 그것은 상담사를 충분히 즐겁게 해준다.

메타분석이 또한 보여주는 바는 치유적 향상이 내담자가 치료받지 않고 생활할 때에도 상당 기간 유지된다는 것이다. 더 말하자면, 상담과 심리치료는 약물치료와 비교될 때가 많다. 약물치료만 하는 것보다는 심리치료를 병행하는 것이 치유 후에 더 지속적인 효과를 지닌다는 인식을 입증한 증거가 있다(Gould et al., 1995). 그러나 그 증거는 '치유 후 즉각'이라고 정해놓은 상황을 위해 약물과 대화치유를 결합한 치료였다는 점에서 그 확실성이 덜하다(Cooper, 2008: 33~34).

탁월한 접근법들 또는 다원주의

이렇게 발견된 사실들로부터 '모두가 승자다'라고 추론하는 상담사가 많다. 이러한

- • [옮긴이] 이 말은 칼 로저스가 말한 "The facts are always friendly, every bit of evidence one can acquire, in any area, leads one that much closer to what is true"라는, 사실을 알아야 진실에 더 가까워질 수 있다는 의미를 지닌 문장의 앞부분이다. 조사연구의 불가피한 의도성에도 불구하고 조사연구로 밝혀진 평균적인 사실들이 가치가 없는 것은 아니라는 말을 하기 위해 인용했다고 볼 수 있다
- •• [옮긴이] 한국상담학회 학회지 ≪상담학연구≫ 17권 3호(2016), 105~127쪽에 실린 김선경·왕은자의 논문 「한국판 핵심 상담 성과 도구(The Korean Inventory of Clinical Outcomes in Routine Evaluation-Outcome Measure: K-CORE-OM)의 타당화」에서 이 측정 시스템을 '핵심 상담 성과 도구'라고 번역한 용어를 그대로 사용했다. 그 용어를 그대로 풀어서 번역하면 '정규적인 평가·성과 측정에서의 임상 성과'이지만 그 시스템 이름의 공식 약어인 CORE-OM은 핵심 성과 측정이라는 뜻을 담았기 때문이다.
- ••• [옮긴이] 의학에서 새로운 치료 방법을 시험할 때 편파적인 판단을 줄일 목적으로 하는 과학적인 실험을 일컫는 용어이다.

말은 『이상한 나라의 앨리스』라는 동화에 등장하는 도도dodo새가 경주에 참여한 모두가 이겼기 때문에 모두가 상을 받아야 한다고 선언하는 내용으로부터 만들어진 용어인 '도도 효과'를 따르는 말이다. 그러나 어떤 심리치료사들은 이 말에 반대하며 특정한 접근법이 다른 것보다 탁월하다고 주장하기에 이 두 입장은 심리학의 조사연구를 양분한다.

 통합 조사연구들에 따르면 인지행동치료가 심리적 곤경의 넓은 범위를 망라해 가장 효과적임이 입증되었다. 특히 불안장애와 우울증, 폭식장애와 성적인 역기능에 대해 그렇다. 어떤 조사연구자들은 '효과 있다고 알려진 것'에 자원을 투입해야 한다고 주장한다. 그와는 반대로 '무작위 대조군 비교검사'의 증거가 있다면, 즉 심리역동치료, 경험치료, 가족치료, 대인관계치료처럼 인지행동치료가 아닌 치유법이 어떤 문제에 대해서는 제한적일지라도 효과적이었다고 보여주는 증거가 있다면, 그 치유법들은 지원을 받을 수 있다. 만일 그러한 치유법 실행자의 '지속적 경험'이 '내담자 피드백'에 의해 지지된다면 말이다. 즉, 내담자들이 혜택을 받았다고 주장한다면 말이다(Cooper, 2008).

증거기반 치유법이 축적되면서 '전국건강복지기구National Institute of Health and Clinical Excellence: NICE'[•]는 인지행동치료의 우월함을 지지해왔고, 샤피로의 조사연구(Shapiro and Shapiro, 1982)에 힘입어서 이 접근법에 우호적일 때만 재원을 지원하라고 권고했다. 이에 다른 이론가들의 반대가 뒤따랐는데, 즉 인지행동치료는 그 자체로 객관적인 측정을 할 준비가 되어 있으며, 임상 시도를 위해 풍족한 기금을 받고 있기에 가장 효과가 좋은 것으로 나타날 수밖에 없다는 것이다. 더구나 주어진 문제를 위한 대안적인 어떤 치유법을 지지하는 **증거**가 없다고 해서 그 대안적인 치유법이 실제로 효과가 없다는 것을 의미하지는 않기 때문이라는 것이다(Cooper, 2008: 36~59)

그 결과, 주어진 어떤 접근법도 그것의 효율성을 지지할 증거가 남아 있지 않다는 것을 근거로 배제되어서는 안 되지만, 반대로 어떤 특정한 접근법이나 기법이 평균적으로 볼 때 어떤 특정한 문제에 효과적임을 표명할 수 있는 건전한 조사연구 또한 무시되어서는 안 된다. 어쩌면 상담사가 일반적인 근거를 인정하면서 자신의 상담 '브랜드 홍보'에 관심을 덜 가져야 할 균형점이 있을 것이다. '브랜드 홍보'에 대한

[•] [옮긴이] 영국의 복지부 소관 공공단체로서 건강과 사회적 돌봄에 관한 안내와 조언을 전국적으로 제공한다.

반대의 목소리는 다원적 상담 주창자에게서도 나왔는데, 그것은 "인간의 작용은 다면적이고 다중결정적이고 다층적이다"(Cooper and McLeod, 2011: 153)라는 것을 보여주는 심리학의 조사연구에 의거한 반대이다.

모든 상담의 공통 요소

편향과 편견이 있을 수밖에 없음을 전제로 한다면(Cooper, 2010), 어떤 한 이론의 순수주의자들이라 할지라도 특정한 심리치료에 속한 접근법이나 기법에 과도하게 의존하지 말고, 또 대부분의 상담 접근법 밑바탕에 공통 요소가 있다는 사실을 묵살하지 말아야 한다. 가령 내담자의 변수들과 가외의 치유적 사건들, 기대치와 플라세보 효과, 그리고 아주 중요한 치유적 관계가 그런 공통 요소이다.

'가외의 치유적 사건들'에 관해서는 램버트가 찾아낸 것들을 보라(Asay and Lambert, 1999; Lambert, 1992; 〈그림 1-1〉 참조). 몇 저자들과 상담사들이 이를 인용하는데(Cooper, 2008; Davis and Osbourn, 2000), 그의 발견이 부각하는 것은 성공적인 성과를 내도록 하는 상담 외적인 요소의 중요성이다. 청소년을 위한 개인적 자원과 환경적 자원에 포함되는 것은 우정, 가족의 지지, 다행한 사건 같은 외적인 요소 등이다. 이러한 것들이 향상을 위해 가장 큰 영향력을 나타냈고(40%), 그다음으로는 심리치유의 요소, 가령 치유자-내담자 관계(30%),• 긍정적 변화 기대(15%), 채택된 특정한 기법(15%) 순으로 영향을 미쳤다.

 이 책은 통합접근법을 선호하는 입장을 취한다. 즉, 청소년의 스트레스와 사회적 문제들에 관해서는 인지행동치료에 기대고, 개인적 트라우마와 상실을 중심으로 한 문제들에는 비지시적·인간관계적 접근법에 기대는 것이 마땅하다고 생각한다.

• 어떤 메타분석은 7~17%라는 더 온건한 수치를 보여준다(Beutler et al., 2004). 또 어떤 조사연구가 제시하는 바는, 관계의 질이 성과와 관련될 수도 있지만 반드시 그것이 향상의 **원인**이라는 의미는 아니라는 것이다(Cooper, 2010).

그림 1-1 향상에 영향을 주는 요소(%)

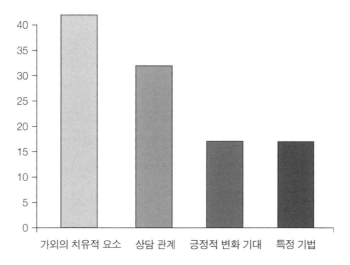

※ [옮긴이] 원본에서 수정된 형태이다.
출처: Asay and Lambert(1999), Lambert(1992).

간결요법: 조사연구가 보여주는 것

상담사가 스스로를 어떻게 보든지 간에 투명하도록 분명한 사실은, 상담이라는 직업에 대한 요구가 변화하면서 또 효과를 볼 수 있는 간결한 방법에 대한 무시할 수 없는 강한 수요가 생기면서, 철저한 변화가 일어나고 있다는 것이다. 단기간의 상담이 공공서비스 기관에서 개발되어온 이유는 비용효율에 대한 압박과 대기명단을 감소시켜야 하는 압박 때문이다(Butler and Low, 1994).

간결요법 성과에 관한 조사연구를 다룬 포괄적인 검토는 상담사와 교사를 위한 문헌에서 찾아볼 수 있다(Davis and Osborn, 2000; Feltham, 1997; O'Connell, 2005). 더불어 특정한 범위의 문제를 위한 간결개입 선호를 꾸준히 지적해주는 조사연구도 있다(Curwen et al., 2000).

지난 십 년 동안 간결요법의 일반적인 효험에 관한 조사연구가 무성했고(Lambert and Bergin, 1994), 특히 직업 관련 스트레스, 불안장애, 온건한 우울증, 애도반응과 같은 덜 심각한 어려움을 위해서, 그리고 PTSD, 지진 경험, 강간과 같은 사건으로 인한 스트레스 상황을 위해서 효험이 있는지 많은 조사연구가 있었다. 빈약한 인간관계를 가진 내담자가 단기치유법을 통해서 향상되었음을 지지하는 조사연구도 있다(Koss and Shiang, 1994).

단일회기 치료

'한 회기'의 중요성에 대한 모세 탈몬Moshe Talmon의 연구(Talmon, 1990)는 여전히 영향력을 크게 미치고 있다. 그는 5년에 걸쳐 한 정신과 병원의 외래환자 1만 명을 연구했는데, 어떤 심리치료에서든 가장 공통적인 진료 예약 횟수는 한 번이라는 것을 발견했다. 그는 이것이 한 해 동안 30%의 환자에게 해당되는 사실임을 발견했다. 그리고 상담을 그만둔 환자 대다수는 자신이 충분히 도움을 받았고 더 이상 지지받을 필요가 없다고 느끼기 때문이었음을 발견했다.

탈몬의 환자 중 200명의 내담자가 추후 연구 대상이었는데, 그중 78%가 한 회기 후에 자신이 원하는 것을 얻었다고 말했다. 그리고 단일회기로 계획된 치료 프로그램을 받은 사람들 중 88%가 자신이 향상되었으며 더 이상의 작업이 필요 없다고 느꼈고, 79%는 한 회기가 충분하다고 말했다(O'Connell, 2005).

단기간 행하는 상담에 대한 다른 어떤 연구는 긍정적인 성과의 지표를 보여준다. 그 연구의 메타분석에 의하면 첫 회기 전에 15%의 향상이 시작되었고, 8회기 후에는 50%, 26회기경에는 75%, 52회기경에는 83%의 향상이 있었다고 한다(Howard et al., 1986). 그러므로 초기에 큰 폭으로 향상한 후, 그다음에는 상담 횟수가 증가하면서 그 향상 비율이 떨어진다.

가장 엄격히 통제되는 연구의 메타분석이 지적하는 바는 단기간의 심리역동 심리치료가 너른 범위의 일반적인 정신장애에 일정 기간 적당한 효과를 보인다는 것이다(Abbass et al., 2006: 10). 특히 우울증 내담자에게 효과가 있는 것으로 나타나는데(Leichsenring, 2001), 인지행동치료와 비교해볼 때 그렇다. 거식증 내담자는 단기간의 심리역동치료로 혜택을 얻는 것으로 보이며(Fornagy, 2005: The Sainsbury Centre for Mental Health, 2006), 인지분석요법으로도 혜택을 받는 것으로 보인다(Treasure et al., 1995). 그러나 단기간의 심리역동치료가 불안증으로 괴로운 내담자에는 도움이 된다는 증거가 없다(Cooper, 2008: 164).

그러므로 단일회기와 단기 심리치료는 실패가 아니라 성공으로 보아야 한다. 어떤 연구는 단기상담이 정말로 작용하지 않는다는 것을 보여주는 강력한 증거가 나타나기 전에는 간결요법이 모든 사람에게 적절할 것이라고 추정하도록 상담사들을 압박한다(Wolberg, 1968). 내담자가 상담의 제한된 시간을 자각하고 있을 때 더 깊은 느낌들에 대한 노출을 더 잘 다룰 수도 있다(Thorne, 1999). 내담자가 상담의 시간제한과 무엇을 노출시키고 무엇을 노출시키지 않을지 결정할 자신의 권리를 알게 되면 강도 높게 여러 번 하는 회기들도 대처할 줄 알게 될 수 있다. 그렇다면 **간결**요법이란 무엇을 의미하는가?

간결요법의 정의[*]

간결요법은 하나의 특정한 접근법이 아니다. 뚜렷한 이론과 실행을 지닌 모델도 아니다. 그것은 시간의 압박을 받는 상담이 여러 모델의 강점들을 활용하고, 문제를 맥락 안에서 보고, 장래에 집중하는 것을 묘사하는 말이다(McLeod, 2003: 435~437). 모체가 되는 모델의 축약해 실행함을 일컫는다(Feltham, 1997; Talmon, 1990; Thorne, 1994). 프로이트는 말러Gustav Maler[**]를 '치유할' 때 간결요법을 실행했다. 숲을 거닐면서 단 한 번의 회기를 가졌기 때문이다. 프로이트는 자신의 정신분석에 자부심을 가졌으나 그 치유 과정이 아주 길다는 것에는 실망했었다.

시간이 제한된 치유법

간결요법은 시간이 제한된 심리치료와 어느 정도 비슷하다. 간결상담이란 40~50번의 회기까지를 의미할 수 있지만, 시간이 제한된 상담이란 보통 기껏해야 20번 이상은 하지 않으며, 단 한 번의 상담도 이에 포함된다. 간결상담이란 계획하에 이루어질 수도 있고, 그냥 그렇게 될 수밖에 없을 때도 있다. 바람직한 성과가 계획대로 만족되어서보다는 외적인 압박 요소에 의해서 결정될 때(Feltham, 1997: 1) 그렇다.

---

[*]　[옮긴이] 일반적으로 brief counselling이 단기상담으로 번역되어왔지만, 이 책에서는 상담 기간만을 단기로 한다는 의미보다는 다양한 상담법들을 필요에 따라 간결하게 실행한다는 의미가 강하기 때문에 간결상담으로 번역하고, brief therapy는 간결요법으로 번역한다.

[**]　[옮긴이] 독일의 현대음악 작곡가이다.

많은 상담사에게 25회기 이하의 어떤 상담이든 간결한 치료로 간주된다. 콜린 펠텀Colin Feltham은 많은 상담기관에서 일해왔는데, 시간제한이 없는 곳도 있었다. 어떤 기관에서는 초기상담 계약을 6회기까지 제공했는데, 실제로 이용된 평균 회기는 3.5~3.75회였다. 펠텀은 또한 많은 내담자가 첫 회기 후에 그만둔다는 사실을 발견했다. 그 이유는 (보통 많이 추정되듯이) 내담자가 만족하지 않았거나 방어적이 되어서라기보다는 "그들이 더 길게 상담받을 것을 예상하지 않았고, 그렇게 해야 할 필요를 느끼지도 않았기" 때문이었다(Feltham, 1997: 22). 그는 우리가 내담자의 이러한 선호를 고려해야 한다고 말한다.

간결요법을 지향하는 움직임을 전하면서 브라이언 손Brian Thorne이 인정한 것은 자신 안에도 내적인 갈등이 있다는 사실이었다. 즉, 변화를 위한 과정으로 시간이 반드시 필요한 상담 관계를 수립하는 인간중심[상담]의 장점과, 대학생들에게 이른 아침 집중적인 3회기 상담을 제공하면서 그가 수행했던 실험의 성공에 대해 느낀 것 사이에서 갈등했다는 것이다(Thorne, 1999). 그 단기간의 상담으로도 내담자와 결속됐고 내담자들이 진정으로 상담에 참여했다는 것이다.

결과적으로 교육환경에서는 시간과 자원의 우선순위와 압박이 있음을 전제한다면, 학교 안에서의 모든 상담은 간결하게 이루어지기가 쉽다.

상담은 비용효율이 높은가?

어느 시점에 이르면 **상담이 비용효율이 높은지** 질문을 받게 되어 있다. 정신건강과 상담에 관해 영국에서 나온 가장 영향력 있는 보고서는 「라야드 보고서Layard Report」(2004)이다. 그 보고서에 의하면 정신질환은 영국 국내총생산GDP의 약 2%, 또는 일년에 250억 파운드가량의 비용을 들게 만든다. 우울증, 불안, 스트레스로 인한 휴직으로 인해서, 빈약한 건강으로 고용 기회가 축소되어서, 정신질환자를 돌보느라, 그리고 일반의의 진료 시간, 투약, 사회복지 지원에 따른 비용이 여기에 포함된다(Cooper, 2008: 34). 「라야드 보고서」의 계산에 따르면, 만일 우울증 환자가 16회기의 인지행동치료를 제공받는다면 행복감과 사회적 안녕의 증가는 물론이고, 개인당

2000파운드 정도를 절약할 수 있다.

　미국의 경우도 동일하다. 입원비용, 휴직 기간, 그밖에 더 많은 가시적 요소들을 비교할 때 심리치료가 비치료적 처치보다 개인당 일 년에 1만 달러를 절약할 수 있다는 것이 상담과 심리치료 조사연구가 수립한 사실이다(Cooper, 2008: 32~33).

학교상담 조사연구

청소년에게 효과적인 치료법에 대한 대규모 검토가 영국 상담과 심리치료 협회British Association for Counselling and Psychotherapy: BACP에서 위임한 조사연구(Harris and Pattison, 2004)에서 이루어졌고, 쿠퍼의 프로젝트(Cooper, 2009)는 학교상담의 효과를 지지하는 증거가 늘어나는 데 기여했다(Cooper and McLeod, 2011: 125). 조사연구의 어떤 증거는 더 어린 아이들에게 적용되지만, 다음에 나오는 우리 내담자 그룹인 청소년을 위해서도 이 자료에 의존할 이유가 있다.

　BACP가 위임한 체계적인 관찰조사에서 질문되었던 것은 **상담이 아동과 청소년에게 효과적인가**였다. 그렇게 조사 및 검토된 것은 태도와 행동 문제, 정서적 문제, 의료적 질환, 학교 관련 문제, 자해와 성적 학대였다. 쿠퍼의 검사가 수립한 자료에 따르면, 검사 참여자의 88%가 상담에 대해 '만족' 또는 '대만족'이라고 적었으며, 74%는 상담이 자신에게 '많이' 또는 '아주 많이' 도움이 되었다고 말했고, 91%는 '확실히' 또는 '가능하면' 상담을 다시 이용할 것이라고 말했다(Cooper, 2006; Cooper and McLeod, 2011: 125).

그 이전에도 1988년과 1995년 사이에 학교 상담의 성과를 검토하는 조사연구들이 있었다. 그것은 진로상담, 집단상담, 사교기술 훈련, 또래상담을 위한 실험적인 지원이 있었음을 보여준다(Whiston and Sexton, 1998). 그 연구는 비록 예방적인 개입보다는 교정교육 활동에 더 많이 초점을 맞추었지만, 또래상담이 특히 비용효율성이 높음을 입증했다(Geldard, 2009). 또래 중재 프로그램에서 가르친 기술들은 가정에서의 갈등 해소에 도움이 되었고, 특히 가족 붕괴에 직면한 학생들에게 도움이 되었다(Whiston and Sexton, 1998: 424).

그렇게 검토된 연구 중 네 개가 지적해주는 바는 학생들이 사교기술 훈련 프로그램의 덕을 보았다는 것이다. 학생의 자존감이나 자아개념이 상담개입을 통해 향상되었다고 주장되었지만, 자존감 같은 분명하지 않은 개념이 어떻게 측정될 수 있었는지는 명확하지 않다. 그리고 연구마다 다른 척도를 이용했다는 사실은 어떤 명백한 결론을 이끌어낼 수 없었음을 의미한다.

교육당국자들과 기금 관리자의 일차적인 관심이 학교상담과 학업성취의 관련성에 있지만, 그 관련성을 측정하는 조사연구 프로그램을 디자인하는 일은 복잡하다. 상담개입 말고도 학생의 학교생활을 둘러싼 기타 사교적인 요소와 제도적인 요소가 학업 성취에 영향을 미치기 때문이다. 제도적 요소를 배제한 채 상담개입만의 효과를 측정하도록 디자인하는 일은 복잡할 뿐 아니라 그로 인해 어떤 고정적인 결론을 도출할 수도 없다. 몰타에서 시행된 한 연구는 인지행동치료를 이용한 학교상담이 자존감을 고양시킴으로써 난독증 학생들을 향상시켜 주었음을 보여주었다(Falzon and Camilleri, 2010).

학교상담 조사연구의 무작위 대조군 비교검사

영국에서는 '무작위 대조군 비교검사'를 이용한 학교기반 상담의 효율성에 대한 조사연구를 추진해왔다. 그것이 2010년 BACP 조사연구 컨퍼런스에서 보고되었다(Hanley, 2010). 이런 관심의 부활은 쿠퍼가 서른 개의 연구를 포괄적으로 평가 및 검토하고 그 연구 결과들을 감사監査(Cooper, 2009)한 후 생겨났다. 이 연구들은 1만 830명의 내담자를 대상으로 양적인 성과와 질적인 성과를 기록해, 자기평가 보고서에 따른 학교기반 상담의 효율성의 명확한 증거를 제공했다. 포괄적인 조사연구의 토대를 세우면서 쿠퍼 등(Cooper et al., 2010)이 타당성조사를 수행했다. 그렇게 하여 알게 된 바에 따르면, 내담자의 자기보고서가 일관되게 이로운 성과를 말해주지만, 괴로움의 감소에 대한 보고 결과는 인간주의적 상담을 받고 있는 학생들과 치유적 개입을 기다리고 있는 학생들 사이에 거의 차이가 없었다. 물론 상담 대기 중인 학생들은 희망이라는 동기를 지닌 힘을 통해 회복을 예상하고 있었을 수도 있다. 램버트(Lambert, 1992)의 연구는, 위에서 부각되었듯이 희망이 내담자들의 향상에서 15%를 차지한다고 지적해 주었다.

핸리(Hanley, 2010)는 상담 기금을 제공하는 자들이 '무작위 대조군 비교검사'를 이용한 양적 데이터를 요구한다는 사실을 인정했다. 왜냐하면 비록 내담자 피드백에 대한 질적인 조사연구는 일관되게 긍정적인 결과를 보여주지만, 내담자 대부분이 자신이 받은 치료에 대해 우호적으로 보고하는 경향이 있다는 의미에서 편향적이기 쉽기 때문이다. 예를 들어 다음의 것들은 알 필요가 있다는 것이다.

- 보고된 변화는 어쨌든 치료가 아닌 다른 수단을 통해서는 일어나지 않았으리라는 것
- 변화는 제공된 상담의 결과라는 것
- 내담자가 아닌 남들이 변화를 인정한다는 것
- 시간이 흘러도 변화가 유지될 수 있다는 것

조사연구 결과에 입각한 상담

쿠퍼와 매클레오드(Cooper and McLeod, 2011: 117~133)는 상담이 조사연구를 위한 것이 아니라, 조사연구에서 정보를 얻어야 한다고 강조하면서, '보편적인 법칙보다는 변화의 잠재력을 가진 길'을 놓아야 할 필요를 주장하고, 요소들의 '전체 관계보다는 미세한 과정들'에 초점을 맞출 필요를 주장한다. 여기서 물어야 할 질문은 **어떤 치료법**이 작용하는지, **누구에게** 효과적인지, **어떤 특정한 문제**에 효과적인지이다(Paul, 1967). 때로는 동일한 내담자가, 특히 학교에서는 **다른 때**에 **다른 것**을 필요로 할 수도 있다. 이러한 질문들이 단순히 내담자의 자기보고 질의서보다 더 포괄적이고 객관적인 측정을 통한 학교상담 조사연구에서 다루어지기 시작하고 있다(Hanley, 2010).

요약하자면, 학교기반 상담의 효능은 주로 내담자의 자기보고에 의존한 것이지만, 내담자의 자기보고가 사소한 것은 아니다. 간결요법이 성인에게도 여러 가지 상황에서 유리함을 증명해왔다. '무작위 대조군 비교검사'를 이용하는 최근의 조사연구는 학교환경에 있는 십 대에게 이 책에서 주장하는 접근법을 포함한 어떤 접근법을 사용하더라도 간결한 치유법이 유리하다는 것을 보여주기 시작하고 있다(부록 1 참조).

학교에서 하는 간결상담은 비용효율적인가?

성과 연구와 내담자 피드백 검사가 우호적인 결과를 보여줌에도 불구하고 지금까지 '무작위 대조군 비교검사'를 이용해 학교에서의 **간결상담**의 효율성을 조사연구한 것

은 없다. 그러나 일화적逸話的인 증거와 추론적인 증거는 있다. 비록 모든 학교에 상담사 한 명을 두는 비용을 측정하기 위해 체계적인 연구가 수행되지는 않았지만, 주로 인지에 초점을 맞추고 주목하는 것에 의존하는 형태의 학습이 스트레스, 염려, 인간관계의 부침浮沈으로 인해, 그런 것들이 결석으로 이어지든 아니든, 당연히 손상된다.

학교기반 상담의 비용효율성은 평가하기가 어렵다. 그 이유는 가령 정서를 읽을 줄 아는 능력 및 개인 복지의 중요성 같은 가치들과 교육의 역할을 중심에 두고, 즉 시험 통과의 자리에 **전인**全人 개발이라는 교육의 역할을 중심에 두고 내려야 하는 결정이기 때문이다(DfES,• 2001, 2004). 그러나 이미 언급했듯이 「라야드 보고서」는 다른 지표들 중에서도 결석일수라는 점에서 상담의 효율성을 입증해준다. 학생의 출석일수는 '교육과 아동복지 기준청Office for Standards in Education, Children's Services and Skills: Ofsted'에서 검토된다. 정서적 괴로움으로 결석한 학생은 배울 수 없다. 출석은 했지만 말없이 괴로운 학생들도 마찬가지다. 이것이 바로 비용효율성에 대한 대답이 되어준다.

맺는 말

이 장에서는 간결요법이 학교에서의 접근법으로서 지니는 효율성에 대한 조사연구들을 검토해보았다. 더 간결한 방법으로 하는 상담을 위한 성과 조사연구는 상당히 탄탄하며, 내담자 피드백을 통해 모인 것들은 학교기반 상담의 효율성을 과시한다. '무작위 대조군 비교검사'를 이용하는 조사연구가 현재 계획되고 있는데, 그것은 교육환경에서의 상담 효율성의 장점들을 명백히 세우기 위한 것이다. 계속되는 평가가 학교기반 치료법을 긍정하는 주장을 하게 될 것이라고 나는 확신한다.

간결요법은 고객인 내담자의 선택에 의해 지지되는 것으로 나타난다. 더구나 이것이 어른에게 사실이라면 청소년에게도 마찬가지로 적용할 수 있다는 결론은 불합리하게 보이지 않는다. 어른과 청소년의 문제가 다를지라도 말이다.

•   [옮긴이] DfES(Department of Education and Skills)는 우리나라 교육부에 해당하는 영국 정부 부처명으로, 2001~2007년 사이에 사용되었다.

성찰 연습

❶ 이 책을 읽으면서 반드시 생각해야 할 점은 학교에서 일할 때 더 간결한 방법을 사용함에 관한 것이다. 당신이 받은 훈련이 어떤 것이든지 간에 말이다. 당신이 속한 곳의 기관장이나 학교에서 당신을 관리하는 학생복지부 주임교사가 상담 의뢰가 증가하고 있기 때문에 청소년을 위한 상담 회기를 최대한 3회기로 해야 한다고 지시했다고 상상해보라.

- 이러한 압박에 대해 처음에는 어떤 생각과 느낌이 들 것 같은가?
- 그것이 당신의 상담 실행을 어떻게 바꿀 것 같은가?
- 어떻게 상담을 종료하거나 단축시켜야 할 것인가?

❷ 더 간결하게 상담하는 방법이 어린 학생내담자들과 치유 관계를 맺는 당신의 능력에 어떤 영향을 미칠 것인가?

❸ 학교상담이 더 많이 공급되어야 한다고 당신은 어떻게 주장할 것인가? 학교에서 상담을 하는 날이 하루 더 있어야 한다고 주장하기 위해, 앞에서 개괄된 조사연구를 가지고 교장에게 제시할 요점 목록을 만들라. 교장이 교육감에게 기금을 요청하기 위해서는 상담이 학습 성과 부분에서도 비용효율이 높음을 제시하는 사례가 있어야 하니까 그것을 보여달라고 요구했다고 상상하면서 만들어보라.

Key Point

✓ '무작위 대조군 비교검사'를 활용한 성과 연구들은 심리치료가 다양한 범위의 정서적·사교적 어려움을 위해 효과적이라는 주장을 지지해준다.

✓ 인지행동치료와 비지시적 요법들이 영국과 미국에서는 비용효율이 높은 것으로 보여져 왔다. 전국건강복지기구는 영국의 임상환경에서 주로 인지행동치료를 지지한다.

✓ 내담자는 간결요법으로 향상되는 것, 상담이 실제로 간결하게 실행되는 것, 시간제한이 있는 상담 지원을 받는 것을 원한다는 증거가 있다.

✓ 간결요법이란 특정한 하나의 모델이 아니라 여러 모델의 강점들을 활용하고, 문제를 맥락 속에서 보고, 장래에 초점을 맞추고, 일정한 시간제한을 두는 입장을 묘사하는 말이다.

✓ 학교상담은 대부분 간결하다. 다른 상담환경보다 그 실행회기가 적다.

✓ 증거기반 학교상담은 밝은 전망을 보여주기 시작하고 있다. 학생들은 자기보고 조사서에서 상담이 도움이 되었다고 일관되게 주장한다. 상담은 도움이 되는 자원이기 때문에 자신이 다시 올 수도 있다고 말한다.

✓ 내부 테스트와 내담자 피드백 말고도 '무작위 대조군 비교검사'가 최근에 계획되고 있는 이유는 학교기반 상담의 효능을 보여주기 위해서다.

✓ 학교상담의 비용효율성은 출석율 증가, 사회화 향상, 불안증 감소, 부적응행위 감소, 학습 집중과 고양을 통해서 나타난다. 비록 학교상담과 성취를 직접 연결하기는 쉽지 않지만, 그 두 가지가 관련된다는 것을 상식이 말해준다.

02 Brief Counselling Approaches

간결상담의 여러 접근법

이 장에서 다룰 내용

들어가는 말

이 장은 학교 상담사가 간결한 다원적 관점에서 고려해볼 다양한 상담개입을 개괄할 것이다. 간결하게 적용된 전통적 상담 접근법을 이 책은 지지하지만, 그 외에도 '이건 Eagan의 3단계 모델', 해결중심치료, 신경언어 프로그래밍, 동기부여면담, 이야기치료를 상담의 요소들로 권장하고, 인지적 인간주의 치료에서 활용되는 다양한 사고기술과 코칭기술도 권장할 것이다. 비록 '무작위 대조군 비교검사'가 간결한 모든 모델의 효과를 다 입증한 것은 아직 아니지만, 간결요법의 성과가 그 치료법의 효능을 인상적으로 지지해주는 증거가 된다. 이 책은 이 접근법들과 모델에 의존한다. 그 합리적 근거는 일차적으로 임상가의 경험과 내담자 만족도 피드백에 있다.

학교에서 간결하게 적용할 수 있는 상담법

많은 통합모델이 간결요법으로 자연스럽게 기울어진다. 덧붙여 말하자면 비용효율성이 높은(Cooper, 2008) 전통적 개인치료법들과 가족치료법들(Dryden, 2002; Street, 1994), 정보화된 조사연구(Bergin and Garfield, 2004; Cooper, 2008; Elliott and Zucconi, 2010)들이 시간 압박을 받는 학교상담 환경에 차용되어왔다(Lines, 2000). 학교 상담사는 자신이 습관적으로 시행하던 모델과는 다른 모델에 속한 일정 범위의 기법들을 활용해 절충적으로 상담하는 경우가 많으며, 어떤 상담사들은 다원적 관점에서 상담한다(Cooper and McLeod, 2011).

 정신역동상담, 게슈탈트치료, 교류분석이 간결하게 적용되어왔고(이 세 모델에 대해서 각각, Mander, 2000; Houston, 2003; Tudor, 2001 참조), 더불어 인지행동치료(Curwen et al., 2000), 해결중심치료(O'Connell, 2005), 신경언어치료(McDermott and Jago, 2001)도 간결하게 적용되어왔다.

덧붙이자면 펠텀은 행동치료, 합리정서행동치료 rational emotive behaviour therapy: REBT, 복합유형치료 multimodal therapy, 현실치료, '이건의 3단계 접근법', 인지분석치료 cognitive- analytic therapy: CAT, 단회기 치료, 2+1 모델, 맥락모듈치료 contextual modular therapy 가 모두 시간이 제

한된 단기간의 상담이 되어가는 경향이 있음을 확인해준다(Feltham, 1997: 29~44).

사춘기 발달에 대한 정신역동이론은 청소년들의 어려움을 이해하는 틀을 제공해주기 때문에, 여러 형태의 간결요법에 빛을 던져준다. 정신역동이론의 이 통찰들이 내담자를 '되어가는becoming' 상태에 있다고 보는 인간중심적 인식(Rogers, 1967)과 합쳐지면 사춘기 발달의 개념화로서 호소력을 지닌다(5장을 참고하라).

학교에 맞춘 전통적 심리치료

어떤 정신분석 이론가에 따르면 전이의 역동과 '삼각통찰'[*]이 본질적으로 시간과 관련된 일이지만(Lilliengre and Werbart, 2005; Orlinsky et al., 2004), 어떤 이론가들은 사람이 상담실에 들어가는 그 순간 어느 정도의 전이가 일어난다고 주장한다. 아니면 몰노스(Molnos, 1995: 47)가 표현하듯이, "전이가 일어나는 것은 정해진 때가 없다"(Feltham, 1997: 30). 십 대하고는 두 회기 정도면 벌써 전이가 일어나고, 양육 과정에서 형성된 애착, 또래나 교사 사이에서 현재 맺고 있는 관계, 그리고 치료 동맹 사이에서 어떤 패턴이 분명해진다. 경계 설정은 첫 회기에서 일어날 수 있으나, 수동적이고 자기노출을 삼가는 상담사의 역할은 제한된 시간 안에서는 수정될 수 있고 심지어 버려질 수도 있다. 청소년은 내면세계와 외부 세상에서 사는데, 내면세계는 지속적인 외부 관계에서의 느낌과 행동을 본질적으로 결정해준다. 그 외부 관계에는 상담사와 형성한 관계도 포함된다(Jacobs, 2010).

간결한 인간주의적 접근법들(특히 인간중심 접근법)은 교육현장에서 인기가 많다(McGuiness, 1998; Prever, 2010a). 통합적 인지행동상담도 마찬가지다(Geldard and Geldard, 2010). 인지행동치료가 전제하는 사람의 이미지는 실증적·과학적 정신을 의미 있게 생각하는 사람이다(McLeod, 2003). 그 치료는 실증적인 현실의 형태를 수용하도록 지도받아온 학생들을 다룰 때 유효한 성과를 분명히 보여준다(Lines, 2000). 관찰,

---

[*] [옮긴이] 심리치료사 David Malan이 말한 것으로, '갈등의 삼각'(숨겨진 느낌이나 충동, 방어, 불안)과 '사람들의 삼각'(부모, 타인, 치료자)이 있는데, 갈등의 삼각은 원래 클라인과 정신분석가인 Henry Ezriel이 처음 사용한 말이다.

측정, 평가 같은 실험식 방법과 기법들이 인지행동치료를 "주요한 모든 상담 방향 중에서 가장 드러나게 '과학적'인 것으로" 표시해준다(McLeod, 1993: 45). 간결한 인지행동치료와 그에 관련된 치료법들은 행동을 강조함으로써 교육현장에서 인기가 있다.

마지막으로, 사회구성이론을 포괄하는 가족치료에서 출현한 간결상담법들이 있는데, 가령 해결중심치료(Davis and Osborn, 2000), 해결중심 체계적 상담(Bor et al., 2002), 이야기치료(Winslade and Monk, 1999)가 그런 것이다. 이 책은 이 세 접근법 모두에 의지할 것이다. '상담한 사실에 대한 책임'•은 또한 심리치료에서 통합운동이 일어나게 만들었고(Nelson-Jones, 1999a; Norcross and Grencavage, 1989; Ryle, 1990), 절충하는 태도로 상담 기법들을 자유롭게 활용하는, 비용효율이 높은 간결한 상담 방법에 대한 수요를 낳았다(Egan, 1990; Lazarus, 1990).

 이 책에서 사용하는 '통합integration'이라는 용어는 여러 학파의 심리치료 모델들과 그 실제 개입에 대한 지식을 결합시킨다는 의미를 갖는다. '다원적 학교상담'이란 치료 중인 특정 내담자의 구체적 문제에 관해 어떤 목표와 과제와 방법이 적당한가를 평가할 때 상담이론들이 서로 협동하게 만드는 스타일을 일컫는다.

시간제한적, 목표중심 상담

이건의 3단계 모델

청소년과 작업하는 상담사에게 인기 있는 모델은 '이건의 3단계 모델'이다(Egan, 1990; Mabey and Sorensen, 1995). '이건의 3단계 모델'은 진정성, '무조건적인 긍정적 존중', 공감이라는 상담의 핵심 기술 위에 세워진 것이다. 그러나 이 접근법은 변화를 일으킬 목표와 과제를 만들 때 내담자를 지도하는 것에 더 주의를 기울인다. 이 모델은 문제 해결에 중심을 둔 실용적이고 단기적인 방법이다. 그 과정은 먼저 내담자가 어디에 있는지 평가하고, 다음에는 내담자가 도달하기 원하는 곳을, 마지막으로 거

• [옮긴이] 이 말은 accountability를 번역한 것으로, 대답해야 할 상황에 놓일 때 사실을 대답해야 할 책임을 말한다.

그림 2-1 이건의 3단계 모델

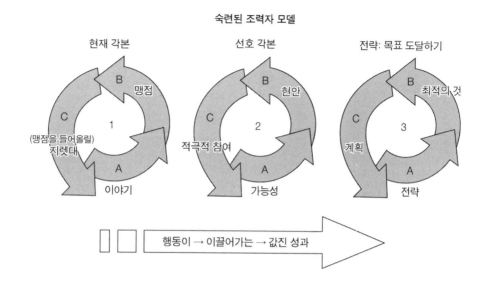

숙련된 조력자 모델

기에 도달하기 위해 어떻게 도움을 받을 수 있는지를 평가한다(〈그림 2-1〉).

1단계는 내담자의 현재 각본을 논의하는 도입부이며, 다른 접근법 대부분의 도입회기와 많이 다르지 않다. 내담자의 현재 곤경과 건강한 기능을 방해하는 문제들이 탐색되지만, 상담 방식은 낙관적이다. 상담사는 학생내담자가 현재 말하고 있는 문제가 영원한 상황일 수 없다는 것을 명백히 보도록 도울 것이다. 학생에게는 이야기를 분명하게 표현하도록 요청하면서, 한편으로는 역기능의 원인인 맹점들이 표면에 드러나도록 시도하고 평가한다. 중요한 순서대로 문제들이 개괄되지만, 강조점은 성취에 둠으로써 해결 가능한 문제들만 선택될 것이다. 그 목표는 학생이 **현재 상황을 더 잘 관리하도록** 돕는 것이다.

2단계는 청소년이 되고 싶은 이상적인 상황을 다룬다. 이것에는 목적과 목표 설정이 포함되는데, 목적과 목표를 세우는 연습은 성취를 어떻게 할지 가르치는 현대의 교육 방법과 딱 맞는다. 행동 선별(우선순위대로 어려움을 배열하기)의 실용적 과정과 바로 **이 사람**에게 맞는 실제적이고 구체적이며 실현 가능한 목표 세우기, 즉 생활양식 변화, 다른 친구들과 연합, 다르게 해보기, 일상적으로 구축된 행동 양식 변화

등을 목표로 삼음으로써 상담이 어디로 갈 것인지 그리고 그 목표가 무엇인지 청소년 내담자가 처음부터 알 수 있도록 도와준다. 이렇게 접근하는 것은 학생이 이런저런 상황을 많이 설정해놓을수록 처방책을 더 많이 갖게 되고 더 열심을 내게 되기 때문이다.

3단계의 실행 본질도 똑같이 청소년을 끌어들인다. 이 단계에서 특정한 목표 달성을 위한 행동계획을 고안할 때 주로 행위기법을 통해 고안하면서 상담사와 내담자의 협조를 권장하기 때문이다. 이 단계는 지원의 매개를 요청한다는 점에서 상담실 외부로 나갈 수도 있다. 이때 사람, 장소, 물건, 조직뿐 아니라 청소년 개인의 내면 자원이 그를 지지하는 매개물이 된다. 이 방법은 단기상담이 되도록 이끌 수 있게 만들어준다. 계획이 실행된 다음에는 상담을 종결할 수 있기 때문이다. 평가는 끝날 때까지 미루지 않고, **이것이 도움이 되었니? 저것이 이해되니?** 등의 질문을 상담 중에 이따금씩 하면 된다. 이런 평가는 학습 측정을 지속적으로 평가하는 것과 마찬가지이다. 내담자 목표에 협조해 작업을 하면 긍정적인 성과를 낳는다고 알려져 있다(Maluccio, 1979; Tryon and Winograd, 2002).

동기강화면담

동기강화면담motivational interviewing: MI(Miller and Rollnick, 1991)은 일종의 간결한 목표중심상담으로서, 중독행위나 습관화된 행위로 고생하는 사람이 통찰을 얻고 적극적으로 행위를 관리해 변화를 만들어내도록 돕는다. 동기강화면담은 마약과 술 남용, 문제행위, 흡연, 식습관, 관계 문제, 성적인 문제(Debere, 2000) 및 학업 부진(McNamara and Atkinson, 2010)으로 인한 상담에 사용되어왔다. 십 대는 습관화된 행위를 지속할지 그만둘지에 대한 양가적 관점을 이야기하도록 먼저 격려를 받는다. 그다음 자유의지와 자기통제를 통해 '변화의 주기'(Prochaska and DiClemente, 1982)로 들어가도록 격려받는다. 그 학생에게 변화의 주기 그림을 보여주며 설명하는 것도 하나의 방법이다(Denvere, 2000).

'변화의 주기'란 '숙고'로부터 '영원한 퇴장'으로 진행하거나, 그것이 실패하면 '재발'로 진행함을 나타낸다(〈그림 2-2〉 참조). 중독행위로 괴로운 십 대는 어느 때라도 그 주기를 들락날락할 수도 있다. 예를 들어 재발 후에도 내담자는 중독과 싸우기 위

그림 2-2 변화의 주기

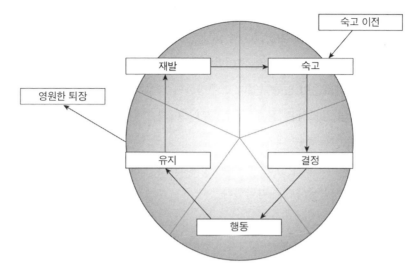

출처: 이 도해의 형태는 "New models: the counselling of change"라는 제목으로 Merav Devere가 영국상담협회의 저널인 《Counselling》 2000년 8월 호에 게재한 논문에 등장한다.

해 좀 더 높은 동기를 가지고 그 주기의 진행으로 되돌아올 수도 있다. 아니면 그는 이 모델을 내면화해서 앞으로 상담 없이도 스스로 그것을 회복 도구로 사용할 수 있고, 이런 식으로 장기간의 가능성을 위한 희망이 스며들게 할 수 있다. 동기강화면담의 긍정적인 효과는 '무작위 대조군 비교검사'를 이용해 집약적으로 평가되어왔다.

 동기강화면담은 특히 술과 약물 남용, 다이어트와 운동 문제에 효과를 보여왔고(Cooper, 2008: 172~173), 인지행동치료와 12단계 프로그램 같은 다른 접근법보다 상담 시간이 평균 세 시간 짧아진다는 증거가 있다.

해결책에 집중하기

해결중심치료

최근에는 간결요법들 중에 사람의 삶을 사회적으로 구성하는 데 미치는 언어의 힘을 민감하게 고려하는 방식이 많다. 해결중심치료solution-focused therapy: SFT, 이야기치료, 협력언어체계와 신경언어 프로그래밍이 그런 것들이다.

실용적이고 미래 지향적인 해결중심치료는 단계별로 작업을 하면서 내담자가 스스로 선택한 목표를 실천하도록 격려한다. 해결중심치료 주창자들은 이 접근이 3회기만으로도 효과적임이 입증되었다고 주장한다. 3회기란 4번에서 6번까지의 평균치이다. 이 치료의 강조점은 '문제 심의'로부터 '미래 그림'으로 옮겨가서 '그 문제'가 없는 삶을 바라보도록 하는 데 있다.

'기적 질문'은 드 셰이저Steve de Shazer가 고안했는데(de Shazer, 1988; O'Connell, 2005), 이는 청소년의 상상력을 자극한다.

어느 날 아침에 잠에서 깼는데 기적이 일어나서 네가 원했던 대로 모든 것이 변했다고 상상해보라.

- 기적이 일어난 것을 어떻게 알 수 있을까?
- 무엇이 달라졌을까?
- 전에는 일어나지 않았던 무슨 일이 일어난 것일까?
- 그 순간에 네가 이전에는 안 하려고 했을 뭔가를 할 것 같니?
- 그 밖에 다른 것은……?

이렇게 치료자와 함께 구성하는 작업은 기분, 의사소통, 행위를 향상시키는 작은 변화들과 마음 상태가 서로 영향을 미치게 하면서 내담자에게 자신을 존중하도록 만든다. 해결중심치료를 이끌어가고 그 임상적 매력을 부각시켜주는 많은 원칙과 가정이 있는데(O'Connell, 2005), 다음과 같다.

- 부서진 것만 고쳐라.
- 큰 변화를 가져오게 할 작은 변화를 찾으라.
- 작용하는 것은 계속하라.
- 작용하지 않는 것은 멈추라.
- 치료를 가능한 한 단순하게 유지하라.

장래의 방향 설정은 학생이 서둘러 상담사 의존에서 벗어나 혼자 해보려고 하게 만든다. [그래서 내담자에게 다음처럼 질문해보는 것이 좋다.] 네가 상담을 끝낼 준비가 되었다는 것을 언제 알 수 있을까? 어떤 일이 생기면 더 이상 네가 내 도움이 필요 없어질까?

등급 매기기 기법은 학생이 진정한 객관성을 유지하고, 부정확한 회상에 의존하지 않고 향상을 측정할 수단을 갖도록 도와준다. 상담 회기 끝의 피드백은 함께 나눈 이야기 속에서 내담자가 생각했던 것들과 상담사가 지각했던 것들을 동화시켜준다. 긍정적이고, 비판적이지 않고, 윗사람인 체하지 않는 피드백은 청소년이 성공적인 성과를 낳을 동기를 갖게 해준다. 그런 피드백은 성공을 칭찬하고 개인의 자원을 인정해주기 때문이다(Claiborn et al., 2002; Finn and Tonsager, 1997; Goodyear, 1990).

신경언어 프로그래밍

신경언어 프로그래밍neuro-linguistic programming: NLP은 최근에 상담, 경영 훈련, 스포츠 코칭 등의 맥락에서 인기가 있다. 많은 치료자들이 긍정적인 효과를 위해 무의식적으로 신경언어 프로그래밍의 요소와 기법, 즉 질문하는 양식과 시각적 기법을 실행해 왔을 것이다. 신경언어 프로그래밍은 사람이 긍정적인 결과를 낳으려고 자신의 사고, 느낌, 언어, 행위를 어떻게 구성하는지 이해하면서 행하는 실행이다.

신경언어 프로그래밍의 핵심 요소는 인간은 자기 내면의 세상에 대한 지도(신경지도)를 만들어 놓는다는 것이다. 그 지도는 '최초의 통로'라고 알려진 감각들을 통해 데이터가 걸러지고 인식되는 방법을 통해 형성된 산물이다. 개인적 의미가 부여될 때 뇌가 언어를 통해 그 데이터의 두 번째 지도(언어지도)를 형성하고, 그럼으로써 그 경험에 의미가 부여된다. 겉으로 나타나는 행위는 언어지도에 부합하도록 신경학적으로 걸러진 산물이다(리처드 밴들러Richard Bandler와 존 그라인더John Grinder가 에릭슨, 펄스, 사티어의 의사소통 기술을 관찰해 신경언어 프로그래밍을 창안했다. www.pe2000.com/nlp-history.htm 참조).

신경언어 프로그래밍은 사람은 "의사소통하지 않을 수 없다"라는 것과 "행동은 선택의 결과다"라는 것을 인정하면서 내담자를 격려해 바람직한 성과를 낳도록 자기 생각을 긍정적인 방식으로 재조직하게 하는 간결한 방법이다. 내담자는 자신의 괴로움들을 애써서 말로 만들어내려고 하는 경우가 많은데, 그렇게 하는 일은 힘 빠지게 만든다. 마치 도움받으려면 치료자에게 자신이 겪고 있는 것을 다 이해시켜야 할 것처럼, 자신이 겪는 문제가 자신이 누구인지를 규정해주는 것처럼 그렇게 한다. 자기 정체성을 잘 짜여진 대본처럼 말해야 한다고 여기기 때문이다. 그렇기 때문에 신경 언어 프로그래밍 치료자들은 내용에 과도한 관심을 두지 않고, 앞으로 나아가는 데 방해되는 정신적 걸림돌을 제거하는 데 관심을 둔다. 치료자는 내담자가 자신의 괴로움을 과도하게 이야기하는 것에서 방향을 부드럽게 돌려서 다음의 질문을 할 것이다. **어떤 일이 일어나기 바라는가?** (이 장 마무리 부분에 있는 연습은 신경언어 프로그래밍의 질문하기 형식이 얼마나 강한 힘을 발휘할 수 있는지를 보여줄 것이다.)

신경언어 프로그래밍의 많은 기법이 다른 모델에서 개발되어온 것이고, 때로는 다른 전문용어로 불린다. 예를 들어 '현실적 목표 설정', '틀 다시 짜기reframing', '닻 내림(앵커링anchoring)'이 각기 이건, 가족치료, 인지행동치료에서 발전되었다. 신경언어 프로그래밍 치료자는 내담자가 오른쪽이나 왼쪽을 흘깃 보는지, 똑바로 앞을 보는지, 위나 아래를 보는지 눈 돌리는 것을 예민하게 관찰한다. 왜냐하면 이러한 것과 기타 얼굴 표정이 정보가 어떻게 처리되고 있는지 보여주는 지표가 되기 때문이다.

 보통 관찰할 수 있는, 눈으로 접근하는 단서는 다음과 같다.

- 오른쪽으로 올리는 눈 = 시각화를 통한 처리 과정 중
- 왼쪽으로 올리는 눈 = 시각적 회상
- 오른쪽으로 똑바로 향하는 눈 = 청각적 처리 과정 중
- 왼쪽으로 똑바로 향하는 눈 = 청각적 회상
- 오른쪽으로 내리는 눈 = 몸으로 느끼는 중
- 왼쪽으로 내리는 눈 = 청각적 내면의 대화(McDermott and Jago, 2001: 96)

상담사가 학생에게 부모 사이가 좋았던 어린 시절의 한 장면을 떠올려보라고 요청할 수도 있다. 그리고 나서 그 학생의 눈이 왼쪽 위를 향해 움직이는 것을 주목하는데, 학생은 "말할 게 없어요. 그런 적이 한 번도 없었거든요"라고 말한다. 그 학생은 말을 잠시 멈추고 생각한 후 눈동자가 오른쪽으로 가더니, 미소를 띠고 기분이 올라가서, "음, 어느 크리스마스 때가 있었네요. 그때……"라고 말한다.

이미지를 재구성함으로써, 가령 어린 시절의 필름을 되감아서 과거의 한 사건으로 돌아가는 기법이라든가, 또는 내담자가 자기 삶의 다양한 단계의 어느 한 시점에서 (바닥에 뻗은 줄 같은) 시간선時間線을 벗어나서 특정한 감정 상태를 떠올리며 다시 느껴보도록 격려함으로써 내담자가 그 강한 느낌들이 어디에서 연유되었을 수 있을지 검토하도록 도움을 받는다(McDermott and Jago, 2001: 145~169에 있는 두 사례 연구를 참조하라). 신경언어 프로그래밍 치료자는 긍정적인 질문을 하여 향상된 느낌의 상태들의 맥락을 잡아주고 현재의 사건들과 경험들을 더 긍정적으로 재구성해주려고 간결하게 시도한다(McDermott, 2008a: 16).

1. 지금 어떻게 느끼니? **불안해요.**
2. 불안과 행복한 느낌 사이에서는 무엇을 느끼고 싶니? **제대로 가고 있는 느낌이요.**
3. 불안과 자신감 사이에서는 무엇을 느끼고 싶니? **행복함이요.**
4. 행복함과 자신감 사이에서는 무엇을 느끼고 싶니? **기대하는 마음이요.**
5. 어떻게 느끼고 싶니? **자신 있게요.**

간결요법의 효능에 대한 증거가 점점 더 많아짐에도 불구하고, 그리고 이 책에서 지지하는 접근법들의 인기가 증가함에도 불구하고 인정할 수밖에 없는 것은 '무작위 대조군 비교검사'를 이용해서 해결중심치료와 신경언어 프로그래밍을 입증하는 체계적인 연구가 현재는 거의 없다는 사실이다.

 해결중심치료는 교육에서 널리 적용되어왔다(Ajmal and Rees, 2001; Bor et al., 2002; Davis and Osborn 2000; Durrant, 1993; Lethem, 1994; Rhodes and Ajmal, 1995). 그것은 학생이 비난받지 않는 구조 안에서 갈등을 해소할 수 있게 자신의 자원을 이용하도록 힘을 주기 위한 것이었음에도 불구하고, 쿠퍼(Cooper, 2008: 172)는 해결중심치료에 대해 엔간히 지지할 증거만 발견할 수 있었고, 신경언어 프로그래밍을 지지할 만한 충분한 증거는 찾지 못했다. 이것은 문제 지향적인 다른 접근법도 마찬가지다.

어떤 조사연구에서는 해결중심치료가 더 짧은 기간에 더 전통적인 심리치료만큼 효과적임을 보여주었으나, 어떤 연구에서는 비슷한 것으로 나타났다(Cooper, 2008: 173). 진저리히와 아이젠가르트(Gingerich and Eisengart, 2000)는 해결중심 간결요법solution-focused brief therapy: SFBT

에 대한 15개의 통제집단 성과 연구를 검토했다. 그중 '잘 통제된' 다섯 연구는 긍정적인 성과를 보였고, 네 연구에서는 통제집단이 치료받지 않거나 표준치료를 받은 것보다 나은 성과를 보였다. 한 연구는 우울증을 위한 대인관계치료에 비교할 만한 성과를 보였다. "그러므로 기존의 성과 조사연구는 적절성이 부족하고, 따라서 반드시 조심스럽게 해석되어야 한다"라고 이 접근법의 주장자들은 단정한다(Davis and Osborne, 2000: 20). 그 주된 이유는 그 보고서가 대부분 밀워키의 단기가족치료센터Brief Family Therapy in Milwaukee의 해결중심치료 창시자들이 만들었고, 빈약하게 고안된 방법론으로 수행되었기 때문이다.

협동치료

이야기치료

이야기치료에서 주관적 경험을 인정함은 포스트모던 세계의 철학적 분위기에 부합하며, 이야기를 말하는 일이 개인 경험에 의미를 만들어주기에 젊은이의 흥미를 불러일으킨다(Epston et al., 1992). 이야기치료는 인간 사회의 상호관계성과 대화에 대단히 많이 의존한다. 협동하는 대화를 통해 십 대는 상담사를 중립적이고 동등한 사람으로 경험하기에, 학생과 교사 관계에 보통 있는 훈육의 거리감이 없다.

'문제 외재화'(White, 1989)라는 개입 방법은 청소년이 문제를 자신과 분리하도록 북돋워주고, 사람 사이의 비생산적인 갈등을 최소화하도록, 특히 누구에게 책임이 있는지에 관한 논쟁을 최소화하도록 격려한다. 이는 실패감을 덜어주고 서로 협동하는 길을 놓아준다. 이는 십 대가 자신의 삶을 검색해보고 행동을 취할 수 있는 새 가능성을 열어주며, '죽도록 심각한' 문제에 더 밝고 더 효과적으로 접근할 수 있도록 만들어준다. 마지막으로 말하자면, 이 개입 방법은 혼자 말하기보다는 대화하기를 선택하는 것이다.

할 말이 많은 학생들이 많다. 상처, 방황, 분노, 실망에 관한 이야기, 놓쳐버린 기회에 관한 이야기, 깨진 관계에 관한 이야기 등이 있다. 주로 하는 이야기들은 '문제에 찌든' 생각으로부터 나온 경우가 많다(이것을 화이트는 나중에 '얕은 묘사'라고 부르기를 선호했다). 치료자는 설득력 있게 끌려드는 이야기를 듣게 될 때 '흥미로운 탐구'의 자세를 취한다. 존중하는 호기심을 갖는 이런 태도는 문제를 가진 청소년에게 고도로 존중받는다는 느낌을 전달해준다. 왜냐하면 내담자에게 미치는 문제의 영향력과 싸울 수 있는 역량이 내담자의 어떤 영역에 있는지 치료자가 끊임없이 찾아보기 때문이다.

'대안 이야기 구성plot of the alternative story'은 학생이 자기 성품의 더 적극적인 측면을 알려주는 독특한 경험들을 설명해보라고 초대하는 일이다. 이것은 사교적 성과를 이룰 수 있게 할 개인적인 자원을 찾아보도록 자극한다. 치료적인 그 과정을 통해서 상담사는 내담자가 어디서 대안 이야기가 시작될 수도 있었을지, 그리고 그 이야기가 어디로 전개되어갈 수 있을지를 보도록 도와준다.

흔히 이야기치료에 관한 글에서 '다시 저술된 삶re-authored lives'이라는 용어로 표현되는 마무리 기법(Epston et al., 1992; White and Epston, 1990)은 어떤 청소년에게는 별로 가치가 없을 수도 있다. 그리고 새로운 이야기를 통합시키기 위한 '외부 증인 집단'이나 '청중'을 끌어들이는 기법은 실제로 행하기가 어려울 수도 있다. 그러나 변화의 증서(수료증 등)가 청소년에게 향상의 중요성을 강화시켜주는 장점을 지닌다는 점에는 의심의 여지가 없다(Winslade and Monk, 1999).

이야기치료의 효능에 관한 조사연구가 많지 않지만, 모든 치료가 이야기치료이며 상담 경험이란 말하고 다시 말하는 이야기라는 의미에서 이해될 수 있다고 추론하는 저자들이 있다(McLeod, 1998).

데이비드 베사(Besa, 1994)는 부모와 자녀 갈등을 줄이는 데 이야기치료의 효과가 있는지를 평가하는 연구를 했다. 상담 기초 단계와 개입 단계 동안 부모가 자녀의 특정 행위의 빈도를 측정하게 해 자녀의 향상을 평가했다. 여섯 가족에게 이야기치료의 몇 가지 기법이 사용되었는데, 그 결과가 다중 기저 틀multiple baseline designs 세 가지를 이용해 평가되었고, 그렇게 발견된 것들이 기저율baseline rates 과 비교되었다. 여섯 가족 중 다섯 가족이 부모와 자녀 갈등에서 향상됨을 보였는데, 갈등이 88~98% 감소된 가정이 하나이며, 감소 범위는 각 가정이 다양했다. 향상이 일어났던 것은 이야기치료가 적용될 때뿐이었고, 그렇지 않을 때는 관찰되지 않았다.

다원적 상담

쿠퍼와 매클레오드(Cooper and McLeod, 2011)는 '다원적 상담pluralistic counseling'의 협동하는 입장을 권한다. 다원적 치료란 기존 치료 모델들의 아이디어를 통합하여 그 바탕 위에 세운 통합접근법이다(McLeod, 2009). 이것은 한 방향성만 가진 학파들에게 임상에서 특권을 갖도록 하지 않는다. 이 접근법은 심리적 구성들보다는 다원주의의 철학적 구성을 포용하며, 그래서 내담자가 무엇이 자신에게 도움이 될지에 관해 가지고 있는 관점에 치료자가 적극적으로 계속 함께하도록 만든다(Cooper and McLeod, 2011: 8).

다원적 상담사는 각 회기를 시작할 때 다음의 가정을 한다. **내담자마다 다른 치료 방법과 다른 시점에서 도움을 받을 가능성이 많으며, 치료자는 내담자와 협동해 작업하면서 치료에서 내담자가 자신이 무엇을 원하는지, 어떻게 이룰 수 있을지를 알아가도록 도와야 한다.** 무엇이 최선인지 말해주는 것은 의미가 없다. 우리가 물어야 할 것은 이 상황에서 이 사람에게 무엇이 최선일 수 있는가이다. 그것은 내담자에게 도움이 될 수 있는 다른 많은 것들이 있음을 주장하는 것이다. 내담자가 필요로 하는 것을 찾는 일은 문제에 대한 이미 정해진 이론으로부터 미리 인식되어온 임상 모델에 내담자를 맞추는 대신 내담자와 협동하는 대화를 하는 것이다.

다원적 상담은 라자루스(Lazarus, 1981, 2005)의 다중양식치료multimodal therapy와 '이건(Eagan, 1990)의 3단계 모델'과 유사점들이 있지만, 사용하는 용어들은 다르다(〈그림 2-3〉 참조). 그 저자들 자신도 그 차이점들을 열심히 지적한다. 이건과 라자루스의 모델 둘 다 특정한 이론의 틀 안에 놓여 있고, 따라서 매우 구체화된 평가 형식을 지닌다. 그 둘은 모두 '문제 관리' 접근법으로서, 내담자가 자기의 어려움을 극복하도록 도와주려면 매우 구체적인 절차들을 밟아야 한다고 주장한다. 그 절차들은 다원적이지 않고, '사회적 인지학습' 이론 안에서 일관성을 유지한다. 라자루스는 다중양식 접근법의 대척점에 로저스의 인간중심적 지향이 있다고 본다. 로저스의 지향은 대화에 전적으로 의존하는 것이다. 통합적이고 절충적인 접근법들을 보면, 문제의 병인론病因論과 그 해결책에 관련해서는 여전히 특정한 방법과 이론에 매이는 경향이 있다. 정기적으로 협동 담화를 하면서 상담사는 내담자가 **생의 목표**를 말로 표현하고, 그 목표에 부합하는 **일련의 과제**를 계획하고, 각 과제마다 그 목표 전체에 가장 부합할 수 있는 **구체적 방법**을 생각해내도록 돕는다.

어른은 치료 시간에 삶의 목표를 논의할 정도로 충분히 독립적인 정신을 지니고 있을 수 있지만, 학교의 모든 학생이 그 정도로 앞을 바라볼 수 있는 역량이 있다고

그림 2-3 목표중심 접근법, 통합적 접근법, 절충적 접근법의 비교

이건의 3단계 모델

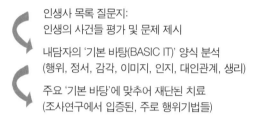

현재
시나리오

목표: 해결해야 할 문제   과제 논의   전략 계획

미래
시나리오

라자루스의 다중양식치료

인생사 목록 질문지:
인생의 사건들 평가 및 문제 제시

내담자의 '기본 바탕(BASIC IT)' 양식 분석
(행위, 정서, 감각, 이미지, 인지, 대인관계, 생리)

주요 '기본 바탕'에 맞추어 재단된 치료
(조사연구에서 입증된, 주로 행위기법들)

다원적 상담

협동 목표   탐색된 과제   추천된 방법

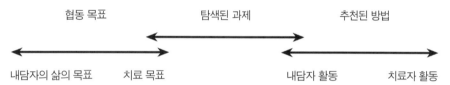

내담자의 삶의 목표   치료 목표   내담자 활동   치료자 활동

지속적이고 협동하는 사례 공식

는 추정할 수 없다. 학생에게는 목표를 설정할 때 더 많은 방향 제시가 필요할 수도 있다. 이것은 다원적인 관점과는 모순되지만, 무엇이 자기에게 최선인지 청소년이 늘 알고 있는 것은 아니기 때문이다. 그들은 자신이 무엇을 좋아하지 않는지를 그냥 안다. 또 자신이 어떤 일이 일어나길 바라는지 아니면 일어나지 않기를 바라는지를 그냥 알 뿐이다! 그러나 어른이 학생을 치료에 의뢰할 때는 보통 **자신이 원하는 것**에 대해 아주 분명한 생각을 가지고 있다. 변화에 대해 자기가 책임져야 한다고 생각한다. 그러나 그것이 그의 자녀/학생의 견해나 관심사와는 일치하지 않을 수도 있다. 그러므로 협동하는 대화가 필요하다.

코칭 기술

간결한 인지행동상담에 덧붙여서, 학교환경에서 유리한 다른 간결한 접근법은 넬슨-존스Richard Nelson-Jones의 인지적 인간주의 상담이다. 이것은 인간주의 심리학과 내담자 중심 상담의 가치를 지지하면서 작업하는 인지적 방법이다. 그 방법은 모든 정서적 상태가 자동적인 반응이 아니고, 그 밑에 우선적으로 깔려 있는 정신이 있음을 강조하는데, 그것은 십 대가 주로 기능하는 방식과 잘 어울린다. 청소년은 '자기대화self-talk'를 개발함으로써 자기 느낌들을 경청하고 이해하는 것이 중요함을 알 수 있게 된다. 그들은 자기 정신을 이용해 불안처럼 원치 않는 느낌을 관리하고, 불안을 일으키는 지각들의 실체에 관해 의문을 던지고, 그것들이 얼마나 사실에 가까운지 아닌지를 볼 수 있다(Nelson-Jones, 1999b).

 '생활기술 상담 접근법'(Nelson-Jones, 1997)은 청소년이 무관심과 이기심보다는 이타심과 온정에 매일 주목함으로써 세상의 가치들을 공유하는 것에 자부심을 갖도록 격려해준다. 사교기술이 별로 없는 청소년에게는 상담사가 그저 관찰만 하는 것이 아니라 인간관계기술을 훈련시켜주는 것이 대단히 큰 혜택이 된다. 더불어 상담사의 관찰뿐 아니라 건전한 조사연구들도 중등교육이나 초등교육에서의 이러한 코칭 활용을 지지해준다(Whiston and Sexton, 1998).

정신질환자나 정신분열증을 앓는 사람에게 '사교기술'과 '대처기술'을 훈련시키는 일을 지지해주는 증거는 있지만(Cooper, 2008: 166~167), 그보다 비교적 덜한 어려움을 겪는 성인이나 십 대 일반에 대해서는 체계적인 연구가 거의 없다.

자기주장훈련이 성인에게는 효과적임을 보여주는 증거가 있으며(Dilkand Bond, 1995), 특히 사회적 공포증이 있는 사람에게는 효과적이다. 그러나 그것이 기술 습득을 통해서 향상되는 것인지, 아니면 실제 노출in vivo exposure●을 통해 향상되는지 늘 명확한 것은 아니다.

발달교육에서 이성관계기술(Nelson-Jones, 1999a)을 가르칠 때는 영국 사회의 '가족' 구성의 조합이 여러 가지라는 사실에 반드시 민감해야 한다. 그리고 '미래 세대가 더 나은 정신 및 의사소통기술을 소유하도록 씨'를 뿌릴 필요에 민감해야 한다(Nelson-Jones, 1999b: 52~53).

● 실제 노출이란 사회적 환경에서 불안이 가라앉을 정도까지 어떤 행위를 반복 실행하는 것을 뜻한다. 이는 Emmelkemp(2004)와 Woody and Ollendick(2006)에게서 등장한 말인데, 나는 Cooper(2008: 167)에서 재인용했다.

불안을 '다스릴 규칙'을 만들어내는 '정신기술mind-skills' 기법 및 인식과 설명과 기대치 제공은 정서 상태를 조절하고 더 생산적인 삶의 모양을 갖추는 데 힘을 발휘한다.

'자기대화'와 '시각적 이미지화'라는 구체적 기술은 분노조절이나 자기통제 문제를 가진 청소년이 학교에서 놀림당하거나 상처받는다고 느낄 때, 또래들이 자기를 놀리고 있다고 믿을 때 적용할 수 있다.

맺는 말

간결요법의 효능을 보여주는 주목할 만한 증거에도 불구하고, 어느 한 접근법이나 모델이 학교에서 사용되기에 '가장 도움이 되는 치료'라고 주장될 수는 없다. 특정 접근이 우월하다는 증거는 임상가의 주관적 기록에 너무 의존한 것이기 때문이다. 어찌되었든 전통적인 많은 접근법, 정신역동 접근법, 인지 접근법, 인간주의적(내담자 중심, 게슈탈트) 접근법이 교육환경에 적용되어 시간 압박과 같은 요건을 맞추어줄 수 있다. 그리고 교육에서 간결하게 적용되면서도 어떻게 내담자를 향상시킬지에 관해서 그 나름의 이론적 원칙들을 벗어나지 않을 수 있는 접근법들이 많다.

다른 모델에서 유래한 효과적인 기법들이 다원적 관점에서 추천되는데, 특히 '이건의 3단계 모델', 해결중심치료, 신경언어 프로그래밍, 이야기치료, 인지적·인간주의적 치료가 추천된다. 앞으로 설명할 것은 학교에서 보통 적용될 수 있는 기법들, 가령 협력하는 목표 설정, 등급 매기기, 질문의 형식, 긴장완화 연습, 코칭 등이다. 이런 것들이 학교에서 보통 드러나는 십 대의 다양한 어려움에 적용될 수 있다. 다음 장에서는 교육현장에서 청소년의 감정적, 사회적 욕구에 부응하기 위한 간결상담의 실행성을 고려할 것이다.

 성찰 연습 ❶ 새 내담자를 만날 때마다 처음 소개한 후 당신이 습관적으로 던지는 질문들을 적어보라. 이제 당신 삶의 큰 문제든 작은 문제든 어떤 특정한 문제를 되새겨보라. 〈그림 2-4〉의 오른쪽 열에 있는 질문들을 가리고, 당신의 질문을 왼쪽 열의 질문들을 일종의 정신훈련 삼아 당신의 문제와 관련시켜 대답해보라.

이제 오른쪽 열의 질문들을 당신의 문제와 관련시켜 대답해보라. 당신 자신의 어려움을 해결하는 데 두 열에 어떤 차이점들이 있는지 발견했는가?

그림 2-4 문제 중심 구성과 성과 중심 구성

문제 중심 구성	성과 중심 구성
무엇이 당신 문제인가?	당신은 무엇을 원하는가?
어떻게 그 문제가 시작되었나?	원하는 것을 얻었음을 당신은 어떻게 아는가?
얼마나 오래된 문제인가?	원하는 것을 얻으면 당신 삶의 다른 어떤 부분이 향상될까?
누구 때문인가?	이 성과를 얻을 수 있게 도와줄 어떤 자원이 당신에게 있는가?
이 문제로 경험한 최악의 일은 무엇인가?	당신이 성공해보았던 것과 유사한 점은 무엇인가?
왜 아직 해결하지 못했나?	다음 단계는 무엇인가?

출처: McDermott(2008b: 13~14).

❷ 과거에 치료한 학생의 사례를 생각해보라. 학습 연습으로 작성했던 사례면 더 좋다. 어떤 '해결책'에 도달하는 것과 대조해, '문제'를 숙고하는 데 얼마나 많은 시간을 썼는지, 어떤 해결책에 도달할 때까지의 시간과 비교해 생각해보라.

　　a. 내담자가 자기 문제에 머물러 있으려는 경향에 관해 이 사례는 당신에게 무엇을 가르쳐 주는가?

　　b. 학생이 해결책을 향하도록 상담사가 '조정'할 때 상담사가 자기 말을 제대로 '듣지 않았다'고 그 학생이 느끼게끔 만들 위태로운 것은 무엇일까?

❸ 상담을 하면서 몰래 계속 주목해야 할 것은 내담자의 시선 변화인데, 시선이 움직인 직후에는 무슨 말을 하고 있는지 관심을 가지라.

　　a. 시선을 두는 곳, 얼굴 표정과 안색이 정신 과정의 특정한 양상들의 지표가 된다고 주장하는 신경언어 프로그래밍 이론에 당신은 동의하는가?

　　b. 몸의 언어와 얼굴 표정에서 너무 많은 것을 해석하는 것의 장점과 단점을 논하라.

Key Point

✓ 전통적인 상담 접근법들이 교육현장에서 간결하게 적용될 수 있다.

✓ '이건의 3단계 모델'은 달성할 수 있는 목표와 과제만 강조하는데, 치료적인 향상에 적절한 틀이 되어준다.

✓ 해결중심치료는 학교 등의 맥락에서 많이 이용되고 있다. 그 접근법은 문제투성이 이야기로

흘러가는 것을 피하고, 내담자를 미래 가능성으로 끌어간다.

✓ 신경언어 프로그래밍은 미래 지향 질문이 어느 영역에서 특히 효과적인지를 보여준다.

✓ 동기강화면담은 중독행위에 효과적이다.

✓ 이야기치료는 낙인이 찍혔거나 힘을 빼앗겼다고 느끼는 사춘기 아이가 변화를 위한 새로운 자원을 자신 안에 위치시키는 자세를 중요시함으로써 그 아이를 지지한다.

✓ 정신기술, 코칭, 자기주장훈련 기술은 인지적·인간주의적 상담의 특징인데, 교육현장의 학생들에게도 적절한 기법이다.

✓ 학교에서의 간결상담에 대한 다원적 관점을 요약하자면, 목표중심적이며 전적으로 협력하여 변화 과제와 방법을 계획하는 것에 집중하는 상담이다.

03 Counselling in School

학교상담

이 장에서 다룰 내용

들어가는 말

교육에서 상담은 다양하게 공급되고 있으며 일반적으로 증가 추세이긴 하지만, 대부분의 기존 교육기관은 자체 예산으로 상담 재원을 확보한다. 이 장은 학교에서 상담을 제공할 환경을 마련하고 유지하는 계획 단계를 살필 것이다. 실제적인 문제, 가령 상담에 적합한 장소, 상담 의뢰 원칙, 역할과 협동작업, 기록, 상담 제공에 대한 감사 및 평가와 더불어서 고용계약의 세부 사항을 살펴볼 것이다. 이런 것들을 고려하는 전제는 바로 변화하고 있는 교육기관의 요건들과 함께 학교의 간결상담이 진화할 필요가 있다는 것이다.

학교상담의 발달

영국의 학교상담 발달은 산업혁명 때 일어난 사회적 변화(McLeod, 2003)에까지 거슬러 올라갈 수 있고, 그 정도는 아니지만 호주에서도 1960년대 청소년 문화의 등장(Jayasinghe, 2001), 교육의 강조점 변화(Milner, 1980), 1970년대 상담과목의 급증(Mabey and Sorensen, 1995), 그리고 학교에서 상담 제공 확산(Lines, 2002a, 2006b; Prever, 2010a)으로 인해 영국과 마찬가지로 학교상담이 발달해왔다. 잉글랜드, 웨일스, 그리고 북아일랜드에서의 학교상담에 대한 검토는 '아동에 대한 잔혹행위 방지협회National Society for the Prevention of Cruelty to Children: NSPCC*와 키일대학교Keele University에 의해 위임된 적도 있다(Baginsky, 2004). 어떤 조사 자료에 의하면 2005년 기준으로 잉글랜드와 웨일스 지역의 표본학교 중 75%에 한 명의 상담사가 있었는데, 요새는 북아일랜드, 스코틀랜드, 웨일스의 모든 학교에서 학교 상담사를 한 명씩 채용하는 쪽으로 움직이고 있다(Hanley, 2010). 미국에서는 아동과 청소년 치료의 역사가 훨씬 길다(Capey, 1998; Reid, 1996).

•   [옮긴이] 영국에서 아동학대를 방지하기 위해 전국적으로 조직된 공익 재단으로, '1989년 아동법(Children Act 1989)'하에 법적인 권한을 부여받은 유일한 자선단체이다.

영국에서의 상담은 학교에서 정서적 곤란과 행위의 어려움을 지닌 아동과 청소년에게 도움을 주는 것으로 일관성 있게 부각되어왔고(DfES, 2001, 2004), 성인 대상 인지행동치료가 증가하고 있음을 말해주는 「라야드 보고서」(2004) 또한 영향력을 미쳐왔지만, 이러한 것이 교육 분야에 추가적인 기금 확보로 이어지지는 못했다(≪Therapy Today≫, 21 March 2010: 6).

웨스트미들랜즈West Midlands 지역에서는 학교상담이 다양하게 이루어진다. 학교에 (나처럼) 상근하는 상담사가 있거나, (더들리Dudley 지역에서 하듯이) 지역당국에서 상담을 제공하거나, (가령 오픈도어Open Door 같은) 외부 상담기관과 계약을 맺거나, 자유계약자로 일하는 상담사에게 상담이 맡겨지기도 한다(McGinnis and Jenkins, 2009). 상담사 대부분은 일주일에 하루에서 사흘까지 일하기로 계약하고, 그 상담 비용은 지역예산에서 지불된다. 덧붙여 말하자면, 교육현장에서 하는 학생상담은 전문 치료사의 독점적인 역할이 아니다. 전국적으로 볼 때 상담기술 제공에는 다양한 인력이 관여한다. 가령 학생 생활 담당교사, 학생 지원 직원, 심리치료사, 진로 지도자, 보건복지사, 의료계 종사자, 외국인 학생을 위한 언어교사, 그리고 교육사회복지사가 있다.

학교에 기반을 두고 일하는 사람들은 일정한 체제하에서 일하지만, 시간제 방문 치료사는 그렇지 않다. 말하자면 그를 고용한 기관이 정한 규정이나 실행 방식보다는 그를 통해 상담을 제공하는 조직체가 정해놓은 규정이나 실행 방식을 따른다(Mabey and Sorensen, 1995). 어느 쪽이든 그 나름의 장단점이 있다. 비밀유지의 정도, 안전조치 규정, 그리고 부모의 사전인지나 동의 없이 상담받을 권리를 아동에게 부여하는 일의 측면에서 그렇다(McGinnis and Jenkins, 2009).

상담 제공 계획하기

BACP의 한 부서인 '아동과 청소년 분과Commion for Children & Young People: CCYP'는 학교상담 제공 준비 안내서를 만들었고(McGinnis and Jenkins, 2009), 더불어 「도구함 Toolkit」이라는 자료를 만들었는데, BACP 웹사이트(www.bacp.co.uk)에서 찾아볼 수 있다. 안내서는 비전문가인 관리자가 고려해야 할 쟁점들, 가령 법률적 문제와 계약

상의 세부 사항에 대해 안내를 해준다. 반면 「도구함」은 상담을 잘하기 위한 확인 사항과 본보기 문서와 상담사의 고용 조건을 제공한다. 그 밖에도 상담 실행에서 생기는 다양한 쟁점에 대해 조언해주는 책들이 있다(Bor et al., 2002; Lines, 2006b).

상담을 계획하면서 고려해야 할 주요한 사항은 학교에서 제공되어야 할 치료의 수준과 정도다. 상담 제공을 준비하는 자유계약 상담사는 치료가 학생만을 위한 것인지, 아니면 학부모나 양육자에게도 해당되는지, 또는 그 교육기관의 교사와 강사에게도 해당되는지를 심사숙고할 필요가 있다. 사전에 논의된 상담 시간 배정 계약서에서 고려되어야 할 질문들이 있는데, 가령 다음과 같다.

- 개인상담뿐 아니라 집단치료의 제공 여부
- 부부상담이나 가족치료에 관여할지의 여부
- 또래상담을 조직하고 관리할지의 여부
- 저학년 학생에게 관계기술을 가르칠지의 여부
- 고학년 학생을 대상으로 상담기술에 대한 표준화 과목을 운영할지의 여부
- 학생 조회와 직원회의에서 상담 제공에 관해 공개적으로 알릴지의 여부
- 정보가 핵심 교직원에게 어떻게 전달될 수 있을지

내 경험상, 상담 실행에서 생기는 이런 쟁점들은 처음부터 고려하는 것이 가장 좋다. 이런 쟁점들이 대두되는데 시간은 부족해서 압박감을 느끼고 역할 갈등이 생기기 전에, 학교 운영자들 그리고 예산 관리자들과 상담 계약을 협상할 때 논의하는 것이 가장 좋다. 나는 위의 모든 사항을 수행해왔지만, 학교에 상근하는 상담사이기에 교사를 겸하는 상담사나 시간제 치료사만큼 시간 압박을 받지는 않는다.

숙련된 학교 상담사는 다양한 일을 실행한다. 가족상담에 관여하고, 자기역할을 확장하는 훈련을 받고, 십 대의 뇌가 어떻게 발달하는지 배우고, 학생을 모니터하는 학교 내부 체계에서 선도적인 역할을 한다(Fallon, 2010). 간결상담을 하면서 스스로 능숙하다고 느끼는 특정한 접근법이나 모델과는 별개로, 상담 작업에 필요하다면 다음의 것들을 추가적으로 훈련받아야 할 수도 있다.

- 훈련받은 것과는 다른 접근법
- 게슈탈트 '빈 의자' 기법
- 정신역동 심층 치료
- 부부상담, 중재, 또는 체계적 가족치료
- 동료 상담사 관리, 훈련, 감독
- 인지행동치료 기법, 자기주장훈련, 사회적 기술 교육 등

그러나 다양한 범위의 모든 의뢰인을 위해 절충적인 상담을 제공하면서 너무 과감하게 시도하는 것이 일주일에 하루만 일하는 계약을 맺은 시간제 상담사에게는 지나친 일이 될 수도 있다는 점을 명심해야 한다.

상담 실행을 학교 상황에 박아 넣기

상담을 그 학교의 제도와 문화 속에 박아 넣는 일이 반드시 이루어져야 한다. 상담사의 장기 고용을 보장하기 위해서뿐 아니라, 비슷한 목표, 즉 학생 복지라는 목표를 향해 일하는 다른 전문가들과 함께 협동 작업을 이루기 위해서도 그렇다. 보어 등(Bor et al., 2002)도 협력하여 일하는 것의 중요성을 강조하면서 특히 학교의 돌봄 체계 안에서의 협력을 강조하는데, 이는 상담사가 하는 일이 다른 전문가들과는 달리 그 속을 알 수 없다는 잘못된 인식을 불식시키기 위해서다. 보어 등이 제안하는 바에 따르면, 학교에 새로 임명된 상담사는 그 학교가 어떻게 작용하는지를 배워야 한다. 그래야 기존의 돌봄문화와 조직문화에 맞추어진 상담을 할 수 있고, 상담사는 홀로 일하기를 원한다는 인식을 피할 수 있다는 것이다.

교장과 정기적으로 의논하고, 발표나 직원회의를 통해 상급 교직원과 학교 운영진에게 상담 제공에 관해 홍보해서 모든 교직원이 상담사가 어떻게 일하려고 하는지를 알 수 있게 하라고 보어 등은 권고한다. 내 경험으로는 대부분의 교장은 너무 바빠서 정기적으로 의사소통을 할 수 없기 때문에, 이런 관리는 학생 생활 돌봄 역할을 맡고 있거나 '**모든 아이가 중요하다** Every Child Matters*'라는 프로그램의 책임을 맡은 주

- [옮긴이] 2003년에 영국 정부의 주도로 시작된 아동·청소년 보호 운동 프로그램이다.

임교사에게 위임되는 경향이 있다.

팀으로 협력하기

어떤 훈련을 받고 청소년상담사가 되었든 간에 학교 상담사로 일할 때는 팀으로 일하고, 보통 학생생활부에 속하게 된다(Lines, 2003). 그렇기에 상담사는 그 기관의 다른 인물과 정보를 주고받도록 기대되기도 하는데, 이런 상황에서 일하는 것에 상담사들은 보통 익숙하지 않기 때문에 윤리적 딜레마를 느낄 수도 있다. 이것은 비밀유지라는 윤리강령이 학교에서는 인정되지 않는다거나, 상담하면서 나눈 정보가 제삼자에게 아무렇지도 않게 전달될 것이 예상된다는 의미가 아니다. 학생의 복지를 위해 모든 전문가가 함께 일하기 때문에 정보 공유가 필요하다는 의미에서 느끼는 딜레마이다. 정보 공유는 교육현장의 통상적인 관행이기 때문이다.

> 나는 '돌봄아동 선별 모임'에 속해 정기적으로 모여서, 수업에 뒤떨어지고 있는 학생들에게 필요한 것들을 의논한다. 그 모임에서는 상담에서 드러난 세세한 정보를 내가 제공하리라 기대되지 않지만, 집단 결정 과정에서는 내 의견이 제공된다. 학교 상담사 중에는 특수교육Special Needs 부서에 속해 일하는 상담사도 있고, 어떤 상담사는 멘토링에 관여하기도 하고, 또래상담 학생들을 관리하기도 하고, 분노조절 집단을 운영할 수도 있고, 사회적 기술을 학생들에게 훈련시키기도 하고, 학급 활동에 참여할 수도 있다. 이런 점에서 학교 상담사는 자연히 교육현장의 한 팀에 속하게 된다.

어느 부서에 속한다고 해서 학교 상담사가 항상 다른 주임교사들과 견해가 같아야 한다는 말은 아니다. 어느 팀도 이런 식으로 작용하지는 않는다. 구성원들이 공동선을 위해서 함께 일할지라도 마찬가지다.

공동평가단 모임과 사례협의회

영국에서는 공동평가단Common Assessment Framework: CAF 모임이 소집되곤 한다. 공동평가단 모임은 가정에서 사회적·정서적 필요를 충족시키지 못하는 청소년이 있을 때

소집된다. 이 경우 사회복지 서비스가 투입되어야 할 정도로 큰 일이 있는 것은 아닐 수도 있다. 그래서 (상담사를 포함한) 어떤 전문가로든 가정 방문 팀이 꾸려질 수 있다. 해당 가족의 가정의, 가족 지원 담당자, 보호감찰관, 교육심리학자, 주거 담당 공무원, 약물 관련 복지사 등과 부모 또는 양육자와 교직원이 함께 해당 학생에게 구체적으로 필요한 것들을 확인하고 충족시키기 위해 모인다. 이런 모임에서는 적어도 상담사 한 명이 특정한 역할을 하도록 지명되기도 한다.

공동평가단 모임은 지시적이고, 정해진 절차와 일정과 문서가 있으며, 사회복지 차원의 개입 이전에 예비모임으로서 주선된다. 공동평가단 모임은 '**모든 아이가 중요하다**'라는 대원칙의 한부분이다. 이 모임의 장점에 대해서는 이 책을 쓰고 있는 동안에도 중학교들과 고등학교들에서 논쟁거리가 되고 있으며, 교육계에는 그 모임의 가치에 의구심을 품는 전문가도 많고, 모임의 소집을 확실히 꺼리는 전문가들도 많다. 그 모임이 사회복지 차원의 개입에 혼란을 주는 방편이 될 수 있다고 보기 때문이다. 영국 전국적으로 공동평가단 모임에 대한 일반적 경험에는 다양한 편차가 있다. 아동 및 청소년 정신건강 서비스Children and Young People Mental Heath Services: CAMHS●에서 일하는 어떤 사람이 말했듯이, "많은 것이 요구되며 함께 가야 하는 초기 개입을 공동평가단이 원래 약속했으나 그것은 부분적으로만 이행되었고, 내가 일하는 지방에서는 지역마다 그 지원 혜택이 다른 것처럼 보인다"(Catchpole, 2010: 11). 어찌되었든 필요한 아동을 위해 공동평가단 모임을 소집하는 것은 법적인 요구 사항이다. 그러나 누가 주도하는 역할을 해야 하느냐는 논쟁의 여지가 있다.

내 견해로는 상담사가 학교에서 학생 복지와 같은 다른 역할을 맡고 있지 않는 한, 공동평가단 모임을 이끄는 것은 바람직하지 못하다. 연속적으로 모임을 계획하고 소집하며 당사자들에게 시간을 할당하는 행정적인 의무는 노력이 많이 들고, 말할 나위도 없이 그 학생내담자에게 내 역할을 혼동하게 만들 위험이 있기 때문이다.

● [옮긴이] 공공기금으로 운영되는 국민보건서비스(National Health Service: NHS)에 속하는 기관으로서 정서적 괴로움과 행위 문제를 지닌 아동과 청소년을 지원한다.

결합된 역할

교사이며 상담사인 교직원이 있는 학교도 있지만, 어떤 학교에는 상담기술을 이용하는 멘토와 보조교사가 있으며, 학생 돌봄을 실제로 담당하는 교직원은 모두 부모나 양육자를 개입시키든 개입시키지 않든 문제를 가진 청소년의 일에 관여한다(Prever, 2010b). 이중역할은 문제가 있을 수 있고, 중립성을 지키기가 거의 어렵다(Prever, 2010a). 특히 상담의 역할이 다른 책임들에 비해 보조적일 때 더욱 그렇다. 가르치는 일에 열중함이 치료적 개입보다 변함없이 우선적이라는 학교 일반의 인식으로는 상담이 다른 우선적인 일들에 비해 부차적으로 중요할 뿐이다.

교사상담사가 가령 윤리와 보건 커리큘럼을 짜거나, 진로 지도나 특수아동 돌봄이나 '보호시설에 있는 아동' 돌봄을 관리하는 부서의 업무를 맡았다면 학생을 훈육할 때 이중역할로 인한 경계상의 갈등을 경험하기 쉽다. 나는 '학교 접수처'를 관리하지만 그 일로 인해 역할 갈등을 경험하지 않는다. 상담과 결합된 특별과목을 가르칠 때와는 확실히 다르다. 상담사가 상담과 충돌되는 역할을 하고 있지 않더라도, 여전히 전적으로 특정 교육기관의 기풍, 목표, 목적 안에서 움직이리라는 기대를 받는다. 그렇지 않으면 청소년과 그의 보호자가 그 교육기관에서 상충되는 기대들로 인해 혼란스러워질 것이기 때문이다.

상담사 역할

학교의 간결요법 상담사는 자신이 그 학교에서 상담이나 상담기술을 실행하는 유일한 사람이 아니라는 것을 곧 알게 될 것이다. 청소년은 모든 교육기관에서 하루 중 어느 때든 빈번히 상담받고 지도받는다. 그리고 조사연구에 따르면 치료사가 더 많은 자격을 갖출수록 더 잘 치료된다는 견해를 지지하는 직접적인 증거는 없다(Bratton et al., 2005; Cooper, 2010). "전문가와 전문가 보조원을 비교하는 연구들이 있었지만 치료자로서의 효능에서는 이 두 그룹의 본질적인 차이를 발견해내지 못했다"(Berman and Norton, 1985: 405). 특히 청소년 상담이나 간결한 형태의 상담에서 그렇다. 그러나 교육현장의 다른 인력 대부분은 절망감과 상실감을 지닌 청소년과 깊이 작업할 시간, 기술, 또는 태도를 지니고 있기가 쉽지 않다(Mcguiness, 1998).

역할 확립

내가 간결요법 상담사에게 조언하고 싶은 바는 적극적으로 행동을 취하라는 것이다. 자신이 뚜렷이 해야 할 역할과 일의 설명서를 만들어 그 학교에 널리 알리는 것이 좋다. 학교 안내서, 학교 웹사이트, 직원 핸드북, 부모와 학생 위한 전단지와 소책자에 (특별한 도움이 필요한 사람과 영어가 모국어가 아닌 사람을 염두에 두고서) 알기 쉬운 말로 작성해 싣는 것이 좋다. 또한 모든 구성원에게 학교에서 청소년에게 일상적으로 생기는 다양한 어려움에 대해 무엇이 제공되고 있는지 이해할 수 있는 정보를 제공하는 단체가 있다면 그곳에도 그 설명서를 보내주는 것이 좋다. 학교 상담사의 역할이나 책임에 대해 분명한 윤곽, 상담하는 일에 대한 설명서가 없는 것은 심각한 결점이 될 수 있다. 역할 혼동, 역할 갈등, 경우에 따라서 생기는 힘겨루기, 비생산적 동맹으로 이끌 수 있기 때문이다. 그래서 학생과 교사 사이에서 중재하는 작업을 사실상 불가능하게 만드는 일이 자주 생긴다.

이러한 준비가 되어 있지 않으면, 상담사와 일선 관리자가 함께 상담의 특정한 역할과 상담사의 일을 설명해주는 글을 작성할 수 있다. 앞서 언급한 「도구함」이 그런 문서의 예를 제공해주고 있기 때문에 상담 준비를 위한 출발점을 삼기에 유용하다. 그러나 내가 권하고 싶은 것은 이런 본보기들을 상담사가 자신이 일할 특정 기관의 요구 조건에 맞게 수정하라는 것이다. 상담 작업 설명서와 상담사의 치유 방침은 그 기관의 설립 정신과 목적 안에 놓여야 하고, 또한 BACP가 출판한 『좋은 상담과 심리치료를 위한 윤리적 실행 강령Ethical Framework for Good Practice in Counselling and Psychotherapy』(2002; 앞으로 BACP 『윤리강령』으로 지칭할 것이다)이나 기타 윤리강령의 틀 안에서 만들어져야 한다.

 상담 실행 설명서에는 다음 사항이 포함된다.
- 상담 의뢰 절차
- 제공되는 비밀유지의 범위
- 안전조치와 아동보호 행동 강령

- 슈퍼비전
- 공식 협회(BACP)의 회원증이나 인증서
- 감사監査와 녹음

상담현장 관리

상담사가 교육현장에서 어느 부서에 속할지 별로 생각하지 않는 단체장이나 교장도 있다. 상담사가 외부 상담기관에 속한 경우든, 자유계약 치료사이든, 나처럼 정규직 전임 상담사이든 상관없이 말이다. (나는 몇 년 동안 상담실장으로 여섯 명의 상담사를 관리했었다.) 어떤 학교에서는 '특수아동 담당 교사'가, 어떤 학교에서는 주임교사가 비행이나 돌봄에 관련된 일, 또는 **모든 아이가 중요하다** 프로그램을 이끌기도 한다. 몇년 전 학습 멘토들이 우리 학교에 왔을 때, 처음에는 교장이 그들의 관리자였고, 그들이 어떤 일을 할지 우리에게는 설명된 것이 없었기에 많은 혼동을 낳고 불필요하게 중복되는 일이 있었다. 말하자면 해당 청소년들이 수업 시간에 불려나가 한 번에 세명의 전문가와 이야기하는 경우도 있었고, 때로는 모순되는 조언을 받기도 했다.

고용계약

학교 상담사의 고용계약에는 어떤 혼동도 없어야 한다(법적 쟁점과 윤리적 쟁점은 4장에서 다뤄진다). 내가 지역 학교 상담사들과 대화하면서 알게 된 것은 일의 영역을 명시하는 계약서를 작성하지 않은 사람도 있다는 사실이다. 이는 비록 학교가 학생들에게 교내상담을 제공하려고 열심을 내지만, 그 서비스는 아직 충분히 생각되지 않은 발아 단계이며, 발전하는 중에 있음을 시사한다. 이 말은 상담이 고정적이고 정적이어야 한다는 의미가 아니다. 그런 말과는 거리가 아주 멀다. 상담이 기존의 돌봄 체계 및 운영 팀과 어떻게 균형을 맞추고 관리하는 특정한 역할을 할지 미리 생각하고 준비되어 있어야 한다는 말이다. 계약서에는 기간과 조건, 급여, 자격 요건, 근무시간, 공휴일과 병가, 배상 보험, 불평 접수 처리 절차, 그리고 기타 범죄기록 조회처럼 모든 직업에 적용되는 세부 사항들이 명시된다. 계약서 견본이 「도구함」 자료에 있다(BACP, 2010: Part 2).

상담사에 대한 인식

상담사가 학교 전체조회에, '학부모의 밤'에, 기타 사교 모임에 참석해 사람들 눈에 띄는 것은 학교 공동체에 한 일원으로서 온전히 들어가는 데 도움이 된다. 그러면 상담사를 방문하는 것이 낙인찍히는 일처럼, 마치 그 청소년이 **정신치료사의 심층 분석이 필요한 '심각한 문제'를 가지고 있는 것처럼** 보이지 않게 될 것이다. 교사와 학생 사이에서 상담사가 어떻게 인식되고 있는지는 결정적으로 중요하다. 내가 아는 학교 상담사 중에는 교내에서 청소년 클럽과 춤 모임을 진행하고, 학교 캠프에 가고, 다양한 사교 모임에 참여하는 사람들이 있다. 학교 상담사가 어떻게 보이는지는 중요하고, 따라서 현장에서 일하는 사람들에게 주고 싶은 조언은 그것에 대해 솔직하게 평가하는 사람들을 찾아 의견을 들어보라는 것이다.

실제적인 문제

또한 고려해야 할 것은 교내상담에 영향을 줄 수 있는 다양한 실제적인 사항들이다. 이 책 초판과 재판에서도 학교상담에 비추어 이런 것들이 고려되긴 했지만, 그때는 학교상담이 지금의 일반적인 상황보다 더 허술한 발판을 디디고 있었다.

상담실 위치: 접근성과 자율성

상담실의 위치는 핵심적 관심사에 속한다. 대립된 필요조건 둘의 균형을 잡을 필요가 있다. 그 하나는 접근 가능성이다. 어떤 학생이라도 상담사에게 다가가서 스스로 상담을 요청할 수 있어야 한다. '출입 금지 구역'에 왔다는 질책을 받지 않고서 말이다. 다른 요건은 익명성이다. 그래서 어떤 소심한 학생이라도 상담사에게 몰래 접근해 너무 공개적이지 않게 도움을 구할 수 있어야 한다. 완전한 익명성이 학교에서는 비현실적임을 염두에 두고서라도 말이다. 그러나 많은 경우에 상담사에게는 선택의 여지가 별로 없고, 쓸 수 있는 공간이 어디든 그곳을 활용할 수밖에 없다. 특히 시간제로 일할 때는 더욱 그렇다.

보통은 시간제 상담사가 돌봄 담당 교사와 방을 같이 쓸 것이다. 아니면 특수학급 교실 한구석에 가림막을 놓고 그 공간을 사용하기도 한다. 일단 학교 상담사로 정착되고 나면 더 많은 시간을 일하도록 제안받을 수도 있고, 그다음에는 더 나은 상황 조건, 즉 안정된 안전한 공간과 비밀유지를 위한 본질적인 요건을 요청하는 것이 비합리적인 태도로 여겨지지 않기도 한다. 초기부터 너무 많은 요구를 하면 우호적인 협력관계를 배양하지 못한다. 어떤 방을 사용하든 안전함에 반드시 주의를 기울여야 한다. 가령 폐쇄되고 은밀한 방에서 학대가 이루어질 수 있다는 의심을 피하도록 창문 있는 방이 좋다. 학생들하고만 일하는 교사처럼 상담사도 위태로운 상황에 처할 가능성이 삼재한다. 그래서 모든 부정적인 인식들은 좋은 계획과 사전숙고로써 반드시 방지되어야 한다.

상담실

학교 상담사가 운 좋게도 이러한 문제에 선택권이 있다면, 그리고 상담실을 꾸밀 수 있는 예산이 있다면, 상담실이 치유에 적절한 영역이 되도록 계획하면서 고려해야 할 사항들이 있다. 십 대는 이미지나 지위에 민감하다는 사실을 가정한다면 내 생각에는 청소년과 통하는 인물이라는 확실한 모습을 보여주는 것이 좋다. 상담사가 이상하다거나 평범하지 않다는 견해들을 피하기 위해서이다. 한마디로 상담사가 인기 없는 사람이 되어서는 안 된다. 학생이 스스로 찾아오게 만드는 일의 성패는 오로지 학생들의 견해에 달려 있다. 이런 견해는 청소년이 상담실에 들어서는 첫 순간에 확 줄어들 수도 있고 강화될 수도 있다.

학교의 간결요법 상담사는 벽이나 게시판에 사진과 포스터를 붙여서 알릴 때 '개인으로서의 자기'를 얼마나 공개하기 원하는지 미리 고려할 필요가 있다. 이는 ≪오늘의 치유Therapy Today≫(January 22, 2011: 35~37)에서 논의되었듯이 전문가 사이에서도 논쟁거리인데, 상담사가 자신을 '사람'으로 노출함이 치료의 한 도구라고 보는지, 또는 평범하고 불투명한 환경이 치유 목적에 더 낫다고 고려하는지에 따라 견해가 달라진다. 나는 전자를 더 선호한다(아래 참조).

 자기노출 – 연결고리 만들기　로버트는 대기실에서 첫 상담을 기다리는 동안 벽에 붙은 사진들을 훑어보았다. "선생님은 클래식 자동차를 좋아하는군요. 우리 아빠도 오래된 선빔Sunbeam

사의 차를 갖고 있어요…… 그 미니 쿠퍼Mini Cooper 운전을 아빠가 가르쳐준다고 했어요." 내가 마실 것을 준비하는 동안 로버트는 자기가 회복 과제에서 어디까지 도달했는지 내게 말하기 시작했다. 공통 관심사로 인해 거의 즉시 연대감이 형성되었고, 자기 아빠가 학교에 다녔을 때 내게 한 번 상담을 받았던 적이 있다고 내게 이야기해준 후에 상담 관계가 마치 그 회기 시작 전에 이미 형성되어 있었던 것처럼 느껴졌다.

그림들을 벽에 붙여서 환영하는 분위기를 조성하기도 한다. 그 그림들이 생각을 자극하게 만들고, 곧바로 그 내용이 파악되는 것이고, 마음이 끌리는 것들이고, 십 대의 문젯거리와 옷차림에 맞춘 것이어서 호기심을 불러일으킨다면 이상적이다. 상담실 안에는 공예품들과 '상담 도구 제품'이라고 이름 붙일 수도 있는 물품들이 있다. 모래판, 꼭두각시 인형, 말로 표현하기 어려워하는 청소년을 끌어들일 시각 보조물, 말로 곰곰이 생각하지 않으면서도 깊은 내면을 탐구하려는 학생을 위한 미술 자료, 책과 논문, 직원과 고학년의 교육 및 훈련을 위한 자기 계발서, 그리고 성 건강 보건 소등의 기관에 학생을 의뢰하는 정보와 정보지가 비치되어 있다. 내 방에는 시선을 사로잡고 생각하게 만드는 재미있는 시, 격언, 속담이 있어서 학생이 기다리는 동안 생각이 자극되거나 미소 짓게 한다.

상담사가 만들고 싶은 분위기는 그의 개인적인 관심과 취향에 달려 있다. 대기실에 좋은 향내가 나고 부드러운 음악이 있어야 하는가? 그렇다면 어떤 것이 좋은가? 특정 향내와 멜로디가 잠재의식적인 어떤 메시지를 줄 것인가? 음악은 분노한 학생의 긴장을 누그러트리지만, 또한 상담이 불필요한 청취자를 끌어당길 수도 있고 상담 집중을 쉽게 흐트러뜨릴 수 있다. 신중하게 고른 음악은 행동 문제로 '상담사에게 밀고 들어온' 학생이나 싸우기 직전의 학생의 끓어오르는 격노를 가라앉힐 수도 있지만, 상담사를 어떤 일정한 음악적 취향을 가진 사람으로 보게 만들어 학생들의 선호가 갈릴 것이다.

방해 관리

학교에서 일하는 치료사가 외부 치유센터에서처럼 방해받지 않고 편안하게 상담할 수 있으리라고 기대하는 것은 비현실적이다. 개인치유든 집단치유든 마찬가지다. 특히 상담실이 공유되는 방이고, 보통 한방에 있는 교사들을 찾아 학생들이 들락거리는 방이라면 더욱 그렇다. 다른 교직원의 기분을 상하게 하지 않으면서, 가능하다면 잠시 전화선을 빼놓고 '방해 사양' 사인을 걸어놓는 것이 최선이다. 이런 사항들은 심층 상담을 하기 전에 잘 논의되고 계획되어야 한다.

치료사는 시계를 수업종이 치는 시간에 맞추고, 그 종소리에 맞추어 회기를 운영하라는 조언을 받게 된다. 간결요법 상담사가 학교에서 경우에 따라 방해받는 것에 대한 대응이 아주 원칙적일 필요는 없다고 나는 생각한다. 내 경험으로는 사람들이 방을 들락거릴 때에 정신적 외상이 심한 내담자는 당연히 산만해질 테지만, 청소년 대다수는 아주 익숙해져 있다. 하지만 갓 상담사가 된 사람은 방해를 받을 수도 있다. 그러나 학교 상담사는 그저 이런 방해를 받으며 일해야 하고, 그것이 학교에서 일하는 현실의 일부임을 알아야 한다.

 방해 관리 우리는 말하기 힘든 주제를 이야기하는 중이었다. 로렌과 그 아이 엄마의 죽음에 관해 이야기하고 있었다. 그때 9학년 학생이 문을 열고 말했다. "방해해서 미안한데요, 존 스톤 선생님 보셨어요?" 눈물 흘리고 있는 로렌을 보고서 그 학생은 당황해했고, 갑자기 문을 연 것에 대해 사과했다. 그 학생은 문에 걸어놓은 '상담 중 ─ 들어오지 마시오'라는 표지를 알아차리지 못했던 것이다.

상담 의뢰 절차

학교상담 서비스 계획의 초기 단계에 상담 의뢰 방법을 결정하는 것이 아주 중요하다. 돌봄교사, 담임교사나 과목 담당 교사, 외부 상담소, 부모나 양육자, 학생 자신 중 누군가가 상담을 의뢰할지, 아니면 그들 중 누구든지 의뢰하면 되는 것인지를 미리 결정해야 한다. 학생이 스스로 상담실에 와서 상담을 의뢰하는 것이 허락된다면, 내 생각에는 어떤 기관이든 돌보는 일을 하는 데라면 그렇게 해야 한다고 생각하는데, 재량권이 허용되는 의사소통 체계를 반드시 만들어야 한다. 이에 영향을 받게 되는 모든 교직원은 그 의뢰 절차와 각각의 회기마다 의사소통할 수단에 대해 고지되어 있을 필요가 있다.• 내가 일하는 학교에서는 많은 내담자가 스스로 상담을 의뢰한

• [옮긴이] 예를 들어, 수업 시간에 어떤 학생이 교실에 안 들어오고 상담실로 가버린 경우, 그 수업 담당

다. 모든 연령대의 다양한 인종 배경을 가진 남녀 학생들이 자유롭게 상담 지원을 이용한다. 나는 상담을 의뢰하는 전문가들과 한 팀으로 작업한다. 양호실 간호사, 학생 복지 담당자, 행동 관리자, 출석 관리자, 교장, 돌봄 지원 관리자, '특수교육' 프로그램 관리자, 그리고 모든 교직원이 한 팀이 된다(부록 2 참조).

시간제로 일하는 다른 학교 상담사들의 자문에 응하다 보면 학생 스스로 상담을 의뢰하는 일을 허용하는 학교의 비율이 교사의 의뢰를 허용하는 학교보다 낮다는 사실이 드러난다. 예산이라는 측면에서 감안한다면, 불가피하게도 학교는 동일 비용으로 최대한의 서비스를 목표로 한다. 이 말은 상담사의 직속 상사는 모든 회기가 미리 채워져 있기를 원한다는 뜻이다. 학생이 결석하거나 예약된 상담 약속을 잊거나 해서 사전에 계획된 상담 회기가 비게 될 때, 그런 체계가 준비되어 있다면 상담 의뢰를 하러 왔던 학생이 사전약속 없이 곧바로 그 시간에 상담받을 수도 있다.

보어 등(Bor et al., 2002)은 학생이 상담요청서를 넣을 상자를 적절한 곳에 비치할 수도 있다고 제안한다. BACP의 「도구함」에는 상담신청서 견본이 들어있다. 학생이 스스로 상담을 어떻게 신청하든, 미리 계획된 상담 시간에 대해 교사들과 어떻게 의사소통할지는 질문되어야 할 중요한 이슈다.

맥기니스와 젠킨스(McGinnis and Jenkins, 2009: 16)가 추천하는 방법은 교사나 학생이 직접 '상담 예약'이라 쓰인 용지를 봉투에 넣어 제출하는 것이다. 이는 익명성을 보장하지만, 내가 일하는 학교에서는 별로 효과적이지 못했다. 나는 개방성을 선호한다. 상담을 요청하고 받는 데 연루된 어떤 낙인도 지울 필요가 있다고 생각하기 때문이다. 수업 중인 학교에서는 완전한 익명성이 비현실적이다. 내 경우에 새로운 상담 의뢰는 학생 접수원이 받지만, 사전약속된 시간을 위해서는 사전신청 허가서를 사용해 학생이 수업 시간에 상담하는 것에 대해 양해를 구하게 만든다.

어떤 식으로 의사소통이 이루어지든, 학교에서는 예약 시간을 정하는 일이 특정한 문제들을 야기한다. 내 학교 교장은 학생 자신이 상담 신청하는 것을 허용했음에도 불구하고, 모든 학생은 수업 시간 정각에 교실에 있을 것과 정해진 교과목을 다 배우고 수업 시간에 충실해야 한다는 것에 우선순위를 둔다. 그리고 학생이 전자 장치로 수업마다 출석 확인을 하게 되어 있어서, 만일 학생이 상담 예약을 하러 갔거나

교사가 해당 학생이 상담실에 갔다는 것에 대해 알 수 있도록 하는 체계와 수단이 필요하다는 말이다.

상담사를 만나느라 수업 시작 때에 그 교실에 없으면 상담사와 교사 사이에 불필요하고 쓸모없는 불화가 생길 수도 있다.

 특별하지 않은 흔한 사례 키런은 3교시 시작 때에 나를 찾아와서 "수업 시간에 빠지게 해줄 수 있는지" 물었다. "수업에 왜 들어가고 싶지 않니?" 나는 물었다. "제이미와 델로이가 계속 나를 놀려요." 나는 대답했다. "미안하지만, 내가 지금 너를 볼 수 없단다. 회의에 참석해야 하거든. 회의가 없더라도, 내가 널 수업에 빠지도록 할 권한이 없단다. 어쩌면 쉬는 시간이나 점심에 네가 미리 날 찾아왔더라면, 우리가 그 문제에 대해 이리저리 생각해볼 수 있었을 텐데. 만일 네가 지금 수업에 들어가기 힘들면, 너네 돌봄 지원 관리교사에게 이야기해야 할 거야. 내일 쉬는 시간에 나를 찾아와서 네가 어떻게 처리했는지 알려주겠니?"

무심하게 일한다면 상담이 진짜 필요한 것인지, 아니면 수업 회피 전략(어쩌면 그 학생은 숙제를 해오지 않았을 수도 있다)인지 구분하지 못한다. 이런 일이 학교에서 일어나는 경향이 있고, 만일 적절히 계획해 방비하지 못하면 상담 서비스의 토대를 침식할 수 있다.

 나는 시험 기간이 언제 시작되는지를 기억하고 있다가 미리 교사들과 메모나 이메일을 통해서 그 과목을 듣는 학생과 상담하는 일이 언제가 편리한지 협의하고, 때로는 양보하며, 보통은 그 교사가 원하는 바를 존중한다. 이것은 교육현장의 문제와 윤리적 문제를 배제하지 않고 내리는 정책적 결정이다. 그러나 머뭇거릴 수 없는 위기 상황이라고 내가 판단할 때는, 교장의 후원을 받으면서 나는 교사의 의견을 넘어설 것이다.

통상적으로 나는 후속 회기를 수업이 반쯤 진행된 뒷부분의 시간으로 약속하는 편인데, 그렇게 하면 학생이 계획된 수업 내용을 받을 수 있고 너무 뒤처지지 않을 수 있기 때문이다. 예약 시간은 학생이 교사에게 제출하게 되어 있는 허가나 예약 쪽지를 통해 교사에게 알려진다. 그래서 불가피하게도 완전한 익명성은 보장될 수 없지만, 내가 염두에 두어야 할 사실은 내가 일하는 기관이 학습하는 환경이라는 것이다. 그 기관의 존재 이유가 치료가 아니라 전통적인 교육이라는 사실이다. 치료가 교육 과정에 부속되어 있고, 그래서 나는 그 교육기관의 정신과 작업 방식에 맞추는 법을 배워야 한다는 것이다.

협력하는 작업에 나타나는 윤리적 쟁점

다양한 쟁점이 협력 작업에서 나타난다. 가령 상담을 의뢰하면서 치료사에게 정보를 건네는 일, 학생의 복지를 논의하는 집단회의에서 그 학생의 사적인 사정을 혼자만 알고 있는 사람으로서의 역할, 상담 파일에의 접근 허용, 어떤 학생의 퇴학을 결정할 교장에게 제출할 보고서 작성 등의 쟁점이 있다. 위에서 말했듯이 학교 상담사는 학교에서 일을 시작하기에 앞서 이런 문제들에 대비하는 계획을 세우도록 조언받는 것이 좋다. 그래야 상담의 구별된 역할을 모든 당사자가 이해하게 된다.

어떤 학교에서는 상담사에게 상담했던 특정한 내담자에 관한 '사례협의회'에 참석하라고 요청할 수도 있다. '아동보호협의회'인 경우에는 보고서를 작성하거나, 돌봄 계획이 수립되었을 때 핵심 집단 모임에 참석하는 것까지 요청받을 수도 있다. 다시 한번 말하자면 이런 과정에는 고려해야 할 윤리적인 문제들이 있기 마련인데, 그럴 때는 내담자와 사전협의를 하면서 상담사가 참석해야 하는 이유들을 설명해주는 것이 최선의 대응책이 된다. 만약 서면평가서나 내담자에 관한 보고서가 요구된다면 상담사는 상담윤리를 고려하고, 적절하다면 그 문서가 협력 차원에서 작성되어야 할지의 여부를 고려해야 한다. 의심의 여지없이 법률에 정해진 모임에 참석하는 전문가들은 상담사가 그 모임에 기여하는 바를 존중하지만, 이러한 기여는 상담사가 학생내담자에게 어떻게 보이게 될지에 대한 윤리적 고려와 균형이 맞아야 한다.

치료사는 '아동 및 청소년 정신건강 서비스'나 정신과 간호사 또는 기타 정신건강 전문가에 의해 소집되는 회의에 참석하여 자신의 학생내담자의 정신적 기능에 대한 논의에 참여하라는 요청을 받을 수도 있다. 팀으로 협력하는 일이 교육기관의 규범이 되어가고 있지만, 학교 상담사는 이런 일에 기여함으로써 발생할 수도 있는 윤리적으로 복합적인 사안들을 무시할 수 없다.

민감한 내용과 특히 비밀유지하에 나눈 이야기가 불필요하게 비전문적으로 전달되는 것은 당연히 기대되는 일이 아니다. 그러나 다른 이들이 결정을 내릴 때 정보가 될 수도 있는 상담사의 의견을 구하는 경우들이 있다. 비밀유지란, 4장에서 살펴보겠지만 치료사와 내담자 사이에 공인된 규약이며, 그 상담사가 속한 단체, 가령 BACP의 『윤리강령』 같은 것에 합치한다. 하지만 간결요법 치료사는 불과 몇 회기

상담한 후에 그 내담자에 대해 판단하고 평가를 하도록 요청받을 수도 있다. 그 학생이 학교에서 학업을 계속 해나가도록 어떻게 관리하거나 지도하는 것이 최선인지 그 기관의 돌봄 팀이 통찰을 얻을 수 있도록 말이다.

자신의 상담 스타일 계발

학교 상담사마다 선호하는 직업 방식과 성향이 있다(Cooper, 2010). 상담사는 이를 인지하고 자신의 슈퍼비전과 개인 분석 시간에 다루는 것이 좋다. 또 상담사가 편향을 지니고 있을 수도 있다. 내 생각에 나는 인지행동치료로 기울어 있는 통합주의자이지만 다원주의적인 관점을 유지하고 있다(Cooper and McLeod, 2011).

어떤 접근법을 선택할지는 의뢰 정보와 내담자의 이야기를 들은 후 **직관적으로** 그리고 **협력하여** 이루어지고, 상호적인 '말하기에 관해 이야기하기'(메타커뮤니케이션)를 통해서 상담이 진행되어갈 때 일정한 간격으로 그 접근법들이 재고된다. '**이것이 도움이 되고 있는가?', '지금 제대로 가고 있는가?**' 같은 질문들을 통해서 초점이 변경되는 중요한 단계에서는 상담 계약과 프로그램이 수정된다. 또는 슈퍼비전과 재검토를 통해서도 수정된다.

어린 학생이 내 앞에 앉아 문제를 이야기할 때 그것은 맥락 없는 날것의 자료로 주어지는 것이 아니다. 그 문제는 서사 구조 안에서 나타나고, 그 서사는 학생내담자의 현실을 대변하는 다양한 이야기로 뒷받침된다. 그 문제가 내담자의 머릿속에 있든, 아니면 그의 관계적 세상에 있든, 어떤 한 서사가 등장하게 된다. 그렇게 그는 자기가 세상을 어떻게 보는지 또는 그 세상이 자신을 어떻게 대한다고 인식하는지에 대한 하나의 관점 또는 다양한 관점들을 이야기해줄 것이다.

치료 방법 검토

상담 시작 국면에서는 의뢰된 사항들을 속으로 훑으면서 '내 머릿속에서 무엇이 진행되는가?'를 자문한다. 왜냐하면 이 시점에서는 내담자의 마음에 무엇이 있는지 알지 못하지만 내 속에는 무엇이 있는지 내가 알기 때문이다. 속으로 재빨리 나는 나의 학습, 실습, 경험을 통해 정리된 상담 양식과 접근법의 목록을 통과한다. 우리는 치유의 과제들과 방법들이 잘 상호작용하도록 만들어야 하기 때문에, 내가 처음에 하는 노력은 다음의 다양한 질문에 대답하면서 선택과 변천의 과정을 통과하는 것이다.

- 내담자가 요약해주는 그 문제를 상담이 다룰 수 있나?
- 심층 작업이 필요한가? 아니면 단지 정보만 전달하면 될까?
- 이 상담이 지시적이어야 하고 교육적인 면에 초점이 맞추어져야 하는가?
- 해결중심 접근법으로 다루어질 수 있는 분명한 문제가 있는가? 아니면 지금까지 표현된 적 없는 더 깊고 명확하지 않은 수준을 탐색할 필요가 있는가?
- 문제가 단지 또래 사이의 분쟁이나 아이와 어른 사이의 갈등을 해결하는 것이어서 돌봄교사나 다른 기관에 의뢰하면 되는가? 아니면 내담자가 일반적인 의사소통에 곤란을 겪고 있어서 인간관계에 적응하는 기술을 도와주어야 할 더 포괄적인 일들이 요구되는가?
- 어떤 구체적인 개입을 해야 긍정적인 결과를 낳을 가능성이 높은가?
- 인간주의적인 상담을 통해 내담자가 슬픔을 표현하도록 도와주고 그의 상실감을 인정해줄 필요가 있는가? 아니면 내담자가 우울 상태를 벗어나도록 돕기 위해 인지치료가 필요한가? 그 둘 다 사용하는 것이 좋을까, 아니면 그 대안으로서 인지적·인간주의적 상담에서 가장 좋은 점들을 합쳐서 사용하는 것이 좋을까?
- 내담자의 존재감과 인생관을 탐색하기 위해 실존주의적 치료를 해야 할까?
- 내담자가 기능하는 주요한 방식은 무엇인가? 느낌인가, 인지인가, 행동인가?

상담 과정

모든 내담자는 그를 움직이게 하는 지배적인 양식이 있다(Lazarus, 1981, 2005). 어떤 사람은 직관적이고, 어떤 사람은 실용적이다. 어떤 사람은 실천적 과제 실행을 선호하고, 어떤 사람은 감정을 풀어놓음으로써 그 덕을 본다. 인지치료는 이성적으로 기능하는 사람을 위해 선호되고, 게슈탈트치료는 상상력이 풍부하고 표현적인 양식으로 움직이는 사람에게 맞는 경향이 있다.

들는 내용으로 내담자에 관해 알게 되는 만큼이나 **어떻게 이야기되고 있는지로**

부터도 나는 알게 된다. 내담자가 문장을 구성하기 위해 사용하는 단어들로부터 알게 되는 만큼이나 내담자가 어떻게 **자신을 제시하고 있는지**로부터도 알게 된다. 말하기를 **주저하고 멈춤**, **망설임**, **한순간의 생각 몰두**, 드러나는 감정의 **강도**, 전달할 때의 **에너지**에서도 나는 많은 것을 알게 된다. 나는 정신역동치료에 가까운 스타일을 간결하게 사용해 무의식 과정이 드러나게 하기도 한다. 그리고 나서 다시 경청, 비언어적 의사소통, 관찰, 반영, 질문과 도전 같은 '미세 기술'(Hill, 1999)을 사용한다. 그리고 전적으로 대화 속으로 들어가, 내담자 중심의 입장에 서서 그가 자기실현을 향해 이끌어갈 수도 있는 길을 내가 따라가는 편을 택한다. 그렇지 않을 때는, 다시 말하지만 내가 더 선행 주도적으로 내담자와 협력하는 대화를 통해서 인간관계기술 프로그램이 그 내담자에게 더 낫다고 고려할 수도 있다. 또는 어떤 구체적인 사교상의 문제가 있다면 학생내담자가 변화하도록 나는 인지행동치료나 해결중심치료를 통해 그 문제가 해결되어야 한다고 생각하기도 한다.

변화를 위한 상담 자원

앞에서 언급된 조사연구의 한 부분이 교육환경에 있는 학생들에게 특히 타당하다. 그것은 램버트가 발견한 것들(Asay and Lambert, 1999; Lambert, 1992)로서, 성공적인 성과에 영향을 미치는 의미심장한 '치유의 외적' 요인들이다. 가령 친구 구성이나 가족 역동성의 변화, 교사나 자연스러운 일상의 변화가 외적 요인이 될 수 있다. 비록 그런 요인들이 끼어드는 것의 타당성을 평가하기란 쉽지 않지만, 세밀하게 조율된 질문과 관심을 갖고 탐색하다 보면 이런 치유 외적인 세세한 것들을 인지하게 되는 경우가 빈번히 생긴다. 그러나 이 과정에서 내담자의 삶에 관한 사실들에 너무 집착하면 안 된다. 왜냐하면 **상담 관계**(두 번째로 변화에 영향력을 미치는 요인)는 측정이 가능하고(Cooper, 2008), 그 관계가 사춘기 아이들을 향상시키는 데 결정적으로 중요하기 때문이다. 허울뿐인 돌봄은 어떤 것이든 곧 자명해진다. 그래서 나는 적절할 때 반드시 주의하면서 **자기노출**을 하기도 한다. 서로 배려할 것을 제공하기 위해서이다.

 상담사의 자기노출이 치유적 진행을 지체시킬 수 있다(Truax, 1971). 특히 감정이 불안정한 청소년에게 그렇다. 그러나 선행 주도적 스타일의 치료에서는 경험을 일반화하는 데 도움을 줄 수 있다(Geldard and Geldard, 2010). '자기 이용'이 진솔함을 가장한 '자기 이야기'가 되어 덧붙여지지 않는다면 도움이 될 수 있다.

상담에서의 신체 접촉에 관해서 내가 일반적으로 느끼는 것은, 비록 많은 청소년이 따뜻함과 애정에 결핍되어 있지만 '정서적 지탱'을 위한 신체 접촉은 불필요하고 오히려 잠재적인 학대로 오해되는 경향이 있다는 것이다(Tolan, 2003). 그것은 또한 상담사 의존을 야기할 수 있어서 도움이 되지 않는다. 그러나 경우에 따라서 나와 상담했던 내담자가 학교를 완전히 떠날 때는 가벼운 포옹을 하기도 한다.

시의적절한 개입이 이루어지든지, 아니면 내가 말없이 주의 깊게 앉아 있든지 간에, 내담자는 나를 저울질하고 다음과 같은 생각을 점검해볼 것이다.

이 상담사는 믿을 만한가? 오늘 내가 직접 경험하는 것이 집이나 학교에서 들어왔던 내용과 맞는가?

내가 내담자의 느낌을 휘저어놓든지 아니면 느끼도록 만들었든지 간에, 나의 상담의 혜택은 특정한 이 맥락에서 특정한 이 문제를 전달하고 있는 이 사람에게만 분명해질 수 있다는 것이다(Cooper and McLeod, 2011). 치유 관계에 관해 상담사 스스로 던져야 할 질문은 다음과 같다.

- 치유 관계 자체가 내담자의 변화를 촉진시킬 것인가? 그 관계가 향상을 위한 상담개입을 제대로 전달해줄 통로가 될 것인가?
- 그 관계가 내담자를 자각시키고 힘을 불러일으켜주는 수단인가? 내담자가 내면의 자원을 발견하게 되는 과정이 될 것인가? 무언가가 일어나도록 내담자가 생각과 태도를 바꾸려고 서서히 어느 정도 열중하게 만드는 수단이 될 것인가?

상담 노트

상담 파일 보관과 파일 내용의 성격에 대해 영국에서는 상담사들 간에 일치된 의견이 없다. 팀 본드(Bond, 2010)는 기록 보관에 대한 찬성과 반대의 주장들을 정리했다. 나는 기록 보관이 이롭지 못하다는 편에 선다. 설명 책임에 대한 요구가 증가하고 있음에도 그렇다. 가장 주목하지 않을 수 없는 요소는 '고지된 동의'와 관련된다. "법과 전문가의 윤리 둘 다 내담자가 기록 보관에 동의했다는 사실을 요구한다"(Bond, 2010: 198). 나는 십 대들 대부분이 **공지된** 동의를 할 수 있으리라고는 보지 않는다. 비록 그들이 학교에서는 그들에 관한 파일이 보관된다는 것을 알고 있지만, 그리고 그것이 적법한 것이지만, 그 문제에 대해서 그들은 자문받아본 적이 없다. 하지만 상담은 다르다.

맥기니스와 젠킨스(McGinnis and Jenkins, 2009)는 학생에 관한 사적인 은밀한 정보를 기록할 때 그것이 법적으로 학교 상담사에게 지니는 함의가 무엇인지 개괄해준다(4장). 이 문제는 개인정보가 '교육 기록'에 속하는지의 여부에 달려 있다. 학생과 (학생의 동의가 있든 없든) 학부모는 교육 기록에 접근할 권리가 있기 때문이다.

학부모나 양육자는 내담자가 원하지 않을 때(그리고 상담사도 아마 원하지 않을 때), 특히 그 자녀의 상담 기록이 '교육 기록'의 부분이 아니라면 비밀 보장을 위해 상담 자료에 접근하는 것이 거부될 수 있다(McGinnis and Jenkins 2009).

법적으로 그것은 '자료보호법Data Protection Act'(DPA, 1998: SI 2000/297)'상의 '부모의 권리'와 '자료의 주체'인 자녀의 권리 사이에 균형을 잡는 경우가 된다. 즉, 부모에 대한 접근 거부는 '1998년 인권법Human Rights Act 1998[DPA, 1998: Schedule 2, Section 4(3) 6(1)]의 제8조하에 지지될 수 있다. 그 조항에 의하면 부모의 접근이 아동의 사생활 권리를 침해하는 것이 된다.

학자들이 진술하듯이 그 경계선은 명확하지 않다. 그럼에도 불구하고 현장 상담사는 교육법에 나타나는 현행 법규를 계속 업데이트해야 한다(BACP 웹사이트에는 유용한 연락처의 세부 사항을 담고 있다; www.bacp.co.uk).

모든 상담사와 심리치료사는 상담 회기 노트와 보조 비망록의 작성 방식을 나름대로 개발하게 된다. 이는 모든 내담자 각각에 대한 개별 파일 보관 여부와는 상관없다. 학교에서의 파일은 '교육 기록'으로 분류될 것이다. 기록할 수 없는 상황에 있을 때는 내가 회기 중에 메모를 할 수가 없다. 하지만 그런 상황이 아니더라도 청소년과 치유 중인 회기에 나는 여전히 필기하지 않는다. 특히 첫째 회기나 상담 초기에는 상담 상황에 무슨 일이 일어날지 내담자가 분명히 알지 못한 채 염려할 것이기 때문이다. 상담이 무엇인지, 상담이 자기를 어디로 이끌고 갈 것인지에 관해 확신이 없을 수도 있다. 상담 과정의 성격 전체를 경험하기 전까지는 왜 자기가 말하는 것을 상담사가 기록하고 있는지 의심스러워할 수도 있다. 마치 시험공부하지 않고 구두시험 치는 느낌일 수 있다.

게다가 주임교사와 면담할 때 그 교사가 필기를 하면, 학교를 다니는 학생이라면 대부분 이것이 관례상으로 비행의 결과이거나 학교나 사회의 규칙 위반이나 학교폭력으로 고발된 결과임을 경험한다. 그런 경우 증인 진술이 요구되거나 사건일지가 작성되어서 잘못이 있음을 입증하거나 위반 당사자로 증명하는 일이 필요하기 때문이다. 그런 학생은 자기 부모가 곧 연락받으리라고 생각한다. 학교의 간결요법 상담사는 이런 인상을 주기 원하지 않는다. 그런 오해를 피하기 위해 내가 제안하는 것은 치료사가 회기 중, 특히 초기의 상담 회기에서는 왜 필기되는지, 어떤 특정한 목적을 위해 기록이 저장되는지가 내담자에게 투명하게 밝혀지기 전까지는 필기하지 말라는 것이다. 분명히 이것은 매 회기 후 필요한 것은 무엇이든 기록해야 할 업무가 증가함을 뜻한다.

 상담사는 각기 얼마나 많은 기록이 기억을 도와주는 데 필요할지를 고려할 필요가 있다. 특히 간결요법 상담은 회기 사이의 간격이 긴 것이 일반적이기 때문이다. 상담 기록은 관례상 하는 일이고 행정적으로 필요한 것이지만(「도구함」), 상담 노트를 만들어야 한다는 법적인 요구나 정해진 방법은 없다(Bond, 2010). 상담사가 일하는 기관에서 그에게 이런 요구를 하지 않는 한 상담 파일도 마찬가지다.

모든 경우에 나는 내담자에게 그에 관한 정보가 왜 저장되는지 이해를 구하는 것이 윤리적이라고 여긴다. 이때 기억할 것은, 학생에 대한 '교육 기록'의 사본은 학생이나 학부모가 요청할 때(DPA, 1998) 또는 법원의 요구가 있을 때(McGinnis and Jenkins, 2009)는 제공되지 않을 수 없다는 것이다. 분명히 해야 할 것은 모든 비밀유지 자료는 잠글 수 있는 서류함에 저장되어야 하고, 규정된 일정 시기 후에는 폐기해야 한다는 것이다.

상담 평가

현행 모든 치료처럼 학교상담도 정보와 지식을 반드시 얻으면서 실행되어야 한다. 그 것을 앞에서 다루면서 의존한 것은 쿠퍼(Cooper, 2008)의 연구와, 특히 스코틀랜드 스 트래스클라이드Strathclyde 지역에서 시행된 학교상담의 효과에 대한 프로젝트(Cooper, 2006)와 그것을 BACP의 위임을 받아 관찰·검토한 연구(Harris and Pattison, 2004)이 다. ≪상담과 심리치료 조사연구Counselling and Psychotherapy Research≫의 특별호(Cooper and Richards, 2009)도 참조할 가치가 있다.

상담사가 학교에서 제공한 치료를 적어도 일 년에 한 번 반드시 감사 및 평가를 하는 것이 아주 좋은 이유가 두 가지 있다. 교장과 학교 운영진은 상담에 계속 비용 을 할당하고 유지할지 결정하기 전에 치료의 효능을 정기적으로 검토하라고 요청하 기 때문이다. 게다가 이는 상담의 전문적 실행을 보여주는 지표가 되기 때문이다(Bor et al., 2002). 내담자와 기타 관련자로부터 피드백을 얻음으로써 상담사는 자신의 상 담을 교육환경에 맞추어가는 데 도움을 받을 수 있고, 이미 시작된 상담 작업에 관한 정보를 얻어가면서 지속될 수 있다.

> **!** 두 연구자(Naylor and Cowie, 1999; Lines, 2005도 참조)가 내가 일하는 학교에 왔다. 나는 그 몇 년 전부터 교육현장의 또래상담을 시도하고 있었다. 그 연구자들은 나의 현행 상담 서비스를 체계적으로 평가했고, 나와 일선 책임자에게 귀중한 피드백을 제공했다. 나는 25년간 학교에서 상담사로 일해왔고, 다들 그렇게 알고 있기에 내 상담 제공을 홍보할 필요가 없다고 추정하고 있 었다. 그리고 그 연구자들의 설문지 결과도 일반적으로는 내 생각이 맞음을 보여주었으나, 신입 생이나 새 교직원에게는 아니었다.
>
> 그 결과 나는 전체 조회나 학년 모임을 통해서, 학교 웹사이트를 통해서, 복도에 자유롭게 붙이 는 포스터를 통해서, 나를 더 충분히 알렸다. 그들의 평가 보고를 들음으로써 내 상담 작업이 향 상되는 데 도움을 받았다. 나의 추정은 검토될 필요가 있었던 것이다. 이러한 피드백을 받고 내 상담 실행을 수정하면서, 신입생들이 상담에 더 많이 접근할 수 있게 되었다.

성과 조사연구가 제안하는 바는, 상담 도입회기에는 전체를 보는 일에 주의할 필요가 있고 그렇게 얻은 데이터에서 어떤 상담 모델이 적합할지에 대한 정보를 얻어야 한다는 것이다. 밀러 등(Miller et al., 1997)이 추천하는 바는 성과 연구가 상담 작업에 빛을 던져주는 것이 되어야 하고, 새로운 상담 모델을 강요하는 것이 되어서는 안 된다는 것이다. 그럼에도 불구하고 현장 상담사의 편견이 무의식적으로 드러나는 때가 자주 있다. 어찌되었든, 목적 중심 간결요법 상담은 성과 분석에서 더 많은 여지를 제공한다. 협력적으로 어떤 과제를 창안했다면 그 과제가 성취되었는지 측정할 방안을 마련할 수 없을 정도로 어려운 것이어서는 안 된다.

조사연구 보고서 작성

대학에서 공식 학위나 졸업장을 받은 상담사라면 조사연구 방법론에 익숙할 것이다. 양적 데이터나 질적 데이터를 수집하고, 좁게 집중된 조사연구 질문을 작성하고, 결과를 기록하고, 논의의 틀을 잡고, 결론을 작성하면서 추후 작업을 위한 영역을 개관하는 방법론에 익숙할 것이다. 어쩌면 조사연구 프로젝트를 하기 전에 물어야 할 가장 근본적인 물음은 바로 무엇을 발견하려고 이 조사연구를 시도하는가일 것이다. 이것은 조사연구 질문 구성에 결정적으로 중요하다. 연구조사의 범위를 계획하고, 조사 질문을 작성하고 평가 형식을 선택할 때 다른 사람들, 특히 직속 상사에게 조언을 구하는 것이 현명하다. 이에 대한 지침을 담은 문헌이 많다(Gardner and Coombs, 2009; McLeod, 2010, 2011a, 2011b).

연구 수행을 평가하는 질문들(가령 **그 치료적 개입이 특정한 그 학생내담자를 향상시켰는가?**)과는 별개로 학교에서 하는 연례 감사를 고려하면서 염두에 두어야 할 다양한 질문이 있다(Bor et al., 2002).

- 상담 서비스를 이용하는 주된 내담자들은 누구인가? 연령대로 본다면?
- 치료 기간은 통상 어느 정도인가?
- 상담을 찾는 학생들이 어떤 뚜렷한 인종 집단에 속하는가, 또는 상담에 전혀 찾아오지 않는 어떤 인종 그룹이 있는가?
- 의뢰에서 첫 회기까지 걸리는 시간은 어느 정도인가?
- 상담의 의뢰인은 주로 누구인가?
- 어떤 문제로 상담하러 오는가?

- 스스로 의뢰하는 경우, 내담자는 어떻게 상담 서비스가 있다는 것을 알게 되었는가?

이러한 질문들은 상담사가 자신의 서비스를 향상시키는 데 도움을 줄 것이고, 교장과 학교 운영진에게 제출할 보고서를 작성하는 일에 가치 있는 데이터를 제공할 것이다. 상담 평가와 그 가치 평가가 어떻게 이루어지든 간에, 어쩌면 보어 등(Bor et al., 2002)이 제안하듯이 상담에 대한 감사는 '단순'해야 하며 한 번에 '한 영역씩' 다루면서 다음 단계에 대해서는 다른 정보를 모아야 한다. 뒤죽박죽 다중적인 사실을 섞어놓아서는 안 된다. 그렇게 되면 실제 작업을 혼란스럽고 유용하지 못하게 만들기 때문이다.

내담자 만족도 설문지

설문지와 자기평가서를 통한 내담자 피드백이 정보 수집의 한 수단이 된다. 비록 그 대답이 주관적일 수 있다는 한계를 내재한 방법일지라도 그렇다. 학교상담에 관한 책들은 현장 상담사가 그대로 활용하거나 수정해서 사용할 설문지를 제공한다. 주로 제공되는 것이 '국민보건서비스'에서 나온 '내담자 만족도' 설문지이다. 보어(Bor et al., 2002)의 책과 「도구함」에서 그 샘플들을 볼 수 있다. 그러나 '내담자 만족도' 측정은 어려운 일임을 반드시 직시해야 한다. 건강 서비스 설문조사는 내담자의 만족을 얻는 것이 지극히 어렵다는 것을 보여준다는 인식이 있다(Bor et al., 2002: 113).

 국민보건서비스의 '내담자 만족도' 설문지 답변은 치료에 대한 믿음과 감사함에 영향을 많이 받기에 진짜 객관적 반응을 얻는 것은 사실상 불가능하다. 그렇다는 것을 나는 학교상담에서 계속 보아왔다. 방법론적으로 보자면 '내담자 만족도' 질문서를 내 자신이 관리한다는 사실이, 즉 무슨 답변이 쓰였는지, 내 내담자가 **나를 좋아하거나** 나중에 **또 상담하러 오고 싶을 수도** 있는지에 내가 관심을 갖고 본다는 사실이 덜 객관적인 긍정의 답변을 얻게 만들 것이다.

더욱이 치료자의 **특정한 개입**을 일반 청소년 내담자의 삶에서 자주 변할 수 있는 그 외의 다른 요소들, 가령 가정환경 변화, 선택 과목 변화, 친구 관계 변화 등으로부터 분리시키는 일이 어떻게 가능한가? 한마디로, **변화를 위한 치유적 요소**를 십 대의 삶에서 빈번히 일어나는 다른 변화들에서 떼어내어 체계적으로 측정하는 것이 과연 가능한가?

부록 1에는 내 자신의 상담 평가 보고서가 있다. 학교기반 치료사가 자신의 연례 감사를 위한 모델로 고려해볼 수 있게 하기 위해서이다. 그 보고서는 내담자 피드백, 등급 설문지, 인구 통계적 연구와 더불어 평가 의견을 담고 있다. 질문은 간단하고, 측정 가능하고, 완성하기 쉽다. (설문지를 만들어서 그것을 학생들에게 시험해보았다. 이런 작업에는 반드시 이런 과정을 거쳐서 수정할 수밖에 없기 때문이다. 설문지의 질문 중에 가족사를 지나치게 묻는다고 생각한 내담자들도 있어서 그 질문들은 수정되었다.) 내가 내담자에게 이 설문지를 줄 때는 이런 작업의 주관적 성격을 자각하고 있다. 그래서 다른 사람, 즉 교감이나 주임교사나 부모나 상급생이 이 설문조사를 수행하는 것이 더 나을지도 모른다. 그러나 실제로는 다른 관리교사가 설문조사를 하도록 조절하는 일이 불가능함을 알았다. 특히 그 사람이 상담의 성과에 관심이 없고 해야 할 다른 우선적인 일이 있을 때 그럴 가능성이 더욱 높다.

맺는 말

이 장에서 나는 학교상담에 관심 있을 이해당사자 세 집단을 염두에 두었다. 한 집단은 학생들과 나아가 그 학부모와 양육자이고, 다른 하나는 교육현장에서 일하는 데 특히 관심을 갖고 갓 훈련받은 상담사들이다. 세 번째 집단은 학교상담에 자원을 투여할지 결정해야 하는 학교기금 운영자들이다.

이 장의 주된 강조점은 학교상담 서비스를 세우고 유지하는 일의 실천성에 맞춰져 있다. 이 장이 고려했던 것은 상담사의 특정한 역할과 더불어 상담실의 배치나 상담 의뢰 절차와 같은 실제적인 다양한 쟁점들이다. 학교상담은 기존의 돌봄 체계에 심어져야 하고, 팀으로 일해야 할 필요가 있다. 우리가 논의했던 것은 상담 파일과 상담 노트 작성, 연례 감사와 평가의 필요성이다.

학교마다 돌봄 체계와 직원 구성이 각기 다르다. 내담자 층이 다르고 십 대의 어려움을 다루는 방식도 각기 다르다. 그러므로 이 장에 쓴 내용이 규범적인 것이 될 수는 없고, 상담을 제공하는 교육기관 대부분에서 공통적일 수 있는 실행에 대한 지침을 제공할 수 있을 뿐이다. 오랜 세월 전임 학교 상담사로서의 내 경험은 영국의 한 국립 중고등학교에서의 경험에 한정된다. 그 학교는 최근에 국가에서 기금을 받는 국립 중고등학교가 되었다.

 성찰 연습

❶ 학교상담 서비스와 그것을 지원할 대단치 않은 액수의 예산을 계획할 기회가 당신에게 주어졌다고 가정하자.

    a. 어떤 종류의 의자와 가구가 반드시 있어야 한다고 생각하나?

    b. 어떤 종류의 포스터와 사진 이미지가 벽에 있으면 당신과 이야기하려고 기다리는 십 대에게 도움이 될 것 같은가?

❷ 대기실에 배경 음악을 틀어놓는 것의 장점과 함정에 대해 이야기하고, 당신이 만들고 싶은 분위기에 적당한 음악은 어떤 유형일지 생각해보라.

❸ 학교에서 퇴학시킬지 논의되고 있는 학생에 대해 교장이 상담 보고서를 작성하라고 당신에게 요청한다면, 어떤 윤리적 딜레마가 있을 수 있는가? 당신은 어떻게 이 문제를 해결할 것인가?

❹ 당신이 선호하는 이론적 모델을 잠시 생각해보라. 직속 상사가 당신에게 청소년 동아리를 운영하라거나, 당신의 내담자였던 학생들이 포함된 한 무리의 학생들과 수학여행을 다녀오라는 요청을 받았다고 생각해보라. 어떤 윤리적 문제가 당신에게 생길 수 있는가?

❺ 램버트(Lambert, 1992)가 발견해 널리 인정받는 사실들을 고려하면서, 당신이 상담한 어떤 특정 사례를 택하여 무엇이 그 내담자를 향상시켰는지, 특히 어떤 '치료 외적 요소'가 있었는지 생각해보라.

❻ 공동평가단 모임 중 당신의 직속 상사가 당신에게 당신의 내담자가 부모가 될 것이라는 '비밀이 보장된 정보'를 그 정보에 접근할 권리가 없는 식구가 듣는 데서 불쑥 대답을 요청했다면 그 딜레마를 어떻게 할지 이야기해보라. "사라는 누가 애기 아빠라고 생각하는지 당신에게 말한 적이 있나요?"라고 묻는다면 어떻게 할 건가?

❼ 내담자의 향상을 심각하게 흔들어놓을 수 있는 어떤 결정을 의문시할 도덕적 의무가 당신에게 있는가? 처벌이 훈련이라고 믿는 학교환경이라면 그곳에서 협력하며 일할 때 생기는 긴장에 관해 이야기해보라.

 Key Point

✓ 교육기관에서는 상담이 훈련된 치료사의 전유물은 아니다. 다른 많은 전문가들도 비슷한 지원 활동을 하기 때문이다.

✓ 학교 상담사가 전임 상근자로 학교에 의해 고용되기도 하지만, 지금까지도 시간제로 일하는 계약직 치료사가 대다수이다. 어떤 지자체는 그 지역의 학교들을 위해 한 팀의 상담사들을 고용하기도 한다.

✓ 전임 상근 학교 상담사는 팀의 일원이 되는 체계 속에서 일하게 된다. 반면 시간제 치료사는 개인으로 일하거나 기관에 소속되어 외부 규정하에 일한다. 어느 쪽이든 비밀유지에 관한 한, 장점과 한계가 있다.

✓ 학교상담을 계획하고 세우는 데 이용할 만한 조언이 있지만, 상담사는 그 학교에 이미 존재하는 돌봄 체계에 상담을 맞출 필요가 있다.

✓ 또한 실제적인 다양한 쟁점들을 고려할 필요가 있다. 가령 현장 운영, 의사소통, 고용 조건과 계약 같은 것들이다. 상담사는 또한 반드시 윤리적인 고려 사항들, 가령 BACP『윤리강령』과 같은 것을 고려하면서 상담 제공을 계획해야 한다.

✓ 학교 상담사가 반드시 고려해야 할 것은 상담 범위, 치료 장소, 상담 의뢰 방침, 교사와 회기에 관한 의사소통이고, 또 주로 사용할 상담 모델이다. 상담 모델은 절충적으로 할 것인지 통합적으로 할 것인지 다차원적 관점에서 할 것인지를 고려해야 한다.

✓ 팀의 일원이 된다는 것은 비밀을 유지해야 할 정보를 건네고 공유하는 것과 같은 윤리적 딜레마나, 가령 공동평가단 모임과 아동보호 사례협의회와 같은 공식적인 목적을 위한 상담 보고서 작성 같은 윤리적 딜레마를 지니기에, 비밀유지 규정을 위반하는 결과를 낳을 수도 있다.

✓ 학교 상담사는 연례 감사를 시행해야 하고, 학교 운영 팀에게 제출할 보고서를 만들어야 한다. 이것은 전문적인 상담 실행을 위해서이고, 또한 상담 시점에서 상담의 질에 대한 상담사 개인의 피드백을 위한 것이다.

04 Legal and Ethical Codes in School Counselling

학교상담의 법령과 윤리규범

이 장에서 다룰 내용

들어가는 말

학교에서 상담할 때 고려해야 할 특정한 법적인 쟁점과 윤리적 쟁점들이 있다. 그러한 것들은 교육 상황에서 특정 연령대와 상담할 때 생긴다. 3장에서 개괄했듯이 교육기관마다 그 자체의 교육강령을 규정하고 있지만, 각 지자체에는 모든 기관에 적용되는 법과 법령이 있다. 이 장의 초점은 주로 영국 법에 맞추어져 있지만, 서구 민주주의 국가들 일반에 모든 교육기관에 대한 법령이 있을 것이다.

3장에서는 계약을 맺고 상담사 역할에 관한 서면 업무 설명서를 지니며 일할 필요성을 다루었다. 학생과 학부모 그리고 같은 기관에서 일하는 전문적인 동료들에게 상담사의 역할을 분명하게 하기 위해서이다. 이 장에서는 교육적인 상황에서 적용될 수 있는 비밀유지 규정을 다룰 것이다. 그다음에 고려할 것은 아동보호(잉글랜드와 웨일스에서는 '안전조치'라는 용어를 사용한다)의 법적인 틀이고, 그 후에 학대를 보고할 의무를 둘러싼 다양한 윤리적 딜레마를 다룰 것이다. 내담자의 범법 행위와 자해에 대해 보고할 의무에 관한 딜레마는 그다음에 검토될 것이다. 마지막으로 상담사에게 적용되는 안전조치 규정들이 논의 대상으로 등장할 것이고, 어떤 상담사든 정기적으로 지속적인 슈퍼비전을 받는 것이 필수적임을 다루면서 이 장을 마무리할 것이다.

비밀유지

비밀유지가 효과적인 치료에 필수적이라고 인정됨에도 불구하고(Bond, 2010), 상담 시간에 공유된 정보가 절대 노출될 수 없다고 보장해주는 법은 없다(Casemore, 1995; Hamilton, 2004). 경찰은 문서 파일을 '해당되는 증거'로 압수할 권한이 있지만(PACE, 1984), 상담 기록은 보통 이 법규(제11조)에서 제외된다. 그러나 테러가 의심될 때는 아니다. BACP의 『윤리강령』은 비밀유지 규정을 명확하게 자세히 말해준다.

　　내담자의 비밀을 유지·존중하는 일이 신뢰를 위한 근본적 요건이다(BACP, 2002: 16).

　　아동이나 청소년이 상담을 받을 권리가 있음에도(Hamilton, 2004), 교육기관에서는 '완전한 비밀유지'를 제공받을 수 없다(DfEE, 2000). 학교에서 학생은 치유센터에서 상담받는 성인처럼 특권을 지닌 위치에 있지 못하다. 학생의 법적인 지위는 미성년이며, 학부모나 보호자가 그들을 책임진다. 학부모가 부재하는 학교에서는 교사와 관리자가 학부모 대신 행동한다. 그러므로 그들이 자기 학생을 관리하는 주요 의무와 법적 책임은 학부모나 보호자에 대해서 지는 것이다. 어찌되었든 학교 상담사는 학생들에게 높은 수준의 비밀유지를 제공할 수 있으며, 학생이 상담에서 공유한 정보를 그의 학부모나 보호자에게 보고하도록 요구받지는 않는다(McGinnis and Jenkins, 2009). 그렇지 않다면 그 상담은 상담 원칙을 무효화시킬 것이고 효과가 없을 것이다. 따라서 균형이 유지되어야 하며, BACP의 『윤리강령』도 그것을 인정한다.

　　학생과의 상담에는 특정한 윤리적 자각과 능숙함이 요구된다. 상담사는 성인과

보호자에 대한 청소년의 의존성과 점차적으로 독립적인 행동으로 나아가는 청소년의 발달 사이에서 균형을 잡고 평가해야 한다. 아동이나 청소년과 상담하려면 부모처럼 책임이 있는 사람과 상관없이 그 학생이 스스로 어떠한 서비스를 받는 일에 동의할 역량이 있는지, 그리고 그 내담자가 공개한 사적인 정보를 어떻게 처리할지 주의 깊게 고려해야 한다(BACP, 2002: 15).

영국의 '교육과 아동복지 기준청' 감사관은 상담 제공을 **모든 아이가 중요하다** 프로그램의 일부로 평가할 것이다. 안전조치 원칙이 지켜져 왔는지 확인하겠지만, 내담자나 상담사가 원하지 않으면 상담 회기에 동석하는 것이 그에게 허용되지는 않는다.

비밀유지와 아동보호

아동보호법

영국 법에는 아동학대 보고의 강제적 의무가 없지만(Jenkins, 2010), 학교에서 일하는 모든 교직원은 아동보호의 성격을 지닌 어떤 폭로에 관해서든 적절한 기관에, 관례적으로는 사회복지부서에 보고할 윤리적 의무와 조직체로서의 의무가 있다. 예를 들어서 만일 한 아동이 교사에게 어떤 사건을 누설했는데, 그 이야기에 방치됨, 신체적·성적·정서적 학대받음의 범주에 들어가는 위태로움이 있다고 판단되면 교사는 그 문제를 학교의 적절한 상급교사나 관리자에게 보고해야 한다. 보통은 주임교사 designated senior teacher: DST가 이런 보고를 받는 역할을 한다.

 1989년과 2004년에 제정된 '아동법Children Act' 47조에 따르면 영국의 지자체는 어떤 아동이 심각한 상해를 당하고 있다고 의심되는 합리적인 이유가 있는 경우에는 조사할 의무가 있다. 그 외에 잉글랜드와 웨일스 지방에서 효력이 있는 법령들이 교육부에서 발행하는 안내서 「안전조치 협력(Working Together to Safeguard Children)」(2010)에 포함되어 있다.

그러나 현행 안전조치 절차는 지자체의 모든 고용인이 사후 반응보다는 **선행 주**

도적일 것을 요구하며, 어떤 우려도 노출되기를 기다리지 말고 사전에 사회복지기관에 보고할 것을 요구한다. 학교 양호실의 간호사는 고용 조건에 따라서 달라지긴 하지만, 어느 정도 자유재량이 있다. 그러나 학교 상담사는 이 부분에서 특히 곤란한 위치에 놓인다. 왜냐하면 그러한 요구가 비밀유지 규정과 관련된 윤리적 딜레마를 일으키기 때문이다. 그럼에도 불구하고 학교에서 하는 청소년 상담은 현행법상 '통제되는 활동'으로 간주되며(Safegurding Vulnerable Groups Act 2006), 그러므로 안전조치 절차에 따르도록 규제된다.

상담에 적용되는 아동보호법

학생이 학대가 있었던 것을 말했거나, 아동이 신체적인 학대나 성적인 공격을 받았음을 말하는 경우, 특히 그날은 집에 가기 무섭다고 말한다면 그 문제를 즉각 보고하지 않을 도리가 없다. 아동보호는 다른 어떤 염려보다도 우선적이기 때문이다. 학교 상담사를 포함한 모든 교직원이 자세한 증거를 가지고 있어야 할 필요는 없고, 사실적인 정보를 모으기만 하면 된다. 말하자면 어떤 학대가 얼마나 자주, 언제, 어디서 일어났는지를 개괄하면 된다. 일어난 일에 대한 그 학생의 느낌을 간략하게 기록하면 도움이 되는데, 주임교사에게 그 기록을 넘겨주면서 그 학생이 그 사람에 대해 어떻게 느끼는지에 관해서도 한마디 덧붙이는 것이 좋다. 또한 나는 보고 이후에 발생할 수 있는 일들과 관련 절차에 따른 시간 소요에 관해 피해 학생에게 반드시 알려주어야 한다고 생각한다. 만일 그 어린 학생이 이런 후속 조치가 일어나는 것을 좋아한다면 상담의 테두리로 인한 갈등이나 윤리적 딜레마가 없다. 이런 경우에는 절차가 정해진 대로 진행되는 동안 치료사가 적절한 정도만큼 학생을 지원할 수 있다.

그러나 많은 경우, 그러한 결정이 딱 부러지게 명확하지 않거나, 문제 보고 의무가 내담자가 원하는 것과 갈등을 일으키고, 그래서 상담사의 비밀유지 규정과 갈등을 일으킬 수도 있다. 예를 들어 '2003년 성범죄법Sexual Offending Act 2003'에 따르면, 13세 미만 아동은 성행위에 대해 **고지된 동의**를 할 능력이 없다. 그러므로 성인이나 그보다 더 나이가 많은 십 대가 13세 미만의 아동과 성관계를 갖는 것은 명백하게 불법으로 정해져 있다. 이는 '길릭 성숙도Gillick competence' 원칙으로도 변호할 수 없다.

'프레이저 지침Fraser Guidelines'(Gillick, 1986, 3 All ER 402)은 16세 미만의 청소년이 부모의 동의 없이 피임에 대한 조언을 원한다면 일반의가 조언을 해줄 수 있는 권리를 인정한다. 그 단서 조항은 **정보가 제공되고** 이루어진 동의여야 한다는 것이다. 즉, 그 청소년의 나이, 지적 수준, 신체적 성숙도가 측정되어야 한다는 것이다. 이러한 평가는 빅토리아 길릭이 자신의 딸이 자기에게 알리지 않고 의사로부터 피임과 관련된 조언을 은밀하게 받으려고 결정한 것을 뒤집으려고 시도했으나 실패한 후에 인준되었다. 그에 관한 최종 판결은 '길릭 성숙도'로 알려지게 되었다. 상담에서 이것이 의미하는 바는, 만일 어떤 청소년이 성관계를 했으나 그가 '길릭 성숙함'에 해당된다고 상담사(또는 의사나 성 건강 간호사)가 확신할 수 있는 한, 어떤 범법 행위도 없는 것이고, 그러므로 사회복지기관에 보고할 필요가 없다는 것이다.

부모 허락 없이 개인적으로 피임에 관한 조언을 주는 권리는 상담에까지 확대되었다. '길릭 성숙도'에 이른 청소년이 부모나 보호자의 허락과 상관없이 비밀유지 상담을 받을 권리가 있음을 최근의 판례가 확인해준다(Axon v. Secretary of State for Health, 2006 – McGinnis and Jenkins, 2009: 19 참조).

13세 미만의 성적 행위에 관련해 법이 개인 판단의 원칙보다 우위에 있는 한 예가 '2003년 성범죄법'이다. 13세 미만과의 성행위는 '법적 강간'으로 분류된다. 13세 미만의 두 청소년이 동의에 의해 성관계를 가졌다고 알게 되면 그 일을 다루는 과정에 더 복잡한 문제가 많다.

 13세 이전의 성관계 8학년 제시카는 12세인데, 같은 학년 학생과 사귀고 있었다. 그 학생도 13세 미만이었다. 상담 시간 외에 그들은 늘 함께 있었고, 다른 또래와는 전혀 놀지 않았다. 양호실 간호사는 그들의 관계의 강렬함에 우려를 표현했다. 그들이 복도나 놀이터에서 꼭 껴안고 있거나 키스하거나 때로는 서로 어루만지는 것이 자주 목격되었다. 돌봄 지원 관리자가 그들의 부적절한 행위에 주의를 줄 정도였다.

나는 이전에 제시카를 상담한 적이 있었다. 상담 중에 분명해졌던 것은 그 아이 가족 안에서는 성적인 태도가 아무렇지 않은 것이고, 그 아이 엄마는 낮에도 자주 애인들과 관계를 했다는 것이다. 그들의 뻔뻔한 성관계는 아래층 방에 있는 제시카와 남동생에게 들릴 정도였고, 이 아이들은 조용히 하라고 벽을 주먹으로 '쾅!' 하고 치고는 했다. 그녀가 남자 친구와 성관계를 가졌다는 것이 인터넷을 통해서 공개되면서, 상담사와 돌봄 교직원들은 딜레마에 빠졌다.

맥기니스와 젠킨스(McGinnis and Jenkins, 2009)는 '모두가 알고 있는 성관계'가 보고거리인지에 대해 전문가의 의견이 현재 영국에서 양분된다는 점을 주목했다. 어떤 아동보호 정책은 자동적으로 보고하고 의뢰해야 한다고 요구하지만, (성 건강 전문가의 지도를 받은) 어떤 정책은 분별 있는 재량권을 사용하도록 조언하며, 비밀유지를 존중하면서 성행위를 범죄시하는 대신 교육하기를 선호한다. 그러나 일반적으로 '길릭 원칙'은 다른 법령과 충돌되지 않을 때 여전히 적용되며, 상담사는 학생내담자가 성관계를 결정할 정도로 성숙하고 충분히 정보를 받았다고 생각하는지 판단을 행사할 권리를 지닌다. 영국에서는 성관계에 대한 판결이 이성애자에 대해서처럼 동성애자에게도 적용되지만, 모든 나라에서 그런 것은 아직 아니다.

'보고 문화' 안에서 하는 윤리적 결정

상담 시간에 일부러 또는 우연히 공유된 정보를 통해 그 학생내담자의 복지가 위협되고 있음이 명백해지는 사례들도 있고, 따라서 상담사가 특히 윤리적 딜레마에 빠지게 되는 사례들이 있다. 어떤 아동이 매를 맞거나 구타당했다거나, 성적으로 건드려졌거나, 방치되거나 정서적 학대를 받았음을 폭로할 수도 있다. 학교 상담사들은 이러한 폭로를 예상하고 다루는 일에 훈련을 잘 받아왔고, 그런 문제를 비밀로 유지할지, 아니면 학부모나 보호자에게 전달하지, 아니면 그 아동이나 청소년을 보호할 법적 의무가 있는 사람에게 전달할지를 두고 판단 내리는 연습을 해왔다. 현재 영국의 학교 상담사는 '보고 문화'에 직면해 자신의 판단을 독자적으로 행사하는 것이 이전만큼 자유롭지 못하고 그래서 특히 윤리적 딜레마에 봉착한다. 아동복지가 다른 무엇보다도 중요하지만, 어떤 특정한 행동 조치들을 거치는 것이 **아동복지**에 도움이 되는지에 대한 평가는 항상 쉽지 않은 일이다.

피터 젠킨스(Jenkins, 2010)는 만연해 있는 '보고 문화'에 비추어 상담사가 내담자의 **비밀유지 권리**를 지켜줄 의무가 있음을 상기시켜주었다. 아동이 비극적으로 학대를 받거나 죽임당하는 (때로는 그것이 보호자에 의해서 자행되는) 사례들이 대중매체에 의해 세간의 이목을 끄는 경우가 많아지면서 비정상적이고 은밀한 행위에 대한 의구심이 일일이 사회복지기관에 보고되는 일이 증가했다. 부모나 보호자의 손에 죽는 자녀라는 '심각한 사례 검토'에 대한 몇 번의 논쟁이 있은 후, 관련 기관들 사이에 의사소통이 더 잘되어야 할 필요성이 제기되었다. 또한 아이들이 자주 노는 지역 안에 사는 소아성애자에 대한 대중의 인식이 더 커지면서 더 많은 법령이 제정되었고, 절차들은 일반적으로 더 엄격해졌다. 한때는 학교 상담사가 재량권을 행사했으나 이제는 그렇게 하기를 주저한다. 결과적으로, 상담사가 자동적으로 무분별하게 의뢰하여 넘김으로써 '자신은 책임지지 않으려는' 경향이 자라고 있다.

 '보고 문화'에 대한 각성으로 젠킨스(Jenkins, 2010)는 '비밀유지 공간confidential space'이 필요하다고 주장한다. 그곳에서 아이들이 '즉각 아동보호 절차를 밟게 된다는 위협'을 느끼지 않고 자신의 문제를 다루어볼 수 있게 하자는 것이다. 그의 주장은 「래밍 보고서Laming report」[•]를 뒤따라 나온 것이고, 복지기관들이 합하여 효율적으로 일해야 한다는 '아동에 대한 잔혹행위 방지 협회'의 요성을 지지한다(2010: 18·19). 젠킨스가 단언하는 것은 치료자가 개인적인 책임을 회피하기 위해서 사건 보고를 성급하게 해서는 안 된다는 것이다.

가설적인 다섯 사례를 제공하고 그것에 어떻게 반응할지 현장의 청소년치료사들에게 견해를 묻는 젠킨스의 이 논문에 대해 나는 응답서를 쓴 적이 있다(Lines, 2010). 나 말고도 모든 응답자들이 인정했던 사실은 '보고에 대한 기대'로 인해 긴장감이 증가한다는 것이다. 쌓이는 규제에 반해 비밀유지와 자율성을 지키려고 애쓸 때 모든 상담사가 내적 갈등을 경험했다. 학교에서 상급 관리자가 교사와 동일한 방식으로 비밀유지와 자율성을 다루라고 압력을 넣어서 딜레마에 직면할 수밖에 없었던 치료사들도 있다. 어떤 치료사는 십 대 청소년이 성적인 행위를 한다는 것을 알게 되면 어떤 정보든 보고하라는 지시를 받았다고 말했다. 어떤 치료사는 상담에서 노출되는 어떤 실마리라도 의문 없이 보고하라고 교장에게 지시받으면서 사임의 위협까지 받았다. 예시된 이 다섯 사례에 대한 응답자들의 반응은 각기 달랐고, 이는 학교의 전문 상담사의 상담 상황이 얼마나 다양한지를 보여준다. (이에 관한 연습은 부록 3을 보라.)

BACP 『윤리강령』은 비밀유지 규약의 틀을 제시하고 있지만, 폭로 사례마다 윤리규약을 해석해 적용하는 일이 쉽지는 않다. 윤리강령은 지시적이지 않아서 상담사가 각자 판단을 해야 하고, 그러므로 자기 행동에 대한 책임이 있다. 기억해야 할 것은 상담사는 법정에 출두하라고 소환당하거나, 적어도 보고하지 않기로 했던 결정을 해명하는 진술서를 경찰에 내라는 요구를 받을 수 있다는 사실이다.

학대의 전력이 있는 사례의 경우, 그 내담자가 학대받았을 당시의 일을 노출하

• [옮긴이] 2000년 런던에서 여덟 살짜리 여자아이 Victoria Adjo Climbié가 보호자에 의해 학대받고 살해되었다. 영국 정부는 Herbert Laming 경을 위원장으로 임명해 공개적인 청문회와 조사위원회를 지시하고, 그 결과 2002년에 보고서가 제출되었다. 빅토리아의 죽음은 영국 아동보호 정책에 근본적인 변화를 가져왔다.

긴 했지만 보고하는 일은 원치 않았기 때문에 보고하지 않았다면, 그 일에 대해 질문 받는 일이 있으리라는 것을 청소년상담사라면 모르지 않는다. 아동기에 학대가 일어 났지만 그 학생이 노출할 준비가 안 되어 있었기 때문에, 성인이 되어서, 즉 그가 노출을 해도 안전하다고 느끼고 가해자가 더 이상 그를 위협하지 못할 때가 되어서야 비로소 폭로하는 경우가 많다. 현재 영국의 분위기상으로는 학교 상담사가 순전히 내담자의 바람을 근거로 해서 어떤 사례를 보고하지 않았던 결정을 정당화하기가 쉽지 않다. 말할 필요도 없이, 상담사는 이 점에 대해 슈퍼비전을 충분히 활용하도록 권고된다. 그리고 자기를 일선에서 관리하는 상급자와 학교에서 안전조치에 책임을 진 사람들과 빈번하게 연락하고 있어야 한다. 학교에서 학생의 복지를 보존하면서 안전조치의 성격을 지닌 결정을 내려야 했던 사례들이 이 책 내내 제시될 것이다.

학대의 노출 관리하기

학교 상담사는 학교에서 학생들에게 비밀 보장의 한계가 어디까지인지 공개하도록 권고된다(3장 참조). 어떤 저자는 상담 중 아동보호가 요구되는 정보가 노출되었을 경우 상담을 멈추고 그 정보를 주임교사에게 넘겨줄 의무가 있을 때 상담 계약과 "비밀 유지는 만일 시간 여유가 있고 아동보호팀과 상담사가 좋은 관계를 형성해왔다면, 보통은 그 청소년과 만족스럽게 재조정할 수 있다"(Mabey and Sorensen, 1995: 97~98)라고 제시한다. 개인적으로 나는 사전에 미리 문제를 예상하는 것을 선호한다. 내 판단으로는, (학대가 있었다는 의구심이 드는) 모든 내담자에게 처음부터 상담자는 자신이 내담자의 정보를 가지고 해야 할 일들에 대해 알려주어야 한다. 이러한 점들에서 상담은 투명해야 한다. 따라서 학대를 받는다는 의혹이 드는 고학년 학생과 내가 상담할 때는 상담 회기를 다음과 같이 시작하곤 한다.

> **상담사** 우리가 시작하기 전에 반드시 설명해야 할 것이 있단다. 네가 '비밀인데요'
> 하고 말할 수도 있는 것에 관한 것인데, 내가 학교에서 일하지만 네가 한
> 말을 나는 네 부모에게 말해줄 필요가 없단다. 선생님들은 그럴 필요가 있

을 수도 있지만 말이다. 네가 너에게 도움이 될 거라고 동의하지 않는 한, 나는 아무에게도 말하지 않을 거란다. 그렇지만 네가 학대당했다고 말한다면, 그건 내가 전달할 수밖에 없단다. 그건 비밀을 지킬 수 없는 일이라서 말이다. 이런 말로 시작해서 미안하지만 분명히 해둘 필요가 있다고 생각되는구나. 우리가 시작하기 전에 지금 내가 말한 것에 대해서 네가 어떻게 말하고 싶은지 궁금하구나…….

이렇게 시작하는 것이 어린 학생에게는 전적으로 부적절할 수도 있다. 고학년 학생은 아동학대가 무엇인지 이해할 것이라고 추정할 수도 있지만, 사춘기 이전의 아동이 당연히 이해하리라고는 생각할 수 없기 때문이다. 따라서 단순한 어휘와 설명이 요구된다. 이런 경우, 법률적 이유와 치료적 이유로 인해 유도질문을 하지 않도록 사전에 조심하면서 이 문제를 더 충분히 도입할 필요가 있는데, 다음 같은 형태로 할 수도 있다.

상담사   내가 너에게 설명하고 싶은 것이 있단다. 상담은 선택하는 거야. 네게 힘든 일이 있는데 함께 이야기하고 싶으면 얼마든지 말해도 된단다. 그리고 상담을 그만두고 싶으면 언제든지 네가 그만해도 되고. 우리가 말하는 건 우리끼리 비밀이야. 네가 부모님이나 다른 선생님에게 말하지 말라고 하면 나는 아무한테도 말하지 않을 거야. 이런 걸 '비밀유지'라고 해. '비밀유지'가 뭔지 이해하겠니?

사라   비밀을 지키는 건가요?

상담사   그런 것이기도 하지만, 서로 동의하는 것이라고 할 수 있단다. 네 문제를 다른 사람에게 말하지 않을 거라고 나를 믿는 거지. 알겠니?

사라   네.

상담사   그런데 한 가지 예외가 있단다. 우리가 이야기를 시작하기 전에 네가 이 예외를 이해하면 좋겠다. 이 예외 때문에 내가 모든 것을 절대로 비밀로 하겠다고는 약속할 수가 없단다. 음, 예를 들어서 네가 어디를 다쳐서 아프다고 나에게 말했단 말이지. 만일 누가 너를 때렸거나, 너에게 성적으로 무언가를 했다면 그것을 내가 비밀로 지킬 수가 없단다. 상담을 멈추고 이 것을 누군가에게 말해야 한단다. 그 후에도 나는 너를 도와줄 거지만, 네가 말한 다음에 어떤 일이 있을지 분명히 알아야 한다고 생각하거든. 내가 '성적으로'라고 한 말이 무슨 말인지 알겠니?

사라　네.

이렇게 접근하면 학생내담자는 자신이 겪은 심각한 피해를 자세히 드러내기로 했을 때 일어날 일에 대해서 혼란스러워 하지 않게 된다. 이러한 상담 도입이 학대받아온 내담자에게 주는 이슈는 학대받은 일을 터놓고 말할지 아닐지의 여부보다는 언제 드러낼지가 되기 쉽다. 학대받는 고통을 숨겨온 일이 없는 내담자의 경우에는 이것이 지나치고 부적절하게 보일 수도 있지만, 학교에서 일하는 상담사의 법률적·전문적 입장에서는 이렇게 도입하는 것이 가장 신중한 과정을 만들어준다. 모든 것을 감안할 때, 이렇게 하면 학생내담자는 상담 계약을 하는 그 시점에 곧바로 설명을 들음으로써 확신을 하게 되고 숨겨져 있던 후속 조치에 놀라게 되는 일이 없을 것이다.

보고 의무와 비밀유지

학교에서는 학생이 상담사에게 자기 자신 또는 친구의 범법 사건을 노출하는 경우가 있을 수 있다. 특히 학교 상담사를 매우 신뢰하는 경우에 그렇다. 이것은 상담사를 윤리적 딜레마에 빠지게 한다. 상담사는 이러한 정보를 상급교사나 학부모에게 보고해야 하는지, 정말로 경찰에게 보고해야 하는지를 결정해야 한다. 청소년상담사는 일반적으로 흡연, 음주, 무단결석, 운동장에서의 오토바이 질주, 부모에게 한 거짓말 등의 사소한 범칙은 그 행위로 내담자 자신이나 남에게 심각한 피해를 주었던 것이 아니라면 비밀유지 규정을 준수한다. 그러나 이런 비밀유지도 학교 상담사에게는 간단한 일이 아니다.

비행, 공공기물 파손, 약물 남용

상담사에게는 내담자의 범법 행위를 보고해야 할 법적 책임이 있는가? 맥기니스와 젠킨스(McGinnis and Jenkins, 2009: 25)에 의하면, 비밀유지가 범죄나 의도된 범죄를 보고할 권리를 가로막지 않는다. 그러나 그것은 형법보다는 관습법의 경우에 더 가깝고, 더 넓은 공적인 이익이 비밀유지보다 우위에 있다. 범죄를 보고하지 않는 것이 엄격히 불법은 아니다. 그러나 범법의 정도와는 별개로, 누군가 부상을 당할 것이라든지 또는 당했는지의 여부를 염두에 두어야 한다. 기물 파손의 경우, 예를 들어 만일 누군가의 소유물이 훼손되거나 망가졌다면 점원이든 차 소유주든 재정적으로 곤란을 겪을 것이다.

 비밀유지와 법률의 균형 잡기   콜린과 상담하는 중 그가 종이 위에 펜으로 끄적거리기 시작했는데, 아주 무의식적으로 그가 겪고 있는 곤경과 관련되어 보였다. 그가 그린 패턴이 그의 꼬리표(예술적 낙서에 누가 그렸는지를 알 수 있게 남기는 서명)라는 것이 나에게는 분명히 보였다. 그것은 윤리적 딜레마가 되었다. 학교 전체 교직원에게 이 특별한 꼬리표가 이미 배부되어 있었다. 학교 부근 상점의 창문이나 셔터에 지나치게 많은 낙서가 그려져 있었기 때문이다. 문제는 내가 그의 상담사로서 이것을 비밀로 지켜야 할지, 아니면 다른 사람에 보고해야 할지의 여부였다.

    도둑질과 빈집털이는 다른 사람에게 피해를 주는 행위의 또 다른 예이고, 상담사가 이 문제를 관계당국에 보고하지 않는 편을 선택할 때는 피해자가 입은 손실을 고려해야 할 것이다. 학교 상담사는 사회에서 신체적 가해를 범한 내담자를 만나기도 하는데, 이런 '범법'이 관계당국에 걸리지 않았을 경우에는 정보를 보류할지, 아니면 경찰에 사건 보고를 할지 결정 내리기 어려울 것이다. 보통은 그 심각성의 수준에 따라 결정이 이루어질 것이다.

    두 번째로 고려해야 할 점은 청소년이 그 지역의 더 나이 많은 무직 청소년들의 영향을 지나치게 받고 있는지의 여부, 그리고 범법 행위를 계속함으로써 그런 행위가 강화되다가 범죄 인생으로 이어질 위험이 있는지의 여부이다. 이런 상황에서 상담사가 초기 단계에 이런 정보를 보류하기로 선택한다면 비밀유지의 권리와 내담자를 포함한 다른 사람들의 권리의 비중을 재어보아야 한다. 그와 더불어, 학교 전반에서 그다음에 찾아올 내담자들이 상담을 재고하게 될 수도 있는 신뢰의 문제에 대해서도 생각해야 한다. 청소년은 자기가 받은 인상을 중요하게 생각하는 성향이 있고, 특히 남자아이들이 그렇기 때문에(5장 참조), '비밀유지'와 정보를 타자에게 넘겨야 할 '윤리적 책임'의 균형을 잡을 때는 그들의 이러한 성향에 대해 심각하게 고려해야 한다.

약물(마약) 남용의 문제에서는 학교 상담사가 정보의 비밀을 유지할지, 아니면 관계당국에 보고할지를 고려할 때, 내담자의 특정한 욕구를 다루는 한편으로 더 넓은 공공의 사람들, 즉 마약 남용의 잠재적 희생자까지 포함해 고려해야 한다. 무고한 사람이 입을 상해를 방지하는 것이 개인의 이익보다 우위에 있다는 판례가 있다. 영국에서는 테러('2005년 테러방지법Prevention of Terrorism Act 2005')나 마약 거래용 돈세탁(McGinnis and Jenkins, 2009)의 경우 말고는 범법을 신고하지 않아도 불법이 아니지만, 범법한 아동 및 청소년과 작업하는 전문가는 범법을 조력하고 선동하는 것이 될 수도 있는 어떤 것도 하지 않도록 주의 깊게 피해야 한다고 아동법률센터Children's Legal Centre가 지적했다(Hamilton, 2004: 5). 그리고 비밀유지 규정을 근거로 정보를 보류하는 결정이 그 결정을 윤리적인 것으로 만들어주지 않는다는 점도 지적했다.

자해

어린 내담자가 자신에게 상해를 하겠다고 위협하는 경우가 있는데, 그것은 18세 미만인 학생들과 일하는 학교 상담사들에게 상당한 압박감을 준다(7장 참조). 이와 관련된 학교 방침이 명확하다면 윤리적 딜레마는 부분적으로 해소될 수도 있다. 상담사의 입장은 일반적으로 둘로 나뉘는데, 하나는 모든 생명의 존엄성을 귀중하게 여기고 어떤 대가를 치르더라도 건강의 보존을 지지하는 입장이고, 다른 하나는 개인의 자율성과 자기 운명 결정권을 존중하며 이 결정권에 스스로를 해칠 권리까지 포함시켜 생각하는 입장이다. '권리장전Magna Carta' 이후로 영국의 판례법은 개인의 자유와 자율성을 계속 지지해왔다. 따라서 만일 성인이 자해나 자살을 원할지라도 그것은 불법이 아니다.

자해했음을 노출한 학생들의 사례들이 7장에서 제시될 것이다. 그 사례 중에는 학부모나 보호자에게 알려야 할지를 결정할 때 신중함이 요구되는 사례도 있었다. 나중에 설명하겠지만, 많은 십 대가 자해 행위를 모방하고 친구에게 영향을 받으며,

현대 사회에서는 인터넷과 SNS(유튜브와 페이스북)를 통해서도 영향을 받는데, 이런 경우 그 행위가 심각하다고 판단되지 않을 수도 있다. 그러나 어떤 학생은 칼로 긋기를 반복한다거나, 비전문인에게 문신을 받거나, 삭발을 하거나, 굶고 폭식하는 일 등으로 자신에게 해를 입히면서 스트레스를 풀기도 하는데, 이렇게 반복되는 행위는 습관이 되어 몸을 해치게 되고 잠재적으로 생명에 위협이 될 수도 있다. 지나친 비만의 사례도 있을 수 있는데, 그런 경우 적절한 음식과 운동을 자녀에게 제공하지 않고 방치한 것을 근거로 그 부모가 기소당할 수도 있다. 학생의 자율권은 그 학생을 상해로부터 안전하게 지켜야 할 책임과 균형이 맞추어져야 한다. 상해가 극심한 경우 또는 생명이 상실된 경우 그 책임에 대한 변명거리는 있을 수 없다(Bond, 1994: 4). BACP『윤리강령』은 다음과 같이 말한다.

> 내담자가 스스로에게나 타인에게 심각한 해를 줄 위험스러운 상황은 상담사를 특히 아주 어렵게 만든다(BACP, 2002: 14).

자살하려는 생각

영국 법률상 자살하려는 개인을 조력하는 것은 범죄다. 개인이 자살을 원한다고 표현했을지라도 조력하면 불법이고, 시한부 질병의 고통을 방지하기 위해서라고 해도 불법인데, 네덜란드와 스위스에서는 아니다. 미디어를 통해 주목받는 사례들이 그 법에 빈번히 도전하지만, 안락사 지원이 취약한 사람을 착취하는 일로 이어질 수도 있다는 두려움으로 인해 영국에서는 예견할 수 있는 장래에 그 법이 쉽게 바뀔 것처럼 보이지 않는다.

성인은 자기 생명을 앗을 권리가 있고 의학적 생명유지 처치를 거부할 권리를 가지고 있지만 남의 조력에 의존할 수는 없는데, 확실한 것은 자살을 조력하는 사람은 기소당할 수도 있다는 것이다. 정신건강이 주로 문제가 되는 사례들을 제외하고는 상담을 통한 지지가 보통 생명을 종결하는 일에 대한 조력을 구성하지는 않는다. 그러나 16~18세의 내담자와 상담할 때는 자살 의도를 비밀로 지킬 자유가 없으며, 16세 이하에 대해서는 더더욱 그렇다. 이 경우에는 공공의 이익과 균형을 맞춘다는 의미에서 도움을 구하는 것을 선호하는 쪽으로 기운다. 그래서 이런 문제에서는 '길력 성숙도'의 원칙은 비중이 거의 없어진다. 지자체에 의해 고용된 학교 상담사는 학생의 자살 의도를 비밀로 유지하지 말아야 한다는 것이 일반적인 인식이다. 학교 상담사에게는 '돌봄의 의무'가 있기 때문이다(Mcguinnis and Jenkins, 2009). 미국 대부분의 주에서는 상담사가 내담자의 자살 의도에 관한 한, 비밀유지 규정을 어기고 보고하기를 요구한다(Bond, 2010).

정신건강 전문가가 인정하는 바는, 자살하려는 생각은 일시적인 양상인 경우가 많고, 그런 느낌의 길이는 짧다는 것이다(Bond, 2010). 그리고 청소년은 이런 치명적인 결정을 내릴 정도의 충분한 인생 경험이 없다는 것이다. 18세 이상인 학생을 상담할 때는, 내담자의 자살하고 싶어 하는 경향을 보고할지 결정할 때 더 많은 것들을 고려해야 한다. 다음의 원칙이 결정의 근거가 되어준다.

- 자살의 위험성 정도
- 자살하겠다는 것이 합리적이고 자율적인 결정인지의 여부, 그리고 정신질환이나 약물에 의한 충동적인 것이 아니라 잘 계획된 결정인지의 여부
- 현실적인 방지 수단
- 비밀유지 위반을 둘러싼 법적인 이슈들(Bond, 1994: 4)

본드(Bond, 2010)가 확언하듯이 16세에서 18세 청소년이 의료적 처치를 받을 권리에 관한 법률은 복잡해지는 경우가 있다. 의료적 결정이 부모나 보호자의 결정과 반대될 때, 말하자면 부모가 수혈을 거부하는 여호와의 증인인 경우나, 거식증 청소년이 건강 회복을 위한 의료적 처치를 거부하는 경우가 그렇다. 이런 경우 고등법원은 부모나 청소년이 바라는 것을 기각할 수도 있다.

사춘기를 거치는 동안 어느 때 아동기에서 성인기로 넘어가는지, 보호자의 책임이 피보호자의 책임으로 넘어가는지 고정된 시점은 없다. 그래서 상담사는 어떻게 하면 장기적으로 내담자에게 가장 이익이 되겠는지, 윤리적 결정을 내려야 하면 그것이 **모든 아이가 중요하다**라는 의제를 어떻게 준수하는 것이 될 것인지, 어떤 조처를 한다면 그것이 상담기관의 행동지침과 아동보호 행동지침에 어떻게 일치하는지를 반드시 고려해야 한다. 법률적으로 정해진 바 없어도 비밀유지 규정을 건드릴 윤

리적 딜레마가 상담에서 생길 수 있다. 상담사가 일반적으로 성인에게는 스스로 결정 내릴 권리를 지지해주지만, 이런 권리가 학교에서 청소년에게는 허락될 수 없다. 상담사가 성인의 자살 의도에 관한 정보를 보류했다고 기소되지는 않을 것이다. 그 자살 수단이 가령 고속도로에서 차를 충돌시키는 일처럼 다른 사람에게 상해를 입히는 것이 아닌 한 그렇다. 그러나 모든 경우가 윤리적이었다고는 간주되지 않을 수도 있고, 학생을 상담하는 경우에는 확실히 그런 태도가 윤리적이지 않다.

안전조치

아동 안전조치 위원회Safeguarding Children Boards가 지역에서 맡고 있는 책임은 모든 훈련이 수행되고 있는지, 모든 기관이 보고 체계를 갖추고 있는지, 아동과 일하는 모든 고용인의 신원을 확인하는 절차가 있는지 확실하게 만드는 일이다(Safe Network, 2011). 이런 조직과 제도적 요건들이 학교 상담사들에게 새로운 요구를 부과한다.

학교에서 일하는 모든 상담사는 교육기관에 의해 고용되어 그 기관의 규약과 조건하에 있든, 아니면 외부 상담기관이나 지자체에 의해서 관리를 받든 자신이 상담을 할 자격이 있음에 대한 범죄기록 신원조회를 받도록 되어 있다. 영국에서는 채용기관이 어떤 상담사를 학교에 등록하기 전에 형사기록사무국Criminal Records Bureau: CRB에 서류를 신청한다. 왜냐하면 학교상담은 '통제받는 활동'으로 간주되기 때문이다(Safeguarding Vulnerable Groups Act 2006). 형사기록사무국에 조회하지 않고 직원을 채용하는 것은 그 기관이 법적인 책임을 지고 기소될 위법 사항이 된다. 학교에서 일하는 상담사는 누구든 아동이나 취약한 성인에 대한 범죄 사실이 없어야 하고, 아동 관련 유죄 판결을 받은 적이 없어야 한다. 그러므로 학교나 그 바깥 사회에서 아동에게 위험한 인물이어서는 안 된다. 아동과 취약한 성인의 보호와 복지에 필수적인 안전조치 요건들을 지키기 위하여 상담사 개개인은 모든 검증 절차를 거쳐야 한다.

'교육과 아동복지 기준청' 조사관의 새로운 주요 요구 사항 중 하나는 모든 학생을 하나하나 안전하게 조치하도록 학교의 방침을 종합적으로 검토하라는 것이다. 이로 인해 교육기관들에 추가 임무가 생겼다. 학생의 안전을 보장하는 일에서부터 시간제 음악교사나 감사관과 학업·진로 상담사, 육성회 임원, 학부모 등 모든 성인이 교내 출입 검사를 받아야 하며, 심지어는 과거 학생도 교내 출입검사 대상이 되었다. 어떤 성인이든 학내의 사람을 만나려면 호위를 받아야 하고 신분증을 달아야 한다. 출석부에 있는 모든 학생의 소재를 하나하나 매일 확인하는 것도 엄격히 지켜져야 할 요건이다. 현장실습에 학생이 나타났는지 확인하는 것도 이에 포함된다. 그리고 다른 지역으로 전학 갔다면 그 절차를 확인해야 한다.

슈퍼비전

학교 상담사는 전문적으로도 윤리적으로도 가능한 최고의 수준에서 상담한다고, 그리고 슈퍼비전의 요구 사항을 준수한다고 교장에게 답변할 책임이 있으며, 자신이 속한 전문가 단체(BACP 등)에 대해서도 마찬가지의 책임이 있다. 모든 상담사는 지속적이고 정기적인 슈퍼비전을 받도록 되어 있고, 전임으로 한 달을 일하면 1.5시간을 받는 것이 관례이다(BACP 『윤리강령』).

　학교가 상담사의 슈퍼비전을 위한 예산을 별개의 기금으로 책정해준다면 상담사는 슈퍼비전 비용을 절약한다. 어떤 상담센터는 자체에 슈퍼비전 팀을 운영하면서 소속 상담사가 파견된 학교와 거리를 두고 그 상담사의 슈퍼비전을 관리하지만, 자영으로 일하는 청소년상담사는 스스로 슈퍼비전을 찾아야 한다. 이 경우에는 청소년과 상담 경험이 있는 슈퍼바이저나 십 대의 인생 실험과 발달 단계상 다루어야 할 문제들에 능통한 사람을 찾는 것이 좋다. 교육의 압박과 학교가 일반적으로 기능하는 방식에 관해 어느 정도 알고 있는 사람이 이상적인 슈퍼바이저다. BACP의 정기간행물인 ≪오늘의 치유≫에는 슈퍼바이저 광고가 있지만 슈퍼비전의 질에 대해서는 보장하지 않는다. 슈퍼비전은 개인적인 사안이기 때문이다. 말하자면 일하고 있는 그 지역에서 시간을 낼 수 있는 학교 상담사가 오히려 도움을 주는 안내자가 될 수 있다(Bor et al., 2002).

　나는 개인적으로 학교 상담사 두 명에게 슈퍼비전을 제공하며, 나도 자영으로 일하는 청소년상담사로부터 슈퍼비전을 받는다. 어떤 학교 상담사들은 일정한 지역 안에서 집단을 이루어 한 센터에서 다른 센터로 돌아가면서 장소를 제공해 집단 슈퍼비전을 하기도 하고, 아니면 편리하고 적절한 어떤 장소에서 하기도 한다. 이런 경우 모든 참석자의 사례와 자기평가를 다룰 수 있도록 한 회기의 시간이 더 길어져야 한다.

교사가 일반적으로 (예를 들어 사회복지사와는 달리) 개인 슈퍼비전보다는 업무 수행을 관리받는다는 사실을 전제로 하면, 학교 상담사에게는 왜 슈퍼비전이 아주 필수적인 것으로 판단되는지 설명될 필요가 있다. 슈퍼바이저는 상담사에게 그의 상담 사례를 통해 다음의 것들을 검토해보도록 조력해준다. 상담 기법(**내가 지금 하고 있는 것이 이 학생을 가장 잘 돕는 길인가?**), 윤리적 사안(**나는 한 미성년 학생을 위해 이것을 비밀로 유지해도 되나?**), 상담 내용이 상담사 자신에게 개인적으로 어떻게 영향을 미칠지 (**내담자의 이야기가 내 안에 어떤 강렬한 느낌을 불러일으켰는가?**)를 검토하도록 도와준다 (McGuiness, 1998). 또한 슈퍼바이저는 사례연구를 살펴봐주고, 슈퍼비전을 받는 사람의 기술이 향상되도록 도와주며, 그의 상담 수행을 검증해주고, 난관에 봉착할 때 지원하며, 사례에 대한 대안적인 관점을 제공하고, 전문가 등록을 연장할 수 있는 증명서가 필요하면 이를 제공해줄 것이다(Bor et al., 2002). 역설적이게도, 슈퍼바이저는 상담사를 슈퍼비전함으로써 그 상담사가 학생내담자를 가능한 한 잘 지지하도록 만들어주는 셈이다.

맺는 말

이 장은 학교상담을 중심으로 법률과 윤리규범을 고찰했다. 영국에서 법률이란 조직체의 규율 및 요건과 나란히 준수되어야 하는 것이지만, 결정을 내려야 할 때는 늘 윤리적인 사안이 생기고, 그래서 상담사를 딜레마에 놓이게 할 것이다. 학생내담자가 자신이나 타인에게 해를 입힐 수도 있는 정보를 누설했을 때 학부모나 보호자, 학교의 다른 교직원, 의사, 경찰, 사회복지기관을 끌어들여야 할지와 같은 결정에 대해 규범을 정하는 것은 불가능하다. 이것은 균형의 문제이기 때문이다. 사소한 무분별함과 규칙 위반이나 위법까지도, 그런 일에 대한 정보를 무작정 넘기거나 그렇게 했을 때의 결과를 미리 생각해보지 않고 넘기는 상담사는 없을 것이다. 비밀유지라는 것이 뭔가를 의미해야 한다면, 그것은 반드시 청소년이 비밀리에 나눈 대부분의 것이 상담 관계 바깥에서 논의되지 않을 것이라고 청소년이 기대할 수 있다는 의미다. 그렇지 않다면 상담해서 좋을 게 뭐가 있겠나?

학교에서 비밀유지에 관한 처리 원칙들에 관해 BACP『윤리강령』이 그 윤곽을 그려주듯이, 우리는 아동학대, 범법 행위, 자해, 자살하려는 생각과 관련해 논의했다. 그리고 청소년의 성관계 노출의 문제에서는 비밀유지가 법률과 충돌하지 않는 한 '길릭 원칙'이 여전히 우위에 있다. 다음의 사례연구에는 규정과 원칙들의 적용 예들이 있다. 판단과 결정이 칼로 자른 듯 명쾌하지 않은 이런 문제들에서는 학교 상담사가 개인적인 슈퍼비전을 전적으로 활용하고 자신의 일선 책임자나 주임교사에게 자주 연락해, 일상의 상담 실행에 영향을 미칠 수도 있는 정책과 법률의 변화에 정통할 수 있는 기회를 가져야 한다.

성찰 연습

❶ 학교상담에서 허용될 수 있는 비밀유지의 정도와 한계를 새로 오는 내담자에게 처음 시작부터 모두 알려준다면 그 장단점은 무엇이겠는가?

❷ 개인의 자율성과 내담자의 복지를 보호할 의무 사이에서 균형을 맞출 때, 당신은 어떤 범주를 이용할 것인가? 예를 들어 16세 학생이 다섯 살 더 많은 사람과 동성애 관계에 있다고 당신에게 말했다면 어떻게 할 것인가?

❸ 다음의 다섯 가지 가상 사례를 보고 질문에 대답해보라. 그리고 동료와 함께 그 대답에 관해 이야기를 나누라(부록 3).

a. '2003년 성범죄법'은 발달상의 근거를 들어 13세 미만 아동은 친밀한 성적 행동에 동의할 능력이 없음을 언명했다. 학교 상담사로서 당신은 다음의 사례에 어떻게 하겠는가? 12년 11개월이 된 한 아이가 13세인 상대와 성관계를 한다는 것을 당신이 알게 되었다. 이것을 노출한 아이가 당신의 내담자라면, 이 정보를 아동보호를 위해 학부모나 주임교사에게 전할 것인가? 아니면 아동복지기관에 의뢰할 것인가?

혼자 알고 있음	학부모에게 고지	주임교사에게 의뢰	아동복지기관에 의뢰
논거:			

b. 만일 그 내담자의 상대가 14세나 15세라면, 그리고 그 어린 내담자가 '길릭 성숙도'에 해당된다고 당신이 판단한다면 당신의 행동 과정은 어떻게 달라지겠는가?

혼자 알고 있음	학부모에게 고지	주임교사에게 의뢰	아동복지기관에 의뢰
논거:			

c. (당신 판단으로는 아주 성숙하고, 다시 말하자면 동의할 능력이 있는) 14세 소년 내담자가 같은 학교의 17세 소녀와 친밀한 성관계를 갖고 있다고 가성하사. 어떤 힘의 치이도 없고 선숙도의 수준이 다르다는 문제만 있다고 당신이 결정했다면, 당신은 아동보호를 위해 학부모나 주임교사에게 아니면 아동복지기관에 이 사실을 알려야 할 것 같은 느낌이 들겠는가? (학교나 치료기관과의 계약 조건은 청소년들과 상담하지만 필요하다면 부모나 보호자를 개입시킨다는 것이라고 가정한다.)

혼자 알고 있음	학부모에게 고지	주임교사에게 의뢰	아동복지기관에 의뢰
논거:			

d. 두 청소년이 당신을 찾아와 자기들이 동성애 관계에 있다고 이야기했다. 각각 14세와 15세인 그들 사이에는 어떤 힘의 차이도 없으며 충분히 합의한 것이었다. 그들이 찾아온 이유는 학교에서 다른 또래에게 동성애 혐오적인 비웃음을 당하는 것이 겁나고, 또한 부모가 알게 되었을 때 무엇이라 말할지 겁이 났기 때문이다. 그들은 아직 가족에게 자신이 동성애자임을 드러내지 않았다. 이런 경우에 당신은 상담사로서 이 청소년의 이야기를 당신만 아는 것으로 담아둘 것인가, 아니면 이 정보를 제삼자에게 전달해야 할 것이라고 느낄 것인가?

혼자 알고 있음	학부모에게 고지	주임교사에게 의뢰	아동복지기관에 의뢰
논거:			

e. 14세 청소년이 전날 밤 집에서 말다툼한 이야기를 했다. (3세 때부터 그의 어머니와 함께

살았던) 의붓아버지가 손등으로 그 아이의 뺨을 때렸는데, '엄마에게 욕을 한다'는 이유에서 였다. 그의 어머니가 아이에게 '돈을 훔치고 저녁 시간에 공원에서 술을 마신 것'에 대해 추궁하고 있었기 때문이다. 내담자의 얼굴에는 빨간 자국이 있었고, 아직도 화가 나 있었다. 그가 상담에서 말한 것은 이전에는 그처럼 맞은 적이 없었고, 의붓아버지가 학대한 적도 없었다는 것이다. 그 학생은 학교에서 반항적이라고 알려져 있다. 당신은 어떤 행동 과정을 거칠 것인가?

혼자 알고 있음	학부모에게 고지	주임교사에게 의뢰	아동복지기관에 의뢰
논거:			

✓ 학교에서 청소년에게 '완전한 비밀유지' 보장이란 비현실적인 일이다.

✓ BACP의 『윤리강령』은 비밀유지 원칙과 교육기관에서의 적용의 윤곽을 제공해준다.

✓ 아동보호 사례들에서 청소년의 복지가 위태로운 경우에는 학교 상담사가 그 문제를 주임교사나 해당 기관에 보고하는 일 말고 선택의 여지가 없다.

✓ 자살하려는 생각, 자해, 십 대의 비행, 불법 약물 남용과 같은 특정 사안은 학교 상담사에게 특별한 어려움을 준다. 비밀유지를 할 것인지, 아니면 이런 정보를 보호자 또는 공적으로 안전조치를 제공하는 자에게 전할 것인지 결정해야 하기 때문이다.

✓ 청소년 성행위의 경우, 학교 상담사는 비밀유지를 깨뜨리기 전에 내담자가 성행위를 합의할 정도의 수준으로 성숙했는지 확인하기 위해 '길릭 원칙' 적용할 수도 있지만, 이러한 결정은 불법이 아닌 한에서만 그렇다. 영국에서는 13세 미만 아동의 경우에는 성행위에 대한 정보를 받았다 할지라도 동의할 능력이 없는 것으로 판결된다.

✓ 안전조치 규정은 학교에서 모든 학생의 복지를 보존하기 위해 지정된 모든 활동에 적용된다. 그중 한 조항은 모든 치료사는 형사기록사무국에 의해 아동과 취약 성인에 대한 어떤 범법도 없음을 증명받았어야 한다는 것이다.

✓ 학교 상담사는 모두 정기적으로 지속적인 슈퍼비전을 받아야 한다. BACP나 다른 공식적 기관의 요구 조건에 맞추어 한 달에 1시간 30분의 슈퍼비전을 받는 것이 관례이다.

05 Adolescence

청소년기

이 장에서 다룰 내용

네 자녀는 네 자녀가 아니다.

생명이 생명을 갈망함으로 태어난 아들이며 딸이다.

너를 통해 왔지만 너로부터 오지 않았다.

너와 함께 있지만 너에게 속하지 않는다.

네가 그들을 사랑할지라도 그들 생각을 사랑하진 않는다. 그들은 자기 생각이
있기 때문이다.

너는 그들 몸을 위한 집일 수는 있어도 그들 영혼의 집은 아니다. 그들 영혼은
내일이라는 집에 깃들기 때문이다.

너는 방문할 수 없는 곳이다, 꿈에라도.

칼릴 지브란, 『예언자』(Gibran, 1972[1923])

들어가는 말

교육의 시기를 통과하면서 학생은 아동에서 어른으로, 의존에서 자율로 발달적인 전
환을 겪는다. 서구 사회에서는 이 전환기를 '청소년기'라고 일컫는다. 이 장에서는 이
발달 시기가 고등학교까지 학교에서 미치는 영향을 그려보려고 한다. 왜냐하면 간결
요법 상담은 십 대의 내적 세계와 외적 세계에 대한 이해 없이는 그들의 어려움을 적
절히 다룰 수 없기 때문이다. 이 시기의 몸과 정신의 변환 특성이 이 장에서 체계적
으로 논의될 것이다.

사춘기로부터 후기 청소년기에 이르는 성의 성숙은 신체 변화 및 호르몬 변화와
관련이 있고, 그런 변화가 관계적 결과와 사회적 결과를 가져온다. 정서발달은 초기
애착의 영향을 받으며, 이것이 학교 상담사에게 말해주는 의미들이 있다. 청소년은
더 넓은 사회적 맥락에 맞닥뜨리면서 다양한 범위의 과제를 성취하라는 여러 가지
요구에 직면하는데, 이런 것이 소수 인종에 속한 학생에게는 특정한 긴장들을 부과
한다.

인지발달에 대한 논의는 심리학 조사연구와 최근 신경과학에서 발견되는 것들
을 통해 이루어질 것이다. 그런 발견들은 십 대의 정신적 적응력 성장과 일시적 기능

결함에 관한 우리의 이해를 확장시켜주었다. 학교 상담사는 이러한 조사연구를 고려하고, 학생내담자의 인지 능력이 변화하고 있음에 비추어 상담개입을 조율하는 것이 바람직하다. 마지막으로 주의해야 할 점은 양육의 질이다. 아동이 비교적 아무 탈 없이 청소년기를 통과하도록 지지하는 데는 양육의 질이 힘을 보탠다.

사춘기

청소년기는 사춘기와 함께 시작된다. 청소년기 동안 생리적 성장 분출이 인지발달, 사회적 압력, 교육적 기대와 더불어 동시에 발생한다. 청소년의 몸 안에서 호르몬이 변하고, 그래서 외관에 영향을 미치며 자기 자신에 관한 느낌에도 영향을 준다. 사춘기의 시작과 함께 신체가 성숙하기 시작하는데, 여자애는 월경을, 남자애는 몽정을 하기 시작한다. 에스트로겐은 10세에서 16세 사이에(평균적으로 13세에) 월경을 하게 하는 호르몬이다. 난소에서 한 달에 한 번 난자를 생산하며, 엉덩이가 넓어지고, 가슴이 생긴다. 사춘기에 남자애는 11세와 16세 사이에(평균적으로 14세에) 테스토스테론에 의해 고환에서 정자를 생산하게 된다. 가슴은 점점 넓어지며, 목소리는 굵어지고, 수염과 음모가 나기 시작한다. 최근 수십 년 동안 사춘기 시작 연령이 낮아지고 있지만 개인차가 있고, '정상'에 대해 청소년들이 집착하기 때문에 '정상'이라고 인식되는 변화의 범위 바깥에 있는 청소년은 불안을 경험한다(Geldard and Geldard, 2010; Thomas, 1990).•

예민함 증가

호르몬 변화와 몸의 변화는 깊은 정서적인 느낌을 만들어내기 때문에 대다수보다 성장이 느린 아이에게는 조심스러움이나 혼란스러움, 당황스러움, 자의식, 자존감 저하라는 결과를 낳기도 한다. 초기 청소년(11~14세)은 성적인 끌림과 욕구의 새로운 느

• [옮긴이] Geldard에 따르면, 여자애는 성숙도가 다른 아이보다 빠를 때, 남자애는 늦을 때 보통 불안해한다.

낌에 대처하느라 애를 쓰고, 오락가락하는 기분, 성마름, 짜증이 시작된다. 별명 부르기와 놀리기는 일반적인 방어막이며, 예민함을 유머를 통해 감추는 것과 마찬가지이다. 그래서 남학생들은 친구끼리 '게이'라고 부르기를 잘하는데, 때로는 재미로 하지만 어떤 경우는 자신이 동성에게 성적으로 끌리는 것을 감추려고도 그렇게 한다.

 학교 상담사는 발달상의 이 예민한 단계를 이해할 필요가 있고, 상담 과정을 청소년의 경험과 일치되게 맞출 필요가 있다. 이때 특별히 기억할 것은 유머와 가벼운 분위기가 때로는 감정 고조의 강렬함을 분산시킬 수 있다는 것이다. 그러나 말할 필요도 없이, 유머의 개입은 신중해야 한다.

성의 발달

십 대는 성에 대한 관심이 발전하지만, 초기 단계에서는 자신이 없기 때문에 동성 친구와 가까운 관계를 형성한다(Blos, 1979). 이성과 마주치는 환상을 가지고, 그런 만남을 자랑한다. 친밀함 없는 성적인 놀이와 실험은 청소년기 훨씬 이전에 발생하는데(Bancroft, 2009) 해롭지 않은 경우가 많고, 형제자매 사이에서나 친구 집에 놀러가서 잘 때 일어난다(Finkelhor, 1980). 이 시점에서는 개인적인 감각이 친밀함의 욕구가 아니라 각자 지닌 '은밀한 것'에 대한 호기심이라고 보는 것이 더 맞다. 어린 학생이 샤워실에서 다른 애를 찬찬히 바라보고, 옷을 벗을 때마다 생식기관과 음모가 자란 것을 비교하는 행동도 그런 것이다(Bancroft, 2009; Thomas, 1990).

　자위행위는 남자애와 여자애 모두에게 성적 충동을 채우는 수단이고, 나중까지도 그렇다. 어떤 애는 순진함과 부끄러움에 이런 행위가 마음에 걸리지만 어떤 애는 말로 자랑하기도 한다. 그러나 모든 사람에게 몸은 감각의 용수철이 되어왔다. 청소년기는 '낯설고 겁나는 행동과 느낌을 시도해보는 것'에 환상을 가지며, 실수가 생기기 전에 그 환상들을 바로잡는 때이다(Noonan, 1983: 24).

실험
성 충동은 후기 청소년기(15~18세) 동안 더욱 확연해지고, 성관계를 하고 싶은 욕망이 강해진다. 실험하고 감행해보는 시기(Conger, 1975)이고, 또래집단의 경쟁 압력으로 인해 심리적인 적응이 필요한 시기이다. 너무 '고상한 체'하는 것과 너무 '난잡하게' 보이는 것 사이에서 균형을 잡는 일은 쉽지 않다. 성적으로 낙인찍히는 일이 남자애들보다는 여자애들에게 더 일반적으로 생긴다(Lees, 1993). 성적으로 강력한 느낌이 외모나 자기이미지 변화에 대한 집착으로 이어질 수 있다. 이런 집착은 표현된 의견과 비판에 대하여 지나치게 예민한 반응을 낳을 수 있다. 성적인 태도와 행위(애무와 성교)는 젠더, 나이, 인종, 사회적·경제적 수준, 사회 계층에 따라 아주 다양한데, 일반적으로는 '개방성'이 증가하는 문화 속에서 더 빈번하게, 더 이른 나이에 경험하는 경향이 있다(Bancroft, 2009).

친밀함

후기 청소년기에 서구 청소년은 동성이든 이성이든 친밀한 관계를 형성하는 경우가 많다. 성적 선호에 관한 결정이 우선적인데, 동성애 성향은 동성애를 혐오하는 사람이 많은 사회에서는 긴장을 가져다준다. 어떤 청소년에게는 성욕을 만족시키는 일이 여러 가지 이유로 지체된다. 억제, 사회적 관습, 내면화된 가치 체계, 아니면 그냥 기회부족 때문에 지체되면, 성에 대한 금기가 없거나 상대적으로 일찍 부모가 되는 사회에서 살았더라면 그렇지 않았을 기간보다 더 오래 상상 안에 머물게 된다. 그러나 1970년대 이후부터는 서구 청소년 대다수가 더 이른 시기에 성관계를 갖는다는 증거가 쌓이고 있다.

 남자애들의 30%가 성이 관계에서 가장 중요하다고 인식하는데, 이것은 여자애의 경우가 13%인 것과 비교된다. 삽입성교를 여자애의 경우 평균 16세에, 남자애는 18세에 처음 경험했음을 발견했다는 보고가 있다(Sherratt et al., 1998). 브룩Brook•이 보고하는 바는 여자애들의 25%가 16세 전에 성관계를 한다는 것이다(Jenkins, 2005). 그러나 다른 데이터는 남자애는 37%, 여자애는 40%가 그렇다고 제시한다(Mosher et al., 2005). 이러한 주제에 대한 데이터 수집이 어렵다는 것은 알려진 사실이며, 어떤 발견들은 서로 모순된다. 이 사실은 어쩌면 지역에 따라

• [옮긴이] 영국 잉글랜드와 웨일스 지역에 등록되어 있는 유한 회사이자 자선 사단법인으로, 25세 이하의 성 건강과 복지를 위한 일을 한다. 1964년 Helen Brook이 시작한 Brook Advisory Centres가 그 모태이다.

서, 문화에 따라서 경험이 다양함을 보여주는 것일 수도 있다.

HIV 감염과 AIDS의 위험성에도 불구하고, 청소년 사이에는 별 생각 없이 하는 성관계가 드물지 않고, 대부분의 경우 첫 성관계에서 콘돔을 사용하지 않는다.

 드물지 않은 사례 에리카는 어느 날 저녁 처음 성관계를 한 후 상담하러 왔다. 열네 살짜리 그 애는 첫 성관계 경험을 '옳다고 느껴지는 특별한 시간'이 될 때까지 하지 않고 지키려는 마음이 강했다. 어느 날 저녁, 그 애는 알고 있던 열아홉 살 남자애와 차 뒷자리에 앉아 있었다. (그 남자애가 얼마 동안 자기에게 빠져 있다는 것을 에리카는 알고 있었나.) 에리카는 점점 대회에 끌려 들어가면서 무슨 일이 일어나고 있는지 자각하지 못했다. 그 둘은 잠시 키스를 했고, 그다음에 일이 벌어졌다. 에리카는 그다음 날 여러 가지 감정을 가지고 상담하러 왔다. 화가 나는 것 말고도 자기가 처녀성을 잃었다는 것에 후회했다. 이것은 '옳다고 느껴지는 특별한 시간'이 아니었고, 그 순간을 소중하게 생각할 수도 없었다.

정서발달

서구에서 생각되는 청소년기란 자율성을 향한 전환의 여정이다. 부모에 대한 의존성을 뒤로 물리고 우정에 기대는 비중이 커진다. 이 시기에는 신나기도 하고 겁나기도 한다. 청소년 발달에 대한 서구의 이해는 사춘기에 발생하는 본능의 급증으로 이해하는 것에서 출발했다. 프로이트(Freud, 1937)가 주장했던 것은, 본능이 급증할 때 내면에서는 수많은 정서적 변화가 일어난다는 것이다. 아동기가 끝난 이후 그 어느 때보다도 성격이 더 취약해지는데, 그 증거는 심리의 균형이 무너지는 것이다(Coleman, 1987). 십 대는 발달 시기 동안 다양한 내적 자극과 외적 자극들 사이를 항해하는 것과 같다. 내면적으로 보면, 호르몬과 신체 변화가 미치는 영향 말고도 애착에 대한 심리적 욕구가 상당히 중요한 것으로 인식되어왔다.

애착

'엄마와 자녀의 이상적인 관계'가 한동안 심리학 논문의 주제가 되어왔다. **안정애착**

이 분리와 자율성의 과제를 완성해가는 청소년기에 막중한 결과를 낳는다는 이론이 정립되어왔다(Bowlby, 1952). 아동에게 존재하는 불안정함에 관한 한 편의 조사연구가 '아인스워스의 낯선 상황Ainsworth's strange situation' 실험(Ainsworth et al., 1978)인데, 놀이방에서 엄마와 한 살 유아가 20분 동안 참여하는 실험이다.

처음에 엄마는 아이를 연구원과 함께 남겨두고 나가라는 요구를 받는다. 그다음에 아이는 3분 동안 혼자 남겨진다. 그러고 나서 엄마와 아기가 함께 있게 한다. 실험의 전체 흐름이 기록되고 분석되었는데, 그 초점은 주로 분리와 재결합에 아기가 보이는 반응에 맞추어졌다. 그렇게 하여 발견된 것은 다음과 같다.

- **안정애착** 엄마와 분리되었을 때 약간 어쩔 줄 모르지만 재결합되었을 때 위로받고 다시 놀기 시작한다.
- **불안정 회피 애착** 분리되었을 때 드러나게 힘들어하는 표시가 보이지 않고, 엄마가 돌아와도 엄마를 무시하면서 경계를 하고 놀기를 꺼린다.
- **불안정 양가 애착** 혼자 남겨졌을 때 아주 힘들어하고, 엄마와 함께 있게 되어도 쉽게 진정되지 않는다. 이 유아는 엄마와 접촉하려고 하면서도 그다음에는 발로 차고 몸을 돌리고, 몸부림치고, 놀자고 주는 장난감을 거부하면서 저항한다.
- **불안정 비조직적 애착** 이런 유아는 별로 많지 않은데, 나타내 보여주는 혼동된 행위가 다양하다. 그중에는 엄마와 다시 만났을 때 '꼼짝하지 않는' 등의 정형화된 움직임도 있다.

심리분석 상담사라면 아동과 청소년이 이웃과 학교에서 곤란을 일으키는 행위가 어쩌면 해소되지 못한 애착의 문제로 인해 거리와 학교에서 '전환기의 애착 인물'을 찾기 때문이라고 추론한다. 그러나 현실에서는 자기 가정에서 경험했던 것과 동일하게 투사된 '불안정한', '불안한', '회피적인', '저항하는' 애착을 보게 된다(Bowlby, 1969, 1973, 1980). 학교에서 어린 학생들 사이에서 일어나는 사소한 많은 다툼은 무의식적으로 **애착**과 **분리**를 실험해보고 싶은 심리적 욕구가 노출되는 것일 수도 있다(Geddes, 2006; Luxmoore, 2000). 럭스무어(Luxmoore, 2006)는 학생과 교사가 언쟁하는 사례를 딱 맞게 제시한다. 애착 욕구는 거리의 폭력적인 청소년들 가운데서도 탐지될 수 있다(Batmanghelidjh, 2009).

해소되지 못한 애착 욕구는 성인이 무의식적으로 대리 양육자를 찾으려고 할 때 관계가 긴장되는 것을 예측하는 지표가 된다고 판단된다. 그런 사람은 관계에서 상대방에게 비현실적인 요구를 하기도 한다. 애착이론은 사람이 본능적으로 자신을 안전하게 지키기 위해 누군가에게 붙어 있으려고 하는 방식을 설명해준다. 누군가와 붙어 있지 않게 되면 사람은 사회적으로 살아남기 위해 투쟁하기 때문이다. 아기는 본능적으로 자기의 양육자에게, 보통은 엄마에게 붙어 있다. 그러나 이 첫 번째 애착의 안전함을 떠나 세상으로 들어가는 모험을 할 때는 안락함과 자극과 안전함을 위해 다른 인물을 찾는다. 애착이론은 새로운 다른 애착의 질이 초기 애착의 질과 직접으로 관련이 있다고 제시한다.

 상담사는 자기가 방치된 학생들에게 **애착 대상**이 되기 쉽다는 것을 너무 잘 알게 될 것이다. 학교상담 말고는 어떤 상황에서도 돌봄과 관심을 거의 받은 적이 없다면, 상담의 돌봄과 관심이 상담사와 내담자 둘 다에게 무의식적으로 대리 '엄마-아이'처럼 해석되기 쉽다. 이것은 민감하게 방지될 필요가 있다.

사회화

청소년 사회의 분위기 안에 들어 있는 압박은 청소년의 사고와 감정에 영향을 미친다. 심리학자들은 다양한 이론과 용어를 구성해 청소년기의 자율성 과정을 서술해왔다. 그 과정의 주요한 요소 중 하나가 그들에게 '나의 나됨I-ness' 또는 개별성에 대한 감각이 증가한다는 점이다. 이것을 관례적으로 '개별화individuation'라고 부른다.

개별화와 정체성

서구 심리학자들은 청소년기의 전환을 '개별화'로 묘사한다. 이 용어는 융Carl Gustav Jung이 사용했다. 사람이 '되어야 할 바'인 자아, 즉 나눌 수 없는 유일무이한 총체적인 자아가 되어가는 생애 과정을 묘사하기 위해서였다. 청소년은 부모와의 강력한 정서적 결합을 잘라내기 시작하고, 더 성적으로 자각하고, 가족 바깥에서 '사랑의 대상'을 찾는 데로 끌린다. 불가피하게도 이 본능적인 갈라섬은 충성심에 긴장을 낳는다. 이 시점의 성격은 변덕스럽고 부서지기 쉬운데, 청소년은 이 줄다리기 같은 긴장을 통해서 방어기제를 다루는 법을 배운다. 방어기제는 무의식적인 장치이며 잘못 적용될 수도 있다. 개별화 과정이 좌절되어 생기는 내면의 갈등에 대처하는 방어기제가 부적합할 때 부적응 행위가 생긴다. 그 과정은 세 살이 끝날 무렵 발생하는 과정과 유사한데, 그때 자아의존적인 유아는 아기처럼 화를 내고 떼를 쓰면서 퇴행적으로 행동한다(Mabey and Sorensen, 1995).

에릭슨(Erikson, 1968)은 청소년기 발달을 과제들의 완성으로 보았다. 고전이 된 그의 연구에서 청소년의 삶을 '정체성 위기'로 보았다. 청소년은 반드시 일관성 있는 정체성을 수립해야 하고, **정체성 분산**의 느낌을 극복해야 하는 일련의 단계들을 거치고 있다는 것이다. 청소년은 이 시기에 반드시 거의 모든 삶의 영역에서 주요한 결정들을 내려야 하고, 결정을 내리는 과제마다 위기가 있으며, 정체성 분산을 이겨낼 필요가 있다.

첫 번째 과제는 **친밀감에 대한 두려움**을 극복하고 개인적으로 가까운 관계에 들어가는 것이다. 이는 자아를 내려놓음 및 개인 정체성의 상실과 연관된다. 오랜 기간 데이트를 하고 관계를 시험해본 후에야 자신을 친밀함에 전적으로 맡기게 되는 청소년이 많다. 아동기의 긍정적인 초기 애착으로부터 나오는 신뢰의 강한 정체성이 결여된 청소년은 형식적인 관계나 부적절한 상대와 관계를 형성하는 경향이 있다.

두 번째 과제는 에릭슨이 **시점의 확산**이라고 이름 붙인 것과 싸워내야 할 필요성이다. 이것은 청소년이 미래 계획이 어렵다는 것을 발견하게 되는 때라는 의미이다. 청소년은 밝은 미래의 가능성에 대해 양가감정을 가지게 된다. 말하자면 시간이 변화를 가져오리라고 믿지 못함과 다른 한편으로는 시간이 흐르면서 변화가 정말 이루어질 수 있다고 염려하는 것이다.

셋째로, **노력의 확산**이라는 과제가 있다. 청소년은 실습에서든 공부에서든 실제로 그것을 하기 위한 자원을 잘 다루기가 힘들다는 것을 알게 된다. 그래서 무기력함으로 마비된 상태이거나, 집중할 수 없거나, 한 활동에만 몰두해 다른 활동들을 배제시키게 된다.

마지막으로, **부정적 정체성**을 형성하는 것에 이끌리는 것이다. 그 정체성은 부모나 보호자가 선호하는 정체성과는 반대된다. 그렇게 반대로 가고 싶은 바람이 진짜 정체성을 찾는 하나의 과정이다. 그것은 가족이나 사회에서 존경받고 적절하다고 여겨지는 역할을 비웃듯이 일축하는 것으로 표현된다. 에릭슨은 또한 **심리사회적 유예**의 시기, 즉 결정이 중지된 채 남겨질 수 있는 시간에 관해 말한다.

서구 사회는 주요한 선택을 미루기로 결정하는 것을 장려한다. 청소년은 자기가 어떤 종류의 어른이 되고 싶은지 발견하기 위해 실험할 여지를 찾는다. 에릭슨에 의하면 그것이 건강한 일이고, 사회적 역할을 해볼 기회를 제공한다.

자율성 아니면 통합

에릭슨의 청소년 발달 모델은 서구의 경험을 반영한다고 비판받아왔다. 문화적으로 다양한 상황에서는 인간의 변환에 관한 다른 설명이 신뢰를 받을 수 있다. 가령 사회 구성이론으로부터 나오는 설명들이 있다. '청소년기'와 연관된 정서적 기질과 심리적 기질은 개인에게 자율적이고 독립적이 되라는 사회의 기대로부터 생긴다는 것이다. 그러나 포부를 가진 자기네 청년들에게 통합되고 정해진 역할에 일치되라고 요구하는 사회들도 있다. 이것은 마거릿 미드(Mead, 1928, 1930, 1949)의 연구에 개괄되어 있는데, 그 연구는 큰 영향력을 미쳤다. '아동기'와 '청소년기'라는 현상이 19세기 후반에 이르기까지 노동을 하는 가난한 자 대부분에게는 존재하지 않았다(Muncie et al., 1995). 그리고 '아동의 권리'는 비교적 최근에야 정치적이고 사회적인 변화의 초점이 되어왔을 뿐이다(Daniels and Jenkins, 2000). 그렇다면 '청소년기'는 모든 사람이 통과해야 하는 생물학적 과정이 아닐 수도 있고, 사회적으로 구성된 서사일 수도 있다.

청소년기에 관한 두 연구(Chatterjee et al., 2001; Galatzer-Levi, 2002)는 서구의 패러다임에 도전했다.

산업화되지 않고 기계화가 덜 된 사회에서, 즉 경제가 청소년에게 확대된 훈련에 의존하지 않고 결혼과 성적인 결합이 일찍 시작되는 사회에서 자란 십 대는 더 복잡하게 얽힌 사회에서 자란 십 대에 비해 자존감이 더 높다는 것이 발견된다(Chtterjee et al., 2001). 더구나 산업화된 사회 내에서 주변부 인종 집단에 속한 청소년은 '지식 요건이 덜 갖추어'져서 고된 생활을 하는 경향이 있다(Chtterjee et al., 2001). 전통적이고 덜 산업화된 사회에서 여자애들에게 결혼이란 출산력이 생긴 후 곧바로 이루어지고, 남자애들은 가족을 부양할 수 있는 역량을 얻으면 곧 결혼한다. 남자가 늦게 결혼한다면 그건 경제 상황이 그 결정을 미룰 경우에만 그렇다(Galatzer-Levi, 2002).

두 명의 청소년에 대한 질적인 어떤 연구는 서사를 넘어서 경험이 어떻게 형성될 수 있는지를 그려 보여준다(Galatzer-Levi, 2002). 두 젊은이는 모두 '정상'이라고 인식되는 것들과 비교되는 '정체성 위기'를 겪고 있었다. 한 명은 직업 훈련 프로그램을 중단했고 이에 대해 죄책감을 느꼈지만, 에릭슨의 **심리사회적 유예** 이론을 읽고서 벗어났다. 그 이론은 그의 행위를 '정상'이라고 추론하기 때문이다. 다른 한 명은 살인으로 체포된 열네 살짜리 갱 두목이었다. 무시당한다고 느껴왔던 그는 '신뢰할 만한 친구들'의 말에 자기를 맞추었다. 가족, 친구, 상담사, 전문가들로부터 그가 받은 메시지는 모두 '군인처럼' 살라는 것이었다. 그래서 '군인 정체성'을 내재화한 후에 그는 '장군'으로 승진했고, '자기 군대'를 보호하기 위해 '적'을 죽였다.

두 청소년 모두 '그들에 관해 말해진' 이야기대로 살았고, 자기에게 '정상'으로 보이는 정체성을 입었다. 그러나 그 정체성은 사회적 구성이었고, "그들은 남의 눈을 빌려 자신을 창조해내었다"(Galatzer-Levi, 2002: 46). 청소년은 다른 사람의 관점에서 자아에 대한 감각을 만들어낸다.

많은 청소년이 자기의 욕망과 자기에 대한 남의 기대를 조화시키지 못한다. 부모와 보호자의 기대가 있고 학교의 기대와 또래의 기대가 있는데, 그 기대들이 청소년을 **자신이** 무엇을 원하고 **자신이** 누구인지에 대해 진퇴양난에 빠지게 한다. 어쩌면 이 국면에서 가장 큰 영향력을 가지는 것은 친구들일 것이다.

또래의 영향력

어른들은 대체로 청소년의 역할을 미리 정해놓지만, 학교에서 군림하는 십 대들은 때로 강력한 역할을 맡아서 문화적으로 다양한 구성 요소들 안에 있는 모든 학생을 끌어들여 통합시킨다. 학교는 거대한 '사회적 믹서기'인 셈이다. 부모와 보호자에게 덜 의존하게 되면서 청소년은 불안정해지고, 그 결과 자아개념의 지탱을 보장받아야 하기 때문에 또래집단에 더 많이 의존하게 되는 것으로 나타난다(Geldard, 2009). 그렇다면 역할 변화는 서구 사회의 청소년기 발달에 내재되어 있는 특징이다(Coleman, 1987).

학교마다 위계질서가 있는 사교 공동체들이 있기 마련이고, 그 지배문화 집단은 '정상'이 무엇인지를 결정해주는 경향이 있다. 예를 들어, 내가 상담하는 학교에서는 백인 '노동자 계급'에 속하는 또래집단이 지배적이며 공부 반대 윤리가 있어서, 성적이 좋으면 '잘났어 정말'이라는 말을 들을 위험이 공부를 못할 경우에 '멍청이'라고 불릴 위험만큼이나 높다. 지배집단의 매력적인 백인 여학생은 (서구화된) 흑인 남학생과 사귐으로써 지위를 얻는데, 그것은 백인 남학생들이 자신을 성적으로 덜 매력적인 존재라고 느끼게 만든다. 흑인 남자애가 성적인 위계질서의 정점에 있다고 보는 관찰이 있다(Youdell, 2003). 흑인 미국 문화의 음악이나 랩, 거리의 춤은 존재의 지배적 정체성을 결정한다. 청소년마다 '반드시 동경하는' 옷이 있는데 그것은 디자이너의 상표가 붙은 옷이다.

상담사 쉬라즈가 학교에 왜 또 안 왔는지 아니?

조이 그 애가 집에서 폭발했나 봐요. 사복 입는 날에 검정 바지에 괴상한 신발 신고는 학교에 가지 않겠다고 했을 거예요. 그 앨 욕할 수 없어요. 나라도 학교 안 왔을 거예요.

상담사 그래서 안 왔다고?

재즈민 그 애 옷은 나라도 죽으면 죽었지 입고 싶지 않은 것들이거든요.

캐스린 겔다드와 데이비드 겔다드(Geldard and Geldard, 2010)는 워터먼(Waterman, 1984)의 연구를 인용해 인종 정체성의 긴장을 기술한다. 청소년기에 인종 정체성이 전환되어가는데, 소수 집단에 속한 개인이 주류 문화의 가치와 태도를 수용하고 자기 고유의 문화에 대해 부정적인 관점을 내면화하게 된다는 것이다. 그러나 청소년기 후기에 들어가면, 자기 자신의 뿌리를 더 많이 공부할 필요를 깨닫고 자신의 인종 정체성을 탐색하며, 궁극적으로는 자신의 문화에 관여하게 된다. 자신의 인종 집단의 규범에 적응하면서 아주 감정적이 될 수 있고, 때로는 주류사회에 대해 매우 적대감을 가지게 될 수도 있다. 그런 일에 만일 또래의 영향력이 막대함을 알아차리게 되면, 또래 지원 프로그램에서 학생들의 도움을 받는 것이 아주 적절하다고 보인다.

연구자들은 또래 지원 프로그램의 효율성을 뒷받침해준다(Geldard, 2009; Naylor and Cowie, 1999; Whiston and Sexton, 1998; Wilson and Deane, 2001). 중고등학생은 초등학생에 비해서 **학교 폭력을 당할 경우** 교사에게 **덜 말하는 경향**이 있고(Smith and Sharp, 1994), **나이가 들수록 집에서 누군가와 이야기하는 것을 더욱 거리끼고**(Whitney and Smith, 1993), **사태가 극단적이 되어서야 비로소 보고한다**(Besag, 1989; Olweus, 1993)고 알려져 있다.

어떤 사회적·경제적인 집단에 속하든 모든 청소년은 자신의 문제에 대해 부모나 교사보다는 **친구의 지지를 받는 것을 선호한다**(Gibson-Cline, 1996). 이러한 관찰로 인해 새로운 많은 프로그램과 훈련 프로그램이 생기게 되었다(Cowie and Sharp, 1996; Smith and Sharp, 1994). 학교에서 또래 지원 체계와 학생 멘토링을 수립하는 데 도움받을 수 있는 지침도 있다(Lines, 2005).

> 자기의뢰의 많은 경우가 분열과 집안싸움 같은 갈등으로 생긴 또래집단의 분쟁에 관한 것이다. 그래서 학교 상담사는 갈등하는 두 집단의 상투적인 태도와 옷차림에 익숙해지게 된다. 옷과 이미지는 모든 십 대에게 중요한 것이 된다. 저소득층이나 실업가족의 청소년을 위해서는 상담사가 낮은 자존감의 문제를 다루어야 할 수도 있고, 특히 핵심 집단에 속하지 않은 청소년을 위해서는 더욱 그렇다.
>
> 창의적인 상담사는 학생들이 서로 친구를 지지하도록 만든다. 집단작업을 통해서 간접적으로도 하고, 체계적으로 또래 지원 프로그램을 통해서 할 때는 예약 없이 들러도 되게 만들고, 아니면 미리 상담자와 내담자로 짝을 지워주기도 한다.

인지발달

사회적 환경이 인간 발달에 주요한 영향을 미치지만, 인지라는 복잡한 내적 맥락도 정체성 및 행동과 관련이 있다. 사회적 환경과 인지는 둘 다 나란히 있으면서 상호보완한다. 청소년기란 성장의 대단한 분출과 호르몬의 변화와 함께 '자아중심성'에서 '고급 인지능력'으로 전환하는 과정이다(Geldard and Geldard, 2010; Thomas, 1990). 내면의 갈등이 있는 시기이기도 한데, 그것은 자기 정체성을 규정하려고 하면서 자신을 '꿈꾸듯' 장난스레 의식하던 것을 버리고 정체성에 집중하기 시작하기 때문이다. 그들은 책임의 단계를 향해 움직이고 있다. 주변에서 역설과 혼합된 메시지가 흘러드는 가운데 자신을 책임지는 단계를 향해 나아간다. 결정적으로 중요한 이 국면을 통과하면서 청소년들은 일관적이지 못하게 된다. 그들은 이상적이지만 비현실적이다. 결국에는 자기 수용과 통합의 더 온건한 국면을 향해 움직이는데, 자기 수용과 통합은 성인기에 이르러야 비로소 닿게 되는 단계이다. 어떤 청소년은 반항하려는 **욕구**가 생기는데, 그 욕구는 다루기도 힘들고 때로는 그 욕구를 가진 채 사는 게 힘들지만, 자아의 힘과 정체성을 확보하려는 자연스러운 움직임으로 보아야 한다.

인지능력 증가

사춘기 무렵에는 사고 방식이 의미심장하게 발달한다. 이것을 장 피아제Jean Piaget는 더 높은 형태의 추론과 추상적 사고, 즉 **형식적·조작적 사고**foraml operational thought로의

'구체적 조작concrete operation'이라고 기술했다(Inhelder and Piaget, 1958). 초기 청소년기 행위는 주로 보상과 강화를 통한 사회적 학습에 의해 결정된다. 만일 아동이 특정 행위로 사랑받는 결과를 경험한다면, 그는 보상을 얻기 위해서 그 행위를 반복하는 경향을 보일 것이고, 그 조건이 일관되게 적용되면 될수록 그 행위는 더 강화된다. 청소년기에는 인지 기능의 근본적인 전환이 생긴다. 십 대는 추상적인 아이디어로부터 명제를 형성할 수 있게 되고, 가능성을 가지고 가설을 세울 수 있게 되며, 연역적인 논리로 추론할 수 있게 된다. 모든 행위가 보상을 가져오는 것은 아니기 때문이다.

형식적·소삭적 사고를 할 줄 아는 청소년은 자신의 의견에 관해서뿐 아니라 다른 사람의 의견에 관해서도 생각할 줄 알게 된다(Geldard and Geldard, 2010). 타인의 관점에 반드시 동의하지 않아도 그 관점을 아는 것이 다른 형태의 자아중심성을 수행한다. 이 자아중심성은 역설적으로도 아동기의 자아중심성과는 그 성격이 다르다. 청소년의 자아중심성은 의지적으로 남을 의식하는 상태에서 작용하지만, 아동기 자아중심성은 본능적 충동에 더 가깝다(Coleman, 1987). 따라서 십 대는 성인의 비일관성과 모순을 빨리 알아채고, 그만큼 빨리 그러한 것들을 지적한다. 그 입장이 바뀌면 그들은 비판과 조롱에 예민해지는데, 이해할 만하다. 이런 복합적인 인지의 변화가 정체성 형성을 아주 혼란스럽게 만든다. 인지발달로 인해 파생되는 시도가 가족과 친구들 안에서 사교적인 격동으로 이어지는 예들이 이 책 전반에 걸쳐서 제공될 것이다.

반항 '욕구'

어느 정도의 저항과 반항은 예상되어야 하고, 청소년의 건강한 개별화에서는 정말로 저항과 반항을 어느 정도 기대해야 하지만, 어떤 경우는 끔찍하게 잘못되기도 한다. 불안정한 가정적 요인이 있거나, 규율이 없거나, 경계가 없는 분위기, 잘못된 역할모델에 의한 사회화는 청소년을 말썽에 빠지게 할 수 있다(Geldard and Geldard, 2010).

 키런의 출석률은 10학년이 되자 주변의 무직 청소년 집단과 어울리기 시작하면서 35%까지 떨어졌다. 그 아이의 부모는 갈라섰으나, 그 아이는 아버지 집에서 하룻밤을 머물곤 했다. 키런은 아버지가 아직 잠든 이른 아침에 아래층으로 몰래 내려가서 은행카드를 가져다가 하루에 두 번

200파운드를 인출했다. 카드를 다시 지갑에 슬쩍 넣어두었기 때문에 아버지는 처음에 그 도둑질을 몰랐다. 그 돈은 '친구들'과 술을 먹는 데 허비되었다. 키런은 그날 밤 집에 들어가지 않고 취한 상태로 학교에 침입했고, 학교에 심각한 범죄적 손해를 입혔다. 이제 그는 범죄기록이 생겼다.

유머의 성숙

청소년 발달에서 내 생각에 가장 중요한 마지막 한 요소는 재미와 즐거움을 위해 무언가를 바꿔버리는 능력이다. 내 생각에는 이 영역이 문헌에서는 충분히 인정되지 않고 있다. 십 대는 웃는 것을 좋아하고, 일반적으로 어른이 하루 동안 웃는 것보다 훨씬 더 자주 미소를 짓거나 소리 내어 웃는다. 유머의 주제는 이 시기 전반에 걸쳐 다양하다. 11~13세는 방귀를 뀌는 등의 신체적 감각과 웃기는 얼굴 만들기, 진흙에서 철벅거리기와 친구 밀어 넣기 등을 재미있어하고, 14세 정도 되면 더 복잡한 코미디를 재미있어한다. 빈정거림, 미묘함, 아이러니, 성격 묘사에서 유머를 찾는데, 이는 더 높아진 그들의 인지능력에 걸맞다.

> **!** 유머는 사람들을 결속시킨다. 그래서 상담사는 유머를 상담에 활용할 수 있지만, 그 유머가 놀리는 것으로 해석되지 않는 한에서 그렇다. 청소년기의 인지 향상을 깨달으면 학교 상담사는 비유와 추상적 개념을 더 적절하게 사용하게 되고, 내담자 각자의 인지능력과 나란히 가는 상담 목표를 세우도록 협력하여 도울 수 있게 된다. 내가 통상적으로 쓸모 있게 개입하는 법은 두 번째 회기에서 내담자에게 이전 회기에 무엇을 '들었는지' 나에게 말해달라고 요청하는 것이다. 이것은 내담자의 기억을 테스트할 뿐 아니라 그의 이해력과 나의 의사소통의 효율성을 알게 해준다. 그것은 놀라운 정보를 드러내기도 하고, 귀중한 피드백을 제공하기도 한다.

신경과학: 십 대의 두뇌

신경과학에서 이룬 주요한 발전과 십 대의 두뇌 지도는 청소년의 정신 발달에 대한 우리의 이해를 대단히 향상시켰고, 이 조사연구가 학교상담에 지니는 의미는 막중하다. 십 대의 두뇌 MRI 스캔을 생체 내 실험과 합쳐서 이루어낸 진보는 적어도 두 영역에 대한 우리의 이해를 상당히 전환시켰다. 주요한 저술들에서 두뇌가 세 살이면 완성되고 사춘기인 10세에서 12세 무렵이면 성숙한다고 이야기되어왔다. 또한 두뇌 발달은 일방적이고 단선적인 과정이라고 추정되어왔다.

그러나 이제 우리가 아는 것은 십 대의 뇌가 아동 및 성인의 뇌와는 철저히 다르다는 것, 그리고 사춘기부터 그 이후의 후기 청소년기까지 근본적인 변화가 이루어진다는 것이다. 개념적 추론이 향상될 뿐 아니라 또한 결정적으로 중요한 이 시기 동안 몸의 언어에 대한 해석과 과제 수행 기능에는 결함이 있다는 사실까지 우리가 알게 되었다. 이것이 청소년 상담에 주는 의미들이 있다. 연구들이 밝혀주는 바에 따르면 십 대는 잘못된 선택을 하거나 상황을 잘못 읽는 경향이 있는데(9장 참조), 그것은 바로, 어떤 상황에서는 편도체(측두엽에 위치한 뇌 조직으로 다른 감정과 두려움을 구분함)가 전두엽(목표 지향적, 이성적 사고를 관장)보다 더 활발하게 움직이기 때문이다. 따라서 사춘기를 통과하면서 일시적인 역행이 나타나기도 한다.

두뇌 형성

가령 사랑에 빠지거나 충격을 받을 때의 정서 상태가 뇌신경세포neuron들 사이에 복잡하게 연결이 이루어져나가는 이미지를 컴퓨터가 자세히 그려줄 수 있다. 그리고 정신적으로 다른 작업을 하면 그 결과로 성인의 두뇌가 각기 다르게 만들어진다(택시 운전사의 두뇌는 음악가의 두뇌와 다르다). 신생아 때의 빈약한 애착관계는 뇌신경세포의 상호 연결을 풍성하게 키우지 못한다는 것이 명백하지만(Gerhardt, 2004; Kuhl, 2004), 본성과 양육이 둘 다 한없이 계속 영향을 미친다는 것도 사실이다. 따라서 "유전자도, 환경도, 개인의 상황도 결코 서로 독립적일 수가 없다. 본성 대 양육의 논쟁은 진부하다"(Sercombe, 2010: 22). 이제 알려져 있는 것은, 세포들을 조사해보니 환경의 요인들이 세포들의 건강에 영향을 미친다는 것(Lipton, 2009), 신경계는 환경을 '읽고' 적절한 유전자를 선택해 유기체가 그 유전자를 가지고 어떤 것을 구성할 수 있도록, 또는 어떠한 행위를 형성하도록 만들어서 그 환경에서 유기체가 생존하도록 만들 책임을 지고 있다는 것이다(Cox, 2010; Lipton, 2009).

시냅스의 변화

십 대의 뇌를 스캔해보면 사춘기 내내 백질과 회백질(두뇌를 둘러싼 얇은 조직)의 비율 변화가 보인다. 이는 뇌신경세포 연결이나 시냅스synapse(뇌신경접합부)의 급격한 증가가 이 시기에 일어나고 있음을 보여주는 것일 수 있다고 제시되어왔다. 마치 그 유기체가 새로운 환경의 도전(예를 들어, 집을 떠남)을 위해 준비되고 있는 것과 같다는 것이다. 미엘린myelin이라고 불리는 백질은 두뇌 회로를 차단해 메시지 전달 속도와 효율성을 엄청나게 증가시킨다. 사춘기가 시작될 때 나타나는 회백질의 증가가 사춘기 이후 두뇌의 어떤 영역에서는 사라지기 시작한다. 이 과정은 '사춘기 이후의 시냅스 가지치기'로 인한 것이고, 이 가지치기는 유기체가 효율적으로 기능하는 데 필수적인 연결들을 선택하고 강화하는 과정이다(Giedd et al., 1999).

 뇌신경세포의 활동은 생애 첫 12개월 동안 영아의 두뇌에서 생긴다. 영아는 노출되는 모든 말소리를 구별할 수 있어서 어떤 언어라도 습득할 수 있고, 다중언어를 할 수 있는 성향을 지닌다. 첫해 끝 무렵에 가면 이 능력을 잃게 되고, 모국어의 음성적 속성만 강화된다(Kuhl, 2004). 이 가지치기 과정은 생존을 위해 필수적인 연결만을 강화하도록 해주고, 나이가 들수록 두 번째 언어를 배우는 데 무능하게 만든다(Hakuta et al., 2003).

뇌신경세포 활동의 두 번째 파장 이후에는 선택적 가지치기가 뒤따르고, 변화하는 사회적 환경 안에서 생존하는 데 필수적인 주된 연결은 오히려 강화된다고 생각되어진다(Blakemore and Chaudhury, 2006). 사춘기 이후 가지치기가 일어날 때까지 전두엽의 시냅스 연결은 과도한 시냅스 때문에 잡음 대 신호의 비율을 낮추고, 따라서 처음에는 인지 수행을 덜 효율적으로 바꾸어놓는다. 어떤 저자는 이 과정을 호주의 금광지대로 향하는 많은 비포장 길들에 비유했다. 그 길들은 사용되지 않아서 먼지가 뒤덮이고, 그 대신에 그 수는 적지만 더 효율적인 주요 고속도로가 생겼다는 것이다(Sercombe, 2010).

초기 사춘기 청소년은 빨리 배우고, 무언가를 할 때 수많은 방법을 고안해낸다. 이들의 두뇌는 발달 중이며, 두뇌는 정보와 축적된 경험의 광대한 저장소가 된다. 일상적인 일과 습관을 통해 다양한 뇌신경세포의 길 중 많은 것이 용도폐기되고, 폐기된 회로는 희미해져서 사용되지 않는다. 이는 **'사용하라, 아니면 잃는다'** 원리에 해당된다(Sercombe, 2010).

학교 상담사는 어린 내담자가 사회적 생존이라는 근본적인 문제를 해결할 창의적인 능력을 탐색하고, 상상하는 기술을 활용하고, 잠재력을 탐색하도록 돕는 아주 중요한 역할을 맡는다. 잠재력은 시냅스의 확산을 통해 발휘된다.

청소년기의 기술 결핍과 기술 발달

십 대의 두뇌를 스캔한 이미지는 실행 기능에 대한 행위연구와 잘 맞는다. 실행 기능이란 다양한 기술들로서 선택적 주목, 결정 내리기, 자발적 반응 억제, 작업 기억 같은 기술이 포함되는데, 이런 기술들은 '기능적 자기공명영상functioning magnetic resonance imaging: fMRI'을 통해 추적될 수 있다. 알려져 있듯이 청소년기 동안 이런 기술들이 너약해지는 경우가 종종 있다. 그런 청소년의 경우 사춘기 이전의 그의 기술과 비교해도 그렇고, 동일한 지능을 가진 성인과 비교해도 그렇다(Blakemore and Chaudhury, 2006).

 '기능적 자기공명영상'으로 진행하는 연구들은 청소년과 성인이 결정 내리는 일에서 보이는 차이를 신경 기제가 설명해줄 수 있는지 조사해보았다. (가령 '상어들과 수영하기' 같은) 온라인 시나리오를 통해서 연구 참여자들은 그 시나리오가 '좋은 아이디어'인지, 아니면 '좋지 않은 아이디어'인지를 표시하는 버튼을 누르도록 요구받았다(Baird et al., 2005). 그렇게 발견된 사실은, 성인보다는 청소년들이 상어들과의 수영이 좋은 생각이 아니라고 표시하는 데 걸리는 시간이 상당히 더 길었다는 것이다. 이것은 어른에 비해 청소년이 덜 효율적으로 반응한다는 것을 말해준다.

위험 감수

십 대는 일반적으로 **자신을 억제**하는 데 강하지 않고, 위태한 행위에 말려드는 경향이 있다(Geldard, 2009). 가령 실험 삼아 마약 복용, 성적인 만남, 과속 주행을 하기도 하는데, 이는 또래에 의해 조장되는 경우가 많다. 이 현상은 두뇌의 화학적 반응과 환경이 상호작용함을 보여준다.

 청소년의 위험 감수 톰의 행동이 그의 엄마에게는 수수께끼였다. 숙제하기를 빈번히 잊어버렸고, 그래서 정기적으로 방과 후에 학교에 남아 있어야 하는 벌을 받았다. 그러나 낙제하지 않으려고 애를 쓰기는 했다. 톰이 늘 하는 반응은 "잊어버렸을 뿐이야"였다. 심지어는 새 BMX 자전거를 삼촌이 사줄 것인지 엄마에게 묻는 것조차 잊어버렸다. 자전거를 생일 선물로 받기를 열렬히 원했었고 그래서 기억해두는 것이 그에게 유리했는데 말이다. 자전거를 결국 받은 후에 톰은 무모하게 자전거로 곡예를 하면서 지나치게 위험한 행동을 했고, 결국은 경사로에서 넘어져 손목이 부러졌다. 여섯 달 동안 깁스를 해야 했지만 이것도 그가 다시 똑같은 솜씨를 부리는 것을 막지 못했다. 그에게는 겁나는 일이 없는 듯이 보였다.

관점 수용과 다중 작업

전망기억perspective memory은 청소년기에 전두엽 기능이 편도체 기능을 이어받으면서 발달한다(Ellis, 1996). 전망기억이란 미래에 어떤 일을 수행할 의도를 염두에 둘 수 있는 능력이다. 그러므로 청소년이 어떤 과제 수행을 잊어버렸다면 틀림없이 일부러 그렇게 하려고 결정한 것이 아니라, 두뇌 기능의 결함일 수도 있다는 것을 어른들이 받아들여야 할 수도 있다. 두뇌의 화학적 작용에 대한 이해는 해로운 약물 복용 실험, 인터넷 연애, 부주의한 성관계 같은 위험 감수 행위를 염려해 (보호하려는 어른들이 자주 하는) 조심시키려는 규제의 논리를 청소년이 왜 무시하는 것처럼 보이는지 우리가 이해할 수 있게 해주기도 한다.

학교 상담사는 청소년 내담자가 충동적이고 자극을 찾는 행위보다는 현명한 판단을 내리도록 뇌신경세포의 연결인 두뇌 회로를 개발하는 일을 돕는 데 아주 중요한 역할을 한다.

발달 중인 십 대의 사회적 세상은 두뇌의 가지치기 과정에 자취를 남긴다(Blakemore and Chaudhury, 2006). 상급학교 입학과 같은 새로운 **사회적 경험**의 축적 또한 가지치기 과정에 영향을 준다. 자기주장의 사회적 기술 학습, 청중 앞 공연, 데이트 신청 등도 가지치기 과정을 형성한다. 덧붙여서 말하자면 다른 사람의 관점을 수용하는 능력이라는 것이 있는데, 이 능력은 사교적 의사소통에 결정적으로 중요하다. 발달 중인 십 대는 세상을 남의 눈으로 보고, 친구의 '마음의 신발'을 신어보며, 어떤 사안에 대해 자신의 관점과 다른 관점을 취하는 기술과 이해를 획득한다.

관점 수용은 다른 사람이 생각하고 느끼는 것을 추정함과 관련되어 있다는 점에서 '일차정신이론first-order theory of mind'과 연결된다(Bakemore and Chaudhury, 2006). 관점 수용에는 자신의 주관적 정신 상태에 대한 자각과 정신 상태를 다른 사람 탓으로 돌리는 능력이 포함된다. 이런 기능의 기제가 아직은 충분히 이해되고 있지 않으나,

의심의 여지없이 이런 능력은 전두엽이 더 발달하고, 두뇌회로가 강화되는 것과 관련이 있다. **다중작업**은 전망기억에 대한 시험이 된다고 여겨진다. 일상생활을 영위하기 위해서는 수행해야 할 수많은 과제를 기억하는 것이 필요하기 때문이다.

 학교 상담사가 게슈탈트치료에서 일반적으로 사용되는 유형의 기법들, 가령 빈 의자 기법이나 가족치료에서 사용되는 반영순환 질문 기법을 사용하려고 할 때는 어린 내담자가 이러한 인지 작업을 수행할 만큼의 발달 단계에 도달했는지 먼저 알아보는 것이 필수적이다. 상담사는 치료적 개입을 두뇌 발달에 대한 이해에 조심스럽게 맞추어가면서 이 과정에 도움을 줄 수도 있다.

분노와 성숙하는 두뇌

십 대는 얼굴 표정을 잘못 읽는 경우가 많다. 특히 두려움과 분노의 감정을 잘 읽지 못한다(9장 참조). 인지 기능의 수행에서 설명할 수 없는 일시적인 하락이 있기 때문이다. 14세 미만의 청소년은 두려워하는 표현들을 슬픔이나 혼란이나 분노로 보는 경우가 종종 있다. 그러나 그보다 나이가 많은 청소년은 정확히 인식을 하는데, 전두엽이 편도체 활동을 넘겨받기 때문이다(Yurgelun-Todd, 2002). 표정 잘못 읽기는 여자애들보다 남자애들이 더 심하다. 견주어볼 때 여자애들은 대뇌피질 활성화에 비해 편도체 활동에서 감소를 보여준다(McGivern et al., 2002).

 편도체와 전두엽이 활성화되는 다양한 수준을 확인하기 위해서 10~17세 청소년과 18~22세 청년을 대상으로 여러 가지 실험이 수행되었다. 자발적 참여자에게 행복, 슬픔, 분노 등 특정 정서가 표현된 얼굴 그림을 보여주었는데, 어떤 그림에는 그 표정에 맞는 단어들이 적혀 있었다. 이것은 이런 조건이 작업기억과 결정 내림을 요구하면서 전두엽 순환에 부하를 가중시킨다는 가설을 시험하기 위한 것이었다. 그 결과 밝혀진 것은 사춘기가 시작되는 나이인 11~12세에 '표정과 단어의 짝 맞추기' 과제 수행에 하강이 있다는 것으로, 이들보다 어린 사춘기 이전 아동과 비교할 때 하강했다. 샘플 짝 맞추기 과제의 반응 시간은 10~20% 증가했는데, 이 비율이 후기 청소년기에는 평평하게 지속되다가 그 이후에는 향상되었다(McGivern et al., 2002).

 학교 상담사가 청소년 내담자에게 분노조절 프로그램을 활용하도록 하는 경우, 지나치게 활성화된 편도체의 효과를 반드시 이해하고 있어야 한다.

그림 5-1 두뇌에서 **싸우거나 도망하는** 반응을 규제하는 부분들

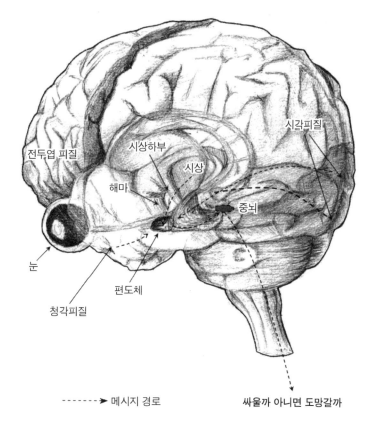

출처: Charlotte Hessey 학생이 그림.

    신경과학에서 아주 의미심장한 발견들이 이루어졌음에도 불구하고 MRI로 그려진 뇌 구조와 인지신경과학이 합쳐진 결과들을 적용할 때는 조심스럽게 하는 것이 중요하다. 왜냐하면 아직 이 분야의 조사연구는 초기 단계이고, 청소년 뇌 연구에서 나온 추정은 여전히 짐작이기 때문이다. 인지적 실험을 지지하는 증거에 대해서 비판이 없는 것은 아니다. 어떤 이는 얼굴 표정 실험에 대한 청소년의 반응 시간을 의문시하고, 화난 표정과 실생활에서 화내는 사람을 만나는 상황의 상관성 여부를 물으면서 그 논리에는 해석 가능한 많은 단계가 들어 있다고 주장한다(Sercombe, 2010). 여자아이들에 비해 남자아이들(테스토스테론)에게 시냅스 가지치기 억제의 효과가 있다는 것에 대해서도 전적으로 동의되지 않는다. 최근의 MRI 연구들이 지적하는 바에 따르

면 두뇌가 성숙함에 도달하는 시간은 청소년기가 끝난 이후일 수도 있다는 것이다 (Blakemore and Chadhury, 2006). 어찌되었든 의심할 바 없는 것은 청소년에게는 일시적으로 결정장애가 생기기 때문에 어리석은 선택을 하고 위험을 감수하는 경향이 있다. 이러한 점에서 학교상담은 아주 중요한 역할을 한다.

상담을 위한 함축의미

심리교육

십 대는 자기 두뇌의 회로가 어떻게 연결되고 형성될지를 실제로 조정할 수도 있기 때문에 내담자가 두뇌 훈련하는 것을 학교 상담사가 도와줄 수 있다고 제시되어왔다. 생각을 정리하고, 추상적인 개념을 형성하고, 개인적 충동을 조절하는 법을 배움으로써 두뇌를 훈련할 수 있고, 그런 훈련을 함으로써 내담자의 나머지 삶을 위해 사용될 신경 기반을 놓게 된다(Giedd et al., 1999). 이것은 어른의 본보기가 빈약해서 충동적으로 화를 내고 '통제가 안 되는' 학생들을 위한 것이 될 수도 있다. 상담사는 그런 십 대에게 그의 뇌의 도해를 보여주고, 지나치게 활성화된 편도체가 전두엽 피질에 의해 어떻게 규제될 수 있는지, 즉 긴장과 이완 연습, 분노조절, 자기코칭을 통해 규제될 수 있음을 가르쳐줌으로써 도움을 줄 수 있다(9장 참조).

전략적 계획 강화하기

학교 상담사는 사춘기에 시냅스가 재조직되고 십 대의 뇌는 실험적인 입력에 더 민감해지는 시기임을 인식한다. 사춘기에는 다른 어느 시기보다도 두뇌가 집행 기능과 사회적 인지를 실행하는 힘이 약하다. 그러므로 청소년기는 발달의 어느 시기보다도 더 지속적으로 변화가 이루어질 기회가 가장 커진다(Sercombe, 2010). 청소년이 만일 사춘기 이전 아동일 때보다 더 자신을 자각하고 성찰할 수 있다면, 상담사는 청소년이 다중적인 개념을 계속 염두에 둘 줄 아는 능력을 개발하도록 도와주어서 그가 더 많은 전략적 계획을 생각해내도록 조력할 수도 있다(Blakemore and Chaudhury, 2006).

위태로운 행위 관리

청소년이 위험 감수를 하지 못하도록 막는 것은 자멸적인 일이 될 수도 있다. 특히 두려움이 많고 과보호적인 어른에게 양육된 청소년에게는 더욱 그렇다. 위태로운 행위를 관리하려면 인내와 이해가 필요하다. 중기 이후 청소년 중에는 '충격을 주려고 꾸며낸' 행위를 과시하는 아이도 있다. 그런 행위는 말하지 않고 무언가를 말하는 것이다(Geldard and Geldard, 2010). 이것은 자기주장의 수단이기도 하고, 가족의 결속을 깨고 자유로워지는 수단이기도 하다. 어른들이 흡연, 음주, 약물 복용, 성관계를 꾸짖을 때 안녕에 대한 신체적 위험과 사회적 위험을 지나치게 도적적인 문제로 만들어버리면 청소년이 강력하게 반발하게 되는 상황을 키우게 된다. 책임지는 결정을 내리게 하는 것이 더 나은 접근 방식이고, 바로 이것이 상담의 목표가 된다(McGuiness, 1998).

위기를 감수해가면서 성숙해진다. 그리고 역설적으로 위험 감수가 없으면 유아기 행위의 시기를 연장시킬 수도 있다. 서컴(Sercombe, 2010)이 말했듯이 "위험을 제거하는 것이 위태로운 일이다". 이러한 점에서 학교 상담사는 청소년 내담자가 어떤 선택을 할지 탐색하는 것을 도우면서 그가 위태로운 행위를 할 가능성을 선택하는 것을 허용해야 할 때 무심코 도덕화하고 검열하듯이 지도하지 않도록 삼가야 한다.

그와는 대조적으로, 음주 오용에 관해서 현재 조사연구된 바에 따르면 청소년은 어른에 비해 술의 영향에 더 취약한데, 음주는 학습과 기억력에 영향을 미치기 때문이다(Brown et al., 2000; White and Swartzwelder, 2005). 따라서 청소년 음주는 위험 감수 행위보다 더 심각하게 여겨야 한다.

선택적 기억

신경과학이 우리에게 무언가 가르쳐주는 것이 있다면 그것은 십 대가 정보를 처리하는 과정이 성인의 방식과 다르다는 점이다. 반항이라고 추정되는 것이 그저 정신이 다르게 작용하고 있는 것일 수도 있다. 성인과 청소년이 대화를 할 때 서로 주파수가 다른 것일 수도 있다. 압력을 주는 지시를 십 대는 잘못 알아들을 수도 있다.

가령 어느 날 아침 엄마가 십 대 아들에게 "아침 먹은 그릇 씻고 학교 갈 준비 해, 체육복 가지고 가고"라고 말했다고 가정해보자. 하지만 그다음에 엄마가 본 것은 아들이 소파에 걸터앉아 텔레비전을 보고 있고, 접시는 바닥에 있으며, 학교 갈 준비가 안 되어 있는 것이다. 엄마의 첫 반응은 아들이 말썽을 피우며 대든다고 판단하는 것이다. 그리고 아들이 들은 대로 하고 싶어 하지 않는다고 판단한다. 이것이 정말 맞을 수도 있다. 그러나 다른 한편으로 신경과학의 발견들에 따르면, 십 대는 많은 시간의 대부분을 완전히 집중할 수 없다. 그래서 지시를 들었으나 실제로는 그 내용이 머리에 들어가지 않았거나, 아니면 지시를 듣고는 나중에 해도 된다고 생각했거나, 아니면 그 순간 텔레비전에 나타나는 장면이 더 중요한 것처럼 보였던 것일 수도 있다.

청소년은 어떻게든 정보를 재배열했던 것이고, 그래서 실제로는 부모나 보호자를 실망시키거나 좌절시키려고 시도하는 것이 아니다. 그냥 성인과 청소년의 소통 주파수가 다를 뿐이다(Yurgelun-Todd, 2002). 유사한 사례는 학생이 고의로 교사의 지시를 무시하는 것처럼 보이는 경우다. 두 경우 모두 잘못된 의사소통을 통한 결과로 나온 갈등이고, 늘 그런 갈등이 생겨서 학생이 상담받으러 오게 만든다.

부모와 양육자의 역할

이 장을 시작하면서 적은 지브란의 시는 자녀를 소유로 생각하지 않는 부모 노릇에 대한 통찰을 울림 있게 표현해준다. 현대 사회에서는 양질의 부모 노릇에 변칙이 생겼다. 많은 부모가 어려움을 경험하는데, 그것은 부모 노릇이라는 이 까다로운 과제에 대해 준비되어 있지 않기 때문이다. 부모 노릇은 본능적인 기술이라고들 보통 추정하지만, 분명한 것은 사람들이 대부분 사용하는 양육 방식은 자기 부모의 양육 방식을 약간 수정한 것이라는 사실이다. 부모와 양육자가 완벽한 양육을 할 수 없지만 '충분히 잘' 할 수는 있다. 그러려면 자녀의 성장을 용이하게 만들도록 여러 면에서 유연한 양육 기술을 개발해야만 한다.

운동과 다이어트의 테두리
청소년이 급속히 성장하는 동안 부모는 반드시 **운동**을 장려하고, 미네랄, 단백질, 탄수화물로 **균형 잡힌 식사**를 제공해야 한다(Thomas, 1990). 청소년이 있는 가정에서 부모의 **모니터**가 양극단으로 이루어질 때, 즉 아무 틀 없이 느슨하거나 획일적으로 통제하는 양극단의 상황에서는 마땅치 않은 긴장이 일어난다. 규칙이 없는 가정에서는 불안전함과 비행이 불가피할 수 있지만, 규칙이 유연하지 못하면 반항의 위태로움이 생긴다. 권위주의적인 부모 노릇은 해롭지만(Biddulph, 1996), 많은 사랑을 주면서도 엄격하게 양육함 그 자체는 테두리가 희미한 양육만큼 문제 되지 않는다. 적절한 부모 노릇은 균형의 문제이지만, 확고한 태도는 있어야 하는 것으로 보인다.

자녀의 긍정적인 자아개념 발달을 도우려는 부모는 반드시 애정을 지니고 보호하며, 현실적인 기대를 갖고, 예상할 수 있는 환경 조성에 마음을 두어야 한다 (Thomas, 1990). 그런데 강박적 신경증은 과거의 실패로 인해 생긴 **허락받지 못하리라는 두려움**이 지나쳐서 어떤 것을 꼭 해야 할 것같이 느끼기 때문에 발생한다. 독립을 시작할 자신감이 결여될 것이고, 아이는 어쩔 줄 모르게 되고, 억제되지 않는 본능과 충동이 자신을 말썽에 빠뜨릴까 봐 두려워할 것이다. 비난받을까 두려워서 일상적인 일들과 개인적인 위생을 지나치도록 결벽하게 계속 점검해야 할 필요가 있다고 느끼게 될 것이고, 결국 느낌들이 분리되고 부모가 원하는 대로 살아내려는 강박이 될 것이다. 자녀를 일찍이 '프로그래밍'해 자신들의 열망대로 살아가도록 지휘하려고 시도하는 부모도 있다.

우정을 격려하기

좋은 친구 관계의 조성은 중요한 일이기에, 현명한 부모나 보호자라면 자녀의 친구들에게 긍정적이고 격려하는 입장을 취함으로써 자녀의 사회적 성장을 용이하게 만들어줄 것이다. 어떤 부모는 또래집단의 뭉침을 자기들에 대한 개인적 거부의 제스처로 본다. 그러나 서로 지지하는 또래집단은 십 대가 서로 동일한 경험을 하고 있음을 확인하는 데 본질적으로 중요하다(Conger, 1975). '충분히 잘'하는 부모 노릇이란 자녀의 집단 구성원의 성격을 인지하고, 때로는 맹신적이 될 수 있는 불붙는 충성심을 인정하고, 공개적으로 체면을 잃지 않아야 한다는 것을 알아주는 것이다. 사랑받지 못한 남자애들이 교사 및 청소년지도자와 강한 결속을 형성할 수 있고, 이로써 청소년지도자들이 거리의 범죄자 대신에 적절한 역할모델이 될 수 있다(Biddulph, 2008). 아주 어릴 때 애착의 이슈가 있었다면 여자애든 남자애든 부모보다는 조부모에게 더 강하게 결속될 수도 있다.

어떤 부모는 자녀에게 역행하는 행위를 조장하고 죄책감을 유발시키는데, 그로써 자녀의 자율성의 지평은 제한된다. 자녀가 친구들과 있다가 집에 늦게 왔을 때 분노를 부적절하게 표현하기도 한다. 그때 아이가 눈물을 흘리거나 껴안는 식으로 퇴행적인 행위를 하면 부적절하게도 이에 대한 보상을 해주는데, 그것은 청소년을 언제까지나 아이로 남게 만들기 위한 것이다. 이것은 **분리에 반대하는 술책**이다. 보통 죄책감 유발은 부모가 내놓고 시연하며, 따라서 부모와 자녀의 관계는 역기능적이기 쉽다. 이런 부모는 부양가족으로 이루어진 친밀한 식구 외에는 친구도 없고, 사회생활도 거의 없다. 이런 부모는 자녀의 어렸던 시기를 그리워한다. 그때는 역기능적인 잘못된 관계를 '필요한' 부모 역할을 하는 것처럼 숨길 수 있었기 때문이다(Berkowitz, 1987).

청소년을 놓아주기

성장한 자녀를 **놓아주기**란 쉽지 않다. 딸과 부모의 결속이 깨지는 일이, 특히 딸의 남자 친구가 등장할 때 어떤 부모의 경우에는 트라우마가 될 수 있다. 사춘기 딸이 가정에서 멀어져갈 때 어떤 부모는 지나치게 통제하기도 하고, 그 과정을 멈추려고 극단적인 방법을 쓰는 경우도 자주 있다. 경계 없이 아주 **얽혀 있는** 가족에 속한 청소년은 독립하는 과정에서 어려움을 겪는다. 버코위츠(Berkowitz, 1987)는 이런 분리과정 중에 있는 부모가 병리적인 행위를 할 위험이 있음을 제시한다. 경계선상에 서 있는 많은 청소년이 과도한 통제에 저항하면서 죄책감, 우울증, 자살 충동의 혼란을 겪고 있음을 보여주기도 한다.

부모들은 자녀의 분리에 대한 자신의 저항을 합리화한다. 가족 안에 있는 안전함에 비해 세상은 적대적이라고 그들은 주장한다. 강간범, 살인자, 성범죄자, 마약밀매 같은 외부의 위험이 과장되어 청소년의 개별화를 지연시킨다. 위험물이 있다하더라도 청소년은 이런 세상으로부터 살아남을 수 있도록 사회적 기술을 개발할 필요가 있고, 삶으로부터 후퇴하면 안 된다. 무작정 회피하면 이런 위험을 만날 때 부적절한 두려움과 더불어 공포심이 생기게 된다. 조심스러운 부모는 자신이 지나치게 열심히 규제하는 것을 정당화하면서 내내 자기 자녀의 실수를 지적한다.

딸이 성적인 호기심을 갖게 되거나 성적인 행동을 하게 되면 엄마는 딸을 '묶어'

놓거나 딸의 '남자 친구 검사하기'를 원할 수도 있지만, 아빠는 딸이 집에 머물러 있도록 만들기 위해 말없이 일을 꾸밀 수도 있다. 자녀를 가까이 두고, 영역이 넓어지는 청소년 자녀를 소유하고, 독립을 제한하려는 강박이 있는 것이다. 현실적으로 그 자녀는 문제가 없고 폐소공포적인 환경을 피하려는 자연스러운 경향성을 따르고 있을 뿐이다. 그래서 문제는 사실 부모의 신경증이다. 그러니까 자기 딸이 둥지로부터 달아나고 있다는 사실을 반기지 못하고, 부모는 딸이 자기 스스로 주도적인 중심을 가지고 있음을 보지 않으려고 거부하는 것이다.

'충분히 좋은' 부모란 자녀가 확장해나가는 세상을 위협으로 보지 않고 자원으로 보는 부모다. 이 정도로 약한 검열 태도가 종교적으로 엄격한 집단에게는 문제가 될 수도 있다. 그런 집단은 '놓아주기'를 부도덕한 악의 세상, 전통적인 가치를 무시하는 세상에 자녀를 잃는 일이라고 보기 때문에, 이것은 공동체를 분열시키고 상담받는 사람이 많아지게 하는 긴장을 만들어낼 수 있다.

맺는 말

청소년기는 다차원적 과정이다. 이 장에서는 청소년기를 일련의 과제를 해내면서 정체성을 탐색하는 과정이라고 제시했지만, 다른 식으로 말하는 것도 마찬가지로 옹호될 수 있음을 인정했다. 어떤 청소년에게는 개인적 자율성과 독립이 자신이 추구할 목표가 되지만, 어떤 청소년에게 청소년기의 통과 의례는 청소년 사회로의 성공적인 통합이 되기도 한다. 이 두 설명은 상호 배타적이지 않으며, 문화나 시대에 따라 변할 수도 있는 '사회적으로 구성된 패러다임'이기 쉽다. 즉, 그 둘 다 청소년 존재에 대한 보편적 해석은 아니라는 말이다.

학교 상담사에게 어쩌면 청소년기의 가장 중요한 특징이 애착관계의 성격에 관한 것이며, 이것이 교우관계, 학생과 교사의 관계, 상담사와 내담자의 관계에서 어떤 역할을 하는지에 관한 것일 수 있다. 학교 상담사는 또한 십 대의 두뇌 발달에 관해 신경과학이 발견한 것들에 특별히 관심을 가져야 한다. 이 책 전반에 걸쳐서 학생이 특정한 과제와 목표를 감당하게 도와줄 수단으로 간결요법 학교상담이 자주 제시될 것이다. 사례마다 모두 '그 학생이 성취할 수 있는 것'과 '성취 가능한 것'의 차이를 반드시 인식해야 한다. 이 점에서 신경과학이 발견해낸 것들은 상담사에게 많은 정보를 제공해준다.

이 장은 부모와 양육자가 어떻게 자녀가 청소년기를 통과하도록 지원할 수 있는지를 검토하는 것으로 마무리되었다. 부모가 융통성 없거나 자유방임 또는 경계 없이 되는 함정을 피하고, 자기 자신의 심리적 어려움을 무의식적으로 자녀에게 떠넘기는 경향을 피하고, 자녀가 청소년기를 성장의 신나는 단계로 즐거워하도록 돕는 것이 부모의 과제다.

❶ 당신의 청소년기를 잠시 생각해보라.

　　a. 어떤 형태의 의식이 기억나는가?

　　b. 어떤 특정한 압력과 마주해야 했었는가?

　　c. 어떤 지지에 당신이 의지했고, 어떤 다른 영향이 이 시기를 지나가는 데 도움이 되었나?

❷ 생각해본 것을 당신이 신뢰하는 친구와 함께 이야기하라. 단, 그 친구도 앞의 문제를 생각해본 다음에 이야기하면서 생각난 것들을 서로 비교해보라. 이제 십 대 내담자를 생각하면서 당신의 경험과 내담자의 경험을 대조해보라. (요점은 세대 차이를 비교하는 것이 아니라, 십 대를 상담할 때 당신 안에서 일어날 수도 있는 역전이 이슈가 무엇일지 검토하는 것이다.)

❸ 청소년기 발달에 대한 에릭슨의 모델은 청소년과 작업하는 당신의 경험에 비춰봤을 때 타당한가? 상담의 목표는 십 대가 자율적이고 독립적이도록 돕는 것인가? 아니면 그들이 보다 통합적인 태도를 형성하고, 공동체의 삶이 갖는 상호 의존을 인식하도록 돕는 것인가? 이에 관해 논의하라.

❹ '십 대의 두뇌'와 신경과학에 대해 제시된 정보가 당신에게 어떤 영향을 끼치는가? 당신의 상담에 어떻게 영향을 끼칠 수 있는지 개괄하라.

　　a. 사춘기 이전 아동

　　b. 중기 청소년, 즉 12세에서 14세

　　c. 후기 청소년, 즉 15세에서 18세

❺ **"지시를 (의도된 대로) 따르지 않는 것이 십 대가 순종하지 않기로 선택했음을 반드시 의미하는 것은 아니며, 정보를 다르게 처리하는 것일 수도 있다."** 이 관점을 당신의 십 대 시절 경험에 비춰 논의하라.

❻ 십 대에 관한 사례연구를 하면서, 드러난 문제 아래 숨어 있는 애착 문제를 부각시키고, 교사가 보고한 교실 상황이나 또래 사이의 말싸움을 일으킨 상황에 대해 애착욕구가 어떤 영향을 미

쳤을지 보이라.

❼ 학생은 교실 안의 언쟁에서 교사가 자기를 지목한다고 불평하는 경우가 많다. 그들은 교사가 "항상 자기만 집어낸다"거나 "내가 하는 말은 절대로 듣지 않는다"라고 말한다. 그 아이가 어릴 적에 가정에서 형제자매와 어떤 경험을 가졌는지 탐색하고, 교실에서의 상황이 가족의 경험이나 애착욕구나 형제간의 경쟁과 관련 있는지 탐색하라. 이것이 '학습된' 행위 양식 및 '일반화된' 행동 양식과 관련해 우리에게 무엇을 가르쳐주는가?

Key Point

✓ 청소년기는 아동기에서 성인기로 이행하는, 신나지만 말썽 많은 시기가 될 수 있다. 학교 상담사는 발달적 필요에 맞추어 치료적 개입을 해야 한다.

✓ 사춘기의 심리적·성적 영향은 학교에서 십 대들 가운데 긴장을 만들어내는데, 그들이 '정상'으로 인식하는 기준에 맞추느라 몰두하기 때문이다.

✓ 십 대는 정서적으로 발달 중이며, 그 변화에 영향을 줄 수 있는 것은 생물학적인 요소뿐 아니라 부모와 교사의 기대, 친구의 기대, 심지어는 스스로의 기대도 있다.

✓ **안정적 애착** 가운데 자라나는 학생이 많고, 그런 애착이 또래 관계와 성인 관계로 전이된다. 그러나 애착이 **불안정**하거나 **양가적**인 아이들도 있는데, 이들은 상담에 나타날 가능성이 높다. 애착 욕구가 상담 관계에서 함축하는 의미들이 있다.

✓ 에릭슨의 모델은 청소년기를 자아가 '정체성 위기'를 겪는 단계로 본다. 이 위기는 특정 과제를 해내면서 해결된다. 이러한 설명은 '개별화'와 독립 성취를 청소년기의 목표라고 본다. 그러나 청소년기에 대한 서술 중에는 **통합**과 **상호의존성**과 같은 공동체의 책임에 더 가치를 두는 설명도 있다.

✓ '형식적·조작적 사고'로의 인지발달은 청소년이 추상적 사고를 할 수 있고, 다른 사람의 욕구를 볼 수 있고, 다른 사람의 관점에서는 자기가 어떻게 인식될지를 생각해볼 수 있게 하는 장치가 생기는 셈이다. 상담사는 상담에서 이 능력들을 활용한다.

✓ 신경과학이 십 대의 뇌에 관해 발견한 것들에 따르면, 청소년은 성인이나 사춘기 이전 아동과는 다른 방식으로 정보를 처리한다. 사춘기가 시작되면서 시냅스가 확산되고, 선택적 가지치기가 일어나며, 이러한 생물학적 과정이 인지 기능과 정서적 기능에 일시적 결함을 낳는다. 그래서 십 대에는 억제 조절이나 정서 반응을 읽는 능력이 약화된다.

✓ 중기와 후기 청소년은 **전망적 기능성**과 **다중 과제 실행**이 향상되는데, 이는 치료적 변화의 가능성을 높인다.

✓ 부모와 양육자는 십 대의 발달을 조력한다. 운동과 건강한 식단, 격려, 경계가 있는 구조, 단호함과 사랑을 제공하며, 자녀의 친구 관계를 용납하고, 적절한 때 '놓아주기'를 함으로써 조력한다.

06 Low Self-esteem: Depression, Anxiety and Reaction to Abuse

낮은 자아존중: 우울증, 불안, 학대에 대한 반응

이 장에서 다룰 내용

우울증, 스트레스, 낮은 자존감에 관한 조사연구

우울한 청소년 상담하기

불안한 청소년의 자아존중 고취를 위한 상담

성적으로 학대받은 학생 상담

들어가는 말

학교에 다니는 십 대들이 자기가 우울하다고 주장할 수도 있다는 사실에도 불구하고, '병리적 우울증'을 지닌 청소년이 정규교육에서 주목받지 않고 버티는 일은 드물다. 이 말은 학생들이 경우에 따라 스트레스를 받거나 우울한 상태와 낮은 자존감을 드러내는 일이 없을 것이라는 말이 아니다. 이 장은 학생들이 일시적인 우울 상태에서 벗어나 자신을 존중하도록 치유하는 다양한 간결요법을 보여주려고 한다.

우울증과 스트레스의 원인에 관한 조사연구를 우선 고려할 것이며, 더불어 청소년의 기분이 저하될 때 일어나는 신체적·심리적 증상들도 살펴볼 것이다. 학생들이 느긋해질 수 있는 수단들을 요약한 다음, 간결한 통합적 개입 방법들을 낮은 자존감으로 괴로워하는 내담자들에게 적용할 것이다. 그들은 우울함을 호소하는 학생, 불안해하는 학생, 성적 학대의 피해자, 이 세 범주로 나눌 수 있다.

우울증, 스트레스, 낮은 자존감에 관한 조사연구

우울증

조사연구에 따르면 의사에게 오는 사람들 3분의 1 정도까지가 어떤 형태든 심리적 어려움을 지니고 있는데, 불안장애와 우울증이 가장 흔하다(Sanders and Wills, 2003: 12). 『DSM-IV 안내서Diagnostic and Statistical Manual of Mental Disorders-IV』[*]에 따르면 '대우울증Major Depressive Episode'은 다섯 가지 이상의 증상 변화로 정의되는데, 그 증상에는 '우울한 기분'(아동과 청소년에게는 과도하게 슬픈 느낌, 짜증이 이에 해당됨), '관심 저하', '체중 감소', '불면증', '정신운동적 초조함psychomotor agitation', '피로감', '무가치하다는 느낌', '집중 불능', '죽음을 반복적으로 생각함' 등이 있고, 이러한 증상을 2주일간 매일, 그리고 하루 중 대부분의 시간 동안 느낀다. 통계 수치로 본다면 우울증은 12세 이상

---

[*] [옮긴이] 미국정신의학협회(American Psychiatric Association)에서 발간하는 정신의학적 질병의 진단 및 통계적 안내서로, 현재 '4판 본문 개정판'까지 나왔다.

에게서 증가하고, 남학생보다는 여학생에게서 보통 거의 두 배 이상 나타난다.

코스텔로 등(Costello et al., 2004)이 열여덟 번의 역학연구에서 심각하게 우울한 청소년들을 검토하면서 발견한 것은 18세 미만의 유병률은 0.2~12.9%이고, 그 평균치는 4.7%라는 것이다. 치료 프로그램을 통한 회복률은 카가 요약 정리했다(Carr, 2009a). 우울한 청소년이 다른 장애보다 자살 위험이 훨씬 크다는 관찰을 '전국건강복지기구'(NICE, 2004)는 인정한다.

환경 변화가 유전적 요인과 상호작용하면서 취약한 아이에게 우울증을 남긴다(Carr, 2009a). 그러나 지능, 대처기술, 문제해결기술, 자기반성 역량, 숙련도, 내면의 통제 중심과 같은 성격상의 기질과 긍정적인 인관관계의 지지망은 우울한 성향을 줄여주기도 한다(Shortt and Spence, 2006).

평가 및 치료 프로그램에 대한 '무작위 대조군 비교검사'들의 메타분석에 따르면, 우울증 청소년의 60~70%가 인지행동치료로 개선되었고(Harrington et al., 1998; Lewinsohn and Clarke, 1999; Reinecke et al., 1998), 어떤 내담자 집단의 75%는 가족치료와 결합한 간략한 정신역동치료를 통해서 향상되었다(Trowell et al., 2007) 그리고 대인관계치료를 통해서도 동일한 수치가 나왔다(Mufson et al., 2004). 가족치료에서도 비슷한 수치를 보여준다(Carr, 2009a). 그러나 모든 연구가 장기적인 후속 조사에서도 향상된 수준을 보여주는 것은 아니다.

카의 결론은 종합된 증거로 볼 때 (가족심리교육을 포함한) 가족 기반 개입은 행위기법과 문제해결기술을 이용한 개인 치료와 연계하여 임상치료에 적용되어야 하고, 덜 심한 경우에는 학교에서도 그런 개입이 적용될 수 있다는 것이다(Carr, 2009a).

청소년의 '병리적 우울증'은 먼저 정신의학 전문의가 진단하고 나서 지역 진료소에서 약물과 인지행동치료를 통해 치료받게 되기 쉽다. 청소년은 때때로 (말하자면 피아노 독주 같은 과제를 수행하기 전이나 무언가 발표를 하기 전에) 스트레스를 받지만, '지속되는 스트레스'는 불안증이 되고 출구를 생각할 수 없을 정도로 짓눌리는 상태를 연장시키는데, 이런 스트레스가 바로 염려되는 진짜 원인이다.

병인론 및 스트레스와 불안의 원인
자존감을 측정하기 어렵지만, 청소년에게서 나타나는 기분 변화, 평소답지 않은 기력과 학업과 같은 생산성 저하는 모든 일차 양육자 눈에 띄기 마련이다. 고조된 스트레스가 기분 변화 밑에 깔려 있다. 낮은 자존감으로부터 우울함과 자살에 대한 생각까지의 연속성에 관한 조사연구는 스트레스의 병인론과 관리에 대한 유용한 통찰을 드러낸다. 진화적인 관점에서 보자면 **싸우거나 도망치는 것**으로 스트레스에 반응함은 인간이 위협적인 환경에 대처하는 데 유리했었다(Lines, 2008; McGuiness, 1998).

불안증에 관한 조사연구는 '증상과 반추'의 복잡한 순환이 있음을 확인했고, 그 순환을 시작하게 하는 계기들이 무엇인지 확인했다(Sanders and Wills, 2003). 역설적이게도, 조사연구에 따르면 우울한 사람이 '잘 지내는' 사람보다 세상을 더 비관적으로 보지만 **더 명확하게** 본다. 비록 인간이 삶의 가혹한 현실을 아닌 척하기 위해 적응하는 여과 체계를 개발해오기는 했지만 말이다(Alloy and Abramson, 1982). 어찌되었든 우울한 사람은 사회적으로 제 기능을 할 수가 없고 기력과 생산성이 저조하다. 청소년이 사랑받고 지지받는 경험을 하며, 자신의 인간관계적 환경 및 자연스러운 주변 환경과 조화될 때는 스트레스를 덜 받고 에너지는 더 많아진다.

 스트레스를 받으면 '스트레스 화학물질' 세 가지가 작용한다. 공격을 받아 구석에 몰린 동물처럼 인간은 살아남기 위해 분노를 이용해 **싸울** 수도 있고, 이렇게 고도로 충전된 상태가 노르아드레날린noradrenalin과 아드레날린의 수준을 증가시킨다. 그렇지 않으면 두려울 때 본능적 반응은 **도망치는** 것이다. 이런 스트레스 아래서는 높아진 수준의 아드레날린, 노르아드레날린, 코르티솔이 작용하게 된다. 아드레날린과 노르아드레날린은 몸을 고도의 경계태세로 만든다. **싸우든 도망치든** 많은 산소가 필요하고, 따라서 호흡은 깊고 빨라진다. 스트레스하에서 우리는 지나치게 지치는 느낌을 받는다.

코르티솔은 이와 반대로 우울한 기분을 유도한다. 우울한 기분에서는 무력하게 나가떨어지고 통제력을 남에게 넘겨버리는 **복종의 자세**가 생긴다. 코르티솔은 포도당과 지방 저장을 활성화하고, 면역 체계를 예민하게 만들며, 염증성 반응을 감소시킨다(Gregson and Looker, 1994). 긴장이 이완되면 이 세 가지 화학물질 모두 감소한다.

스트레스 징후

스트레스가 높아지면 심장 박동 증가, 심계항진, 얕은 호흡, 입안 건조, 속 쓰림, 메스꺼움, 설사, 변비, 목과 어깨 근육 긴장, 찌르듯이 아픔, 통증, 쥐가 남, 과잉행동, 손가락으로 두들기기, 발로 두들기기, 손톱 깨물기, 손 떨림, 피로, 극도의 피곤, 불규칙한 수면 패턴, 어지럽거나 기절할 것 같은 느낌, 발한, 흡연과 음주 증가, 성생활 감소 등의 증상이 나타난다. "우리는 스트레스가 많은 삶을 살고 있으며, 위에서 열거한 증상이 삶의 다른 요소로 인한 결과일 수 있지만, 그렉슨과 루커는(Gregson and Looker,

1994)는 그 증상들을 스트레스 지표라고 본다"라고 맥기니스는 말한다(McGuiness, 1998: 113).

심리적 요인들은 낮은 자존감과 우울증을 만드는데, 특히 한 개인이 스스로 통제력을 잃고 어쩔 줄 모르게 되면 더욱 그렇다. 변화가 있을 때 스트레스를 받는 사람이 많은데, 특히 상실과 사별을 겪을 때 그렇다. 그러나 청소년에게는 사춘기의 호르몬 활동이 추가 요인으로 작용한다.

높은 스트레스에 대한 애덤스(Adams, 1976)의 패턴에는 **부동화**不動化(내담자가 자기방어로써 차단함)와 **우울증**(분노, 절망, 무기력, 희망 없음 탓하기, 욕설, 언어 공격 또는 무기력으로 나타남)이 포함된다. 꾸준히 높은 스트레스와 주관성은 **학습된 무력감**으로 연결되어 무방비의 복종하는 자세를 발달시킨다(Seligman and Peterson, 1986). 우울한 청소년은 사회적 위축에서부터 충동적인 과잉반응까지 양극의 행위들을 보여주기도 하고, 그 행위 목적이 불분명할 때도 자주 있다.

긴장완화기법

스트레스 상태인 내담자는 긴장이완과 간결요법을 통해 어떻게 느긋해질지를 배울수 있다. 긴장이완기법과 명상은 내담자에게 통합적 기법이 작용되기 전에 먼저 높은 긴장 상태에서 더 낮은 기분 상태로 내려오도록 도울 수 있다.

내담자는 긴장이완 연습, 요가, 명상, 지시를 받아 상상하기를 통해서, 그리고 게슈탈트기법을 이용해 고요함과 평온함을 개발하고 스트레스에서 풀려날 수 있다(Oaklander, 1978). "긴장을 이완할 수 없다"라고 말하는 내담자가 종종 있는데, 그가 말하는 의미를 인지행동치료 용어로 말하자면 그는 '긴장을 이완하지 않으려고 선택'하는 것이다. 이때는 특정한 기법을 통한 호흡 연습(Kilty and Bond, 1991)을 정기적인 운동과 병행하는 것이 효과적이며, 높은 스트레스 상황에서는 카페인 섭취를 줄여야 한다.

긴장이완 연습은 긴장하고 이완하는 '점진적 근육 이완' 방법을 따른다(Jacobson, 1938). 이때 들이마시고 내쉬는 것을 깊게 하는 것부터 얕게 하는 것까지 호흡 연습을 하면서 시각화 연습도 함께 한다. 보통은 내담자가 시각화할 장면을 선택하는데, 특히 자기 자신에게 편안하고 인간관계에서도 평화로웠던 어린 시절의 어떤 상황을 회상한다. 그것이 잘 안 되면, 내가 알기에는 해변이 상황을 떠올리면서 시각화하기에 가장 좋은 장소이다. 물론 나는 내담자에게 휴일에 대한 부정적인 경험이 있었는지를 먼저 확인한다.

마치 그 아이가 상상으로 그 장면에 자기가 있는 것처럼 묘사하게 한다(당나귀, 아이스크림, 공놀이, 모래성 등). 그다음에 나는 그 아이에게 해안선을 향해 달리다가 땅을 박차고 갈매기처럼 하늘로 날아올라서 더 높이 더 높이 구름 위로 떠올라 유영하고 있는 자신을 상상하도록 이끈다. 이 꿈 같은 초탈의 국면이 잠시 침묵으로 지속된 후, 나는 그 아이에게 다시 내려오라고 말한다. 평범하게 존재함이라는 차가운 현실을 향해 한 걸음씩 내려오라고 한다. 이 초탈은 『갈매기의 꿈Jonathan Livingston Seagull』(Bach with Munson, 2006)을 연상시킨다.

우울증 치료

"지난 20년간 청소년 우울증은 시기적절한 개입이 필요한 심각한 정신의학적 상태임을 인정받아왔다"(Peterson et al., 1993: 155). 인지치료는 '병리적 우울증'을 다루는 고전적인 접근법이다(Beck et al., 1979). 자존감이 낮아지고 우울증에 근접해 있는 내담자에게는 또한 벡의 작업 특징들을 활용함으로써 기분을 올려줄 수 있다. 인간중심 치료법도 자신을 존중하도록 만들기 위한 접근법으로 영향력을 발휘해왔다(Mearns and Thorne, 2010; Prever, 2010a).

벡(Beck et al., 1979)은 부정적 사고의 해로운 영향에 관해 말하며, 치료 중에 있는 내담자는 "부정적인 사고로부터 자신에게로 초점을 다시 맞추어야" 한다고 권한다. 인지치료는 적극적이고, 지시적이며, 시한을 정해놓는 구조화된 절차인데, 그 기초가 되는 전제는 사람이 자신의 세계를 구축하는 방식에 의해 그의 감정과 행위가 결정된다는 것이다. 변화를 위한 치료 방법은 면담과 인지행동기법을 통해서 이루어진다. 그러나 우울한 사람을 면담하는 것은 쉬운 일이 아닌데, 그의 무기력과 우유부단 때문이다. 학습된 패턴을 변화시키기 위해서 인지행동기법을 사용하려면 학교에서 보통 행하는 것보다 더 많이 통제된 환경과 더 많은 시간이 필요하다.

상담 관계가 변화와 자아존중 고취의 근본이 되는 요소라고 하는 인간중심적 주장은 건실하게 실증적으로 지지받는다(Brammer and Shostrum, 1982; Carkhuff and Berenson, 1977; Norcross and Grencavage, 1989; Rogers, 1967; Truax and Carkhuff, 1967). 먼스와 쿠퍼(Mearns and Cooper, 2005)는 이를 확인해주면서 2002년 미국심리학회에서 수행한 대규모 조사연구 프로젝트를 인용한다(APS Steering Committee, 2002).

"질문을 하고, 어떤 비논리적인 사고를 하는지 확인하며, 환자가 현실을 재조직하는 규칙을 확인하는" 기법들(Beck et al., 1979: 142)을 넬슨-존스(Nelson-Jones, 1996)의 '효과적 사고' 기술과 합쳐서 사용할 수 있다.

그 밖에도 지나치게 슬픈 청소년에게 효과적인 기법 두 가지를 내가 알게 되었는데, 그것은 '주의를 돌리는' 기법과 유머와 아이러니의 신중한 사용이다(Beck et al., 1979). '주의 돌림'은 내담자가 활동을 하면서 슬픔이라는 소용돌이로부터 초점을 바꾸도록 권장한다. 그 활동은 연습과 움직임이 필요한 것이어야 한다(특히 감각 경험이 동반될 때는 그렇다). 유머는 긴장을 풀어주고 괜찮다는 느낌을 높여준다.

 나와 가끔 만나는 걱정이 많은 내담자는 농담을 즐겨 나누면서 저조한 기분을 밝게 하려고 한다. 그 아이가 내 상담실로 들어와 눈살을 찌푸리면서 사소한 어려움을 불평하고, "내 말을 심각하게 받아들이는 게 좋을 거예요"라고 말할 때, 나는 그 아이가 웃게 만드는 방식으로 쳐다본다. 이것이 그 아이를 차분하게 만들어주고, 그 문제를 더 건설적으로 대처할 수 있게 해준다.

시한을 정하고 목표를 중심에 놓는 상담은 '인지'와 '불안'의 관계를 인정한다. 그런 상담이 학교에서 우울한 사고와 자아존중을 못 하는 괴로운 청소년에게 효과적이라고 판명되기도 한다. 다음의 사례들은 이야기치료, 인지적·인간주의적 상담, 해결중심치료의 특성들을 활용한 간략한 다원주의적 상담을 적용한다.

우울한 청소년 상담하기

청소년기에는 호르몬 작용으로 인한 기분 변화가 드물지 않다고 5장에서 말한 바 있다. 그러나 우울한 상태로 급격히 떨어짐은 환경 요인으로 인해서일 가능성이 높다. 개인적 상실, 실패의 경험, 집단 트라우마, 괴롭힘당함, 질병과 상해, 이사나 곤란에 빠짐 같은 것이 그런 환경 요인이다(Carr, 2009a; McGuiness, 1998). 개인마다 스트레스의 최고점이 있는데, 일단 그 점에 도달하면 부정적인 영향력이 치고 들어오기 시작한다(Yerkes and Dodson, 1993). 상담사는 반드시 위험 신호를 잘 **알아차리고 조치를 취해야** 한다.

청소년은 모두 성인과 마찬가지로 때로는 스트레스를 받는다. 그러나 학교에서는 경우에 따라 자신이 '우울하다'고 생각하는 학생은 소수일 수 있고, 아니면 '진단

없이도' 남이 보기에 '우울한' 학생으로 분류될 수 있다. 그것은 약의 복용 없이 간결하고 덜 집중적인 상담 기법이 필요하다는 지표이다. 현장 상담사들에게는 제한된 시간에 간결기법과 통합적 상담 모델을 이용하는 것이 본질적으로 중요하다. 단지 청소년의 기분을 올려주기 위해서뿐 아니라 그 아이를 제자리로 돌아가게 하기 위해서이기도 하다. 이야기치료의 '외재화' 기법은 일시적으로 우울한 상태인 청소년에게 유용하다고 판명되기도 한다.

 앤-마리의 사례 앤-마리는 중학교에 들어갔는데, 온몸의 심각한 습진을 관리해야 했다. 피부 상태가 너무 심각했고, 얼굴에 확연히 드러났다. 쓰라림을 막기 위해 낮에 간호사를 찾아가서 피부에 크림을 발라야 할 정도였다. 자신의 상태가 긴장하면 더 나빠진다고 그 애는 말했다. 7학년 때는 꽤 잘 대처했는데, 그다음 해 도중에 또래들이 그 아이의 안색을 놀리면서 압박감을 주었고, 자아존중에 영향을 미치기 시작했다. 봄학기 중반쯤 그 아이는 여러 가지 이유로 학교에 가지 않았고, 교육 담당 사회복지사에게 '우울증'이 있다고 호소했다.

앤-마리는 '돌봄아동 선별 모임'에서 처음 내 주목을 끌었다. 이 모임에서 다른 아이들과 더불어 이 아이가 거론된 것은 학교 결석과 '우울한 상태'로 인해서였다. 이 모임 이전에 이미 그 아이의 가정에 대한 공동평가단 모임이 있었다는 것을 알게 되었다. 그 모임에서 제기되었던 우려는 가정폭력이 휘몰아치는 시기에 엄마와 딸들의 관계에는 경계가 없다는 것이었다. 전문가들은 앤-마리의 엄마가 자신의 정서적 불안을 딸들에게 떠맡기고, 딸들을 계속 집안에만 있도록 만들며, 친구들과 어울릴 기회를 거부했다고 느꼈다. 그래서 딸들의 사회적 발달을 위축시키고 있다고 생각했다. 나는 이 모임에서 이 가족의 문제에 개입하는 과제를 맡았다.

나는 처음 앤-마리의 엄마를 만났을 때 딸의 결석을 **어떻게 보는지 그녀의 견해**를 물었다. 그녀는 눈에 띄게 괴로워하면서 어찌할 바를 모르겠다고 말했다. 그녀는 앤-마리가 집 바깥에 나가는 것을 거부했고, '영원히 우울한 상태'라고 말했다. 나는 그녀에게 앤이 7학년에는 무슨 일이 있어서 성공적으로 잘 지냈는지, 지금은 왜 그렇지 않은지를 물었다. 이것은 해결책에 초점이 맞추어진 질문이었고(O'Connell, 2005), 그녀는 잠시 있다가 이렇게 말했다. "학교에서 점점 더 힘들어졌던 것 같아요." 그녀는 불안해하고 딸을 보호하려는 것처럼 보였다. 그러나 딸이 학교에 돌아가는 것을 막는 장애물을 극복하도록 딸이 나하고 상담하도록 설득하겠다고 약속했다. 내가 계속해서 말했다. "많은 학생이 상급학교로 진학하면 처음에 힘들다고 느끼지만, 앤-마리는 그 첫 번째 힘든 장애물은 넘었는데 나중에 와서 넘어졌기 때문입니다." 그녀는 그다음 날 딸을 데리고 왔다.

둘이 함께 팔짱 끼고 앉으면서, 앤-마리는 엄마 어깨에 바짝 기대었다. 나는 엄마와 딸의 애착이 너무 엉켜 있지 않은지, 다른 인간관계를 해결하기 위해 서로 **그 문제가 필요한 것**은 아닌지, 둘 중 누구의 스트레스와 실패에 대한 두려움이든 그것이 상대방에게 전이된 것은 아닌지 궁금해지기 시작했다. 앤-마리는 내가 직접적인 신경언어 프로그래밍 유형의 질문을 하기 전까지 아무 대답을 하지 않았다. "너는 어떤 일이 일어나길 바라니?" 그 아이가 학교로 돌아가고 싶다는 말을 한 후에, 나는 그런 일이 일어나도록 나하고 함께 상담을 하겠는지 물었다. 그 아이는 집에 있는 게 지루하기 때문에 그렇게 하겠다고 말했다. 그러고 나서 그 아이는 "나는 자꾸 우울함으로 가라앉고 있어요"라고 말했다. 그 아이는 친구들과도 말끔히 멀어졌고, 집에 갇혀 사회적으로 고립되었다. 따라서 목표는 그 아이를 더 넓은 인간관계 세계로 들어가게 하는 것이었고, '우울증'과 고치처럼 들어앉은 집에 집착하는 것으로부터 '주의를 돌리는' 것이었다.

그 아이는 예의가 바르고 고분고분했으며, 나와 협력해 목표를 정하는 일에 흥미가 있는 듯 보였다. 앤-마리와 나는 긍정적인 성과를 낙관했지만, 그 애 엄마는 확신이 없었다. 나는 그 엄마에게 그만 일어나 자리를 비켜주는 것이 어떻겠는지 정중하게 물었다. 바로 그 순간 앤-마리가 끼어들었다. "엄마 난 괜찮아요. 엄마는 장 보세요. 사이먼과 같이 집에 갈게요." 경계 없이 얽힌 관계 사례에서는 아이가 등교하여 엄마와 분리되는 것이 유익하다고 밝혀져 왔다(Berkowitz, 1987). 왜냐하면 집합적인 불안은 불안한 두 사람이 만들어내는 불안보다 더 커지는 경향이 있기 때문이다. 즉, 양편이 서로의 불안을 더 키우도록 만드는데, 무엇이 그렇게 만드는지 그 이유가 늘 분명한 것은 아니다.

앤-마리에게 자신의 상황을 어떻게 이해하고 있는지를 물었다. 그 아이는 너무 우울해서 무엇을 해야 할지 모르겠다고 설명했다.

상담사 우울함이 뭐라고 생각하니?

앤-마리 내 생각에는 아주 지겨운 느낌이라서 계속하고 싶지 않고, 포기하고 싶은 거요.

상담사 '계속하고 싶지 않다'는 게 무슨 말이지?

앤-마리 자살이나 뭐 그런 걸 말하는 건 아니고요. 내 말은 포기하는 거요. 너무 지나치거든요.

상담사 무엇이 널 우울하게 만드니?

앤-마리 크림을 발라야 하는 것…… 모욕도 참아야 하고…… 그리고…… 집에 가면서 화가 나고.

상담사 집에서 화가 나니?

앤-마리 네. 꽤 자주.

상담사 분노와 우울함이 비슷하지만 어떤 게 지금 널 뒤로 끌어당기니?

앤-마리 우울함이요. 그런 것 같아요.

상담사 우리가 우울함을 약간 다르게 보도록 생각해보면 어떨까 싶구나. 사람들은 '우울하다'거나 '우울해졌다'라고 말하지. 마치 우울함이 자신의 일부인 것처럼 말이다. 이건 '쾌활하다'나 '외향적이다'라고 설명하는 것과 같아. 이런 설명을 가지고 '외향성'이나 '쾌활함'을 우리가 성격이라고 부른다는 건 너도 알거야. 그게 그가 '쾌활한' 사람이거나 '외향적'이라고 말하는 또 다른 방식이 된단다. 내 말 무슨 말인지 알아듣겠니?

앤-마리 네, 그런 것 같아요.

상담사 하지만 우리는 모두 '쾌활할' 때도 있고, '외향적'일 때가 있을 수도 있지. 그리고 '슬플' 때도 있고 '지겨울' 때도 있고.

앤-마리 예, 알아요.

상담사 그러면, '쾌활한'과 '외향적'은 긍정적 특징이고, 반면에 '우울한'은 부정적인 경향이라고 하자. 나는 우리가 '우울함'을 '우'자로 시작하는 어떤 '것', 네 바깥에 있는 것으로 보면 좋겠어. 수영장에서 너를 물밑으로 끌어당기는 어떤 나쁜 녀석처럼 말이야(여기서 선택한 비유는 내담자가 "나는 우울함으로 가라앉고 있어요"라고 말한 정서에서 끌어냈다). 너는 물에 뜰 수 있는 작은 튜브를 팔에 감고 있는데 우울함은 자꾸만 너를 물 아래로 끌어당기는 거야. 나는 네가 이 우울함이라는 적과 어떻게 싸울 수 있을지 생각해보면 좋겠다. 너를 붙잡은 손아귀에서 벗어나 네가 계속 떠 있을 수 있도록 말이야. 7학년에서 잘했던 네 자신의 바로 그 부분을 다시 찾아보면 좋겠구나. 그 부분이 너도 모르는 사이에 빠져나가 버려서 너를 집에서 우울함이나 지루함과 싸울 수 없도록 무장해제시켰으니 말이다. 우울함은 너를 공격할 때는 다양한 가면을 쓴단다. '학교에서 듣는 욕설'이 우울함을 도와주지. 그게 너를 집에만 있게 힘을 쓰고, 집에서 우울함이 너를 몽땅 갖고 놀도록 말이다. '매일 크림을 바르는 귀찮음'은 우울함이 이용하는 또 다른 짝이란다. 왜냐하면 우울함은 어떻게 하면 '너를 스트레스 받게 하고', 피부에 염증을 일으켜서 네가 피해버리고 도망가는 쉬운 길을 가게 할지를 알기 때문이란다.

다음의 설명은 '외재화하는 언어externalising language'가 힘을 북돋는 효과를 아주 자세히 말해준다.

'문제의 외재화'는 내담자가 문제를 자신의 성격으로부터 분리하도록 돕는 언어도구로 개발되어 왔다(White, 1995; White and Epston, 1990). 그 의도는 내담자가 '문제'를 자신으로부터 떨어진 객관화된 실체로 보고, 그것과 싸울 내면의 힘을 소환할 수 있도록 만들어주기 위한 것이다. 언어를 외재화하면 화이트가 '문제로 물든' 묘사와 시각이라고 언급하는 바로 그것을 피할 수 있게 되고, "사람들이 자신의 삶과 인간관계를 문제와 그 문제의 영향으로부터 거두어들이는 행동을 취할 새로운 가능성을 열어준다"(White and Epston, 1990: 39).

외재화하는 언어를 사용함에는 단점도 있다(Payne, 2006). 특히 학교에서 그렇다. 학교를 주도하는 문화적 기풍은 학생을 자기 행위에 대해 책임이 있고, 책임을 질 줄 알도록 만드는 것이기 때문이다. 그리고 학교에서는 학년, 반, 과목 등 표식을 붙이고 분류하는 일이 일반적인 일이기 때문이다. 그러나 상담사는 격려와 향상을 위해 비유적인 언어를 사용하며, 일부 저자들은 외재화하는 언어라는 이 도구가 우울증보다는 사회적으로 말썽을 일으키는 행위, 가령 도둑질, 훼방, 사나운 행위, 무단결석에 효과를 발휘함을 보여주었다(Winslade and Monk, 1999). 문제를 자신이 만들어낸 것으로 파악하면 내담자는 기분이 악화되고, 피로감을 느끼며, 포기하고 싶어진다. 상담사는 외재화하는 언어 기법을 이용할 때 상상력을 발휘할 필요가 있고, 반드시 내담자 자신이 사용한 비유를 사용해야 한다.

무거운 우울증 아래로 가라앉는다는 앤-마리의 이야기에서 우리는 하부줄거리들(Payne, 2006)을 찾았다. 그것은 그 아이의 짧은 삶에서 그 아이를 계속 더 심연으로 가라앉는 것을 막아주는 경험들과 사건들이었다. 잠시 곰곰이 생각해보더니 앤-마리는 하부줄거리 두 개를 기억해내었다. 짓궂게 놀리는 남자애들 무리에 용감히 맞서서 눌렀던 일과, 또 하나는 오빠와 사촌이 그 아이의 안색을 가지고 놀렸을 때 단호하게 맞섰던 일이었다. 나는 그 아이가 또래들과 어울리고 싶어서 자기의 단호함에 익숙해지고 싶은 마음이 간절하다는 인상을 받았다.

이러한 낙관은 세 번째 상담을 하고 일주일 후에 현실로 나타났다. 그 아이의 성공이 평탄한 항해는 아니었지만, 전반적으로 향상되는 흐름이었다. 그리고 그 아이가 잃어버렸던 용기를 다시 발견하고, 자신을 아래로 끌어당기려는 **우울함**의 시도에서 벗어나 계속 떠오르자 습진은 놀라울 정도로 개선되었다. 가장 중요한 핵심은 그 아이가 집착적으로 자기에게 초점을 맞추는 데서 **주의를 돌려서** 자신의 에너지의 **방향을** 학교에 가서 또래와 어울리는 것으로 **되돌리는** 일이었다. 그렇게 얻은 것들을 강화하기 위해 나는 그 아이를 숙련된 또래상담 학생과 연결시켜주었고, 그 학생은 그 아이가 별명이나 조롱을 들을 때 그것을 돌려놓을 수 있는 실제적인 방법들을 제시해주었다. 또래상담 학생은 앤-마리에게 '단짝 친구'처럼 행동했고, 쉬는 시간과 점심시간처럼 교사에게 관찰되지 않는 시간에 내내 앤-마리를 만났다.

몇 주 동안 적극적으로 친구 만들기를 경험한 후, 나는 앤-마리의 엄마에게 학교에 와서 딸이 얻은 성과를 강화시켜주고, 화이트가 기술한 '외부자 증인'의 역할을 해줄 것을 부탁했다(Payne, 2006). 이상적으로 말하자면, '외부자 증인'은 내담자의 이야기를 '사소하게 만들거나 대신하는 것이 아니라, 내담자의 삶과 공명해줌으로써 그 이야기를 강화시키는' 기능을 한다(Payne, 2006: 16). 그러나 그 애 엄마는 나타나지 않았다. 딸이 회복되어서 자기가 얼마나 기쁜지 나에게 말했으면서도 말이다. 그럼에도 불구하고 앤-마리는 상담을 통해 자신을 **우울함**의 무력한 희생자가 아니라 엄마를 따라오게 만드는 인도자로 볼 수 있게 되었고, 그 결과 불안함이라는 자신의 구덩이로부터 도피할 수 있었다.

불안한 청소년의 자아존중 고취를 위한 상담

학교 상담사를 학교 공동체가, 즉 학생, 학부모, 교직원이 모두 긍정적으로 본다면 **이런 사람**과 **이런 때** 일대일 상호작용을 제공받는 바로 그 행위로써 기분이 상승한다. 그러므로 이야기를 거의 시작하기도 전에 자존감은 상승한다. 간결요법 상담에서 보자면 해석과 설명의 차원은 **그 맥락**에서 **그 문제**로 괴로운 **이 사람**을 위해 **무엇이 이루어질 수 있는지** 다원적으로 접근하는 것만큼 중요하지 않다.

불안감을 다루어주면서 학생의 자아존중을 고취시키는 상담을 할 때 내가 발견했던 것은 인간중심접근법과 인지치료의 신속하게 움직이는 양식들, 특히 인지적·인간주의적 상담에서 활용할 만한 모든 것의 통합이 가능하다는 것이다(Nelson-Jones, 1999b). 인간주의적 요소의 목표는 내담자가 다루어야 할 소재, 즉 상처를 주고 효율성을 떨어뜨리고 감소시키는 소재에 자신이 직접 접근하도록 돕는 것이다. 그러나 고통스러운 소재가 방어체계 안에 들어 있을 때도 있다. 불쾌한 경험을 말하게 되면 내담자가 무심코 괴물을 풀어놓으리라고 생각하는 사람이 고려하지 못하는 것은, 불쾌한 경험을 강력한 심리 기제가 억압하고 있다는 사실이다.

 미첼의 사례 미첼은 교직원에 의해 상담에 의뢰되었다. 위축되고 사교적으로 고립되어 있어서였다. 돌봄교사들은 그 아이의 엄마가 얼마나 지지를 해주는지 말해주었다. 그 엄마는 미첼이 석 주 동안 무단결석했다는 걸 알고는 망연자실했다. 지역 주민들은 미첼이 공원에 혼자 시무룩하게 앉아 있는 것을 보았다. 미첼은 매우 불행했다. 미첼의 엄마는 아빠와 헤어진 후 새로운 관계를 시작했고, 가족(미첼과 남동생)을 위해 이 새 남자와 결혼하여 그의 집으로 이사를 가려고 계획하고 있었다. 이것은 미첼의 소원과는 정반대였다. 열여섯 살이고, 마지막 학년인 미첼의 사교 범위는 자기가 자란 지역에 국한되어 있었고, 만일 엄마가 이사 가면 자신은 그대로 남겠다고 단호하게 행동했다. 미첼은 친구 부모가 자신을 돌봐주리라고 확신했으며, 때가 되면 집을 떠나버릴 것이라고 확언했다. 그러나 이것이 미첼의 가장 큰 걱정거리는 아니었다.

미첼의 아버지는 마약에 '중독되어' 있었고, 때로 헤로인도 복용했다. 미첼은 엄마에게 자신의 두려움을 말해보았자 엄마로부터 어떤 동정도 얻지 못할 테고, 결국은 엄마가 "술 마시고 부딪치는 것", "그게 바로 내가 네 아빠를 떠난 이유야"라고 말할 것이라고 생각했다. 미첼은 이런 사실을 인정하면서도 여전히 아버지를 걱정했고, 특히 크리스마스가 다가오자 아버지를 마음속에서 지울 수가 없었다. 미첼은 '자기도 모르게' '골목길에서 완전히 취해 있는, 정신을 잃은 아빠를 보는' 상상을 했다.

미첼은 최근에 아버지를 두 번 방문했던 것에 관해 이야기했다. 두 번 다 주말을 함께 보냈는데, 미첼은 아버지에게서 거부당했다는 느낌을 받았다. 왜냐하면 아버지는 아들을 보거나 함께 외출하는 것을 전혀 좋아하지 않았기 때문이다. 특별한 대접을 받지 못했다. 대신에 미첼은 아버지가 '친구들과' 외출한 사이 할머니에게 맡겨졌다. 미첼에게 가장 상처가 되었던 것은 아버지의 팔에 난 주삿바늘 자국을 본 일이었다. "그렇게 간 게 무슨 소용이에요? 엄청 화가 나요! 난 이런 식으로는 못 해요"라고 말하면서 그 애는 눈물을 터뜨리며 무너졌다. 남자애가 남성 상담사 앞에서 우는 것은 쉽지 않은 일이다. 그러나 미첼은 내 앞에서 흐느껴 울었다. 미첼이 방문했던 그 마지막 번에는 아버지가 술에 취해서 집에 왔고, 미첼이 반항하자 아버지는 폭력적이 되어 "네 엄마한테 돌아가!"라고 명령조로 말했다. 그 순간 미첼은 절대로 다시는 아버지를 만나지 않겠다고 맹세했고, 격주로 주말에 가는 것을 중단했지만, 계속 염려되었다.

마지막 방문 후 한 주가 지나고 미첼은 자신의 결정을 후회했지만, 그 엄마는 아들의 감정을 보호하기 위해 이번에는 단호히 반대했고, 당분간 아버지를 만나지 못하게 막았다. 엄마의 행동은 미첼을 슬프게 했고, 상담 중 미첼은 정말 눈에 띄게 아주 침울했다.

미첼의 교사들은 그의 낮은 자존감, 동기 부족, 학업에 대한 무관심을 알아챘다. 미첼의 담임은 미첼이 반에서 항상 익살스럽고 걱정이 없는 아이처럼 보였지만 최근 몇 주 동안은 풀죽은 모습이었다고 말했다. 아버지에게서 거부당했다는 그 아이의 느낌은 핵심 조건들과 적극적인 경청기술로써 완화되었다. 치료의 간결한 통합적·인지적 요소들이 더 세세하게 정교해졌다.

미첼의 문제를 다루면서 나타난 것은 슬픔과 저조한 자존감을 갖게 만드는 두 가지 요인이 있다는 것이었다. 하나는 그 아이의 생각이었고, 다른 하나는 그 아이의 행위였다.

상담 목표 1: 아빠에 대한 염려를 그만두기

미첼은 두 관계가 어렵다는 것을 확인했다. 하나는 아버지와의 관계였고, 다른 하나는 자기 자신과의 관계였다. 목표 설정을 위한 협력 대화를 통해 미첼은 자신과의 관계를 먼저 선택했다. 미첼의 목표는 아빠에 대한 염려에서 벗어나는 것이었다.

'주사를 놓고 있는 아버지를 보는 장면'과 '어느 추운 겨울밤 문 앞에 웅크리고 있는 아버지를 보는 장면'은 유쾌한 이미지가 아니었다. 우리가 수행한 첫 번째 과제는 **현실 테스트하기** 대화였다(Nelson-Jones, 1996). 그 대화는 각 시나리오의 개연성 수립을 목표로 삼고 일련의 질문을 던짐으로써 이루어졌다.

- 아빠는 얼마나 자주 헤로인을 맞는가?
- 아빠가 헤로인에 끌려다니는 게 아니라 헤로인을 다룰 줄 안다는 증거가 있는가?
- 아빠가 문 앞에 방치되지 않을 만큼 지원해주는 아빠 친구들이 있는가?

진퇴양난에 빠진 아이에게 특히 도움이 되는 것 중에는 '자기대화' 만들기와 '시각 이미지화'라는 정신기술을 익히는 방법이 있다(Nelson-Jones, 1996). "너는 너에게 무엇을 말할 거니?" 그리고 "너는 무엇을 보려고 하니?"라고 물을 수 있다. 이러한 기법은 느낌 뒤에 있는 생각을 다룬다. 미첼은 **현실을 테스트**하는 이러한 질문에 대답하고 나서 무거운 마음이 가벼워졌다.

다음의 과제는 미첼이 마지막으로 아버지를 보았던 때의 부정적인 이미지를 다루는 것이었다. 파괴적인 일축("네 엄마한테 돌아가!")이 낙인처럼 미첼의 예민한 마음에 깊이 새겨졌다. 격분한 부모의 마지막 몇 마디가 아이의 기억 속에 지울 수 없이 각인되는 일은 아주 흔하다. 내 역할은 미첼이 더 긍정적인 정신적 이미지를 재구성하도록 돕는 것이었다. "아버지와 함께 보낸 시간 중에서 어떤 게 가장 즐거웠니?"라는 질문에 미첼은 "아빠 집에 가서 함께 낚시를 하러 갔던 일"을 꼽았다. 그때 마지막 밤에 그들은 함께 바비큐를 해서 먹었고, 미래 계획을 같이 이야기했다. 미첼은 "네 엄마에게 돌아가!"라는 지울 수 없는 말을 "이제 우리 주말이 끝났구나. 엄마한테 돌아갈 시간이네"라는 말로 마음에서 바꾸는 훈련을 할 필요가 있었다. 이 말을 반복 연습하는 일을, 무의식적으로 그렇게 생각하게 될 때까지 했다. 내가 미첼을 보면서 고개를 끄덕이면 미첼은 수정된 그 말을 반복해서 연습했다.

부모의 이혼 결정에 자신은 책임이 없음을 인정하면서도 미첼은 이후 아버지와의 헤어짐에 대한 자신의 감정 때문에 **너무 많은 책임감을 자기 것으로 만들었다.** '생활기술 상담법'(Nelson-Jones, 1997)을 적용해 미첼이 책임 영역을 적절히 수용하고 또 거부함으로써 자기가 [모든 것을 책임질 수 없는] 사람이라는 생각을 발전시키도록 힘을 북돋워주었다. 간결요법 상담을 통해 미첼이 격려받은 것은 아버지의 상황과 생활 방식, 이혼에 대한 엄마의 태도, 이 과정 중 그 자신의 자리에서 어디에 책임이 있는지 탐색해보는 일이었다(Beck et al., 1979).

상담 목표 2: 아버지와의 재회

미첼의 수정된 전망과 더불어 변화가 시작되었다. 오코넬(O'Connell, 2005)은 **부서진 것만 고친다**는 해결중심치료 신조와, 더 특별하게는 내담자와 심리치료사의 상호 건설적인 약속을 통해서 **작은 변화가 큰 변화를 가지고 온다**는 개념을 제시한다. 데이비스와 오스본(Davis and Osborn, 2000)도 이와 비슷하게, 내담자의 사고나 행위가 조금 변하면 기하급수적으로 개선될 수 있게 만드는 '물결'이나 '도미노' 효과에 대해서 말한다. 이들은 또한 '대신하는 말'의 가치에 대해 설명해준다. 이것은 어린 청소년에게 특히 효과적임을 나도 알게 되었다.

더 변하도록 격려하고, 미첼이 '문제로 물든' 말에 빠지지 않고 피하도록 노력하면서 우리는 **부서지지 않은 것은 고치지 않기**로 동의했다. 미첼이 엄마와의 관계는 문제가 없다고 했기에 우리는 아버지와의 관계 회복을 목표로 정했다. 실질적인 목표를 정할 때 성취 가능한 목표를 정하는 것이 중요했다. 영국의 교육에서 학생은 **SMART** 목표를 정하도록 장려된다. 이 말은 목표가 반드시 특정하고Specific, 측정할 수 있고 Measurable, 성취할 수 있고Achievable, 타당하며Relevant, 시한을 정해놓은Time-limited 것이어야 한다는 의미다. 이와 유사하게, 해결중심치료에서도 목표는 반드시 특정한Specific 것을 대상으로 구체적이고Concrete, 측정할 수 있는Measurable 것이어야 한다. 왜냐하면 '목표 수립이 상담을 위한 초점을 세우고 유지시키기' 때문이며, 또한 '마음 속 목적지로 가는 장거리 여행'으로 작용하기 때문이다(Davis and Osborne, 2000: 4~5).

마음에 떠오르는 것을 자유롭게 말하면서 광범위한 과제들이 떠올랐는데, 다음과 같은 것들이 있었다.

- 과제 1: 아빠에게 연락하고 주말에 아빠를 보러 가면 내가 엄마를 무시하는 의미가 되나?
- 과제 2: 아빠에게 문자 메시지를 보내야 하나 아니면 전화를 해야 하나?
- 과제 3: 당분간 아빠를 잊고 아빠가 나에게 연락할 때까지 기다려야 하나?

십 대는 목표와 과제를 정할 때 지지받을 필요가 있다. 그것은 협력하는 논의를 통해서 하지만, 우울중 경계에 서 있는 학생에게는 방향 제시가 약간 필요하다(Beck et al., 1979). 청소년이 야심차게 계획을 세웠어도 철저히 생각해보지 않았다면 계산하지 못한 위험을 감수하게 될 수도 있다. 과제 1에는 '엄마를 무시한다'라는 미묘한 문제가 있었고, **부서지지 않은 것은 고치지 않기** 원칙을 떠올리면서 미첼은 이 문제의 단기적 효과와 장기적 효과를 평가했다. 미첼은 아빠에 대해 식어버린 엄마의 감정을 떠올렸다. 그것은 아빠가 냉정하게 자기를 집에 돌려보낸 후 그의 마음을 휘저어놓았던 감정이었다. 감정과 행위는 바뀌기가 어렵지 않지만, 태도는 또 다른 문제다.

> ⚠️ 어린 내담자가 깊이 뿌리박힌 태도와 편견에 도전하는 방식으로 행동하고자 원하는, 이와 유사한 사례들이 있는데, 경우에 따라 나는 '물방울 떨어뜨리기 테스트'를 해보라고 제안한다. 이는 물방울이 규칙적으로 연한 바위에 떨어질 때 시간이 가면서 마모가 생기는 변화를 말한다. 문 앞의 황소처럼 정면으로 들이박으려는 견고한 태도로 도전하면 사람들은 고집스러움이라는 난공불락의 요새 뒤에서 나오려고 하지 않지만, 한 번에 조금씩 규칙적으로 꾸준히 부모에게 자신이 **깊이 느끼는 것**을 물 한방울처럼 조금씩 알게 하면 그들의 굳어진 의지를 부드럽게 하는 데 더 효과적임이 드러난다.

미첼이 과제 1을 곰곰이 생각하면 할수록 그것은 효과가 없으리라고 느끼게 되었다. 그 대신에 아버지에게 문자 메시지를 보내는 전략 혹은 방법을 통한 과제 2를 선택했다. 다중적인 간결요법 상담의 마지막 회기에는 미첼이 아버지에게 보낼 문자 메시지를 작성하도록 도왔다. 미첼이 쓴 메시지 초고는 '대신 하는 말' 기법을 통해 협력하며 변경되었다(Davis and Osborne, 2000).

안녕, 아빠!
지난 번 사이가 틀어져서 미안해요. 그건 내 잘못이 아니었어요. 아빠가 마약을 할 때 내가 무서워하는 걸 아시잖아요. 엄마는 화가 났고, 날 가지 못하게 할 거에요. 난 지난주에 가려고 했었는데, 이번 주말에 가도 될까요?
사랑으로, 미치가.

상담사 네가 보낼 메시지이지만, 메시지를 쓰는 건 좋은 생각인데, 내가 몇 가지 제안을 해도 될까?

미첼 좋아요. (미첼이 수정하는 것에 동의했다.)

상담사 '그건 내 잘못이 아니었어요' 대신에 비난이 조금도 들어가지 않은 말을 우리가 생각해볼 수 있을까?

미첼 음, 이렇게 말하면 어떨까요? '어쩌면 우리 둘 다 이성적이지 못했어요'라고.

상담사 그게 더 나은 것 같다. 엄마와 아빠가 과거에 싸웠던 걸 끄집어내는 것이 현명한지 모르겠다. 엄마가 화난 걸 말하는 대신 무슨 말을 할 수 있을까? '엄마는 나에게 아빠가 얼마나 큰 부분을 차지하는지 이해하지 못해요'라고 하는 건 어떨까?

미첼 예.

상담사 '네가 낚시하러 갔을 때' 가졌던 좋은 시간들을 떠올리면서 요청한다면 더 부드러워질 수 있을 것 같은데.

미첼은 최종 메시지를 보냈고, 미첼이 격주마다 정기적으로 아버지를 방문하는 만족스러운 성과와 함께 이것으로 우리의 간결한 상담은 마무리되었다.

안녕, 아빠.

지난 번 사이가 틀어져서 미안해요. 어쩌면 우리 둘 다 이성적이지 못했어요. 아빠가 아빠 자신을 돌보지 않으면 내가 무서워한다는 걸 아빠도 알잖아요. 아빠가 많이 보고 싶어요. 엄마는 나에게 아빠가 얼마나 큰 부분을 차지하는지 이해하지 못해요. 난 우리가 낚시하러 가서 함께 아주 좋은 시간을 가졌던 걸 기억해요. 우리는 아주 잘 지냈었지요. 아빠가 시간이 있을 때 곧 보러 가고 싶어요. 주말에는 언제든 갈 수 있어요. 연락 주세요.

사랑으로, 미치가.

성적으로 학대받은 학생 상담

아동기에 성적인 학대를 받았다는 '잘못된 기억 신드롬'에 대한 논쟁은 억눌렸던 일의 '회복된 기억'에 대한 타당성을 긍정하는 입장도 있고(Sanderson, 1995) 비판적인 입장도(Pendergrast, 1996)있었지만, 이제는 하지 않는 논쟁이 되었다.

아동 성 학대라고 보고된 사건들이 널리 퍼져 있지만, 원하지 않는 성행위를 '학대'로 분류하는 일에는 다양한 변수들이 고려되기 때문에, 즉 평가 방법이 다양하고 방법론적 표본 추출이 일관되지 않게 다양하기 때문에 확인이 어렵다(Fergusson and Mullen, 1999).

 메타분석의 수치는 남자아이는 3~30%, 여자아이는 6~60%의 범위로 성적 학대가 만연함을 보여주는데, 이는 물론 의미가 없는 수치이다(Fergusson and Mullen, 1999: 14). 그 기준이 남자 식구의 외설적인 노출보다 성교나 성기 삽입이 기준이 되는 연구들에서는 여자아이의 1.3~28.7%, 남자아이의 3~29%가 성적으로 학대당했다고 분류된다.

현재는 아동 성 학대를 측정하는 척도가 없지만, 5~10%의 아동이 심각한 성폭행에 노출되어 있다고도 한다(Fergusson and Mullen, 1999: 32). 식구에 의해서만 아니라 피해자가 알고 있는 지인에 의해서도 피해를 당하는데, 그 가해자가 항상 남성인 것도 아니다(Fergusson and Mullen, 1999: 50~51; Lines, 2008). 퍼거슨과 멀린(Fergusson and Mullen, 1999)이 주목한 바와 같이, 이 말은 한 반의 30명 중 적어도 한 학생이 심각한 성적 학대를 당해왔고, 이것을 전혀 누설한 적이 없을 수도 있다는 의미다.

'아동에 대한 잔혹행위 방지 협회'의 조사연구(NSPCC, 2010)에 따르면, 성적 학대를 보고하는 아이 중 11%는 식구가 아닌 아는 사람에게, 5%는 방금 만난 성인에게 당했으며, 3%는 어릴 때 친척에게, 1%는 부모나 양육자에게 당했다. 어떤 연구는 8~12세 아동에 대한 성적 학대가 널리 퍼져 있다고 지적한다(Harris and Patterson, 2004).

성적 학대를 당하는 아동 상담에는 두 가지 접근법이 있다. 예방적인 접근법(Elliott, 1990)과 대응적인 접근법(Courtois, 1988; Maher, 1990)이 그것인데, 전자는 피해자가 그의 역량 이상으로 통제력이 있음을 추정하는 것이라고 비판받는다(Adams, 1990).

학대받은 피해자 상담의 중심 과제는 피해자가 논리적으로는 자신이 잘못이 없음을 알지라도, 일어난 일에 어느 정도로 자신이 기여했다고 여전히 느끼게 되는 것을 탐색하도록 돕는 일이다. 상담사가 받는 무의식적인 유혹은 피해자를 구출하고 더 이상 피해를 입지 않도록 보호하려는 것이다. 내담자의 자기분석은 명확하지 않을 수도 있다. 머리로는 자신이 비난받을 이유가 없다고 생각하면서도, 많은 경우 마음 깊이에서 비난받을 만하다고 느낀다. 아동이 강간당한 것에 책임감을 느끼리라는 것은 말도 안 되는 일이지만, 성인 상담에서 알려진 바로는 피해자들이 모든 논리에도 불구하고 부분적으로는 비난받는 느낌을 끔찍하게 경험한 적이 있다고 말하는 경우가 있다(Murgatroyd and Woolf, 1982). 성적으로 학대받은 아동은 과거에 속임수를 당한 경험 때문에 좋은 의도를 가진 어른의 죄 없는 태도까지도, 가령 '돈을 준다'거나 '비밀을 지킨다' 같은 것을 '겉치장'이나 '공모'라고 오해할 수도 있지만(McGuiness, 1998), 그럼에도 경계심을 갖는 것이 이 아이들에게는 최선의 일이 된다.

가해자를 사랑하고 그 경험을 미워하는 혼란됨은 상담을 어렵게 만들지만, 억압된 감정이 더 파괴적인 증상들로 표현되지 않고 있다면 혼란스러워짐을 회피해서는 안 된다. 상담사는 아이가 그 궁극적인 배신에 직면할 때, 즉 해로움으로부터 자기를 보호해주리라고 믿었던 사람에게 강간당했다는 그 전적인 모욕에 대면할 때 그 아이와 함께 있을 필요가 있다. 한 아이의 우주에 들어 있는 안전함의 중심이 실제로는 고통과 상처의 원천임을 깨달을 때 공포와 분노가 생긴다.

맥기니스(McGuiness, 1998)가 알아낸 것은 성적 학대를 당한 어린 피해자를 상담하는 일은 '깊이 들어가는 작업'이고 '강렬하고 겁나는' 일이며, 상담사가 자신의 성 sexuality과도 연관시켜볼 수밖에 없게 만든다는 것이다. 그래서 그가 제시하는 바는, 효과적으로 치료하려면 개인적인 존재가 침해받은 내면의 핵심에 닿을 필요가 있다는 것이다. 왜냐하면 성적인 학대는 자아 체계를 위태롭게 하기 때문이다. 이러한 이유로 인해 치료는 학대로 인한 배신감, 공포심, 분노, 갈망의 감각을 깊이 다루어야 한다. 심각하게 영향을 받은 학생들은 외부의 전문가에게 의뢰할 필요가 있다. 왜냐하면 비밀을 담고 있는 것이 문제가 되기도 하는 학교환경에서는 치료가 늘 적절하게 이루어지지 않을 수도 있기 때문이다.

윌리엄 오핸런(O'Hanlon, 1992)은 더 간결한 다른 모델을 제시하고, 그것을 '협력하는 해결 지향적 치료'라고 불렀다. 그는 회상과 카타르시스를 통해 작업하는 전통적인 접근법에 한계가 있음을 인식한다. 치료사는 기억되는 세부 내용과 추악한 사건에 주목하게 되는데, 그러면서 '그 문제의 수명'에 영향을 줄 수밖에 없다. 내담자를 격려해 억압되어 있는 감정을 다시 느끼고 표현하도록 함으로써 문제로 물든 이야기에 너무 오래 머무르는 경향이 있다. 그 반대로, 협력하는 해결 지향적 치료는 '치료에서 초점을 둬야 할 문제를 공동으로 만들어내는 것'을 목표로 삼는다(O'Hanlan and Wilk, 1987). 성적 학대의 여파를 다루는 일이란 '내담자가 계속 나아가는 것'과 **현재**와 **미래**에 초점을 맞추도록 하는 것이다. 협력하는 대화를 통해서 병리적인 일들로부터 초점을 돌려 해결 가능한 목적들을 공동으로 구축하는 데로 나아가는 것이 목표다. 그 목표를 위해 내담자의 자원과 힘과 능력을 활용한다(O'Hanlan, 1992).

 셰인의 사례　9학년인 열네 살의 셰인은 아버지가 내 사무실에 전화한 후에 상담을 받으러 왔다. 셰인의 부모는 헤어졌고, 그들 사이에는 라이벌 의식이 강했다. 그들은 서로 말하지 않았고 심지어 전화도 하지 않았다. 랠프라는 남자가 엄마 집 근처에 살았는데 셰인을 성적으로 학대했다. 엄마가 셰인을 키우고 있었지만, 관계기관에서는 셰인이 그 지역에서 벗어나 아버지와 함께 살아야 한다고 주장했다, 법적 조치가 있을 때까지. 셰인의 안전을 지키기 위해서였다. 셰인의 아버지에게는 이 일이 유리한 고지를 차지할 수 있는 기회가 되었다. "엄마가 엄마 노릇을 제대로 했더라면 이런 일은 일어나지 않았을 겁니다." 셰인에게 그 문제가 더 악화되게 만든 것은 엄마가 셰인의 말을 믿지 않는다는 것이었다. 엄마는 셰인이 쓴 진술서의 내용을 무시했다.

가해자는 셰인의 엄마도 아는 사람이고, '친구'이자 '사회적 양심'을 가진 '선행자'로 여겨지는 사람이었다. 셰인에게는 이것이 문제를 더 악화시켰다. 셰인은 '멋진 남자'라고 생각했던 사람에게 속임을 당했을 뿐 아니라, 엄마가 자신을 결코 믿지 않으려고 했기 때문이다. 그 가해자는 셰인을 친구가 되게 유인했고, 커피를 마시자며 자기 집에 데려가서 아버지처럼 굴었다. 운전 연습을 시켜준다면서 근처의 공원에 데려가서 셰인을 자기 무릎위에 앉게 했다. 그는 자동차를 천천히 움직여 공원 둘레를 돌면서 셰인의 몸을 더듬기 시작했다.

추행은 일정 기간 일어났고, 침대에서는 훨씬 더 심각한 학대로 이어졌다. "그 사람은 나한테 모든 짓을 했어요"라고 셰인은 말했다. "나도 그 사람에게 해야 했고요." 세세한 내용은 아니지만 상담을 하면서 그 윤곽을 말함으로써 셰인은 안도하는 듯했다. 더욱이 셰인은 자동차와 학대자의 집에서 일어났던 특정한 성적 사건들이 불쑥 떠올라 현재 일처럼 느껴질 때마다 괴로워했다. 그렇게 불쑥 떠오르는 일은 집에서 영화를 보다가 연상되는 부분이 나오거나 성교육 시간에 다루는 소재들로 인해서 생겼고, 아버지의 자동차의 앞 좌석에 앉을 때도 자동차의 매트 냄새로 인해서 다시 생생하게 느껴졌다.

도입회기는 셰인이 하는 이야기와 법적인 절차, 엄마를 떠나 아버지와 함께 사는 것과 관련되어 생기는 일들을 간략하게 다루면서 지나갔다. 셰인은 말을 하면서도 애매모호한 느낌들이 들었다. 이런 모호함은 아버지와 함께 사는 것에 만족하면서도, 할머니의 집에서 엄마를 보는 것이 잠시 중단되어 슬펐기 때문이었다. 엄마는 '셰인이 학대에 대해 거짓말을 하고 있다'고 생각했다. 무슨 일이 있었는지 셰인의 아버지로부터 들으면서 나는 셰인이 이야기를 꾸며내지 않았으리라고 느꼈다. 이로 인해 나는 그 엄마가 왜 랠프의 편을 들어 자기 아들에게 반대하는지 궁금했다.

랠프에 대한 셰인의 감정에도 모호함이 있었다. 랠프가 안고 만지면서 "사랑받는" 것이라고 말했었지만, 너무 나아갈 때는 상처만 되었다. 결국 셰인은 자신이 다시는 남자를 믿지 못할 것처럼 느꼈다.

상담사 하지만 넌 나랑, 남자인 상담사랑 이야기하고 있잖아.

셰인 선생님은 괜찮아요. 선생님하고는 안전하게 느껴져요.

상담사 확실하니? 나는 네가 상담기술이 있는 여선생님과 말하도록 주선할 수 있단다. 네가 그것이 더 좋다고 하면.

셰인 아니요. 선생님과 이야기하는 게 낫다고 생각해요. 남자와 이야기할 자신이 생기게 도와줄 거예요.

협력하여 셰인의 생각과 느낌을 평가하는 동안 미래 지향적인 두 가지 목표가 떠올랐다.

첫 목표는 셰인이 겪은 트라우마 장면이 셰인에게 재현되는 것을 줄이는 것이었다. 매일 아침 아버지의 차로 등교할 때, 그리고 텔레비전에서 섹스 장면을 볼 때 그런 경험을 했기 때문이다. 할 수 있는 과제 중에서 우리가 고른 것은 시각적으로 다시 이미지를 만드는 작업(Nelson-Jones, 1996)과 행위치료법에 속하는 '둔감화' 시도였고, 상담 중에 그것들을 연습했다. 모든 청소년이 상상력을 가진 것은 아니지만 대부분은 상상할 줄 알고, 성인처럼 선명한 이미지로 꿈을 꾸며, 환상을 가지고, 초현실적인 그림과 시를 창작할 줄 안다. 셰인은 확실히 상상력이 있었다.

나는 셰인에게 랠프의 자동차 내부, 바닥 색깔과 냄새를 말해보라고 부탁했다.

그다음에는 사건들을 마음속에서 변경시킴으로써, 즉 그 학대자를 공개적으로 수치스럽게 만드는 것을 상상함으로써, 말하자면 그를 새로운 소식거리로 폭로하거나 이웃에게 소아성애자로 괴롭힘당하도록 만드는 상상을 함으로써 실제로 일어났던 일들의 영향력에 둔감해지기를 부탁했다. 그다음에 셰인은 아버지 자동차의 매트를 묘사했는데, 그 냄새는 랠프의 차에서 나던 것과 비슷했지만 색깔은 셰인이 어릴 때 집에 있었던 카펫과 더 닮았다.

우리는 그 아이가 말해준 학대 이야기를 말이 아니라 마음으로 연습해 수정하는 전략을 적용했다. 그 아이가 나중에 말해준 것은 아버지 자동차 매트가 '성적 학대자의 차 바닥'에 있는 것으로 보였었는데, '엄마와 아빠랑 함께 살던 첫 집에 있던 카펫으로, 그 위에서 보드 게임하던 카펫'으로 보이기 시작했다는 것이다. 두 주 후에는 트라우마적인 회상의 빈도가 줄어들고, 강도도 덜해졌다고 셰인은 말했다.

두 번째 목표가 우리의 두 번째 작업 초점이 되었다. 셰인은 성적 학대로까지 이어진 일련의 사건들에 대해 혼란을 느끼고 있었다. 셰인은 처음에 랠프를 정말로 좋아했었다고 말했다. 그래서 그의 목표는 지나간 성적 학대를 이해하고 자책을 멈추는 것이었다.

셰인　　랠프는 좋은 사람이었어요. 나에게 관심을 주었어요. 여러 곳에 데려가 주었고 나를 위해 돈도 썼어요. 그리고 나서 그 사람은…… (고통이 셰인의 얼굴에 역력했다) 내가 처음에는 그 사람을 좋아했어요. 그 사람이 괜찮았거든요. 그는 나를 안아주곤 했고, 그래서 내가 특별한 사람이라고 느끼게 해주었어요. 그리고 나서…….

상담사　그렇다면 우리가 어떤 목표로 이야기해볼 수 있을까?

셰인　　왜 내가 그 사람한테 우롱당했는지 이해하고 싶어요. 왜 그 사람이……? 왜 그랬는지? 왜…… 처음에는 너무 나쁜 느낌은 아니었어요…… 왜 내가 누구에게도 말하지 않았는지? 왜 내가 [그 집에] 되돌아갔는지. 내가 왜……?

상담사　그와 함께 있는 것이 왜 좋았는지? (완곡하게)

셰인　　예, 나도, 왜 그랬나 하는 생각이 들어요.

세인에게 자신이 느꼈던 것을 말할 용기가 있음을 발견하면서 이제 치료 과제는 '문제로 물든' 소재에서 벗어나 '나아가는' 것이 되었다. '사람 중심'의 경청기술을 통해 세인의 고통을 간결하게 인정한 후에 필요했던 것은 학대에 취약한 그의 '옛 자아'에 대해서는 **과거**형을 사용하고, 자신을 더 방어하고 보호하는 '새 자아'에 대해서는 **현재**형과 **미래**형으로 말함으로써 변화의 가능성을 계속 열어두는 것이었다.

세인의 내적 자원에 상담의 중심을 두기 위해, 그리고 치료의 해결중심적 성격을 강조하기 위해 나는 세인에게 물었다. "너는 상담 지원이 더 이상 필요하지 않다는 것을 언제 알게 될지 이렇게 알 수 있을까?" 세인은 대답했다. "왜 그 사람이 나를 우롱하면서 그렇게 했는지 내가 알게 되요." 상담의 많은 부분에서, 성 학대자들이 일반적으로 행하는 '잘 보이려는 행위'에 관한 것들을 세인에게 가르쳐주고, 조작된 가짜 우정을 더 깨닫도록 도와주는 방법을 사용했다.

대화를 통해 세인은 자신이 무의식적으로 아버지 같은 인물과의 애착을 찾는다는 것을 알 수 있었고, 랠프에게서 자신을 특별하게 대해주는 사람을 순수하게 찾았음을 알 수 있었다. 해결중심치료의 다른 형식에서와 달리 그 **대화**가 변화의 과정이 되는 효과가 있었다. 그 아이에게 '학대자 거대담론'을 준 목적은 자기가 '속임당한' 이야기에 대안적인 하부줄거리를 놓도록 돕는 것이었다. 세인은 자신이 쉽게 우롱당하지 않을 수 있었던 상황들에 어떤 것이 있었을지 확인했고, 우리는 이에 맞춰 그의 학대 이야기보다는 이러한 자기기술을 일반화하는 데 더 많은 시간을 들였다.

마지막으로 우리는 그 아이의 성 정체성이 그 아이가 겪은 일로 인해 당연히 혼동된 것으로 다루었다. 세인은 자신의 현재 성 발달 단계가 다른 아이들도 많이 혼란을 겪는 시기임을 배웠고, 혼란을 겪으며 사는 것이 당연하고 아주 정상적인 일임을 배웠다. 세인은 이후 설문지에서 이로 인한 불안감은 없다고 밝혔다. 청소년은 성을 단지 성교 행위만으로 보는 경향이 있는데, 마지막 상담은 세인의 이해를 넓혀주었다.

상담사 우리는 본질적으로 성적인 존재이며, 성교 말고도 다른 여러 가지 방식으로 신체 접촉을 즐긴단다. 포옹에서 씨름 놀이를 하는 것까지, 어른들과도 하고, 또래들과도 하고, 남자애들과도 하고, 여자애들과도 하지. 그러나 품위와 예의라는 규칙을 어른이 깨뜨리면, 가령 강제로 접촉한다든지, 원치 않는데 접촉한다든지, 속임수를 쓴다든지 하면, 그때 우리는 반칙이 일어났다는 것을 알아야 하고, "지금 뭔가 옳지 않은 게 있어요. 가야 할 시간이에요"라고 말할 필요가 있단다.

맺는 말

학교에서 기분이 저조해지고 속이 상하는 경우를 당하는 학생이 많다. 이런 것은 삶에 늘 있는 일이다. 호르몬이 변덕스러운 기분 상태를 만들 때 삶의 사건들은 일시적으로 학생을 방황하게 만들 수 있다. 많은 십 대가 자율적이 되어가면서 부모와 보호자에게 자기 내면의 느낌을 말하지 않기 때문에, 학교 상담사하고 절망과 심적 고통의 이야기를 함께 나눌 수 있는 것은 귀중하다. 이 장에서는 낮은 자아존중의 사회적·심리적·생리적 징후들에 주목했다. 즉, 지속되는 불안이 또래 관계를 까다롭게 만들고 학업 하락을 낳는 좋지 않은 결과를 가져옴에 주목했다.

간결요법 학교상담은 이야기치료와 해결중심치료의 특징들을 결합한 인지적·인간주의적 상담이 어떻게 창의적으로 적용되어 학생들이 자신의 불안을 다루고 스트레스에 대처하도록 도울 수 있는지 보여주었다. 이야기치료는 우울한 청소년이 성격적인 기질과 일시적인 감정을 구분하도록 도와주고, 그럼으로써 그가 부정적인 강화를 넘어서고 올라오도록 돕는 중요한 도구가 될 수 있다.

마지막으로, 성적으로 침해당한 청소년의 기분을 들어 올리는 데 이야기치료의 특징들과 통합된 간결하고 협력적인 해결중심치료를 적용함으로써 내담자가 신뢰의 배반으로 인해 흔들린 확신을 재구축할 수 있도록 도울 수 있다. 위에서 말한 사례에서는 십 대인 아이가 자기에게 잠재적 위협이 되는 상황들을 다시 평가하는 것이 필요했지만, 이와 동시에 남자들과 함께 있는 것에 대한 확신을 회복하는 것, 인간의 성에 대한 균형 잡힌 시각을 얻는 것, 엄마의 지지 부족에 대처하는 것도 필요했다.

성찰 연습

❶ 위에 제시된 세 사례에서 당신이라면 어떤 모델을 치료에 사용했을까?

❷ 긴장이완 연습, 마음으로 다시 이미지 만들기, 자기대화 코칭기술의 적용이 상담을 구성하는 데 본질적인가, 아니면 심리적 생활기술의 적용인가?

❸ 이것이 맞는지, 그리고 효과가 있는 한 중요한 것인지 토론하라.

❹ 많은 학교 상담사가 저조한 자아존중과 우울한 기분을 다룰 때 인간중심적이고 인지적인 치료의 요소들을 활용할 것이다. 당신도 그렇게 해왔다면, 인지적·인간주의적 상담이나 다른 간결한 접근법들, 가령 해결중심치료나 이야기치료 등을 당신 상담에서 접목시킬 때 어떤 유리한 점이 있었는가?

❺ 위에서 설명한 '외재화하는 언어'를 통한 현실성 검증이라는 면에서, 당신의 청소년 내담자에게 어떤 문제가 일어날 거라고 예상하겠는가?

❻ 위에서 제시한 두 번째 사례에서 치료사와 내담자 사이에 협력하는 대화가 이루어졌다. 상담사는 잠재적인 오해를 피하기 위해서 처음의 문자 메시지 내용이 수정되도록 격려해주었다. 내담자의 선택을 돕는 것과 직접적인 방향 제시, 그 사이에 경계선을 어떻게 그을지 토론하라.

❼ 마지막 사례 삽화는 엄마의 지인이 자행한 성적 학대 피해자를 다루었다.

    a. 그 학대의 경우를 '학대'라는 용어를 사용해 논의하고 있는가?

    b. 치유가 일어나게 하기 위해 내담자가 학대의 고통에 대한 '목소리를 내도록' 돕는 것이 가식을 피하는, 즉 '알고 있는 것'처럼 가장하는 진실하지 않음을 피하는 한 수단으로, 또는 한 치유기법으로 정당화될 수 있는가?

    c. 내담자에게 확인을 하긴 했지만, 상담사의 성별이 이 경우에 아주 중요했다. 성적 학대를 받은 내담자를 상담하는 경우에 성별이 얼마나 중요할까? 이에 관해 토론하라.

Key Point

✓ 학교 상담사는 낮은 자아존중감으로 괴로운 학생들, 또는 우울함의 징후를 보이는 학생들을 상담할 수 있지만, '병리적으로 우울증'인 청소년을 치료하기에 학교는 이상적인 환경이 아니다.

✓ 인간은 **싸우거나 도망치는** 반응을 통해 위협을 피하는 수단을 진화시켜왔다. 그리고 치료는 이 선택의 실용 가능성으로부터 작용할 것이다.

✓ 우울하고 기분이 저조한 상태는 다양한 생리적, 심리적 징후들을 통해 분명해진다. 이러한 징후가 사춘기에는 호르몬 변화로 악화된다. 간결요법 상담사는 긴장이완 연습과 명상기법을 활용해 십 대 내담자가 차분해지도록 돕고, 그다음에 다원적 치료법을 이용한다.

✓ 벡의 인지치료는 우울증을 위한 치료의 고전이 되어왔지만, 이야기치료의 특징들과 마음을 다스리는 기술을 통합한 다원적인 간결한 접근법은 학교에서 우울과 불안을 겪는 내담자의 자아존중감을 높이는 데 더 신속하며, 덜 복잡하다.

✓ 성적 학대의 피해자가 앞으로 나아가기를 원할 때 다양한 통합적 해결중심치료 접근법들이

도움이 될 수 있다. 그 접근법들이 활용하는 재이미지화 기법과 치료를 위한 코칭은 내담자가 현재에 대처하고 과거를 자신에게 이해시키는 데 도움이 될 수 있다. 그리고 가해자의 잘 보이려는 의도를 잘 알아챌 수 있게 되고, 더 이상 해로움을 당하지 않도록 자신을 보호하는 일을 더 잘할 수 있게 해준다.

07 Self-harm and Suicide Ideation

자해와 자살생각

이 장에서 다룰 내용

들어가는 말

이 장은 심리적 요인에 기인한 다양한 자해와 자기징벌 행위를 다루기 위한 간결요법 접근을 고려할 것이다. 자해나 자기징벌 행위로는 칼로 베기, 긁거나 문질러서 상처 내기, 머리카락과 눈썹 뽑기, 섭식장애 및 자살 생각이 있다.

면도기나 날카로운 물체로 팔과 다리 및 상반신에 상처 내기, 거식증과 폭식증, 그리고 어쩌면 덜 심각하다고 볼 수 있지만, 건강하게 먹는 것을 거부하는 일처럼, 자해는 **자기를 향한** 공격 행동으로 이해될 수도 있다. 그러나 방치나 비위생적임, 유뇨증과 유분증 같은 다른 상황들은 학습된 행위로부터 나올 수도 있고, 아니면 적절치 못한 어른의 본보기나 낮은 기대나 빈약한 경제 형편에서 기인할 수도 있다. 이러한 어려움 중 어떤 것은 전문적인 기관의 치료가 필요할 수도 있고, 덜 심한 경우에는 학교에서 간결요법으로 다루어질 수도 있다.

자해 조사연구

한 조사연구에 따르면, 조사 대상 여성의 50%가 자해의 한 원인으로 꼽은 것은 신체와 정서의 학대와 방치뿐 아니라 성적 학대이다(Arnold, 1997). 하지만 청소년에게는 다른 요인들이 있다. 영국에서 최근 발견한 것은 청소년들이 몸을 칼 등으로 긋는 일이 증가한다는 것인데, 시험 압박, 가정에서의 말다툼, 자기이미지와 관련해 친구와 생긴 문제 등의 스트레스에 대처하기 위해서라는 것이다. 청소년 10명 중 하나가 자해를 한다(Mental Health Foundation/Camelot Foundation, 2006). 그래서 정신과 의사들은 학교를 기반으로 주도하는 효율적인 계획들이 있어야 한다고 요청하고 있다. 십 대에게 긴급한 건강 문제가 되어온 자해를 저지하도록 도울 수 있는 계획을 세워야 한다는 것이다(Hawton et al., 2006b). 이에 관한 훈련 자료들은 입수 가능하다(Sellen, 2006).

여자애들이 남자애들보다 네 배나 더 많이 자해할 가능성이 높다고 보여주는 연구들이 있다. 그 대다수는 사전에 계획했던 것이 아니고 충동적으로 했다고 말한다.

어떤 SNS는 베는 방법을 조언해준다. 분명히 모방행위 요소가 작용하고 있다. 베는 것이 자학의 가장 일반적인 형태(65%)이고 그다음은 약물 과다복용(31%)인데, 특히 괴롭힘을 당해온 학생에게서 그렇다. 고의적인 자해는 남성이든 여성이든 흡연, 음주, 약물 이용과 상관관계가 있다.

15~16세의 자해에 관한 대규모 연구에 따르면, 10명 중 한 명이 자해를 한다(Hawton et al., 2006a). 이 조사연구는 2000년과 2001년에 옥스퍼드, 노샘프턴, 버밍엄에 있는 41개 학교에서 6000명의 십 대를 대상으로 설문조사한 것이다. 자해, 자살 생각, 기타 문제들을 둘러싼 쟁점을 탐구하기 위한 학생 설문지에 따르면, 조사 일 년 전부터 그동안 자해한 적 있는 학생은 여학생의 11%, 남학생의 3%였다. 자해 사건들 중 13%의 결과는 병원 입원이었다. 응답된 자해 원인 중에는 '끔찍한 마음 상태에서 벗어나고 싶어서', '자신을 벌주려고', 그리고 '죽고 싶어서'가 있었다.

나아가, 북아일랜드 지역의 15~16세 학생 3500명은 어떻게 자해에 관해 알게 되었는지 질문을 받았다. 제일 많은 수의 대답은 '친구로부터'였지만, 두 번째로 많은 수(20%)의 학생이 '인터넷으로부터'라고 말했다. 자기가 자신을 상해하는 장면이나 상처 난 것을 찍은 동영상을 바꿔본다고 주장한 아이들은 10%였다(O'Connor, 2010).

거식증과 폭식증 조사연구

청소년들 사이의 거식증(의도적 자기기아self-starvation)과 폭식증(폭식하고 스스로 구토) 같은 섭식장애는 심각한 정신의학적 질병으로 간주되어야 한다(Hoste and le Grange, 2009). 이 두 상태 모두 전해액 불균형을 초래하고, 심장과 위장에 합병증이 생기며, 인지 손상, 불임, 심리사회적 문제뿐 아니라 사망에까지 이르게 할 수 있다(Powers and Bannon, 2004). 섭식장애는 사춘기에 나타난다고 널리 인정되고 있다(Hoste and le Grange, 2009). 특히 여자아이들에게 나타나는데, 그 인과적 요소에는 유전적 경향, 낮은 자아 가치, 가족의 역기능이 포함된다. 여성 폭식증 환자는 친구와 남자 친구가 있어서 지지를 받는 경향이 있지만, 거식증은 일반적으로 부모와 경계 없이 얽힌 관계에 있기 때문에 개인의 성장이 저해되는 경향이 있다(Pointon, 2005). 서구적 아름다움의 이상에 도달하려는 소원이 (둔부가 넓어지고 지방이 축적됨으로써) 여자아이들에게는 부정적으로, (어깨가 넓어지고 근육 덩어리가 만들어짐으로써) 남자아이들에게는 긍정적으로 영향을 미친다. 여자아이들는 '자기가 누구인지'보다는 '자기가 어떻게 보이는지'에 더 신경 쓴다(Pointon, 2005: 7).

실증적으로 지지를 받는 다음의 두 치료 프로그램이 섭식장애에 각기 이용되어 왔다.

- 거식증 환자를 위해서는, 가족 기반의 **모즐리 접근법**(Maudsley Hospital, London)
- 폭식증 환자를 위해서는, 개인 인지행동치료(Le Grange et al., 2007) 그리고 가족기반 치료를 통합한 인지행동치료

 초기 연구들은 일반적으로 가족의 역기능성이 섭식장애와 상호작용한다고 제시했다.

- 거식증인 청소년의 가족 관계는 경계 없이 얽혀 있는 경향이 있다. 그런 가족 안에서는 엄격한 규칙과 과보호라는 가정 운영 구조로 인해 갈등 해결 기술을 거의 배울 수 없다(Minuchin et al., 1975; Pointon, 2005).
- 폭식증 청소년은 거의 경계 없이 혼란스러운 가정에서 양육되었다(Root et al., 1986).

최근의 조사연구는 일반적으로 이런 결론들을 지지해왔다(Vidovic et al., 2005). 조사연구들이 지적해주는 것은 애착과 유전적 요소의 상호작용 그리고 딸에 대한 엄마의 태도가 부정적인 영향을 줄 수 있다는 것이다(Pike and Rodin, 1991). '이상적 이미지'라고 지속적으로 퍼붓는 미디어의 영향은, 노출의 양에 달려 있기보다는 그 이미지를 사회적인 이상형, 바람직한 규범으로 내면화한 결과로 여겨진다(Hoste and le Grange, 2009).

가족기반 치료는 거식증인 십 대에게 5년 동안 진행한 후에 체중을 제대로 유지하는 효과를 보인다고 입증되었다(Eisler et al., 1997; Russe et al., 1987). 가족기반 치료는 부모와 양육자가 참여해 자녀의 칼로리 섭취와 체중 회복을 완전히 통제하도록 한다(Hoste and le Grange, 2009: 173). 이후에 환자 나이에 맞게 자율적으로 자신을 조절하도록 통제권을 넘겨주는 일도 치료에 포함된다.

폭식증 환자의 경우, '무작위 대조군 비교검사'가 보여주는 바는 인지행동치료나 인지행동치료와 가족중심치료를 합한 것이 효과를 많이 보았다는 것이다. 그 방법은 주로 인지 재구조화와 행동 조절 프로그램을 통해서 '폭식-구토-폭식 등'으로 이어지는 행위를 변화시키는 것이다. 그러나 이런 연구들은 주로 십 대가 아니라 주로 성인을 대상으로 이루어졌다(Fairburn et al., 1993; Hoste and le Grange, 2009).

자살 생각과 행동에 대한 조사연구

부모나 양육자에게는 자녀가 자살하려는 생각을 했다고 듣는 것만큼 끔찍한 일은 없을 것이다. 자살 행위는 한쪽 끝에 자살하려는 생각과, 다른 한 끝에 자살의 완료가 놓이는 연속선상에 있다고 이해할 수 있다. 십 대가 자살을 생각했음을 아는 것 자체가 그 생각을 실제로 옮긴 행위만큼이나 충격적인 트라우마가 될 수 있다. 자살의 치명성은 아동기에서부터 점점 증가한다(World Health Organisation, 2002). 계획하는 능력, 가족으로부터의 독립성, 탐지를 피할 기술, 실행 수단 접근성이 나이가 들수록 증가하기 때문이다. 그러나 자살률과 자살 수단은 나라마다 다르고, 나이, 성별, 성격에 따라 다양하다.

보편적으로 말하자면, 약물 과다복용과 손목 자해 같은 방법으로 시도하는 자살은 남성보다 여성 가운데서 더 일반적이다(Bridge et al., 2006). 남성이 자살 성공률이 높은데, 그것은 목매기, 총기 사용, 높은 곳에서 뛰어내리기 같은 치명적인 수단을 이용하기 때문이다. 스트레스를 받는 경우, 평소 충동적이거나 공격적이거나 마약을 복용하는 청소년의 자살 성공률이 더 높다(Shaffer and Gutstein, 2002). 여성은 스트레스를 다루기 위해 오랜 기간 불안한 기분을 지니며 섭식장애로 발전할 수도 있지만, 그 자해 행위는 일반적으로 덜 치명적이다(Carr, 2009b).

외국의 조사연구들도 포함시켜서 자살 방지 전략을 광범위하게 체계적으로 검토함으로써 만 등(Mann et al., 2005)이 내린 결론은, 인구 전체의 자살률을 감소시키는 데 효과적인 방법에는 두 가지가 있다는 것이다.

- 우울증과 자살하려는 생각을 알아차리고 치료하는 전문가 훈련
- 자살을 행하는 치명적인 방법에 대한 접근 제한

카(Carr, 2009b)에 따르면 임상평가가 자살의 위험을 경감시키는 데 본질적으로 중요하다. 임상평가 후에야 위기 개입과 통제된 관리가 가능해질 수 있기 때문이다. 청소년 심리치료는 내담자가 상담 회기에 오겠으며, 결정적으로 중요한 시기에는 후속 전화상담을 하겠다고 부모 또는 양육자에게 구두로 합의하게 함으로써 강화될 수

있다. 그리고 개인치료는 자살하려는 생각 밑에 깔려 있는 느낌과 사고를 다루도록 돕는다.

 자살을 성공하게 만드는 데 연관된 위험 요소와 보호 요소를 검토한 연구가 많다(Carr, 2009b 에서 재인용).

위험 요소는 다음과 같다.

- 의도를 적은 유서를 남기고 자살을 시도했던 전력
- 치명적 자살 수단의 입수 가능성
- 마음속에 가라앉아 있는 사건들, 가령 사랑하는 사람이나 한쪽 부모나 애인의 상실 또는 사망, 심각한 질병의 진단, 대인관계 갈등, 시험 실패, 영향력 있는 또래 모방(Evans et al., 2004)

보호 요소는 다음과 같다.

- **자살 위험을 평가하면서 맺은 구두계약이나 서면계약**, 더불어 그 청소년을 지켜보아야 한다는 경각심이 더 커진 부모나 양육자
- 위태로운 청소년이 접근할 수 있는 총이나 독성물질 제거

카(Carr, 2009b)는 자살의 심리적 동기를 많이 확인했는데, 그중에는 돌봄을 받고 싶은 욕구, 자살로 무언가 더 좋아지리라는 환상을 가지고 자신을 희생하고자 하는 바람도 있다. 자살을 생각하는 청소년은 융통성 없는 대처 방식을 보이고, 이용하는 전략이 제한되어 있는 경향이 있다. 그들은 보통 심리장애, 경계선 성격장애와 연관되거나, 또는 우울증, 알코올 남용이나 약물 남용 같은 어려움과 연관된 가족 배경이 있다(Carr, 2009b).

자살 의향에 관한 지식을 향상시킬 교육 프로그램이 유익할 수도 있다(Gould, 2003; Hickey and Carr, 2002). 그러나 카에 따르면 가장 효과적이라고 증명된 것은 엄격하게 운영되고 안내 지침을 따라가는 예방 프로그램이며, 이러한 프로그램이 목표 대상 개인의 자살 위험성을 줄여준다. 위험평가 다음에는 내담자를 지지해줄 수 있는 인간관계의 네트워크가 검토된다. 그런 지지가 부재할 경우, 병원이나 보호시설에 입원하는 것이 반드시 필요할 수도 있다. 이런 프로그램은 심리치료나 전화 연락과 연관되어 있다(Donaldson et al., 1997). 집중적인 가족치료를 개인기술 훈련과 통합하는 다중체계치료는 일반적으로 가정을 기반으로 이루어지는데, 이것도 효과가 있다고 증명되어왔다(Huey et al., 2004).

협력상담collaborative counselling*은 긍정적 변화의 가능성을 들어 올려줄 어떤 지렛

---

* [옮긴이] 협동치료이론에 맞춘 상담을 말한다. 심리치료를 받으면서 부정적인 경험을 한 적이 있어서

대도 거의 찾지 못할 정도로 아주 파괴적이고 암담한 자아의 부분들에 초점이 맞춰질 수도 있다. 그럴 때 학교 상담사는 통제와 개입을 할 수밖에 없는 상황에 놓일 수도 있으며, 이것은 상담사의 정서에 영향을 줄 것이다. 조사연구가 보여주는 바에 따르면 내담자에게 계속 말하게 함으로써 상담에 잡아두는 것이 자살 위기를 감소시킨다(Cooper and McLeod, 2011: 86~87). 자살 위기에 대처하는 데 가치 있다고 증명된 방법들이 많이 있고, 그중에는 청소년에게 이용할 수 있는 것도 있다.

- 자살긴급전화 상담과 웹사이트
- 자살하지 않겠다는 계약을 대신하는 위기 대처 계획과 치료 참여 선서
- 봉사활동과 돌봄편지 보내기
- 자기돌봄 독서

학교에서의 유뇨증과 유분증 관리

청소년기의 비위생적인 자기관리, 자기방임 또는 자학은 성적 학대를 받은 것에 대한 반응일 수도 있고, 아니면 모성적 관심에 대한 욕구 증상일 수도 있는데, 특히 유뇨증(야행성 소변 방출)과 유분증(무의식적 배변)이 그렇다. '벨과 패드 조건반응·bell-and-pad conditioning'*은 괄약근 조절을 위한 약물치료보다 비용 면에서 효과적인 훈련 방법이지만, 임상치료에 이용되지는 않고 있다(Mikkelsen, 2001).

부지불식간에 나타나는 유뇨증과 유분증은 여자아이보다는 남자아이에게 더 일반적이고, 대개 발달 지연에 따른 결과이다. 중등교육을 받을 연령에서 보이는 지체된 배변 훈련 양상은 역기능적 가정의 아이에게서 나타나는 경우가 많다. 정신역동 이론가들은 야행성 유뇨증과 유분증을 빈약한 애착이나 해결되지 못한 아동기의 긴장으로 인해 고착된 발달 결과라고 보는 반면, 행동주의자들은 부적절한 양육과 형

상담을 신뢰하지 않는 내담자를 위해 미국에서 개발된 치료법으로, 이야기치유법의 한 갈래이다.

* [옮긴이] 패드에 알람 장치를 설치하고, 소변에 젖으면 울리게 해 아이를 깨우는 장치이다.

편없는 교육의 결과라고 주장한다.

일반적으로 치료사와 함께 작업하는 의학 전문가들의 예리한 관찰과 평가는 무엇이 이루어져야 할 필요가 있는지, 그것도 아주 속히 이루어져야 할지를 지적해준다. 5장에서 강조했듯이, 또래에게 수용됨은 청소년기 발달에 결정적으로 중요한데, 왜냐하면 '거지'나 '구린내'로 불린다면 유감스럽게도 학교에서는 그것이 그에게 붙은 별명이 되어버리기 때문이다. 이와 같은 문제가 이차적으로 시작됨으로써 해결되지 않는 긴장이나 현재의 스트레스의 지표가 될 수도 있고, 이런 것이 상담에서 다뤄질 수도 있다.

 조슈아의 사례　조슈아의 엄마가 학교에 온 것은 조슈아의 야뇨증이 재발해 때때로 침대 위나 방에 얼룩을 남겼기 때문이다. 이로 인해 열세 살인 그 아이는 또래와 어울리려고 하지 않았다. 공동평가단 모임이 소집되어 가족에게 필요한 것을 다루었다. 이 일이 전문 기관에 의뢰되었고, 부모는 집에서 일상적인 일로 '재훈련'하는 법을 배웠다. 내가 요청받은 것은 조슈아에게 있을지도 모를 심리적 문제에 대해 그의 엄마와 상담하는 것이었다. 조슈아가 **내면에서 엄마에게 부르짖음**은 엄마와 더 많이 함께 있고 싶다는 중요한 의미를 지닌다는 것이 일단 드러났다. 아동 시절처럼 친근한 신체 접촉으로 만족이 되었을 때 야뇨증은 즉시 멈추었고, 2주 안에 자면서 소변을 지리지 않을 수 있었다.

자해 내담자 상담

'아동상담전화ChildLine'에 따르면 걸려오는 전화의 50% 이상이 자해와 관련 있다. 그런데 이것은 누군가에게 이야기하기로 결심한 아동의 숫자만을 반영할 뿐이다 (Brooks and Silva, 2010). 자해는 그 성격상 은밀하고 숨겨져 있는 현상이다. '전국건강복지기구'의 안내서는 자해하는 청소년에게 적용할 다양한 개입 방법을 추천한다.

자기 몸을 칼로 긋는 행위가 중·고등학교에서 빈번하게 우려되는데, (주로) 여학생들에게 일어난다. 내가 다루었던 사례들이 증명해주는 바는 인지적·인간주의적 치료(Nelson-Jones, 1999a), 해결중심치료에서 끌어낸 기법들, 게슈탈트치료 이 셋을 합친 프로그램들 그리고 양육자, 돌봄교사, 간호사 같은 가까운 성인의 관찰이 다원주의적 관점으로 결합될 때 효과적이다. 내가 만났던 내담자들 중에는 팔 전체가 옛 흉터와 새로운 상처로 피부 전체를 뒤덮을 정도로 자해를 아주 많이 한 학생들도 있었다. 왜 이렇게 하냐고 이유를 물으면(내 생각으로는 불필요하게 던지는 질문이다), 한결같이 모르겠다고 대답했다. 그리고 덧붙이기를, 자신에게 상처를 낸 후에 불안에서 풀려나는 느낌을 받는다고 말했다.

내가 상담했던 거의 모든 사례에 분노가 (모방 원칙에 의해 강화된) 그 뿌리에 놓여 있으며, 그러므로 치료는 **분노 탐색**과 연관된다. 중요 타자를 향한 분노가 자아에게로 향한 것인 경우가 많다. 다음의 간단한 사례를 훑어보고 더 광범위한 사례를 살펴볼 것이다.

 대런의 사례 대런과 그의 쌍둥이 형은 모두 열네 살의 9학년 학생이었다. 그러나 그 둘은 여러 면에서 성격이 확연하게 달랐다. 대런은 형을 "학교에서는 꾀가 많고 재주가 있으며 조용하지만, 집에서는 엄마에게 고약하게 행동한다"라고 묘사했다. 반면, 그는 자기가 "개방적이고 정직"하며, "엄마와 친하지만, 형이 아빠하고 친한 만큼은 아니다"라고 말했다. 부모는 상담 시점에서 8개월 전에 갈라섰고, 그의 엄마는 쌍둥이를 키우는 일에 힘겨워하는 것처럼 보였다. 그래서 종종 그들 아버지에게 전화해 쌍둥이 중 한 명과 통화하라고 요구하거나, 집으로 와서 "그들 싸움을 말려달라"라고 말하곤 했다. 그러나 대런은 아버지가 늘 형의 편을 든다고 믿었다. 이것이 불화가 심한 두 십 대를 관리하는 훈계 차원의 문제이기만 했다면 상담이 역할을 할 여지가 전혀 없었을 것이다.

대런의 '개방성'은 확실히 학교에서는 명백했다. 수업 시간에 무단으로 이탈할 때, 그는 창문 옆을 지나치면서 자신이 눈에 띄도록 했고, 뻔뻔하게 학교 규칙을 무시했다. 교장은 그에 관해 기록해두었으나, 그를 상담으로 데리고 온 것은 반복되는 자해였다.

처음에 그 아이는 연필깎이에서 떼어낸 칼날로 팔을 그었다. 상처는 깊지 않았지만, 양팔의 팔꿈치 아래를 뒤덮었다. 우리가 처음 만나기 이전에도 그는 비죽비죽 솟은 머리카락 무더기로 인해 비교적 먼 거리에서도 눈에 띄었다. 이것은 또래로부터 놀림과 비웃음의 대상이 되었고, 그 아이의 문제를 악화시킬 뿐이었다. 양호실 간호사가 그 아이의 상처들을 치료했고, 나는 분노 문제를 다뤘다. 그 분노는 주로 쌍둥이 형을 향한 것이었는데, 형이 엄마를 학대한다는 것 때문이었다. "그 애는 엄마 돈을 가져가고, 항상 말다툼을 해요. 늦게 와서 외출을 금지당하니까 엄마에게 욕까지 했어요. 담배 살 돈을 엄마가 주지 않는다고 '꺼져'라고 말했고요."

그 아이가 칼로 몸을 긋는 것을 모방하는 아이들이 생겼다. 그 애의 여자 친구도 그 애와 똑같이 했고, 그 애는 다른 친구들처럼 페이스북에 자신의 팔 사진을 올렸다. 상처의 크기로 거의 경쟁하는 수준이었다. 여기서 나타나는 것은 '자신을 피해자로 만들려는' 심리적인 욕구였다. 이는 자신이 통제할 수 없는 상황에서 엄마를 보호하려고 강하게 싸운다는 점에서 거의 대리적인 성격을 지니고 있었다. **내가 고통받으면, 어쩌면 엄마는 형에게 괴롭힘받지 않을 거야.**

인지적·인간주의적 상담을 하면서 중심에 놓았던 것은 먼저 괴롭힘을 당하는 엄마를 보면서 대런이 느꼈던 고통과, 그가 아빠는 이 중심 이슈를 이해하지 못한다고 생각하면서 느끼는 고통이었다. 그다음은 그의 개인적 인지 구성 요소들을 검토하는 데 초점이 맞추어졌다. 팔을 칼로 긋는 것 때문에, 특히 삐죽 솟은 머리카락이 덥수룩해서 그의 말대로 자기가 '괴짜'로 보인다는 것을 알면, 또래들에게 웃음거리로 보인다는 것을 알면, 그가 다시 이렇게 하지 않으리라고 나는 확실히 느꼈다. 나는 그에게 침실에서 자해를 통해서가 아니라 상담실에서 대화를 통해 자신이 받은 상처를 공유하겠다고 맹세하도록 했다. 그의 엄마도 그의 맹세를 (구두계약으로) 강화시켰고, 나는 그의 엄마에게 상담실에 올 것을 요청했다. 쌍둥이를 다루는 일에 관한 '그녀의 생각과 느낌'을 나에게 이야기할 수 있도록 말이다.

그녀는 대런이 치료 중 생생하게 묘사했던 다른 아들의 반항을 대수롭게 않게 말했기에 나는 누구의 말이 더 믿을 만한지 궁금할 정도였다. 대런에게 숨은 동기가 있어서 자신의 딜레마에 대해 '재난이 닥친 것처럼'(Ellis, 1994) 생각해온 것이었나?

그러나 상담은 진실을 캐는 심문이 아니다. 중요한 것은 대런이 그 상황을 어떻게 보았고, 그 상황에서 어떤 느낌이 들었는가에 있다. 인지적 요소는 과도한 책임을 **자기 것으로 삼았다**는 것에 초점을 맞추어야 했다. 또래의 영향력은 동기를 들어 올리는 지렛대가 되었고, 간결요법 상담에서 그의 신념체계와 인지 구성 요소들을 다루는 것이 그의 목표가 되었다.

'지나치게 자기 것으로 삼는 것'이라는 개인적인 구성으로부터 우리는 협동작업을 통해 '자기 형제의 행동에 대한 책임감에서 벗어나는 것'으로 그 구성을 바꾸었다.

대런의 인식 구성 형이 엄마에게 덤빌 때 나는 열 받는다. 그래서 그런 일을 막아야 한다. 엄마처럼 내가 그에게 멈추라고 말하지 못하면 나는 내 몸에 상처를 내서라도 그가 변하게 해야 한다.

변화된 그의 구성 내 형을 고치는 일은 내 책임이 아니다. 그것은 엄마와 아빠의 책임이다. 열 받아도 세상이 무너지는 건 아니다. 무슨 일이 일어나든, 내가 어쩔 수 없을 때에 스스로 바보 같은 짓을 하지는 않을 것이다. 그런 짓은 결국 상황을 더 낫게 만들지 않고, 자해를 하면 엄마도 속상해하고 화가 난다.

새로운 통찰로부터 자해에 변화가 생겼다. 이 사례에서는 부모를 참여시키는 가족치료가 필요하지 않았다.

 에리카의 사례　에리카는 세 살 때부터 여동생과 함께 양육가정에서 자랐다. (엄마는 출산하다 죽었고, 아빠는 곧 감옥에서 석방될 예정이었다.) 에리카는 매력적이었고, 남자애들 목을 팔로 껴안으며 희롱했다. 9학년에 새 학교로 전학 갔을 때, 이런 행동으로 인해 어떤 여자애들은 에리카를 싫어했다. 상담하러 오기 전, 나는 돌봄교사를 통해 그 아이의 상황을 알고 있었다. 그 교사가 언젠가 '돌봄아동 선별 모임'에서 우려했었기 때문이다. 그 애는 양육가정의 엄마(에리카는 그녀를 '엄마'라고 불렀다)를 시험하면서 괴롭히는 것으로 알려졌다. 학교에서는 대체로 순응적이었지만, 집에서는 반항적이었다.

양육부모 둘 다 유대교에 충실한 유대인이었고, 양육하는 아이들에게 헌신적이었다. 친아빠를 염려하는 것과 별개로, 그 애는 유대교 회당에 소속되어 매주 그 가족과 함께 예배에 참석해야 한다는 요구 사항을 유감스러워했다. 한마디로 에리카는 반항했고, 주기적으로 '엄마'와 사회복지사와 학교의 다양한 직원에게 보호기관에 가고 싶다는 소원을 이야기했다. 첫 번째 회기에서 그 애는 왜 집이 싫어졌는지 그럴듯한 이유를 말하지 못했다. 그러나 지난 10년간 형성된 정서적인 어떤 애착에서든 벗어나야 얻을 것이 더 많다고 느끼는 것처럼 보였다.

에리카는 왼쪽 팔꿈치 아래 상처가 남의 눈에 띄어 상담에 의뢰되었다. 그 애는 이것을 공개하기 시작했는데, 학교 간호사뿐 아니라 같은 학급의 다른 또래들에게도 보여주었다. 많은 학생이 깊게 난 그 상처를 보고 동요했다. 학교복지 책임자는 그 애와 가족을 지원했다. '돌봄 지원 대상 아동'이었기 때문이었다.

에리카는 첫 회기 때 바른 자세로 앉아 눈도 맞추며 상담에 마음을 쏟았다. 열심히 자신의 느낌과 과거와 삶의 상황을 솔직하게 말했다. 그 애는 강한 성격을 지녔지만 **화**난 것이 분명했다. 그것은 감옥을 들락거리는 친아빠를 향한, 그리고 **그 애를 통제하려고 하는** 양육 엄마를 향한 화였다. 자신이 감옥으로 아빠를 면회하러 가는 것을 양육 엄마가 허락하지 않아서 유감스러워했다. 두 사람은 마치 전투하느라 꼼짝

못 하는 것 같았다.

에리카는 때때로 가족끼리 엄청나게 싸운다고 말했다. 나는 그 가족이 서로 멀어지고 있다고 느끼기 시작했다. 그 애는 엄마를 엄마의 유대인 친구들 사이에서 당황스럽게 만드는 것이 즐겁다고 말했다. 양육 엄마는 에리카가 이틀간 가출하면서 어디에 있었는지 또는 함께 있던 남자애가 누구였는지 밝히지 않으려고 하는 것을 보고 자신의 여동생 집에 가서 일주일 머물렀다. 돌봄교사들은 그 애가 지나치게 시시덕거리는 것이 그 집단 안에서 성적으로 착취당하도록 만든다고 느꼈다. 가족치료가 필요하다고 강하게 지적했지만 에리카는 거절했고, 상담 대기자 명단은 길었다.

에리카는 초기 상담 회기들에서 자신의 삶 이야기를 자유롭게 둘러보았다. 가족의 붕괴, 자신의 확대가족에 대하여 잘 알지 못함, 문화적 충돌 안에서 정체성에 관한 내면의 갈등, 사춘기의 발달로 인한 시도들을 이야기했다. 그리고 나는 정기적으로 그녀를 만났다. 아래의 축어록逐語錄 부분을 선택한 이유는 그 아이의 자해 이면에 깔려 있는 분노를 보여주기 때문이다.

상담사 네가 이 가족에게서 무엇을 원하는지 궁금하구나.

에리카 몰라요. 그래도 같이 살고 싶지 않다는 건 알아요.

상담사 네가 무얼 원하지 않는지는 말하고 있는데, 무엇을 원하는지는 분명하지 않네.

에리카 난 그냥 집을 나가고 싶어요. 보호기관에 가고 싶어요. 하지만 그녀는 허락하지 않을 거예요.

상담사 그게 '그녀'가 선택할 수 있는 일인지 확실하지 않구나. 내가 보기엔, 네가 계속 열심히 밀어붙이면, 네가 지금 그렇게 하고 있는 것처럼 보이는데, 네가 원하는 대로 될지도 모르지. 보호기관에 있는 많은 애들은 간절하게 위탁양육이나 입양이 되기를 바라는데, 너는 지금 이미 그 아이들이 바라는 대로 되어 있는데 그걸 잃는 게 두렵지 않니?

에리카 아니요, 상관없어요. 난 **그녀에게서** 자유로워지고 싶어요.

상담사 자유라…… 보육원에는 자유가 있을까? (그 애의 시선이 오른쪽 위를 향했다. 2장 참조)

에리카 내가 지금 갖고 있는 자유보단 나을 거예요.

상담사 네 엄마가 너를 아이처럼 안아준 적 없니? 친하다고 느낀 적은 없었니?

에리카 있어요. 하지만 그건 옛날이야기예요. 지금 **그녀**는 나를 붙잡고 있으려고 하지만 나는 **그녀**가 그렇게 하도록 내버려두지 않아요.

상담사 너와 네 엄마 사이에 있는 벽이 무얼까?

네 번째 회기에서, 나는 그 애에게 여전히 자해를 하고 있는지 물었다. 그 대답은, 가끔씩 하지만 이제는 자주 하지 않는다는 것이었다. 자해를 하면 어떤 느낌인지 내가 물었다. "기분 좋아요. 풀려나는 느낌을 받아요."

상담사 네 말은 팔이나 손에 상처를 내는 동안에 그렇다는 거지?

에리카 네, 하는 동안에도 그렇고, 그 후에도요.

상담사 1부터 10 중에서 1은 약간의 위로를 가리키고, 10은 정말 엄청나고 소생되는 듯한 느낌을 가리키는데, 자해하는 동안과 그 이후에 네가 느끼는 쾌감은 몇 점일까?

에리카 (오른쪽 아래로 시선을 두고 생각하면서) 아마 6 정도 될 거예요. 아니, 아마 7.

상담사 지금은 어떻게 느껴지니, 스스로 상처 내는 일에 대해서?

에리카 아, 싫어요.

이 회기들 동안 나는 어떤 순간에도 그 애에게 소매를 걷어 올려 상처를 보여달라고 하지 않았다. 여기엔 매우 좋은 이유가 있었다. 어떤 이들은 스트레스를 이렇게 눈에 띄게 표현하는 것을 못마땅해 했지만, 나는 그 아이 속에 숨어 있는 불안과 반대로 나타나는 그 자해 행위에 관심을 보이지 않으려고 했고, 과도한 무게가 실리지 않기를 원했다. 내가 이렇게 자기주장을 하는 어린 학생과 소통하기 원했던 수준은 느낌의 수준이었기 때문이다. (그녀의 양육자나 돌봄직원이 아니라 상담사가 그 자해를 인지한 첫 번째 사람이었다면, 그 상담사는 상처들을 조사하고, 언제, 어떤 촉발적인 계기가 자해로 이어졌는지에 대해서 영국 안전보장 절차에 따라 설문지를 작성해야 할 수도 있다.)

다음 회기 전에 그녀의 양육가정 엄마가 나에게 전화를 해서 최근 사건을 알려주었다. 에리카의 아버지가 감옥에서 출소했고, 축하 파티에서 술에 취해 에리카의 여동생 뺨을 때렸다는 것이다. 에리카는 유리잔을 부숴 자기 손을 찔렀고, 그러자 아버지는 쿵쾅거리며 나가버렸다. 이런 자해 패턴이 그 아이가 스트레스를 다루는 유일한 전략이 되어버린 것이다. 양육 엄마는 두 자매가 서로 싫어하고 "에리카는 내가 제스를 자기보다 더 좋아한다고 늘 생각한다"라고 말했다. 그녀는 내가 에리카와 상담하는 것에 감사를 표시했고, 내가 들은 것을 비밀에 부치기로 합의했다.

나는 에리카에게 여동생을 보통 어떻게 생각하는지 물었다. 먼저 그 아이는 여동생을 싫어한다고 말했다. 그리고 나시 자신이 한 말을 약간 고쳐서 다시 말했다. "내 여동생은 별로 말을 하지 않아요. 조용한 애예요." 내가 응해주었다. "엄마가 걱정하시겠구나." 나는 빈 의자를 가져다놓고서, 여동생이 자신을 어떻게 볼 거라고 생각하는지를 함께 탐색하기로 했다. 이것은 강력한 치료 수단이 되었다.

상담사 저 의자 위에 네 가방을 올려놓고, 이리 와서 앉으렴. (나는 방 건너편 의자를 가리켰다.) 네가 제스가 되는 거야, 그렇게 해보겠니? (우리가 게임하려고 하는 것처럼 그 아이는 웃으면서 순순히 응했다.) 네가 아빠와 말다툼하고 유리로 네 손을 찔렀던 순간을 풀어놓을 수 있겠니? 네가 첫 회기에서 아빠를 사랑한다고 말했거든, 그리고 비교하자면, 넌 동생을 별로 좋아하지 않는다고 내게 말했고⋯⋯ 그런데 그때 아빠가 제스를 때리니까 너는 몹시 화가 났었구나. 네가 **동생을 보호할** 필요를 느낀 것 같은데.

에리카 네.

상담사 동생이 심하게 다쳤니?

에리카 얼굴과 몸에 멍이 들 정도로 맞았어요. 아빠가 술을 마시고 있었거든요.

상담사 그런데 넌 아빠에게 그대로 해줄 수 없다고 느꼈고, 그 술 취한 사람에게 네가 화가 나도 때리지 못하고 말만 할 수 있었지. 그래서 네가 느낀 것을 표현하려고 유리잔을 들어 네 손을 찔렀어. 말해보렴. 네가 제스라고 하자. 네가 아빠에게 맞을 때 어떻게 느꼈니?

에리카 끔찍했어요!

상담사 제스야, 네가 보통 에리카에 대해 어떻게 느끼는지 나에게 말해줄래.

에리카 (자신의 역할로 완전히 들어갔다.) 언니는 대부분 내 신경을 건드려요. 늘 자기 맘대로만 하려고 하지요.

상담사 언니에게 갚아줄 방법이 있니?

에리카 있지요. (슬그머니 웃었다.) 비명을 지르는 거예요. 그러면 엄마가 늘 나를 보호하러 와요. 항상 내편이거든요. 엄마는 에리카에게 소리를 지르거나, 벌을 세우거나, 언니 방으로 들어가라고 해요.

상담사 내가 보니까 너에게는 에리카를 휘두를 힘이 있네.

에리카 그럼요. 나는 언니를 어떻게 해야 할지 정확하게 알아요. (깨닫게 되어서 놀란 표정으로 시선이 왼쪽 아래를 향했다.)

상담사 너는 에리카가 너보다 아빠를 더 좋아한다고 생각하니?

에리카 아, 아빠요. 확실히 그래요!

상담사 그렇다면 너는 그때 틀림없이 혼동되었겠구나, 에리카가 **너를 위해 나섰을** 때 말이야, 아빠가 취했다고 항의하고 그리고 화가 나서 자기 자신을 해치려고 했을 때 말이다. 네가 다쳐서 자기가 얼마나 가슴 아픈지를 보여주려고 말이다. (에리카는 오른쪽 앞으로 시선을 두고 생각에 잠겼다. 더 이상 대화는 필요 없었다.)

몇 분이 그렇게 지나도록 내버려두었다. 그리고 나서 나는 에리카에게 일어나서 몸을 흔들라고 했다. 그렇게 여동생의 역할에서 벗어나도록 했다. 원래 앉았던 의자로 돌아가게 하고, 그 경험에 대해 느낀 것을 함께 이야기하자고 했다.

에리카 엄청나요. 이상한데 놀라워요. 내 동생을 그렇게 본 적이 없었거든요.

상담사 너희 엄마는 내가 네 동생 제스하고도 이야기하길 원하신단다. 하지만 네가 먼저 동생과 이야기해보고 너희 둘이 함께 만나고 싶어 하지 않는 한, 내가 그렇게 해야 할지는 잘 모르겠다.

이 시점에서 에리카의 자해에 관해 공식적으로 맺은 상담계약은 종료됐다. 나는 이 자매와 함께 상담하는 회기를 몇 번 더 가졌지만, 더 이상 에리카의 자해 행위에 대해선 전혀 집중하지 않았다. 에리카는 자신의 좌절을 분출할 대안을 찾으려고 했다.

섭식장애 청소년 상담

섭식장애는 일종의 자해이다(Favazza, 1996). ≪오늘의 치유≫(BACP, 2005)는 섭식장애에 대한 논문들을 실으면서(CCYP, 2005도 함께 참조) 인지행동치료에서부터 (음악과 춤을 통한) 예술치료와 (몸 접촉과 마사지를 통한) 몸 치료까지 넓은 범위의 치유 프로그램이 추천되고 있음을 제시했다. 다중양식의 틀 안에 적용된 놀이치료도 청소년에게 효과 있음이 증명되었다(Rogers and Pickett, 2005). 개인을 대상으로 하든 집단을 대상으로 하든 간결요법으로 시행하는 인지행동치료 기법들은 폭식증 행위 패턴을 지닌 학생에게 유익할 수 있다. 그러나 거식증 환자의 경우에는 상담사가 부모에게 어린 자녀를 관찰하도록 주선하는 일이 필요할 수도 있다. 이것은 폭식증의 원인이 가족의 '경계 없이 얽힘'이고, 그 처방은 '부모의 엄격한 통제'라고 제시하는 조사연구에 비추어볼 때 역설적이다. 그러나 학교에서는 반드시 안전조치가 우선이어야 한다. 자율성을 향해 가고 있는 상급학생의 경우 그 교육적인 목적은 일시적으로 보류될 필요가 있을 수도 있다. 이는 그 내담자를 '정서 코칭' 프로그램을 통해 질병 이전 상태로 되돌리기 위해서이다(Buckroyd, 2005).

섭식장애를 학교에서 간결요법 상담으로 다룰지 결정하는 일은 그 문제의 정도(전문가의 치료에 의뢰하는 것이 필수적이라고 판단할지의 여부)에 달려 있고, 또 상담사의 기술과 경험에 달려 있다. 상담사들이 인정하는 것은 **자신에게로 향하는 분노**는 자기학대 행위의 일반적 특징이고, 미디어에 투영된 몸 이미지와 관계의 역동성을 **내면화하는** 방식으로 식이장애가 나타난다는 것이다. 거식증 청소년의 경우, 자녀의 나이에 부적절하게 부모가 과도한 제약을 하며 붙잡고 있는지의 가능성을 다루는 것에 중점을 두게 된다. 이런 경우 가족치료나 부부상담의 개입이 필요할지 모른다. 폭식증 청소년의 경우에는 지배문화의 메시지와 또래 역동성에 중점을 두어야 한다. 이런 경우에는 인지행동치료와 이야기치료를 통합하는 것이 필요해진다.

학내 상담은 교육받는 청소년에 대한 안전조치 의무로 인해, 거식증과 폭식증의 심각한 사례에 대해 한계를 가질 수도 있다. 심각한 사례들은 위에서 카(Carr, 2009b)가 말한 종류의 치료 계약과 개입이 필요하기 때문이다. 그러나 간간이 일어나는 심리적 압박에 의한 잠깐의 단식이나 폭식은 간결요법이 적절할 수도 있다. 다른 형태의 자해들처럼, 내담자가 또래에게 드러내는 행위로 단서를 주며 자신의 심리적 문제를 '공공연히 알리는 것'은 드물지 않다. 그 행위는 가면을 쓴 **도움 호소**인 셈이다.

 샤나의 사례   샤나가 집에서도 학교에서도 밥을 먹지 않는다는 것을 돌봄교사와 아버지가 발견했다. 그 아이는 자기가 오빠와 아주 친하다고 생각했는데, 현재 오빠는 강도와 차량 절도로 감옥에 있었다. 그 아이는 자신이 절대로 배고프지 않다고 밥때마다 주장했다. 그 아이에게 음식을 억지로 먹이려는 어떤 시도도 허사였다. 학교 간호사의 조언에 따라 건강 상태를 점검하기 위해 그 아이가 가정의에게 보내졌다. 하지만 의사는 학교에 연락해 심리적인 문제가 더 크다고 말했다. 학교에서 돌봄 담당 책임자가 샤나의 체중이 줄었다는 말을 그 아이의 아버지에게 듣고서, 나에게 그 아이와 상담해달라고 요청했다.

학교 간호사는 그 아이의 체중 미달이 염려되는 수준이라고 기록했다. 인간중심상담을 핵심 상담기술로 사용하면서 그 아이의 오빠에 대한 염려를 다루었다. 세 번째 회기에 이르러 분명해진 것은 그 애의 삶에 있는 다른 스트레스 요인들이었다. 샤나는 사촌과 친했는데, 그 아이 생각에는 사촌이 아주 예뻤다. "그 애는 날씬해요. 남자애들이 모두 좋아해요. 나에게는 남자 친구가 절대로 안 생길 거예요. 난 너무 뚱뚱하거든요." 그다음에야 샤나는 자신이 먹은 것을 일부러 토한다는 것을 무심코 드러냈다.

샤나는 자신이 수학 수업을 함께 듣는 남자애를 좋아한다고 내게 이야기해줬다. "하지만 그 애 눈에는 절대로 내가 보이지 않을 거예요." 나중에 그 애는 세 번째 회기 중간쯤 인정했다, 집에서 아빠가 자기에게 조금 먹게 했는데 그걸 제거했다고.

상담사 '제거했다'는 게 정확히 무슨 말이니?

샤나   화장실에 가서 날 아프게 만드는 거예요.

상담사 네가 널 아프게 만들 수 있구나…….. 아빠가 알지 못하게?

샤나   네. 쉽게 할 수 있어요. 학교를 빼먹으려고 그런 일을 하곤 했어요.

상담사 기분이 좋지 않을 텐데, 끌어올려서 엉망진창으로 아프게 만드는 것이?

샤나   선생님도 익숙해질 거예요, 연습하면요, 진짜예요.

그 아이는 저녁 식사에서 퍼먹고 그 후에 토하는 것을 의례적으로 하곤 했다고 말해주었다. 그러나 우리는 이것에 오래 집중하지 않았다. 만약 이것이 폭식증의 심각한 사례였다면, 나는 아버지도 함께하는 프로그램에 참여시키거나 아니면 가정의에게 다시 의뢰해서 전문의의 치료를 받을 수 있게 했을 것이다. 그러나 샤나가 나에게 이야기해준 바로는 이제 막 그러기 시작했을 뿐이라는 것이었다. 그것은 임시적인 양상이었고, 그 아이의 관점에서는 합리적인 목적을 가진 것이었다. 그것은 전혀 다른 이유로 인해 작년에 어떤 친구로부터 배운 행위였는데, 이제는 새로운 의미가 생겼던 것이다.

신경언어 프로그래밍 질문 형식을 따라 내가 물어보았다, 어떤 일이 일어나기를 가장 원하는지. 그 아이는 두 가지를 이야기했다. 하나는 오빠가 감옥에서 나오는 것이고, 다른 하나는 수학 수업을 같이 듣는 그 남자애와 데이트를 하는 것이라고 그녀는 씩 웃으며 말했다. 두 목표 중 첫 번째는 그 애가 전혀 어찌해볼 수 없는 것이었고, 두 번째는 제한적이지만 조정할 수 있는 것이었다. **그 아이의 목표**는 '일부러 토하기'를 멈추는 것이 아니었다! 그러므로 이건의 틀을 따르는 치료나, 아니면 해결중심치료를 포함한 어떤 목표중심 접근법도 이 사례에서는 제한된 결과를 낳게 되어 있었다. 그러나 통합적 이야기치료는 더 넓은 전망을 제공해주었다.

나는 샤나에게 여러 종류의 십 대를 위한 잡지를 가지고 오고, 그녀가 좋아하는 SNS에서 눈에 띄는 여성 이미지를 프린트해 오라고 요청했다. 우리는 함께 서구화된 여성 이미지에 대한 '거대 서사'를 탐색했다. 그리고 그녀가 매일 접하는 매체의 '제조된 이미지'로 성에 대한 왜곡이 아주 미묘하게 위장되어 있음을 (그리고 과다하게 노출되어 있음을) 탐구했다. 그다음에 그 아이가 한 말은 놀랍게도, 자신은 그런 이미지이고 싶지 않다는 것이었다.

상담사 그럼 너는 어떤 모습이고 싶은데?

샤나 모르겠어요, 정말, 예쁘고, 내 생각에는 다른 모든 애들처럼…….

상담사 다른 애들……?

샤나 수학 반에 있는 앤데, 샘이 나요, 솔직히 말하면요. 그 애는 예쁘고, 날씬하고, 나랑 달라요. 그 애는 코너에게 반했는데, 내 생각에 코너가 나보다 그 애를 더 좋아하거든요.

상담사 그러면 코너가 네가 좋아하는 애니?

샤나 네.

상담사 코너가 그 애를 좋아한다는 걸 네가 어떻게 아는데?

샤나 늘 코너가 그 애한테 말을 걸거든요. 그렇지만, 그러고 나선…… 나에게 말을 걸 때도 있고요. 어쨌든 달라요.

상담사 코너가 그 애를 좋아하는지 아니면 너를 좋아하는지 어떻게 하면 네가 알게 될까? 코너가 '어쨌든 다른' 식으로 말하는 것은 어색해서 그런 것이 아닌지 네가 어떻게 말할 수 있을까? 수줍어서…… 질문을 던질 순간을 찾는 것은 아닌지?

샤나 그럼 선생님은 그 애가…… 나를 좋아할 수도 있다고 생각하세요?

상담사 나는 정말 모르지. 모르기 때문에 누군가를 좋게 보기도 하고, 사랑에 빠지기도 하고, 그래서 아주 신나고 동시에 겁나기도 하는 거란다……. 하지만 진짜 질문해봐야 할 것은 네가 네 자신을 다르게 만들려고, 네 사촌처럼 더 날씬해지려고 하는 대신에, 네가 있는 그대로 남들이 너를 좋아할 만한지 아닌지를 네가 어떻게 말할 수 있냐는 거지.

샤나 모르겠어요…… 친구들에게 물어보면 될 것 같기도 한데요…….

상담사 누구에게 물어볼까?

마무리 회기에는, 샤나의 요청에 의해 내가 소집했던 또래집단 회기에서 그 아이의 친구들이 말했던 것을 검토하는 데 집중했다. 그 친구들 모두 샤나가 미쳤다고 생각한다고 말했다. 그렇게 많이 체중을 줄이면 "코너가 너를 더 이상 좋아하지 않게 될 거야"라고 말했다. 코너가 이전에 샤나의 체구 두 배가 되는 여자애와 사귄 적이 있다는 점을 누군가 지적하자, 그것은 동전 던지기처럼 휙 뒤집어졌다. 샤나는 다시 정상적으로 먹기 시작했고, 스스로 토하는 자기의례를 그쳤다. 자신을 있는 그대로 수용하고, 알맞게 먹었다. 샤나는 한 번도 코너와 데이트하지 않았다. 그 아이의 관심은 다른 방향으로 흘러갔다.

자살 생각을 하는 청소년 상담

한 이웃 학교의 9학년 학생이 정원에서 자작나무에 밧줄을 걸어 목을 맸다. 그 이유는 학교에서 당한 괴롭힘 때문으로 추정되었다. 이 사건은 그 사회의 많은 청소년에게 깊은 영향을 주었다. 그러나 불안을 고조시켰던 것은 그의 형이 겨우 3개월 뒤에 동일한 방식으로 목숨을 끊었기 때문이었다. 그다음에 그를 아는 또래가 근처 숲에서 동일하게 행동했다. 이 같은 '모방' 행위의 흐름을 근절하기 위해, 그리고 일상의 '수다 봉로'로 소문이 피져나가는 것에 비추어서, 지역 당국은 그 지역 모든 학교에 홍보물을 보내서 '모든 자살 위협'에 대응하도록 지시했다. 즉, 그런 청소년들을 지역 병원의 응급실로 입원시키도록 했다.

가끔 자살을 생각하는 청소년들이 있다는 사실은 널리 인정되어 있다. 이런 허무주의적 충동은 대체로 분별없이 생기지만, 친구들에게 하는 말에 표현되거나 자신에게 중요한 어른들이 '발견'하도록 종이 쪼가리에 끄적거려져 있다. 그것은 **도와달라는 울부짖음**이다. 그럼에도 그것은 그 아이가 정말로 느끼고 있는 감정이기에 대처가 필요하고, 또한 즉각 다루어져야 한다. 일반적으로 청소년이 자살에 관해 이야기한다고 해서 그 청소년이 목숨을 끊는 경우는 드물다. 하지만, 단지 결과의 일반론을 근거로 해서 행동을 취하지 않는 것은 무책임한 일이다. 상담사는 자살 생각을 가끔씩 가지고 노는 청소년 내담자를 돕는 가장 좋은 방법이 무엇일지 반드시 고려해야 한다. 계획된 자살 시도(이런 경우의 청소년은 분명히 위태롭다)와 자살 사고思考를 구별하는 것은 중요하다. (명심할 것은, 위에서 말했듯이 계속되는 자살에 대한 생각은 심각한 위험 요소라는 것이다.)

영국의 지자체에 소속된 학교 상담사는 학생의 자살 생각과 자살 의도에 대하여 비밀 보장을 유지할 수 없다. 4장에서 논의했듯이 치료사에게는 '돌봄의 의무'가 있다 (McGinnis and Jenkins, 2009). 미국의 주 대부분에서 상담사는 내담자의 자살 의도에 대해서는 상담의 비밀 보장 의무를 깨고 보고하도록 되어 있다(Bond, 2010). 영국에서는 18세 이상의 학생내담자의 경우, 그가 고등학생이든 대학생이든, 상담사가 '돌봄의 의무'와 내담자 '자율'의 권리 사이에서 균형을 잡기가 어렵다. 이는 BACP『윤리강령』에서도 인정하는 바이다(BACP, 2002: 14). 사례마다 주의를 기울여서 **위험의**

정도와 방지의 현실적 방법에 중점을 둔 지침을 적용해야 한다. 그 지침들은 4장에서 이미 개관했다.

자살하고 싶은 상태는 주요 상실 사건이나 심리적 무질서만큼이나 '삶의 허무주의적 의미'를 구성하는 것들 및 약속된 미래의 부재와도 많이 관계된다. 영성상담, 정신역동상담, 융의 분석치료, 기타 초개인적transpersonal 모델들이 죽음에 대한 소원을 다루는 전통적인 접근 방식들이다(Lines, 2006a). 그러나 전통적인 방식은 치료하기까지 무제한 시간이 걸리고, 광범위한 상담기술과 자원을 필요로 한다(West, 2000, 2004). 일시적 우울 상태를 통과하고 있는 청소년에게는 지나치게 세밀하다.

다원적 관점에서 보자면, 자살은 복잡한 현상으로 인식된다. 그 현상이 나타나는 통로는 다중적이고, 자살을 하려는 사람의 유형도 다양하다. 자살을 이해하는 방식들은, 다음과 같은 각기 다른 학파들의 치료법에서 발전되어왔다.

- 파괴적인 내면의 음성이라는 인식
- 자신을 다른 사람의 짐이라고 본다는 대인관계이론
- 삶의 이유를 찾는 인지-행동의 개념
- 의학적 위험 측정법(Cooper and McLeod, 2011: 86~87)

위에서 제시된 사례에서는 세 번째 범주가 가장 이해를 도와주는 것처럼 보이지만, 인지행동치료를 통해서가 아니라 이야기치료에서 비롯된 기법으로 다루어질 수 있었다.

 매슈의 사례　10학년인 매슈는 쉬는 시간에 상담실을 자주 들락거렸다. 친구들과 어울리지 않으려는 것 말고는 다른 이유가 없어 보였다. 그 아이는 괴롭힘을 당하지 않아도 친구들이 말을 걸 때마다 침묵했다. 많은 학생들이 그와 친하게 지내려고 노력했지만, 그는 그들의 시도를 묵살했다. 한번은 돌봄교사들이 그에게 유행하는 티셔츠를 사주고 학교 여행을 '즐겁게 가자'고 설득했다. 이것은 일시적으로 그의 마음을 움직였다.

남동생을 방과 후에 집으로 데려오는 것이 그 아이가 열심히 수행하는 일상의 의무 중 하나였다. 그가 동생을 뒤에 데리고 마치 버림받은 듯 고개 숙이고 천천히 집에 걸어가는 것이 목격되곤 했다. 매슈는 일곱 살 때 엄마를 잃었다. 가족은 그녀가 자살을 했으며, 건강하지 못한 60대 동거인에게 두 아이를 키우도록 남겨놓고 떠났다는 사실을 한 번도 드러내놓고 다루어본 적이 없었다.

8학년 때 그 아이가 상실을 '정상적인 것으로' 받아들이도록 돕고, 상실이 자신에게 어떤 의미인지를 '안전한 그룹'에서 말로 표현하도록 집단치료(11장)에 참석하라는 권유를 받았다. 그러나 다른 학생들과 달리 그 아이에게는 집단치료가 아주 미미한 효과가 있었을 뿐이었다(Lines, 1999b). 교육 사회복지사가 그 아이를 학교로 데리고 와서 개인상담을 받도록 의뢰했다. 그가 두 주 동안 방에 틀어박혀 있었다는 것이 발견되었기 때문이다. 그 전날에 그 아이는 더 이상 살고 싶지 않다는 쪽지를 썼고, 이러한 쪽지를 쓴 것은 그날이 처음이 아니었다.

자살을 생각하거나 죽고 싶어 하는 학생을 상담하는 일은 상담사와 내담자를 둘 다 각각 자신의 실존적 상황의 핵심으로 이끈다. 넬슨-존스는 젊음과 성적 매력에 집착하는 세상에서 우리의 자연스러운 유한성과 도덕성에 대한 '실존적 자각'이 더 커질 필요가 있음을 이야기한다. 많은 사람이 죽음을 자신에게 **일어날 수 없는 어떤** 것으로 보고, 그렇게 무존재에 대한 인식을 **미룬다**(Nelson-Jones, 1996). 매슈는 삶을 포기하려고 했다. 그는 발달상 분명히 '갇힌' 상태에 있었고, 그렇게 자신의 생물학적 시계에 저항하고 있었다. 몸은 조그맣고, 외모는 단정치 않았고, 전혀 웃지 않았고, 말도 거의 하지 않았다. 지시를 로봇처럼 따랐고, 자신의 느낌과 소원이 전혀 없는 듯했다. 그러나 넬슨-존스가 말하듯이, 매슈는 이러한 식으로 존재하고 생각하는 것을 **선택하고** 있었다. 사실상, 사람들과 사귀려는 에너지는 애도에 흡수되어버렸고, 이미 너무 오래 미루어진 갈망이 되어 있었다.

현행 안전조치 요건(4장)하에 나에게 주어진 '돌봄의 의무'(McGinnis and Jenkins, 2009)의 관점에서, 나는 그의 복지 지원 관리자와 상의했고, 그 관리자가 매슈의 집과 가정의에게 연락을 했지만, 이런 조처가 매슈의 심리 상태를 바꾸지는 못했다. 이 사례는 슈퍼비전에서도 다뤄졌다. 매슈를 심리적으로 '붙잡아주고' 치료적 관계를 형성함으로써, 그 아이가 '의기소침한 태도'로 표현하기보다는 우선 '말을 하게' 만드는 것이 필수적이었다. 매슈가 집에서는 말을 하는 것으로 알려져 있었지만, 학교에서는 얼어붙었다. 초기 회기 동안에는 긴 침묵이 있었으나 그가 선택한 그 함구증이 조금씩 간헐적인 대화로 바뀌어갔다.

자살을 생각하는 내담자들에게 이야기치료가 사용되어왔고, 특히 두 가지 기법인 '되돌리기taking it back' 대화와 '다시 기억하는re-membered•' 대화(Speedy, 2000)가 사용된다. 이러한 이중기법은 내담자의 이야기가 어떻게 상담사로 하여금 자신의 이야기를 돌아보도록 영향을 주었는지를 끌어내어 내담자와 함께 공유하게 만든다. 요점은 (인간중심상담에서처럼) '깊이' 들어가는 것이 아니고, '더 두터운' 이야기로 나아가는 것이다. 말하자면, 다른 사람들의 자질들을 확대해 사물을 보는 다른 방법들을 탐색하는 것이다.

> 치료적 대화가 되려면 상담사는 그 대화로 내담자뿐 아니라 자신도 혜택을 받는다는 것을 알아야 한다. 그리고 그렇게 되는 과정을 내담자에게 되돌려주어야 할 윤리적인 책임을 느껴야 한다. 이렇게 오고가는 이야기들이 그 둘 다의 삶을 다르게 만들어준다. 이런 이야기의 교환이 그들 자신의 삶을 변화시키기 때문이다 (Speedy, 2000: 629).

중요하고 영향력 있는 관계에 있는 (고인이든 아니든) 사람에 관한 이야기부터 시작하는 대화는 치료적 의미를 지닌 '다시 기억하는' 대화로 묘사된다. 스피디(Speedy, 2000)는 자신의 개인적인 사별 경험을 이용해 내담자의 삼촌의 자살 이야기에 합류했다. 그는 자신이 기억해낸 상실 사건을 공유함으로써 내담자의 삶의 서사를 두텁게 만들었다. 존 매클레오드도 이 기법을 사용했다(Cooper and McLeod, 2011: 94).

어느 누구도 다른 사람과 똑같이 경험할 수 없다는 것은 사실이지만(엄마를 잃은 어린 소년과 어떻게 동일하게 느낄 수 있겠는가?), 또 하나의 사실은 비슷한 경험을 통해 공감의 다리를 만들 수는 있다는 것이다. 만일 상담사가 실존적 상실을 경험했다면, 자기 내담자를 도울 개인적 자원을 가진 셈이다. 나는 매슈에게 내 생명에 기여한 한 소년의 이야기를 해주었다. 그가 어떻게 내가 걸을 수 있도록 도왔는지, 하지만 슬프게도 교통사고로 인해 그가 비극적으로 세상을 '떠났는지를' 이야기해주었다. "난 아직도 걸을 때마다 그 애가 내가 발을 헛디딜까 봐 내 옆에 있다고 상상한단다." 다시

• [옮긴이] 보통 '다시 기억하기'라고 번역되기도 하지만, 이 말은 이중적인 의미를 지닌다. 'remember'라는 단어를 're'와 'membered'로 떼어놓음으로써 다시 멤버로 만든다는 의미가 함축된다. 긍정적인 영향을 줄 수 있는 사람을 기억해내어 자신의 삶에 다시 들여놓게 하는 이야기 기법 중 하나이다.

기억하는 나의 목적은 피해의 정도가 얼마나 큰지 매슈와 겨루는 것이 아니었다. 오히려 매슈가 자신의 인생에 다른 사람이 기여한 것을 시각화하도록 여지를 주는 것이다.

처음에는 망설이다가, 매슈는 엄마가 자신의 삶에 긍정적으로 기여한 것을 말하기 시작했다. 자기를 '남겨두고' 갔다는 것에 분노하는 대신에 말이다. 그리고 일단 긍정적인 말이 흘러나오기 시작하자 말하기를 그치지 않았다. 식구들이 함께 시간을 보냈던 마지막 방학으로부터 시작해 그의 입에서는 그런 일들에 관한 이야기가 꼬리를 물고 나왔고, 고개가 전차 들리고 얼굴이 환해지면서 웅크렸던 자세가 풀렸다. 나는 조심스럽게 그런 자신의 변화를 그 아이가 주목하도록 만들었다. 매슈는 또한 멀리 사는 친구에 대한 이야기를 꺼냈고, 그가 요리하는 법을 가르쳐주었다고 말했다. 삼촌 이야기도 했다. 캐나다로 이민 가기 전에 그에게 엔진을 고치는 방법을 보여준 적이 있었다는 것이다. 그리고 다른 사람들의 이야기도 꺼냄으로써 그들 또한 '그의 삶의 클럽'에 멤버로 재가입되었다(Payne, 2006). 그는 (자기가 엄마를 소생시킬 힘이 없이 남겨졌던 때의) 삶의 다른 면을 이야기하면서 대조적으로 더 막힘없이 말하기 시작했고, 나는 그를 불쌍히 여기는 부모처럼 역전이를 느꼈다. 나는 이것을 슈퍼비전에서 털어놓았다. 슈퍼바이저는 내가 그다음 몇 주 동안은 그 아이의 정신 상태를 따라가면서 돌봄직원과 아버지와 협력해야 한다고 생각했다.

서서히 치유가 시작되었다. 그는 이제 자신의 상실 아래 깔려 있는 분노의 깊이를 확실하게 말로 표현했다. 마치 이제 애도하고 떠나보내도 된다는 허락을 받은 듯이 그랬다. 우리는 치료적 연대를 형성했고, 이로써 앞으로의 상담을 위한 자원을 만들었다. 매슈는 지연되어온 애도보다 더 긍정적인 것들에 에너지를 쏟기 시작했다.

맺는 말

현대에 들어 아주 소수의 학생이 스트레스를 풀기 위해 칼날이나 기타 날카로운 도구로 팔에 상처를 내는 일이 생겨났다. 모방행동이 영향을 미친다는 것을 지지해주는 증거들이 있다. 그 증거들은 치료사가 행위 자체에 주목하기보다는 그 행위로 말하려고 하는 **배후의 분노**에 집중해야 한다고 제시해준다.

초기 **애착**의 문제에 더 직접적인 관계가 있을 수도 있는 배변훈련의 문제를 제외하고는 자해가 내면의 스트레스나 당장의 관계 갈등의 외적인 표현이다. 이 문제에 대해 학교에서 간결요법 상담을 제공할 여지란, 학교 밖 전문 의료기관에서 관례적으로 치료가 제공된다고 보는 조사연구에 비추어볼 때 매우 중요한 물음이다. 자체적인 안전조치 방침에 따라 자해와 섭식장애를 위한 정해진 절차가 있는 학교도 있을 수 있다. 연구가 보여주는 바는, 극단적인 사례에서는 학교상담에서 적절하다고 생각하는 일반적 수준보다 더 분명하게 부모의 통제가 필요할 수도 있다는 것이다.

자살을 생각하는 학생들을 학교에서 진지하게 다루어야 한다. 청소년을 위해 안전조치를 할 의무가 있기 때문이다. 자살의 위험도를 평가할 때 반드시 고려해야 할 것은 위험 요소나 실행에 옮길 잠재력뿐 아니라 개인에게 보이지 않게 영향을 미치고 있는 긴장이다. 그런 다음에야 간결요법 상담이 필요한지, 또는 그 학생을 보호해야 하는 법적인 의무가 있는 당사자들에게 반드시 알려주어야 할 일인지 결정할 수 있다. 전형적이지 않은 자해, 심하지 않은 성격의 식이장애, 일시적 상태의 자살 생각은 학교에서 다중적 간결요법 상담으로 적절히 다룰 수 있다.

❶ 체육교사가 9학년 여학생의 두 팔뚝에 방금 생긴 깊은 상처를 발견하고 상담실로 데려왔다고 생각해보자. 그 아이는 그것에 대해 말하기 싫어하고, 부모가 알게 되는 것도 원치 않는다고 말했다. 당신은 이 문제를 어떻게 다룰 것인가?

❷ 11학년 거식증 학생의 엄마가 자신의 딸에 대해 염려하며 상담을 해달라고 요청한다.

　　a. 그 학생하고만 작업할 것인지, 아니면 엄마와도 함께 작업할 것인지를 당신에게 알려줄 만한 요소가 어떠한 것이 있는가?

　　b. 이런 섭식장애에 대해 당신이 통상적으로 접근하는 방법은 무엇인가?

　　c. 앞에서 제시된 조사연구와 통합적 접근 방식은 이런 종류의 내담자에게 당신이 다른 모델이나 접근법을 써보도록 어떻게 영향을 미칠 것 같은가?

❸ 열일곱 살 12학년 학생이 지난 밤 친구가 자살했다는 소식을 듣고 상담을 요청했다. 그 친구는 인기가 있었고, 그 사건과 구차한 세부 사항이 인터넷을 통해 공개되었다. 두 번째 회기에 당신이 알게 된 것은 당신 내담자가 자살을 심각하게 고려해왔다는 사실이다. 동료와 함께 아래 사항과 관련해 그 경계선을 어디에 그어야 할지를 논의하라.

　• 내담자 개인의 자율성

- 상담사에 대한 교육기관의 기대
- 부모나 양육자에 대한 상담사의 의무
- 자살에 대한 당신 자신의 개인적 견해
- 당신이 속한 단체에서 정한 비밀 보장 강령
- BACP의 『윤리강령』
- 안전조치 법규

❹ 위에서 제시된 매슈의 사례는 '다시 기억하기'로 명명된 접근법을 제시했다. 그것은 엄마의 자살 이후 지연된 충격과 애도로 인해 고통받는 그 아이를 돕기 위한 것이었다. 결과적으로 매슈는 자살 생각을 하기는 했지만, 그 의도의 심각성은 명확하지 않았다. 이렇게 괴로워하는 청소년, 상실이나 사별을 당한 청소년에게 지금은 없는 과거의 그 사람이 '기여한 것들'을 생각해보도록 격려하는 일의 장점은 무엇이고, 잠재적인 심리적 위험은 무엇일까?

✓ 자해 행위는 자신의 신체에 가하는 베기나 찌르기에서부터 자살 생각까지 그 범위가 넓다.

✓ 자해는 청소년기에 뚜렷이 나타나기도 하는, 관계의 어려움에서 비롯되는 스트레스와 분노의 외적 표현으로 볼 수 있다. 치료는 행위 그 자체보다는 증상 아래 깔려 있는 **분노**와 **관계의 어려움**을 다루는 것이 되어야 한다.

✓ 학교의 간결요법 상담사가 간호사 또는 일반의와 연결되어 작업하지 않는 한, 유뇨증과 유분증을 다룰 여지는 제한될 수도 있다.

✓ 초기 조사연구가 제시하는 바는, 거식증은 지나치게 엄격한 양육에 기인할 수도 있는 반면, 폭식증은 대개 이상적 신체 형태에 대한 서구 미디어의 투영으로 생겨난 또래 관계 갈등의 결과라는 것이다. 거식증 치료는 인지행동치료와 가족치료와 더불어, 역설적으로도 부모의 엄격한 통제 방침에 집중하는 것이 필요할 수도 있다. 그러나 폭식증의 경우에는 통합적인 이야기치료로써 미에 관한 사회의 지배적 관점에 도전해야 할 필요가 있을 수 있다.

✓ 자살 생각을 다루기 위해 여러 가지 상담 접근법들이 채용되어왔지만, 학교에서는 치료사가 윤리적 상황과 안전조치 실행을 고려해야 한다. 중요한 누군가를 잃은 후에 삶의 목적을 잃어버린 자살 충동 내담자에게 접근하는 새로운 방식 중 하나는 '다시 기억하기'로 알려진 이야기치료 개입이 있다. 이는 내담자에게 중요했던 사람이 과거에 그에게 기여했던 것들을 회상하도록 격려하는 접근 방식이다.

08 School Bullying

학내 괴롭힘과 폭력

이 장에서 다룰 내용

어떤 남학생이 폭력사건을 학교에서 보고했다는 이유로, 갱 두목이 그 학생을 공유지 폐허에서 칼로 찔렀다.

어떤 여학생은 같은 학년의 또래들에게 반복적으로 협박당한 후, 자기 방에서 약을 과다복용했다.

들어가는 말

이보다 더 끔찍한 일이 미디어에서 보도되는 일 없이 그냥 지나가는 일주일은 거의 없다. 이런 비극들은 학교폭력을 어떻게 점검해야 할지 난감하게 만든다. 이 장에서는 상담사의 특정한 역할이, 즉 훈육하는 역할을 수행하는 돌봄교사와는 뚜렷이 구별된 역할이 효과적이었음을 다양한 간략요법 상담개입을 통해서 간접적으로 검토할 것이다. 다양한 접근 방법들이 다원적 관점에서 설명될 것이고, 가족치료, 사교기술훈련, 서클타임circle time,* 인지행동치료에서 사용된 기법들이 이에 포함될 것이다.

먼저 조사연구들을 검토한 후, 신체적으로 괴롭힘을 당한 희생자가 간결요법을 통해 지지받는 것, 도발적인 피해자가 반복되는 놀림에 대한 통찰을 얻고 조절하는 힘을 얻도록 돕는 체계적 접근법이 제시될 것이다. 가해자가 개인으로든 집단으로든 타인을 위협하는 자신의 행위를 검토하고, 일종의 회복하는 정의를 통해서 수정하도록 격려하는 개입을 보여주는 것으로 이 장이 마무리될 것이다. 더 극단적인 사례가 다음 장에서 제시될 것이다.

학교폭력에 대한 연구

학교에서 일어나는 괴롭힘의 성격, 인과관계, 파급력에 대한 자료는 풍부하다. 스칸

---

* [옮긴이] 미국이나 영국의 학교에서 널리 퍼진 방법으로, 학생들이 바닥에 둘러앉아 어떤 활동이든 하는 것을 일컫는 말이다.

디나비아에서 올베우스(Olweus, 1978, 1991, 1992, 1993)가 행한 초기의 조사연구로부터 학교폭력은 전 세계적인 관심을 받아왔다(James, 2010; Lines, 1999a; Moore et al., 2008). 수많은 연구가 드러내는 그림은 거의 보편적이다. 측정치에 따라 약간 차이가 있긴 하지만(Stassen Berger, 2007) 평균적으로 5명 중 1명이 희생자였던 적이 있고, 10명의 청소년 중 1명은 익명의 설문지에서 남을 괴롭힌 적이 있음을 인정했다. 사이버공간에서의 괴롭힘은 엄청난 증가 추세에 있다(Moore et al., 2008; Smith et al., 2008). 남학생은 더 신체적으로, 여학생은 더 은밀하게 괴롭히는 경향이 있다(James, 2010; Moore et al., 2008).

괴롭히는 일을 줄이기

학교에서 괴롭히는 일이 사회적 불안정으로 인해 생기는 경우도 있지만, 기관으로서의 학교 자체가 만들어내는 분위기가 괴롭힘을 조장하거나 눈에 띄게 만든다고 하는 조사연구가 있다(Samdal and Dur, 2002). 결과를 놓고 하는 경쟁은 바로 그 성격상 '승자와 패자'의 온도차를 만들어내고, 그럴 때의 괴롭힘은 '지배와 복종'의 형태로 성행할 수 있다(Lines, 2008). 대부분의 학교에서 이제는 학내 괴롭힘에 반대하는 방침이 제자리를 잡았지만, 조사연구가 보여주는 바는 등록 학생의 사회적·경제적 수준과 능력 수준이 비슷한 학교끼리도 어떤 학교는 다른 학교보다 학내 괴롭힘을 줄이는 데 더 성공적이라는 것이다. 정말로 학교가 이 문제를 달라지게 만들 수 있다는 것이다.

　괴롭힘의 패턴과 그것을 감소시킬 적절한 개입에 관한 조사연구는 많다. 상상력을 동원해 이 문제에 계속 주의를 돌리는 다양한 개입 방법을 사용하면 괴롭힘을 줄일 수 있다고 한다. [올베우스의 주장에 따르면 30~70%까지 줄일 수 있다(Olweus, 1993).]• 상상력을 동원한 다양한 개입을 통해서 그 일에 관심을 높게 유지시킴으로써 가능하다. 학내 괴롭힘 감소 측정에는 문제가 많은데, 그 이유는 어떤 것이 '괴롭힘'인가에 대한 정의가 각기 달라서 그것이 보고서와 공공캠페인과 미디어 보도에 지속적으로 영향을 미치기 때문이다(Moore et al., 2008).

• 　이런 주장에 의문을 제기하는 저자들도 있다(Moore et al., 2008: 13).

괴롭히는 행위에 대한 해석 괴롭힘과 억압은 정치적인 패러다임으로(맑시즘), 생존의 자연스러운 수단으로(다윈주의), 국가의 통제의 합법적인 과정으로(파시즘), 권력의 형태로(니체), 사회적 구성의 서사로(푸코, 거겐) 이해되고 해석되어왔다. 켄 릭비(Rigby, 2002)는 '행위'뿐 아니라 '의도'를 포함시켜 포괄적인 분석을 했는데, 그는 다윈의 '적자생존'의 개념을 반영하는 정의를 내렸다. 나는 괴롭힘을 다룰 때 가해자-희생자 행위의 체계적 성격에 주목한다. 관계에서 양쪽의 청산이 있을 수 있다고 보기 때문이다(Lines, 2008).

- **괴롭힘에 대한 정책** 학교 전체의 괴롭힘 반대 정책이 학교 전체의 모든 사람들에 의해서 기초되고 인정되어야 괴롭힘이 본질적으로 감소한다고 여겨진다(Cowie and Sharp, 1996; Olweus, 1993; Smith and Sharp, 1994). 그러나 OECD 국가들의 「계획서Plan Report」 (2008)에 따르면 "괴롭힘은 **어느 곳에서도** 효과석으로 제거되지 못했다". 그리고 실제로 "어떤 나라에서는 악화"되었을 수도 있다(Moore and et al., 2008: 12).

- **모니터링** 학교생활 중 쉬는 시간이나 점심시간 등 관찰되지 않는 시간이 희생자에게는 불안한 때로 인식된다(Patterson, 1982). 감독받지 않을 때 청소년들은 반사회적인 행위를 할 기회를 갖기 때문이다. 그렇게 되면 그 상황은 곧 더 엄격한 감시로 수정된다(Klonsky, 2002; Patterson and Stouthamer-Loeber, 1984).

- **개입** '셰필드 프로젝트Sheffield Project'는 1990년에 걸벤키언 재단Gulbenkian Foundation의 기금으로 시작되었다(Whitney and Smith, 1993). 이것은 영국에서 (6000명 이상의 학생을 대상으로) 한 가장 대규모의 표본조사였다. 이 조사에서 적용된 방법은 학년, 성별, 괴롭힘의 유형, 장소, 그런 일을 신고함 등의 요소들을 분리해 조사하는 것이었다.

이 작업은 이전의 조사연구를 확대하는 것이었고, 수많은 전략, 예를 들어 자기주장 같은 방책을 조사해 희생자가 본능적으로 대응했던 방식과는 다른 방식으로 대응할 수 있는 힘을 주기 위해 고안된 방법들을 찾아서, 장기적으로 볼 때 더 유리한 성과를 낳게 하려는 것이었다(Smith and Sharp, 1994).

운동장 환경은 지루해하는 학생들이 더 재미있어하도록 설계되어 있어서, 그렇지 않았으면 괴롭히는 짓을 할지도 모를 학생들의 흥미를 끌었다. '괴롭힘 구조 전화Bully Help Line'와 '괴롭힘 법정Bully Court'도 만들어졌고, 또래끼리 지지하고자 하는 시도도 있었으며, '탓하지 않기'와 '서클타임'과 같은 접근법들이 시범운영되어 좋은 효과를 보았다. 또래 지지는 괴롭힘을 줄이는 예방책으로 더 조사연구되었다(Carr, 1994; Cowie, 1998; Cowie and Sharp, 1996; Naylor and Cowie, 1999).

괴롭힘 반대 프로그램으로 영향력이 있는 것으로는 '올베우스 학교폭력 예방 프로그램' (Olweus, 1993) 등이 있고, 영국에 기반을 둔 인식과 예방 자료로는 '아동에 대한 잔혹행위 방지 협회'의 '학교폭력 근절 캠페인'과 '한 번도 너무 많다Once is too Often' 등이 있다(Moore et al., 2008). 어느 학교에서든 맞추어 이용할 수 있는 온라인 신고 사이트도 있다(www.thesharpsystem.com).

괴롭힘의 정의 "괴롭힘에 연관되는 것은 상처를 주고 싶은 공격자의 욕구+상처를 주는 행동+힘의 불균형+반복+힘의 부당한 사용+명백한 즐김 등이고, 일반적으로는 희생자 편에서 받는 억압감이다"(Rigby, 2002: 51).

"괴롭히는 행위는 개인이나 집단이 끊임없이 신체적, 심리적, 사회적, 언어적 또는 정서적으로 협박, 침해하는 방법이다. 구타나 욕설처럼 화나게 하거나, 상처를 주거나, 마음을 뒤집히게 하는 어떤 행동이든 전부 괴롭힘이다"(Lines, 2008: 19).

욕설 호칭

말로 괴롭힘에 대한 조사연구는, 제한적이긴 하지만 지금까지 충분히 이루어져서 많은 관심을 일으킨다. 몇몇 저자는 욕설이 심리에 미치는 영향을 지적해주었다. 청소년을 공개적으로 조롱거리로 만들 수 있고(Rigby, 2002), 취약한 개인을 힘의 남용의 대상이 되게 할 수도 있다(Lines, 1999a)는 것이다. '괴롭힘 반대' 방침을 엄격히 시행해도, 일상적인 사소한 놀림이라고 학생들이 생각하는 행위를 하지 말라고 하는 것이 학교라는 큰 집단에서 쉽게 이루어지지 않는다. 학생들은 욕설을 주로 장난으로, 그냥 '놀려먹기'로 본다.

 조사연구에 따르면 특정 아동이 욕설의 대상이 되고, 욕설 호칭이 전형적인 인종차별을 낳으며(Lines, 1999a), 나이가 든 청소년은 인종차별적 조롱보다는 신체적 학대가 더 대처하기 쉽다고 여기고(Cohn, 1987), 신체적 괴롭힘보다는 욕설을 알아채고 제지하는 일이 더 어렵다(Beaag, 1989)고 한다.

욕설 호칭을 신고하는 패턴은 이전에 초등학교 때 신고한 결과에 대한 경험과 부모의 충고에 영향을 받고, 또한 주요 선동자의 동기를 어떻게 인식하느냐에 영향을 받는다(Lines, 1999a). 욕설에 대한 이론적인 해석을 보여주는 책이 많다(Lines, 1996에 요약됨).

인터넷과 휴대폰을 통한 중상모략은 십 대들이 비밀번호나 개인 번호를 해제해버리면 누가 했는지 탐지하기 어렵다. 인기에 대한 열망과 빈약한 판단력(5장 참조)과 더불어 많은 접촉을 원하는 십 대의 소원은 그들을 더욱 더 취약하게 만든다(Lines, 2008).

청소년을 격노하게 만드는 언어폭력적인 말에는 인종차별적인 말, 색다른 말, 그 가운데서도 가족을 깎아내리는 말이 포함된다. 가령 "니 엄마는 ……이다"(그냥 '니미!'로 축약되는 경우가 많다)라는 말 같은 것인데, 이 말은 특히 (보통 엄마만 있는) 한

그림 8-1 7학년 241명이 한 학년 동안 사용한 욕설 호칭의 비율

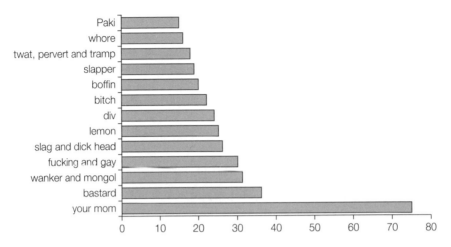

[옮긴이] 인종적·성적으로 욕하는 욕설 호칭들인데, 한국말 욕설과 맞아떨어지는 것도 아니기에 영어 그대로 둔다. 이 표를 모델 삼아 한국 학생의 욕설 호칭을 조사해볼 수도 있을 것이다.

부모가정이 많은 지역에서 사용된다. '시팔', '창녀', '매춘부' 등 성적인 말도 있고, '공돌이'라고 성적 좋은 애를 욕하거나, 성적이 나쁜 애를 '병신'이라고 부르는 욕설도 있음을 내가 한 작은 조사연구에서 지적했다(Lines, 1999a).

끊임없이 욕설의 대상이 되어온 아동은 인지가 변화하여, 비하하는 욕설 호칭을 자기가 들을 만하다고 믿게 될 수도 있다. 자신이 정말로 '못생긴 놈', '변태', '겁쟁이', '바보'가 틀림없다고 믿게 될 수도 있다. 그렇지 않으면 대처할 수가 없었을 것이기 때문이다. 대처할 줄 모름이 **스스로**에게 자신의 열등함을 "증명해주며"(Payne, 2006), 전반적으로 자존심을 점점 더 부식시키는 결과를 초래한다(Seligman and Peterson, 1986).

'도발하는 희생자'

꼬리표가 계속 붙어 있을지 아닐지에 대한 결정적인 요인은 바로 표적이 된 사람이 자기에게 주어진 꼬리표에 대해 보이는 정서적 반응이다. 그것은 사회적인 반응과 상호작용의 과정이다(Besag, 1989). 어떤 희생자의 반응은 너무 폭발적이고 충동적이어서, 그의 비효율적인 방어는 그 자체가 목격자 집단에게는 재밋거리이자 '오락'의 원

천이 된다(Lines, 2008). 이런 학생은 사회적 기술이 빈약하고 낮은 지위에 있는 경우가 많은데, 그렇기에 의도치 않게 그 문제를 영속시킨다(또는 악화시킨다). 그들을 '도발하는 희생자provocative victims'(Pikas, 1989)나, '희생자인 가해자victim-perpetrators'(Moore et al., 2008)라고 부른다.

 피카스(Pikas, 1989)는 자신이 '도발하는 희생자'라고 묘사하는 자들을 '고전적' 희생자나 일상적 희생자와 구별했다. 이런 학생 중 많은 경우가 ADHD와 같은 의사소통 행위 장애 또는 자폐 스펙트럼 선상에 있는 인지장애를 겪고 있을 수 있지만, 빈약한 의사소통 때문에 괴롭힘을 자초하는 것처럼 보이는 학생도 있다.

사이버 괴롭힘

사이버 괴롭힘cyber-bullying은 특히 지독한 형태의 괴롭힘이다. 개인이 악독한 메시지와 이미지를 언제든지 수많은 청중에게 신속하게 퍼뜨릴 수 있기 때문이다(Ortega-Ruiz et al., 2007). 그래서 사이버 괴롭힘은 극히 강력하고, 탐지하기 쉽지 않으며, 주로 학교 밖에서 일어난다. 컴퓨터나 휴대폰 등 인터넷에 접속할 수 있는 장비가 개인 소유물이기 때문에 괴롭히는 이들이 자신에게는 과실이 없다는 추정에 의지하는 경우가 많다(Dehue et al., 2008; Ybarra and Mitchell, 2005). 사이버 괴롭힘은 학교 안에서 점점 더 심각한 문제가 되고 있으며, 현재 갈등의 주요 원천이 되어서 돌보는 시간의 많은 부분을 차지한다(James, 2010; Smith et al., 2008).

또래집단의 영향

괴롭힘을 당한 희생자는 또래집단 가운데서 지위가 낮지만, 이것은 성숙해가면서 변할 수 있다. 괴롭히는 아이들이 파르르하는 아이들을 건드리면서 공개적으로 수치스럽게 만드는 경향이 중등교육이 끝나가는 시기●에는 줄어든다(Arora and Thompson, 1987). 그렇지만 중등교육 저학년에서는 그 분위기가 매우 적대적이고 경쟁적일 수 있으며, 사회적·문화적 차이를 수용하지 않을 수 있다. 작은 집단들이 괴롭히는 행위

● [옮긴이] 한국으로 치면 고등학교 마지막 학년에 해당된다.

를 조장하고, 누군가를 유도해 약한 자와 싸우며 욕하도록 만들 것이다. 그러나 거꾸로 '방관자'들은 희생자가 맞거나 모욕당하는 것을 볼 때 공감을 보여줄 것이다. 괴롭히는 편에 있는 아이들일지라도 주동자가 아니라면 그런 공감을 보여줄 것이다.

괴롭힘 감소 전략은 희생자에 대한 자연스러운 동정심에 기댈 수 있다(Samivalli et al., 1996). 덧붙여 말하자면, 범죄학 연구들은 데이비스(Davies, 1986)와 엘리엇(Elliott,1986)의 발견들을 지지해준다. 그들에 의하면 방어 능력이 없는 사람들이 공격받는 것을 목격한 사람들은 트라우마를 경험한다. 괴롭히는 행위와 그 결과로 나타나는 수준의 공감의 집단효과('군중심리')가 주목을 받아왔다(Pikas, 1975).

신체적 괴롭힘을 당한 희생자

조사연구들이 총체적으로 보여주는 바는, 자기주장과 성마른 성격 조절 전략들을 개발해온 사람에게는 신체적 학대에 대처하는 일이 훨씬 덜 어렵다는 것이다. 자신을 못살게 구는 사람을 무시함으로써 문제가 사라질 것이라고 믿는 학생이 많다. 이것은 과거 경험으로써 수정되지 않는 비참한 희망이다. 그래서 희생자는 점점 더 좌절하고, 압도당하게 된다는 것이다. **내 등에서 그 애들을 떼어버리는 것 말고 무엇을 할 수 있나요?** 그들은 효과 없는 방어행위(괴롭히는 자를 무시하거나, 욕설로 갚는 것 같은 행위)가 아무 작용도 하지 못함에도 그런 행위를 반복한다. 그리고 거절감, 외로움, 낮은 자존감에 시달리며, 우울하고 불안해하는 경향이 있다(James, 2010). 돌봄 교직원과 상담사의 관습적인 상담이 희생자를 지원하지만(Harris and Pattison, 2004), 상황이 바뀌도록 돕는 데 늘 효과가 있는 것은 아니다(Lines, 2008).

희생자는 그 이후의 삶에서조차도 자신감이 결여되고, 자아존중감이 낮은 것으로 알려져 있다(Cowen et al., 1973). 괴롭힘은 희생자뿐 아니라 수동적인 방관자에게도 영향을 미친다고도 알려져 있다(Davies, 1986; Elliott, 1986).

희생자는 공격당하기 직전에 가해자에게 항복하는 자세를 보여주는 경우가 많다는 것을 지적하는 책도 있다(Besag, 1989; Schafer, 1977). 따라서 중고등학교는 힘을 추구하는 개인들의 힘에 맞서거나 되받아칠 수 없는 아이들을 대상으로 자신의 실력과 통제력을 과시하는 무대가 되기도 한다.

상담 대상 가늠하기

일반적인 것을 하나 말하자면, 괴롭힘에 관한 입장은 상당히 다양해서 그에 따라 무엇이 변해야 하는지, 변할 필요가 있는 것을 어떻게 변화시킬지에 대한 인식과 신념 또한 돌봄교사와 학교 상담사들 사이에서 동일하지 않음을 인정해야 한다. 괴롭힘은 잘못이라는 그 자체를 고수하는 사회에서의 한 가지 쟁점은, 괴롭히는 아이와의 상담이 희생자의 반대편에 서는 것처럼 보임에 관한 것이다. 그리고 어떤 경우에 괴롭히는 행위는 오락과 망신의 투영된 형태로 보이게 애매모호하다. 사람들은 대부분 한 개인에 대한 극단적 도발과 공격을 무조건적으로 잘못이라고 간주하면서도, 누군가의 불운에 대한 엎치락뒤치락하는 코미디나, 순진무구한 등장인물을 때리거나 상해를 입히는 만화를 보면서 웃는다. 〈그림 8-2〉에서 서구 문화의 유명한 만화 캐릭터를 보고 어떠한 점에서 상처가 코미디의 구경거리가 되는지를 생각해보라.

확실한 것은 괴롭힘에 대한 학교 교사의 태도가 사회의 태도를 반영한다는 것이다.

- 모든 양상의 괴롭힘과 희롱은 무조건 처벌해야 하는가?
- 모든 경우에 희생자 편에 서야 하는가, 아니면 스스로 서서 해결할 수 있도록 더 탄력적인 복원력을 강화해주어야 하는가?

상담 의뢰 자료를 검토할 때 상담사가 제일 먼저 선택해야 할 일은 누구와 작업할지이다. 희생자, 가해자, 양쪽의 친구들, 양쪽의 학부모, 지도교사, '관찰 그룹' 중 누구와 먼저 할지, 그리고 그럴 때 희생자도 함께 할지 아니면 희생자 없이 할지를 선택해야 한다. 희생자와의 작업과 가해자와의 작업에는 각기 다른 모델이 적용될 것이다.

어떤 학생은 다른 여러 집단으로부터, 그리고 여러 맥락에서 계속 조롱을 받는데, 이것은 그의 반응이 (계속적으로 또는 그렇지는 않더라도) 자기를 공격하도록 건드리는 것일 수 있음을 암시하기도 한다(Lines, 1985). 그것은 마치 자기 이마에 희생자라는 표식을 붙이고 다니는 것과 같다. 그들은 '도발적인 희생자'(Lines, 2008; Pikas, 1989)여서, 도와주기가 가장 어려운 경우가 많다. 효과적인 치료 프로그램은 희생자

그림 8-2 남을 괴롭히는 행위를 슬그머니 승인해주는 유명 만화 캐릭터: 왼쪽 위부터 시계방향으로 뽀빠이, 로드러너, 톰과 제리

가 자신의 행위를 변화시키는 데 초점을 맞추는 것이다. 언어로 하는 위협에 대해 참으며 스스로 억제하도록 연습하는 경우가 많지만, 이것은 비판의 여지가 있고 논란의 대상이 되는 접근법이다(Payne, 2006).

신체적 괴롭힘을 당한 피해자 상담

학내 괴롭힘을 감소시키도록 접근할 효과적인 상담 방법에 대한 조사연구는 한정적이며, 인간중심상담, 인지행동치료, 문제해결중심상담의 범위 안에서 이루어져 있다(Harris and Pattison, 2004). 낮은 자존감과 우울 상태를 위한 치료적 지원(6장 참조)과는 별개로, 신체적 괴롭힘을 당하는 학생을 돕기 위해 학교에서 시도해온 전략에는 자기주장 연습을 시켜서 자신감을 불러일으키고(Smith and Sharp, 1994) 자기방어를

가르치는 것이 있다. 나의 경험으로는 그러한 전략은 어른이 그 자리에 함께 있지 않은 상황에서는 잘못될 수 있고, 어떤 환경에서는 예를 들어 희생자가 획득한 자신감으로 오히려 가해자가 되는 식으로 잘못 사용될 수 있다. 다른 전략들은 일반적인 사교기술 훈련에 집중한다(Lindsay, 1987). 그 이유는 청소년이 자신에게 확신을 갖게 되고 사회적 관계에 능숙해지면 조롱에 덜 영향을 받을 것이기 때문이다. 전반적인 '무작위 대조군 비교검사'를 이용한 연구들은, 괴롭힘과 대결하려면 어떤 식이든 단일차원의 개입은 여러 전략의 결합만큼은 작용하지 못한다는 점을 보여준다(Moore et al., 2008: 14).

괴롭힘에 대한 사회구성적인 해석에 따르면(Thornberg, 2010) 성인은(괴롭힘 반대정책, 처벌 체제 등을 통해서), 그리고 학생 대부분은 (정의에 대한 지각을 통해서) 죄책을 의미 있게 드러내는 서사를 인정한다. 그러나 신체적 학대를 받은 희생자가 몰래 **되갚음**하는 경우도 있을 수 있다. 어느 경우든 처벌과 비난의 몫을 피하려면 변화할 필요가 있고, 그럼으로써 가능한 보복을 방지할 수 있다.

자기주장 역할극은 힘을 남용하는 또래에게 정기적으로 저녁 먹을 돈과 차비를 빼앗기는 희생자에게 효과적이다. 그들은 학교 정문이나 외진 곳에서 주머니를 털리고, 때리겠다는 협박을 받으며 돈을 빼앗기는 곤경에 처한다. 그들은 그 협박이 한 번 지나가는 경험이기를 바라면서 그에 응하지만, 불행하게도 저항하지 않고 돈을 내놓는 아이로 꼬리표가 붙어서 이런 패턴이 계속된다.

어떤 학생은 져줌으로써 거친 또래 사이에서 인기를 얻고 어쩌면 보호받기까지 할 것이라고 느끼지만, 이것은 고도로 조작된 가짜 우정이다. 복수에 대한 두려움 때문에 희생자는 학교의 훈육 책임자에게 절도당한 사실을 거의 보고하지 않으며, 따라서 자존감은 낮아지고 갈취는 줄어들지 않고 계속된다. 자기주장훈련은 그런 괴롭힘을 다루는 유일한 수단이 되는 경우가 많다.

 자기주장 가르치기　앤드류는 매일 쉬는 시간에 식당 입구에서 돈을 빼앗겼다. 역할극을 통해서 앤드류는 커티스를 똑바로 보면서 도발적이지 않게 "내 돈을 주지 않겠어, 고마워!"라고 말하도록 배웠다. 실제로 해보기 전에 거울 앞에서 이것을 연습했다. 보통 때의 앤드류에게는 이렇게 해보기 위해 필요한 자신감이 없었지만, 결국은 용기를 끌어올려서 딱 맞는 때에 시도했고, 이것은 거의 즉각적으로 그 악순환을 끊어버렸다.

도발적인 희생자 상담

페인(Payne, 2006)은 희생자에게 사교적 생존 전략을 주는 식으로 상담하면 괴롭힘 행위의 진정한 유책이 어디에 있는지 알 수 없게 된다고 주장한다. 그가 믿는 바는 상담 작업이 (단지 지지가 필요한) 희생자보다는 오히려 가해자에게 초점이 맞춰져야 하고, 학교 체계는 괴롭히는 행동에 계속 정면으로 맞서야 한다는 것이다. 왜냐하면 학교폭력의 만연은 악용되는 힘과 그 힘의 남용에 대해 문제시하지 않는 사회의 태도를 반영하기 때문이다. 이 주장을 전적으로 부정하는 것은 아니지만, 만일 괴롭힘과 그 사회적 역할 및 의미를 사회적 구성 요소로서 이해하게 된다면(Thornberg, 2010), 도발하는 희생자(Pikas, 1989)가 그를 괴롭히는 자들로부터 적대감과 놀림이라는 반응을 유발하는 경우 또한 자주 있다는 반론이 제기될 수도 있다.

여기서 초점은 비난이 아니고, 정의를 무시하고 실용적인 과정을 처방하려는 것도 아니다. 괴롭힘이 있은 후의 전략에 초점이 있다. 그 전략의 목표는 도발적인 희생자가 다른 사람과 상호관계를 맺는 패턴과 효과를 인식하게 만들고, 변화를 위한 책임을 공유함으로써 괴롭힘의 고통을 줄이고, 모두에게 학교생활이 긍정적인 경험이 되도록 만드는 것이다.

나는 반복적인 언어폭력을 당하는 도발적인 희생자가 굴종적이지 않으면서도 효과적으로 사용할 수 있는 전략은 유머를 사용하는 것임을 알게 되었다. 이러한 희생자들은 쉽게 격해지면서 상상력을 고조시킬 수도 있다. 그래서 욕설과 기타 은밀한 괴롭힘에 민감하게 반응할 수 있다. 경멸하는 이미지를 마음에 새기는 정서적 결과 때문이다. 덜 성숙한 청소년이 조롱을 받는다는 압박감 아래 있게 될 때는 자신의 외모와 행동을 세세히 살피는 청중을 상상할 수도 있고, 그것에 아주 비합리적인 중요성을 부여할 수도 있다. 욕설을 들을 때, 불안한 아이는 그 집단 안에서 자신이 실제보다 더 많이 눈에 띄고 있다고 상상할 것이다. 다음의 전략 목표는 이런 결과를 최소화하는 것이다.

그렇다면 반복적으로 욕설 호칭을 들어서 괴로운 희생자를 다루는 새로운 방법은, 특정한 형태의 자기주장으로서 '틀 다시 짜기'나 '다시 이야기하기re-storying' 기법(Epston et al., 1992; White and Epston, 1990)을 결합하는 것이다. 나는 이것을 '이미지

내체' 또는 '이야기 채택'이라고 부른다. '틀 다시 짜기'는 가족치료에서 유래된 인지적 재구성 기법인데, 이것은 자아를 공격하고 있는 바로 그 상상력을 사용하는 것이다(Burnham, 1986; Watzlawick et al., 1974). 이 접근법은 희생자의 서사를 함께 수정하여 서사를 재구성하는 것인데(McNamee and Gergen, 1992), 공격적이지 않은 도전은 그 서사에 결합하여 사용한다. 이미지를 바꾸어놓고 유머러스한 분위기에서 생각함으로써 욕설 사건은 축소되고, 희생자는 자신이 통제를 더 많이 하고 있으며 위협당할 위험은 더 적다고 느끼게 된다(Lines, 2001).

틀 다시 짜기

우선 해당 학생을 격려해서 자기 상황의 틀을 다시 짜도록 만든다. 욕을 듣기 때문에 **미움받고 있다**고 믿어버리는 대신에, 자신을 **오락의 대상**이 되었다고 보도록 권한다. 어쩌면 그것도 마찬가지로 비참할 수 있지만, 훨씬 덜 좌절하게 만든다. 놀리는 일은 대상자가 **어떤 사람**이기 때문에 일어나는 것이 아니라, 자신에게 그 일이 **일어나는 것을 자신이 허용**하고 있기 때문이다.

자기주장으로 반응하는 것은 자신감을 보여주고 상대방이 가장 예상치 못한 방식으로 행동하는 일이 된다. 예를 들어, 다른 나라나 다른 지역에서 온 학생에게는 다음과 같은 실험을 해보라고 권해보라. 말을 할 때 자신의 억양을 위장하려고 하거나 사투리를 부끄러워하기보다는 오히려 과장되게 표현함으로써 무슨 일이 일어나는지 시도해볼 수도 있다.

 개인의 구성 요소 틀을 다시 짜기 웨일스 출신인 테리는 전학 왔는데, 욕설을 듣자 곧장 반응했다. 자기를 "양과 하는 놈"이라고 부른 아이들에게 단호하게 행동으로 갚아주었고, 그 결과 몇몇 교실에서 그가 말할 때마다 키득거리는 것으로 복수했다. 그는 혼란스러워져서 스스로 상담하러 왔다. 그리고 자기의 정체성을 지워보려고 시도했으나 헛수고였다. 테리에게 그의 사투리를 더 과장되게 해보면 어떨지 제안하자, 테리만 웃은 것이 아니라 그의 또래들도 함께 웃었다. 확실하게 조롱은 멈추었고, 그는 그 집단과 친구가 되었다.

어떤 희생자는 외모나 몸매나 버릇처럼 하는 행동, 가령 낙인찍힌 집단, 특히 동성애자들을 전형적으로 묘사하는 만화에 나오는 걸음걸이 같은 것 때문에 표적이 되기도 한다.

이미지 대체

마음에 있는 이미지를 대체함으로써 청소년 피해자는 자신의 정서 상태를 규제하고 그 게임을 조정하기 시작한다. 나의 상담실에는 줄에 매달린 꼭두각시가 있다. 내담자는 이것을 보면서 특정 집단 안에서 힘 있는 인물이 끈에 매달린 꼭두각시 같은 인물의 행동을 어떻게 실을 당겨서 조정할 수 있는지를 알게 된다. 그리고 나는 내담자에게 그가 사용하면 좋겠다고 생각하는 전략을 설명해준다. 그렇게 그가 은유적으로 자기 적들(적이라고 생각하고 있는 아이들)의 끈을 잡고 무대를 조정할 수 있도록 전술을 계획한다.

 마음속 이미지의 재구성 크리스는 교실에서 쫓겨난 후 상담을 받아야 했다. 첫 상담에서 그는 욕설의 미끼에 걸려서 화를 못 참는 일들이 자주 일어났다고 말했다. 그 아이는 '퀴어', '동성애자' 등으로 불렸는데, 이런 말은 많은 남자애들에게는 대응하고 받아넘기기 어렵게 만드는 딜레마이다. 크리스의 부모에게 보낸 보고서에 쓰인 그의 추방 이유는 '교직원을 향한 폭력적 행위'였고, 다음과 같은 보고서가 동봉되었다.

> "크리스가 욕을 했기 때문에 교실에서 나가라고 요구했습니다. 그가 수업을 잘하겠다고 약속해서, 나는 교실에 들어오도록 허락했습니다. 그러나 크리스와 레비가 말다툼을 하며 욕설을 반복했고, 나는 다시 크리스에게 교실에서 나가달라고 요청했지만 거부했습니다. 나에게 레비를 나가게 해야 한다고 말하면서……."

이 보고서는 통제되지 않는 욕설로 불붙은 분노로 인해 질서가 무너지는 일이 교실에서 이따금씩 일어나는 경우를 보여주고 있다. 이것은 교사가 이런 조롱에 눈을 감아서 일어나는 것이 아니다. 제멋대로 구는 몇 아이의 욕설이 처음에는 수위가 낮았다 하더라도 그다음에는 통제하기 어려워질 수 있다.

나는 그의 분노 이면에 놓인 것이 무엇인지, 그리고 동성애자나 양성애자에 관한 그의 믿음과 느낌이 무엇인지를 탐색했다. 그의 응답에 따르면 그는 자기와 다른 성적 지향의 사람에게 반대하는 어떤 강한 감정도 없지만, (주장하기를) 자신은 동성애자가 아닐지라도 그렇게 불리는 것은 모욕적이라고 느꼈다는 것이었다. 이런 경우 위에서 요약한 원리를 적용한다면, 이 내담자가 동성애자의 습관이라고 여기는 것을 스스로 과장해 표현함으로써 조롱하는 아이들에게 자신이 그런 괴롭힘에 전혀 영향을 받지 않는다는 것을 보여주도록 권유해보고 싶은 유혹을 받을 수도 있다. 그러나 이 특정한 조롱에는 다른 성적인 욕설에서처럼 적용되지 않는 문제가 하나 있다. 이런 조롱은 학교에서 동성애공포증에 대한 정형화된 태도를 강화시킨다는 점이다. 그래서 나는 그 대신 내담자에게 본인을 놀리면서 동성애적인 말로 부를 때는 그 애들을 똑바로 쳐다보고 자신만만한 태도로 윙크를 해보라고 요청했다. 그는 거울 앞에서 연습했고, 내가 보기에도 윙크로 표현하는 것이 편안해 보일 때까지 연습했다. 다음에 그는 조롱의 현장에서 능동적인 그 반응을 시도했다. 2주 후, 내담자는 놀림받는 것이 뚜렷이 줄었다고 보고했고, 그의 확신에 찬 태도가 이를 확인해주었다.

이런 전략들에는 괴롭힘이 과도한 사악함이나 힘의 남용이기보다는 대상자가 과잉반응을 하게 만들어서 재미를 찾는 또래 구경꾼들을 즐겁게 만들려고 꾸며낸 것이라는 관념이 깔려 있다. 사실 학교에서 욕설 사건의 대다수가 이런 식으로 이루어진다(Lines, 1996, 1999a).

이야기 채택

상황의 '틀 다시 짜기'란 내담자의 개인 경험을 의미 있게 만드는 소재를 가지고 상담사와 내담자가 함께 구성을 하면서 약간 수정한 이야기를 채택하는 것이다(Anderson and Goolishian, 1988).

 자기에 관한 대본 재구성 코맥은 친구들이 그를 '할아버지'라고 놀렸을 때 점점 어쩔 줄 몰라하다가 분노를 폭발시키기에 이르렀다. (그의 할아버지는 삼 년 전에 사망했고, 그에게는 비극적인 상실이었다.) 그 아이는 교사에게 왜 괴롭히는 아이들을 혼내지 않느냐고 항변했고, 쿵쾅거리며 교실에서 나갔다. 어떤 때는 소리를 지르고, 학급 내의 절차와 명령을 무시했다. 코맥은 놀림당할 때 공격적이 되었다. 그는 또래에게 조종당하는 것에 우울해했는데, 그들 중에는 '가장 친한 친구들'도 있었다. 그들은 왜 그가 과도하게 반응하는지 몰랐지만, 그가 그렇게 반응하리라고 예측할 줄 알았다. '할아버지'란 단어가 그에게는 친구들이 상상할 수 있는 것보다 훨씬 더 많은 의미를 지녔다.

이 문제를 코맥은 이미지 대체 기법으로 해결했다. 대중매체에 등장하는 '할아버지' 중에서 그를 가장 많이 웃게 만드는 인물이 누군지 묻자마자, 그는 〈오로지 바보와 말만Only Fools and Horses〉•의 등장인물을 선택했다. '이야기 채택' 기법은 코맥이 특별히 재미있어했던 장면을 회상하는 것과 연관되었다. '할아버지'라고 놀림당할 때마다 바로 그 장면에 나오는 인물에 정신을 집중하는 전략을 시도했고, 그것은 성공했다. 그것은 효과가 있었다. 아이들이 그를 놀리면 그는 미소를 지었다. 아이들은 놀랐고, 혼란스러워했다. 꼭두각시 다루듯이 끈을 잡아당겨도 더 이상 예측된 반응을 보이지 않자 아이들은 괴롭힘을 그쳤다.

 모욕을 받아넘기기 위한 유머 사용　루디는 엄마를 매춘부라고 암시하는 말을 들을 때 고개를 숙이고 그 조롱을 못들은 척 부정적으로 반응했다. 그 아이가 계속해서 '못 들은' 척하면 할수록 조롱이 더 심해졌다.

7학년인 트레버는 '꼬마'라고 불리는 것에 짜증나서 성질을 부리곤 했다. 이런 일이 반복되면서 그 아이는 좌절하여 소리 지르면서 말썽에 말려들었다. "내가 작아서 그 애들이 그러는 거예요"라고 그 아이가 말했다.

　　루디는 집단적인 조소를 일으키는 자기 상대방에게 다음과 같이 단호하게 반박하면서 창피를 주면 그 조롱이 그친다는 것을 알았다. "글쎄, 엄마가 어젯밤에 네 아빠와 놀았는데, 네 아빠가 별로였대." 엄마의 명예가 깎였다는 생각에 비참한 느낌이 드는 바로 이 지점에서 루디는 오히려 그 서사를 수정해 자기를 괴롭히는 상대방을 속사포 같은 재치로 면박했다.

　　나는 트레버에게 작고 치명적인 것이라고 하면 무엇이 생각나는지 물었다(나는 바이러스를 생각하고 있었다). 그의 대답은 "총알이요"였다. 우리는 "꼬마는 작지만, 총알도 작아!"라는 말을 실제로 하듯이 연습했고, 그 애가 그 말을 이용해 긍정적인 효과를 보았다. 욕설은 멈추었고 그 아이는 자신의 분노가 어떻게 움직이는지 관찰했다. 이런 이중기법이 확대되어 사용된 사례를 나는 다른 곳에서도 기술한 적이 있다(Lines, 2001).

　　사교기술과 상상력이 부족한 도발적인 희생자 그리고 경계선 아스퍼거 증후군

•　[옮긴이] 1981~1991년에 영국에서 방영된 텔레비전 드라마이다.

borderline Asperger's syndrome이 있는 아이에게 이러한 기법을 사용할 때는 반드시 조심해야 한다(이 주제는 이 책의 초판에서도 논의했었다. Lines, 2006b 참조).

사이버상의 괴롭힘 관리

학교에서 사이버 괴롭힘을 관리하려면 모든 관련자가 협동하여 반응해야 한다. 통상적으로 학부모가 학교에 접근해서 자녀의 사생활이 인터넷이나 휴대폰으로 유포되어 절망하고 등교를 거부하고 있음을 알려준다. 어떤 학생들은, 특히 여학생들은 집단 싸움에 말려들어서 그 집단 안에서 표적이 된 개인에게 적대적인 집단심리를 가지고 나쁜 소문과 중상모략이 담긴 메시지 및 이미지를 자신들의 주소록에 있는 모든 사람에게 유포한다.

 인터넷 남용: 프레디의 빈약한 판단   결석자로 인해 격주로 모이는 '돌봄아동 선별 모임'에서 프레디에 관한 말이 나왔다. 출결 감독자가 집에 다녀온 후에 알게 된 것은, 그 아이가 어리석게도 자신의 성기를 웹캠을 통해 좋아하는 여학생에게 노출했고, 그 여학생이 그 장면을 페이스북 친구들에게 돌렸다는 것이다. 그 친구들은 사진을 더 널리, 많은 친구들에게 돌렸고, 학교에 있는 '모든 사람'이 자신의 벗은 몸을 봤다고 그 아이가 생각할 정도였다. 자연히 그 아이는 당혹해서 학교 근처 아무 데도 갈 수 없었다.

주임교사가 사회복지기관에 접촉했고, 학교 커뮤니티 경찰이 와서 여학생 집단과 이야기하며 그들이 성희롱 범죄를 범했다고 말해주었다. IT 매니저는 프레디의 어머니와 이야기해 프레디의 인터넷 접속을 좀 더 엄격히 통제하는 일을 도왔다. 돌봄교사는 어머니에게 어떻게 프레디를 지원할지 조언했고, 나는 그 아이에게 인지적 인간중심상담을 제공했다(Nelson-Jones, 1997, 1999a).

상담사 내 생각엔 네가 그 순간이 노출되었음을 느끼고서 네가 했던 일에 대해 틀림없이 아주 당황했을 텐데. (그는 얌전히 앉아서 내가 대신 말해주는 자신의 느낌을 들었다.)

프레디 내가 바보 같았어요. 뭐에 홀렸었나 봐요.

상담사 어릴 땐 잘못 판단하는 경우가 많지. 그렇지만 중요한 건 그것으로부터 무언가를 배우는 거란다.

프레디 예, 배웠어요. 내가 진짜 바보라는 걸요.

상담사 네 자신에게 너무 심하게 굴지 마. 소문과 조롱거리가 되지 않고 앞으로 며칠을 어떻게 살아낼지 생각해보자. 네가 하지 않았다고 할 수도 있지. 그렇지만 내 생각엔 많은 사람들이 알고 있으니까, 그건 별 의미가 없을 것 같은데. 네가 동의할지는 모르겠지만.

프레디 효과가 없을 거예요.

상담사 그 여학생들이 학교에서 큰 영향력이 있다고 생각하니?

프레디 글쎄요, 나를 보여주었던 애가 이 학교에 다니지는 않아요. 그 나머지도 별로고요.

상담사 그건 도움이 좀 되는 이야기네. 그렇지만 아는 애들을 위해서 네가 '자기대화'를 시도해보면서 속으로 말해보면 좋겠다. "아무튼 간에……"라고 말이야. 그 질문은 그냥 놔두고 전적으로 다른 것, 방과 후에 네가 하려고 하는 것에 네 마음의 초점을 맞춰보는 거야.

프레디 쉽네요. 오늘 밤에 아빠랑 자동차 경주를 구경하러 갈 거예요.

상담사 좋아, 그 생각을 그 여학생들이 할 수도 있는 말들 대신 마음에 넣어두는 거야. 그리고 어떻게 되어갈지 보자.

오래 지나지 않아 쑥덕거림과 중상모략은 가라앉았고, 프레디는 제대로 등교할 수 있게 될 수 있었으며 가슴을 펼 수 있었다. 마치 그 사건이 일어난 적이 없었던 것처럼.

괴롭히는 집단을 상담하기

고려할 만한 한 가지 효과적인 전략은 희생자가 없는 자리에서 가해자 그룹이나 중요한 학생 리더들과 이야기를 하는 것이다. 이것은 어떻게 그 희생자에게 감정이 남게 되는지를 보여주어서 그들의 공감과 선의를 끌어내는 것을 목표로 삼는다(Pikas, 1975; Salmivalli et al., 1996). '서클타임'은 한 집단의 사람들이 각자 자기 느낌을 말하도록 격려하는 치료 연습이지만, 그것을 운영하고 관리하는 일이 고학년 청소년들을 대상으로 할 때는 쉽지 않다. 학생들이 초등학생 때부터 일관되게 연습하고 그것에 가치를 두지 않는 한, 쉬운 일이 아니다. 그 이유는 주로 사춘기 중반을 지나면서 생겨나는 청소년의 자의식과 또래집단 압력의 강력한 역동 때문이다.

'비교적 안전한' 작은 집단을 상대로 민감하게 다룬다면, 서클타임은 빈약한 의사소통과 참을성 없는 심술궂은 행위가 어떻게 다른 사람에게 상처를 줄 수 있는지에 대한 무지함으로부터 야기되는 많은 오해와 과도한 반응을 해결할 수 있다. 이런 집단의 참가자들은 보통 자신의 언어폭력의 영향력에 대해 무지한 채로 행동해왔지만, 서클 타임을 통해서 그 대상이 어떤 민감한 일들을 겪을지에 관한 통찰을 얻을 수 있게 된다. 그러나 이런 전략은 한계가 있다. 큰 학교라는 변화하는 환경 안에서는 일관된 통제와 규정이 보장되기 어렵기 때문이다. 또한 희생자가 그들의 관리자에게 과도하게 의존하는 위험 요소도 있다.

돌봄교사와 서클 관리자가 욕설로 또는 신체적으로 괴롭히는 가해자를 그저 훈계하거나 창피하게 만들거나 배제할 뿐이라면 별 효과가 없다. 문제를 보고한 희생자에게 일어날 수 있는 결과를 민감하게 고려하지 않은 채 그렇게 한다면 말이다. '밀고'에 대한 위협이 생기게 되면, 괴롭힘을 교사에게 알리는 것이 결국은 문제를 더 악화시킨다는 희생자의 신념이 강화된다. 관리가 느슨한 경우에 실제로 그런 일이 생긴다(Smith and Sharp, 1994; Whitney and Smith, 1993). 집단 불화를 해결하려면 '서로에게 유익한' 문화를 창출하는 것이 유책 '추정되는' 집단을 훈계하는 것보다 더 효과적인 처치이다. 몇 달 동안 계속되어온 불화의 원인은, 특히 그 불화가 공동체 내부에서 생긴 것이라면 보통 추적하기가 어렵다. 그러므로 상담에서 열렬히 편을 들거나 잘못 계산해 판단하면, 불공정하다는 불만스러운 감정과 함께 더 큰 소동이 생길 것이다.

개인들을 선발해서 집단상담으로 함께 모으는 것의 장점이 있는데, 특히 적대감이 여전히 들끓을 때 그렇다. 집단상담에서 상담사의 목표는 서로에게 유익한 해결을 이루려는 소망을 위해서 공정하고 중립적인 입장을 만들어내는 것이다(Smith and Sharp, 1994). '반영순환 질문reflexive circular questioning' 기법(Tomm, 1985)은 공격자들이 자신의 틀에서보다는 오히려 희생자의 틀에서 희생자의 느낌을 표현해보도록 권유하는데, 이것은 통찰을 공유하게 하는 아주 강력한 도구가 될 수 있다. 각자 바로 앞에 있는 사람과 짝을 지어 그 사람의 성격과 이름을 자기 것으로 삼아 자신이 '마치 그 희생자인 것처럼' 느끼는 것을 말로 표현하라고 요청받는다(Lines, 2000).

델로이가 재키에게 데이트를 신청하자 '모든 사람'이 재키를 공격했을 때 재키가 어떻게 느꼈을지를 캐런에게 말해보라고 요청했다. 캐런은 "내 생각에는 재키가 전 남자 친구 스티브를 배신하고 있다고 생각했을 것 같아요"라고 응답했다.

> **상담사** 그렇게 하는 게 아니란다. 네가 재키인 것처럼 말하는 거야. 네가 재키의 상황에 놓였다면 어떻게 느꼈을지 네가 생각하는 것을 말하는 거란다. 누군가가 네게 데이트 신청을 했는데 그것 때문에 모든 사람이 너를 비난하는 상황에 처한다면 어떤 느낌이 들지 생각해보고 말해보렴.

몇 번을 다시 시도한 후에 캐런에게 떠오른 것은 그 아이 자신에게뿐 아니라 그 집단에게도 통찰을 가져다주었다.

> **캐런** 나는 너희들 모두 공정하지 않다고 느껴. 델로이가 나에게 데이트 신청을 했지, 내가 한 게 아니잖아. 그리고 스티브는 지난주에 이미 나를 찼다고. 내가 어떻게 해야 한다고 생각하니? 너희 모두 내 편이 아니구나! 난 우리 모두 친구라고 생각했었는데!

가해자와 희생자가 함께하는 '회복정의 프로그램restorative justice programmes'은 호주 (Morrison, 2002)에서, 그리고 내가 정기적으로 실행하는데, 그 효과가 증명되었다. 악의적이지 않지만 덜 괴로운 것은 아닌, 즉 그저 동년배가 화를 내는 것을 보고 싶어서 공격하는 사례에서는 기록된 문서의 힘에 의지하는 이야기 기법들이 효과를 보여줄 수도 있다(Epston et al., 1992; White, 1990).

젠슨에 대한 집단 괴롭힘 젠슨은 점심시간에 울면서 상담실에 왔다. 과학 시간에 교실에 들어가려고 줄을 서 있을 때 칼과 스코트가 뒤에서 계속 그의 등을 쿡쿡 찌르고 괴롭히면서 욕했다고 말했다. 젠슨은 그 둘이 '곤란해지는' 것을 원하지는 않는다고 말했다. 그리고 학교생활 주임교사에게 이 문제를 보고하기보다는 회복정의의 '비난하지 않는' 접근법이 이 갈등을 더 잘 해소할 수 있을 거라고 느꼈다.

젠슨의 사례에서, 첫 도입회기는 칼과 스코트를 지원하겠다고 제안하면서 그들이 자신의 공격적인 경향을 고치는 데 참여하도록 만들었다. 주변 사람보다는 또래들이 그 둘을 어떻게 보는지에 대해 자각하게 만들기 위해서 상담사가 구성한 이야기를 사용했다. 젠슨의 진술과 목격자들의 진술을 담은 아래의 글들을 칼과 스코트에게 주고 읽어보게 했다.

내가 줄 서 있는데 칼과 스코트가 내 욕을 하며 수근거리고 있었다. "젠슨, 이리 와 이 등신아!"라고 칼이 말하는데, 무슨 일이 일어날지 알았기 때문에 나는 뒤로 물러섰다. 그들이 따라와 다시 욕하며 내 등을 찌르기 시작했다. 스코트는 내 겉옷을 붙잡고 '겁다리'라고 불렀는데, 내가 말랐기 때문이다. 칼이 내 발을 걸어 넘어지게 하려 했지만, 나는 6학년 교실로 끌려 들어가지 않으려고 문고리에 매달렸다.

칼과 스코트는 젠슨이 **멍청하게 보이도록** 그를 계속해서 괴롭히고 있다. 그 애들은 **놀리려고 그렇게 한다.** 스코트는 칼만큼 나쁘지 않다. 그 애는 여자애들 앞에서는 **자기가 착하다고 생각한다.** 스코트는 **젠슨이 말려들도록 애쓰고 있다.** 이게 마지막 기회라는 걸 그 애가 알기 때문이다. **칼이 젠슨을 싫어하는데** 그 이유는 칼의 형이 차를 훔친 걸 젠슨의 형이 고발했다고 **생각하기** 때문이다.

칼은 이 이야기를 읽었고, 그 글에 논평을 하고 수정해보라고 권유받았다. 특히 굵은 글자로 내가 강조해놓은 것은 사실보다는 의견과 가정을 표현한 말들이었다. 스코트도 따로 같은 일을 했다. 이것은 두 남학생이 각자 자신의 정체성을, 훈계하는 생활주임 교사에게가 아니라 관찰하는 또래들에게 인식된 대로 곰곰이 생각해보도록 하는 강력한 수단이 되었다.

　'회복정의'의 '비난하지 않는' 상담사의 자세에서 두 아이는 각자 자기의 공격적인 정체성을 분석하기 시작했고, 자기의 반사적 행위가 어디서 연유했는지, 그리고 그 행위가 어디로 이끌어가는지 곰곰이 생각하기 시작했다. 그 애들은 이야기를 수정하도록 권유받았는데, 작업은 정직하게 이루어졌고, 남을 수치스럽게 만드는 멍청하고 공격적인 자신의 태도를 바꾸는 수단이 되었다. 폭력적인 학생의 높은 퇴학률을 볼 때, 특히 체벌이 규범처럼 되어 있는 어떤 인종적·사회적 집단 출신 학생에서 퇴학률이 높음을 본다면, 이린 교정적인 상담은 신체적인 학대가 고조되는 것을 피하는 효과적인 수단이 된다.

가해자 개인상담

폭력적인 괴롭힘은 희생자뿐 아니라 가해자에게도 손상을 입힐 수 있다는 조사연구가 있다(Forero et al., 1999). 이러한 조사연구가 지적해주는 바에 따르면, 어떤 가해자는 자제할 수 없는 공격성 때문에 우울해한다. 그것은 그들도 희생자와 더불어 상담 지원을 받을 만하다는 것을 드러낸다. '통찰이 변화를 가져온다'는 (심리역동적 그리고 인간중심적) 개념에 근거한 상담 접근법은 자신의 공격적인 행위가 또래집단에 의해 보통 어떻게 지각되는지 깨닫지 못하고 있는 아이들에게 유용하다고 증명되기도 한다. 인기 있는 사람으로 만들어주는 것이 무엇인지를 놓고 타협하는 일은 정체성 형성과 개별화의 발달 과정에서 효과적일 수 있다(Erikson, 1968).

　역할 모델링으로 인한 괴롭힘(9장 참조)과는 별개로, 다른 사례들에서 드러나는 것은 내담자가 사별이나 부모와의 애착 문제를 다루지 않고 넘어간 경우가 많다는 것이다. 그래서 그들 마음에는 격노의 큰 솥이 막 끓어 넘치려는 것 같은 감정이 남아 있다. 이런 학생의 공격적인 성향은 우선 인지행동치료 기법으로 다룬다. 그 기법은 말하자면 손목에 고무줄을 두르는 것으로,* 내담자에게 자신의 분노가 올라옴을

---

* 　[옮긴이] 생각, 행동, 감정을 바꾸기 위한 구체적인 기법으로, 예를 들어 어떤 부정적인 생각을 긍정적

주목하도록 만든다. 이런 기법을 사용하는 한편으로 가해자 상담은 사별이나 애착 등 일차적인 요소들을 다룬다.

 패디를 위한 분노조절 장치　패디는 상담사가 주변에 없는 상황에서는 고무줄이 순간적으로 화를 폭발시키는 자신의 성격을 깨닫게 하는 데 도움이 된다는 것을 알았다. 고무줄을 끌어당겼다가 놓는 것은 자신이 화가 나고 있다는 것을 표시해주었다. 그것은 주변 사람들이 알아채지 못하는 기법이었다. 고무줄은 화가 일어나고 있으니 분노조절로 '자기를 안정시키는 속말'을 연습할 필요가 있다고 알려주는 표시였다. 그것은 그 아이를 정신적으로 상담사와 연결해주고, 상담 중 자신의 화를 누그러뜨리게 만들었던 긴장완화 연습과 연결해주었다. 그 기법은 일종의 원거리 견제이다.

패디의 분노가 퇴학을 면할 정도로 억제되고 나서, 인간중심치료는 그의 상실감을 다루었다. 패디의 아버지가 그 아이를 거부하고 새 부인에게서 태어난 남동생에게 애정을 보여주었을 때, 그 아이가 상실감을 느꼈던 것이었다.

어떤 학생들은 충동적으로 화날 때 잠시 분노를 피할 길이 필요하다. 한편, 정신조정치료법mind-control therapy(2장 참조)과 인지적·인간중심적 상담(Nelson-Jones, 1997, 1999a)을 통한 간결요법의 상실 상담(11장 참조)이 내면의 통제 중심점을 개발하기 시작하도록 만들어준다.

 래리의 분노 폭발을 피할 출구 계획　래리는 자신을 남겨두고 다른 여자와 떠나버린 아버지를 전혀 인정해본 적이 없다. 래리는 교사가 그의 말썽을 교정하거나 친구들이 그를 놀릴 때마다 폭발해 지독히 폭력적이 되었다. 나에게는 래리가 그 상황으로부터 물러나 상담실로 와서 진정할 수 있도록 도피로를 만들어줄 필요가 있었다. 그다음 간결요법으로 기저에 깔린 그의 염려를 다루었는데, 이는 먼저 자기통제기술을 코칭함으로써, 그리고 최종적으로는 이야기치료를 통해서 이루어졌다.

상담사　내가 없을 때에도 네가 분노를 조절할 수 있는 방법을 연습해보자. 긴장할 때는 어떻게 느긋해질지, 적당하게 숨을 쉬고 마음을 가라앉히는 말을 너

인 생각으로 바꾸기로 결정했다면, 그 부정적인 생각이 들 때마다 고무줄을 튕김으로써 '아, 내가 긍정적인 생각으로 바꾸기로 했지'라고 깨닫게 하는 기법이다.

스스로에게 해주는 법을 우리가 배웠잖니. 선생님들이 너를 고쳐주실 때, 그건 너를 싫어해서가 아니라 교실 질서가 유지되길 바라기 때문이야. 그런데 학교에서 네가 공격적이 되면 네 또래가 너를 어떻게 볼지 생각해보면 좋겠다. 네가 공격적이 되면 다른 사람들이 너를 어떻게 본다고 생각하니?

래리   거칠다고 보겠지요, 광장에 있는 내 친구들처럼요. 그 애들은 내가 싸울 때 나를 올려다보거든요. 그래요, 그 애들이 나를 그렇게 보아서 기분 좋아요.

상담사   음……. 문제는 네가 학교에 있어야 하고, 학교에서 살아남아야 한다는 거지. 학교에서는 공격적인 수단으로 문제를 해결하는 것을 허락하지 않거든. 학교는 직장생활을 위한 준비 과정이니까. 네 생각에는 싸우는 걸로 말썽에서 벗어난다면 직장에서 살아남을 수 있을 것 같니?

래리   그렇지 못하겠지요.

상담사   거리에서는 통할 수 있어도 일터에서는 통하지 않는 게 있단다. 네가 미래에 어디에 있길 원하는지 결정해야 한단다. 직업을 가지고 일해서 돈을 벌 것인지, 아니면 거리에 살면서 아무것도 하지 않으면서 빈들거리고, 마약에 끌려들고, 지루하다면서 문제를 일으킬 것인지?

이러한 기법들을 묘사하는 더 많은 사례가 다음 장에서 제시될 것이다.

맺는 말

괴롭힘이라는 문제에 대한 치료 효과를 다룬 조사연구는 비록 제한적이지만, 학내 괴롭힘에 대한 통계와 패턴, 원인과 치료에 대한 정보는 상당히 많이 있다. 이것은 괴롭히는 행위를 최소화하려면 무엇을 해야 하고 어떻게 해야 하는지에 대한 방향을 상담사에게 명확히 제시해준다. 더 미묘한 형태의 사이버상의 괴롭힘은 학교생활에서 학생들에게 점점 더 영향을 미치고 있지만 관리하기가 더 어렵다.

이번 장에서는 간결요법 상담과 '자기주장' 기법들, 그리고 신체적 괴롭힘의 희생자, 특히 '도발적인 희생자'를 지원하기 위해 서클타임에 사용하는 '틀 다시 짜기'와

'반영순환 질문'을 설명했다. 분노의 '촉발인자'를 검증하는 행위적 개입과 쉽게 화내는 학생들이 '자기를 안정시키는 속말'을 통해 사건을 줄여가는 행위적 개입에 강조점을 두었다. 이것은 학생이 자신의 희생자를 지원하는 간접적인 접근법도 된다.

 성찰 연습

❶ 당신이 학생이었을 때 학교 안에서 힘의 역동이 작용하는 것을 경험했다면, 그 경험을 검토해보라.

    a. 당신이 다른 학생을 놀리거나 창피하게 만들었는가?

    b. 당신이 어떤 식으로든 괴롭힘의 희생자였는가?

    c. 학생 때의 경험이 당신 상담에서 괴롭힘을 다루는 방식에 영향을 미치는가?

❷ 교육기관의 계층적 구조와 교직원 간 힘의 불균형이 부지불식간에 이루어지는 학생의 서열 pecking order•과 지위에 영향을 미치는지에 관해 논의하라.

❸ 〈그림 8-2〉의 만화 주인공들을 다시 보고, 학교에서 학생들 간의 사소한 힘의 남용에 대해, 특히 욕설과 관련해 당신 자신의 태도는 어떤지 고려해보라. 엎치락뒤치락하는 드라마를 재미있다고 인식하는가? 표현되는 사소한 불행이, 심지어는 누군가를 희생시켜도 어느 정도는 오락이 되는 코미디로 인식하고 있는가?

❹ 한 학기 동안 상당히 많은 학생이 8학년의 어떤 학생에게서 괴롭힘을 받는다고 당신에게 보고했다고 가정해보자. 이런 사실을 학생 생활 주임교사에게 보고해야 한다고 느끼는가? 그런 경우는 잘 다루어지지 않으면 보복의 위험이 있을 수 있다. 아니면 가해자로 알려진 학생을 불러서 그와 작업할 것인가? 알고 있는 사례든지 가설적 사례든지 그것을 가지고 어떤 행동이 적절할지 논의하라.

❺ 우리가 보아왔듯이, 어떤 학자들은 괴롭힘을 사회적으로 구성된 것으로 보는데, 이는 괴롭힘이 가해자와 피해자에게 어떤 의미를 지닌 사회적 행동임을 뜻한다. 잠시 동안 당신이 함께 작업해온 희생자에 관해 생각해보라. 그리고 학교에서 희생자가 됨으로써 그들에게 어떤 특정한 **청산**이나 '이득'이 있는지 곰곰이 생각해보라.

❻ 당신의 희생자-내담자에게 꾸준히 괴롭힘에 관한 문제가 있다면, 어떻게 다룰 것인가?

    a. 그 내담자는 인터넷 SNS에서 정기적으로 괴롭힘받았고, 아직도 의사소통에 장애가 있어서 신체 언어와 빈정거림을 잘 해석하지 못한다면 어떻게 다룰 것인가?

    b. 만일 동일한 사이트에서 그 아이가 정기적으로 다른 사람을 놀리는 것으로 알려져 있다면 어떻게 다룰 것인가?

•   [옮긴이] 새들에게 모이를 쪼아 먹는 순서가 있음에 빗댄 말이다.

✓ 학습을 위해 돌보고 지지하는 기풍이 있는 어떤 학교든 괴롭힘을 가볍게 취급하지 않을 것이다. 괴롭힘 반대 방침이 적절한지 정기적으로 검토할 것이다.

✓ 여러 조사연구가 제시하는 바에 따르면, 학교에서 괴롭힘을 당하는 학생은 5명 중 1명 정도이며 10명 중 1명이 괴롭히는 것을 해보았다고 고백한다. 그러나 욕설은 그보다 훨씬 높은 비율로 일어난다.

✓ 초기에 내려야 할 치료적 결정은 희생자를 상담할지, 아니면 가해자를 상담할지, 아니면 중재를 위해 제삼자들을 상담할지이다.

✓ 괴롭힘을 '도발하는 희생자'를 위한 간결요법 상담은 무척 힘든 일이지만, 이런 학생을 위해서는 '문제의 틀 다시 짜기', '이야기 채택', '이미지 대체'를 혼합한 방식이 상습적인 재발을 줄이는 데 유리할 수 있다.

✓ 더 약한 사람을 가해하거나 괴롭히라고 부추기는 집단은 '반영순환 질문'으로 변화될 기회를 받는다.

✓ 단 한 명의 괴롭히는 학생이 수많은 희생자를 만들 수도 있기 때문에, 상담으로써 가해자를 지원하는 것은 의미가 있다. 특히 그 아이가 가해자인 것이 그의 희생자들에게 미치는 문제만큼이나 그 자신에게 미치는 문제가 클 때는 더욱 그렇다.

✓ 괴롭히는 학생을 상담할 때 '지배하는 강한 남자'라는 거대 담론에 도전하는 방식을 사용하는 간결요법 상담을 할 수 있다. 그것은 길거리에서 일어나는 것보다 더 넓은 사회적 맥락에서 자기 행위를 '보도록' 도와주기 위한 것이다.

09 Anger, Aggression and Violence

분노, 공격성, 폭력

이 장에서 다룰 내용

들어가는 말

폭력적인 학생은 경우에 따라 학교에서 다른 십 대를 상해하고, 불구로 만들고, 죽이기까지 한다. 학교에서 살인 또는 과실치사가 일어나는 일이 영국에서는 예외적이고 드물지만, 어떤 학교에서는 폭력으로 인한 우려가 제기되고 있다.

사회적 응집력이 결여되고, 인종 간의 긴장이 있고, 마약 문화가 스며든 지역은 특히 폭력이 발생하는 경향이 있다. 그러나 일반적으로 학교는 질서가 잡힌 기관이고, 학생 대부분은 폭력적이지 않다.

그러나 폭력적인 학생들도 있는데, 그들에게는 처벌과 퇴학이 거의 효과가 없다. 상당히 많은 학생이 학교에서 화를 내고, 경우에 따라서 싸움에 말려든다. 이 두 범주의 근원은 어른 모방과 부정적인 또래집단의 승인 때문인 것으로 보인다. 이 장에서는 학교(그리고 지역사회)에서 자주 화를 내고 폭력적인 학생을 위한 간결요법이 통찰과 행위 변화를 위한 간결상담 프로그램을 통해서 제시될 것이다.

폭력과 공격성: 사회적 문제

미국 학교에서의 살인과 총기 발사는 십 대들 심리의 어두운 면을 드러내왔고, 라이어널 슈라이버Lionel Shriver의 『케빈에 대하여We Need to Talk About Kevin』(2003)와 같은 소설이 등장하게 만들었다. 1990년에 로버트 톰슨과 존 베나블스(둘 다 열 살이었다)가 두 살짜리 제임스 버거를 살해한 사건은 청소년이 순진하다는 대중의 확신을 뒤흔들었고, 1993년 스티븐 로런스와 2007년 리스 존스의 살인은 영국 사회 일부에서 증가하고 있는 무기 사용 및 경쟁 관계인 갱들의 파괴적인 본성을 보여주었다.

1998년 아칸소주의 존스보로Jonesboro에서 미첼 존슨(13세)과 앤드루 골든(11세)이 한 학교에서 134발의 총탄을 난사해서 여섯 명의 아이와 한 명의 교사를 죽였을 때, 어떻게 아동이 그렇게 냉정하게 살인을 할 수 있었는가에 관해 의문이 일었다. 참으로 어떻게 십 대가 그렇게 쉽게 장총과 권총을 소지할 수 있는가(Kellerman, 1999)! '심지어 사춘기도 되지 않은'(1999: 4) 청소년이 그렇게 말도 안 되게 아동, 교사, 부모를 살해함은 사회가 그것을 어떻게 설명해야 할지 찾도록 만든다. 자신의 잘못을 전혀 뉘우치지 않는 자들을 어떻게 도울 수 있겠는가?

아동이 또래와 교사를 칼로 찌르는 교내 살해는 유럽과 호주와 아시아에서도 발생해왔는데, 그것은 그 문제가 결코 영국과 미국 사회에만 한정되지 않음을 말해준다(Foderaro, 2007). 부모에 대한 십 대의 폭력이 증가하고 있다는 증거도 있는데, 공격적인 성향이 있는 십 대와 아동기에 경계 없이 양육되어 자신의 양육자를 통제하는 십 대에 의한 폭력이다(Brown, 2010).

십 대의 폭력을 억제하기 위한 교정 단계들은 지금까지 별다른 상상력 없이 이루어져 왔다. 미국의 어떤 주들은 '무관용'이라고 이름 붙인 정책으로 폭력적인 청소년에게 대응해왔고, 영국 정부는 '형사처벌법Criminal and Justice Act 2003' 아래 (재검토될 예정인) '반사회적 행위에 대한 시행령Anti-social Behaviour Orders: ASBOs'으로 제지하려고 시도해왔다. 이런 조치 밑에는 반사회적 행위를 교정하기 위한 판결을 내릴 확신이 결여되어 있고, 범죄 희생자에게 가시적 보상을 해주어야 한다는 느낌이 들어 있다. '회복정의 프로그램'이 시도되어오기는 했지만, 아직 충분히 평가받지는 못하고 있다.

청소년의 분노, 공격성, 폭력에 대한 조사연구

분노는 그 종種이 살아남기 위한 생물학적 반응이긴 하지만(Lines, 2008), '문화적으로 자리 잡힌 수행'(Gergen, 2001: 89)으로도 볼 수 있는 좋은 근거들이 있다. 폭력은 전 세계적으로 문제 아닌 곳이 없다(Moore et al., 2008). 북아일랜드와 팔레스타인에서의 갈등은 젊은이들이 연관된 폭력의 증거를 담고 있으며, 몇 무슬림 국가들도 마찬가지이다(Manji, 2004). 그런 나라들에서는 청소년이 종교적·정치적 불만 때문에 봉기에 끌려드는데, 개인 간의 다툼에 의해서보다는 집합적인 원인에 의해 자극을 받기 때문이다.

가정이나 학교, 길거리에서 공격과 폭행을 당한 희생자들이 괴로워하는 증세는 다양하다(8장에서 논의되었다). 분노는 공격의 전조이자 일종의 통제 상실인데, 후회는 하지만 제어하기 힘들어하는 사람이 많다. 그러나 모든 십 대가 다 분노조절에 문제가 있는 것은 아니고, 분노조절을 못 하는 십 대 모두가 다 폭력을 행사하는 것도 아니다. 오히려 자신에게 상처 입히는 십 대가 많다(7장 참조). 충동적인 공격성의 이유에 대한 조사연구는 본능과 양육 양편으로 갈라지는데, 진짜 이유는 두 요인의 결합일 가능성이 높다(Kellerman, 1999: 52~57). 또한 남학생은 항상 공격적이고 여학생은 은밀한 적대감을 행사한다는 고정관념이 보통 생각하듯이 그렇게 양극화되지는 않는다는 사실을 주목하는 것이 중요하다. 폭력적인 길거리 싸움에 연관된 여학생의 비율이 공식적인 통계에서 과소평가되어왔다(Ness, 2004; Stassen Berger, 2007). 여자아이의 쏙력의 강도에는 엄마기 불가결한 역할을 한다고 확인해주는 조사연구가 있다(Ness, 2004).

청소년의 폭력적이고 공격적인 행위의 병인론은 복합적이지만, 조사연구들이 선호하는 것처럼 보이는 원인은 가정이나 거리에서 폭력과 공격을 목격한 영향으로 설명되거나(Moore et al., 2008), 역할학습 원리와 가부장적 태도를 통해 설명된다(Seymour, 1998). 비록 많은 청소년이 정기적으로 영화와 비디오, 컴퓨터 게임에서 보여주는 공격과 폭력의 이미지를 마음껏 즐길지라도(Kellerman, 1999), '관람'과 '행동'을 연결시키는 어떤 직접적인 증거도 없고(Black and Newman, 1995), 빈곤이 폭력의 유일한 결정 요인이라는 증거도 없다(Aber, 1994).

 폭력에 노출된 청소년은 심리적·사회적인 여러 가지 문제를 지닐 위험에 놓인다는 증거가 상당하다. 이러한 문제에는 학업 수행 하락(Moore et al., 2008; Saigh et al., 1997), 마약류 남용(Kilpatrick et al., 2000), 발달장애(Pynoos et al., 1995), 도덕성 발달 손상(Badura, 1986; Thornberry, 1998)이 포함된다.

스코틀랜드 교육청 관할 학교들에서 교사에 대한 학생의 폭력이 증가했다는 보고서(Sorensen, 2002)와 영국교사연합회의 보고서에도 불구하고, 유럽, 호주, 아시아와 북미의 OECD 국가들의 국제적인 '무작위 대조군 비교검사' 연구들은 폭력의 비율, 즉 폭력이 만연하고 있는지 감소하는지에 관해서, 또는 폭력 억제에 가장 효과적인 수단이 무엇인지에 관해서 명확한 그림을 그리지 못한다. 무엇이 폭력인지에 대한 정의에 대해서도, 감소를 평가하는 법에 대해서도 일치된 동의가 없기 때문이다(Moore et al., 2008).

가정에서 어머니에 대한 아버지의 폭력을 목격한 적이 있는 남자아이(1014명, 13~18세)는 응집력 없는 가족 구조의 이미지를 발달시킨다고 제시한 연구가 있다(Winstok et al., 2004). 약한 정도의 공격을 목격한 남자애는 자기를 아버지와 동일시하지만, 심한 공격을 경험했던 남자애는 엄마와 제휴한다. 이것의 함의는 거의 말할 필요도 없다.

텔레비전에서는 사회적 박탈과 도심의 흑인의 곤경에 등장하는 희생자들을 자주 보게 되지만, 조사연구에 따르면 가정폭력(Cambell and Schwartz, 1996)의 목격과 체벌(Straus, 1996) 경험이 우세한 요인이 된다. 이러한 환경에서는 **힘이 정의**라는 도덕론이 무의식적으로 모델이 된다. 인종이 단독으로 공격적인 병리를 결정한다는 충분한 증거는 없다. 그럼에도 흑인 소년이 폭행으로 기소되는 비율이 높은 지역 사회도 있다(Kellerman, 1999).

극심한 폭력과 신경과학

신경과학자인 짐 팰런Jim Fallon은 정신질환적psychopathic 살인자들의 PETpositron emission tomography* 촬영들을 연구함으로써 공통적으로 궤도피질orbital cortex에 손상이 있음을 발견했다. 궤도피질은 뇌 중에서 눈 뒤에 있는 부분이며 집행 기능, 결정 능력, 양심 등을 책임지고 있다. 이런 특질은 보통 균일한 감정 상태로 충동성이 낮아지도록 조절하는 경향을 지닌다. 팰런은 또한 억류된 살인자들의 유전자 구조를 연구해서 그들이 각각 X 염색체에 폭력과 연관된 유전자(세로토닌을 규제하기 때문에 MAO-A, 또는 '전사戰士 유전자'라고 불린다)를 지니고 있다는 것을 알아내었다. 태아의 발달 중 자궁이 너무나 많은 세로토닌으로 포화 상태가 되어서 지니게 된 그 유전자는 엄마로부터 아들에게 전해진 것일 가능성이 더 높다(Hagerty, 2011).

정신병리학과 연결된 또 다른 공통 요인이 있는데, 그것은 신체적이든 정서적이든 심리적이든 학대를 받았던 경험이다. 특히 정기적인 폭력이나 심한 트라우마를 일으키는 사건에 노출되었던 경험이다. 극심한 폭력과 충동적인 공격이 발작적으로 일어나는 것은 이 세 가지 조건[궤도피질의 손상, 유전자, 폭력이나 학대의 경험]이 존재하면서 예측 불가능하고 반작용적인 행위 성향을 형성하기 때문이다.

 짐 팰런의 어머니는 어느 날 그에게 가족력에 7세기부터 정신질환적 살인의 내력이 있음을 알려주었다. 악명 높은 일곱 명의 살인자가 포함되어 있고, 하나는 모친 살해였다. 자신의 뇌 패턴과

• [옮긴이] 방사능 추적이 가능한 특수 염색물을 신체에 주입해 병인을 찾고 관찰할 수 있는 의료 기술이다.

유전적 성질을 검토한 후 그는 충격적인 것을 발견했다. 그에게 폭력적인 사람이 될 성향이 존재한다는 것이었다. 그러나 그는 폭력적이지 않았다. 그 이유는, 이것은 본성보다는 양육에 무게를 두는 주장인데, 그는 자라면서 어떤 학대에도 노출되지 않았으며 오히려 주변에 많은 사랑과 돌봄을 받았고, 양육을 잘하는 친밀한 관계의 가정에서 자라왔기 때문이다(Hagerty, 2011).

극심한 폭력 치료법

극도로 폭력적인 청년은 심리치료나 재활에 반응하지 않는다고 보여주는 증거가 있다고 켈러먼(Kellerman, 1999: 26~28)은 주장한다. 그들의 문제가 사춘기에 들어설 때까지 해결되지 않은 채로 남는 경우에 그러하고, 특히 '정신질환적 살인자'라고 묘사되는 사람들이 그러하다는 것이다. 다행스럽게 공격적인 학생들도 많은 경우 그 정도로 심한 수준의 폭력을 드러내지 않고, 심리치료와 상담을 정말 잘 수용한다.

수코돌스키와 루킨(Sukhodolsky and Ruchkin, 2004)이 러시아에서 14~18세 청소년 범죄자 361명과 표본집단 고등학생 261명을 비교했다. 그것은 공격적인 행위에 대한 **신념체계**의 영향을 부각해 보여준다. 그렇게 제시된 것은 인지행동치료가 폭력적인 행동장애와 반사회성 행위에 효과적일 수 있다는 것이다(Herbert, 1978).

학교에 근거를 두고서 문제 해결과 관계 향상 기술을 통해 학생들이 덜 공격적이 되도록 돕고자 고안된 예방 프로그램은 효과적임이 입증되었다. 스모코브스키 등(Smokowski et al., 2004)이 51명의 3학년 학생과 50명의 표본집단을 대비시켜 보여준 바에 따르면, 선택을 내리는 프로그램에 참가했던 학생들이 사회적 접촉과 집중에서 훨씬 더 높은 점수를 받았고, 명백한 공격성에서는 훨씬 덜한 점수가 나왔다.

학내 싸움

공격적이고 폭력적인 초등학생은 중학교에 들어가자마자 새로운 서열이 확립되는 과정에서 괴롭히거나, 공격하거나, 싸움으로써 곧 눈에 띈다. 이런 싸움과 싸움을 말리는 교직원의 책임에 대해서 학교 방침은 행정부가 바뀔 때마다 요동치는데, 적극적인 행동을 취하는 것부터 싸움을 끝날 때까지 내버려두어서 개입하는 개인이 상해를 입지 않게 하는 것에 이르기까지 그 범위가 넓다. 사소한 충돌을 보고하는 것에 대한 교사의 견해 또한 자기교정 관리로부터 싸움에 연루된 모든 학생을 퇴학시키라고 학생 생활 주임교사에게 요구하는 것에 이르기까지 그 범위가 다양하다. 싸움은 성미를 못 참으면 늘 일어나는 일이지만, 학생들을 지켜보는 일이 계속 이루어지는 한 보통 심각한 상해는 없다.

학교에서의 공격과 싸움의 빈도는 선배와 학생 리더 팀의 영향력과 관련 있으며, 이것은 '교육과 아동복지 기준청'도 인정했다. 심리학자들은 공격성을 학습의 맥락에서 교실 내 전략을 통해 간접적으로 다루어왔다(Rogers, 2000, 2002). 만일 싸움이 있은 후 분노조절 이슈가 있을 때, (학생 생활 주임교사가 의뢰하면) 학교 상담사가 그 학생을 지원하는 데 관여할 수도 있다. 또는 지역사회에서 폭력 행위의 경향이 있는 경우, (경찰이나 부모가 요청하면) 학교 상담사가 관여하게 될 수도 있다.

치료를 위한 조사평가

위에서 언급했듯이 여러 범위의 연구들이 폭력적이고 공격적인 행위가 어떻게 가족이나 길거리의 이상화된 인물의 역할을 빈약하게 모델 삼아 일어난 결과인지를 보여주고 있다(Campbell and Schwartz, 1996; Kellerman, 1999; Margolin and Gordis, 2004). 이러한 연구들은 그 원인이 가정환경 내에서의 양육 및 공격적인 보상 자극 요소가 영향력을 갖는 탓이라고 본다.

분노조절

상담 의뢰의 많은 경우가 분노조절과 성미 통제와 관련된 것이다. 아주 작은 도발에도 격하게 화를 내는 학생들이 있다. 이런 문제를 걸러내는 진단 도구와 문제를 다루는 데 이용 가능한 치료 프로그램들이 있다(Goldstein, 2004). 나는 평가 도구를 나 스스로 개발했다(부록 4). 학교에서 분노조절을 위한 의뢰를 받았을 때 분노조절에 해당되는 사례가 아니라고 느끼는 경우가 많았기 때문이다. 이것은 (표면에 드러나지 않는 목적을 이루기 위한) 조절 가능한 도구적 분노와 (아드레날린의 수준이 높고 소뇌의 과민한 편도체로 인한) 본능적일 수 있는 충동적 분노를 의뢰자들이 충분히 구별하지 못하기 때문이다. 분노조절 프로그램은 행동주의적 패러다임(Pegasus NLP, ≪Mind-Body Health≫, 날짜 없음)으로부터 만들어져 왔는데, 내가 개발한 프로그램은 아래와 같다.

맞춤식 개입

조사평가를 할 때 학교 상담사가 통합적인 접근법을 차용한다면 통제력 상실의 특정 원인이나 내담자 개인의 성격 형성에 따라 집근을 달리하는 것이 가능하다. 학생들이 자기통제를 상실하는 요인에는 다음의 것들이 포함된다.

1. 상실, 사별, 가족 갈등으로부터 생긴 분노를 억압하고 있는 청소년일 수 있다. 그 분노가 폭력을 통해 방출되는 것일 수도 있다.
2. 청소년의 의사소통 능력이 빈약하고 인내력의 문턱이 낮을 수도 있다. 따라서 협박과 놀림에 취약할 수도 있다. 좌절에 대처하는 방법이 거의 없는 상태에서 그들은 쉽게 발끈한다.
3. 어떤 십 대는 중요한 가족 구성원이나 길거리에서 이상화된 인물을 보면서 지배적이고 공격적인 성격을 개발해왔을 수도 있다.

첫 번째 범주에서는 상실과 사별 문제가 다중적인 상담으로 다루어질 필요가 있고(Cooper and McLeod, 2011), 통합적인 접근법으로써 해당 청소년이 상실로 인해 변한 상황 안에서 자신의 개인적 상실을 다루도록 도울 수 있다(10장 참조). 두 번째 범주에서는 8장에서 훑어보았듯이 또 합리정서행동치료에서 사용되듯이, 치료자는 내담자가 사회적 기술 훈련을 받게 할 수도 있다(Wu, 1987). 그러나 세 번째 범주에서는 자신의 내면화된 태도가 자신을 어디로 이끌어갈지 내담자를 이해시킬 필요가 있다.

심리교육

상담사가 내담자에게 인간행위의 일반적인 특징을 가르치는 역할을 하는 경우가 있다. 공격적인 십 대들과 상담할 때 나는 그들에게 (127쪽에 제시된 것과 유사한) 두뇌 그림을 보여주고 정신작용이 어떤 과정을 거쳐 기능하는지, 특히 편도체의 역할이 무엇인지 가르친다. 5장에서 논의했던 바대로, 신경과학 연구들은 청소년의 뇌가 성인의 뇌나 사춘기 이전 아동의 뇌와는 다르다는 것을 보여준다. 가정폭력이나 사회적 불안에 노출된 특정 청소년들의 행위를 검토하면 애착이론 및 십 대의 뇌 지도를 그리는 조사연구의 적합성이 명확하게 드러난다.

담론을 통해서 내담자는 가정폭력, 거리 폭력의 삽화들에 자기의 상태를 연관시킬 것이고, 상담사는 희생자가 일반적으로 느낄 수 있는 감정에 대해 타당할 수 있는 설명을 해주어 이해하도록 도울 것이다. 늘 하는 이야기가 되지 않도록 이런 설명을 내담자와 협력해 공동으로 설명하는 담론으로 만들어간다. 그가 생각했고 느꼈던 것이 있었는지 말하고, 그렇게 그가 추정한 것이 그의 개인적인 경험과 일치되는지 아닌지를 보는 것이다. 그렇다면 이제 우리는 애착이론과 뇌 연구에서 청소년의 공격성에 대해 타당한 것이 무엇인지 알아보자.

과민한 편도체를 통한 폭력

편도체가 감정의 과정에 연관되어 있다는 것은 널리 인정받는 사실이다(Dolan, 2002; Phillips et al., 2003). 또한 트라우마가 생길 정도의 사건이 일어나는 동안에 시간이 느리게 흘러가는 경향이 있다는 것도 알려져 있다. 그것은 '실제 시간'이 아니고 **지각**知覺**된 시간**인데, 따라서 회상의 세부적인 것들은 신뢰할 만하지 못하다는 의미를 지닌다. 두려움의 상태에 있을 때 편도체가 작용하기 시작한다. 편도체는 본질적으로 응급 통제 센터이며, 기억들을 정상적인 기억과 완전히 별개인 2차적인 기억 궤도에 올려놓는다. 그래서 기억이 재생되는 동안 한 사건이 아주 긴 시간 동안 일어난 것처럼 나타난다. 뇌가 한 사건을 재현하는 데 더 많은 에너지를 쓰면 쓸수록 더 길게 지속되는 것처럼 보이게 된다. 회상의 어떤 부분은 과장되기도 하고 어떤 부분은 잊히기도 하지만, 모든 것은 '현재 이해의 틀'이라는 프리즘을 통과하며 걸러진다. 빈번하게 회상하며 설명하다 보면 새로운 의미가 발생하는 경향이 있다(Lines, 2008).

협박을 받을 때, **싸울 것인가 도주할 것인가**라는 본능적인 반응은 정서적 정신을 중심으로 이루어진다. 사전인지적인 정서적 정신이 첫 번째로 발달된다. 그것은 사고하는 뇌인 신피질neocortex이 발달하기 훨씬 전에 발달한다. 해마와 편도체는 원초적인 '코와 뇌'의 관계의 핵심적인 부분으로서, 발달상 피질을 먼저 생성시키고, 그다음에 신피질이 이루어지게 한다. 조사연구에 따르면 눈이나 귀로부터의 감각신호는 먼저 뇌에서 시상으로 가고, 그다음에 편도체로 이동한다. 시상으로부터의 두 번째 신호가 신피질, 즉 사고하는 뇌로 옮겨간다. 이렇게 뇌 신호가 두 갈래로 나뉘어 감으로써 [먼저 신호를 받은] 편도체가 신피질보다 먼저 반응을 시작하게 된다. 신피질은 두뇌 회로의 여러 수준을 통해 정보를 평가하고 충분히 지각하고 나서야 마지막으로 더 세밀하게 맞춘 반응을 개시한다(Goleman, 2006: 17).

눈이나 귀에서 시상을 거쳐 편도체로 가는 응급 경로가 결정적으로 중요한 이유는 즉각적인 반응이 필요한 응급 상황에 시간을 절약해주기 때문이다. 말하자면 십 대가 구석으로 몰려서 피할 것인가 공격할 것인가(두 경우 모두 아드레날린이 발생하고, 재빠른 행동이 가능하도록 근육에 더 많은 산소를 제공하기 위해 심장 박동수가 증가하게 된다)를 결정해야 할 때 시간을 절약해준다. 이러한 직접적인 경로는 1/1000초 내에 판정된다. 신피질을 통한 더 긴 경로는 정서를 관리하는 부분이 더 좋은 반응을 계산해내는 것을 가능하게 한다. 충동적이고 공격적인 십 대는 극도로 민감한 편도체와 미발달된 신피질을 가지고 있다. 그렇기 때문에 상담사의 역할은 교육과 치료를 통해서 이 과정을 뒤집어주는 것이다.

앞에서 인용했던 조너선 켈러먼의 연구(Kellerman, 1999)는 십 대 공격성의 양극을 스펙트럼으로 보여주는데, 커밀라 배트맨겔리지(Batmanghelidjh, 2006)의 대단히 인정할 만한 연구는 이런 청소년을 위해 할 수 있는 일이 거의 없음을 보여준다. 최근의 한 논문에서(Batmanghelidjh, 2009) 그녀는 갱들의 길거리 행위를 관찰하고 그들의 애착 인물을 탐색해 그들에게 미치는 심리적 효과와 신경과학의 새로운 발견들을 종합했다(Perry, 2009). 만일 십 대의 신피질이 발달하지 못했을 뿐 아니라 애착 욕구 또한 만족되지 못한 채 남아 있다면, 그런 욕구들에 관련된 트라우마적인 사건 경험이 그들의 문제들을 더 복잡하게 만들어서 사춘기를 지나서까지 영향을 미칠 것이다.

아동기의 빈약한 애착의 결과

건강하게 발달하는 동안 엄마와 아이는 사랑을 주고받으며 소통한다. 그렇게 (공감, 계획, 행동의 결과 예측, 미래의 자신을 상상하는 데 책임지고 또 안정시키는 역할도 하는 부분이라고 생각되는) 신피질의 뉴런들이 활성화된다(Gerhardt, 2004). 얼굴의 가까운 근접성과 눈의 사용은 뇌에서 이 영역들을 담당하는 부분을 자극한다. '조율attunement'이나 '마음에 가득한 공상mindful reverie'으로 알려진 초기의 상호작용은 아이가 잠시의 스트레스에 대처할 수 있도록, 예를 들어 혼자 남겨졌을 때, 도움이 된다. 이런 초기 상호작용을 박탈당한 아이는 애착 욕구를 가지기 쉽다. 만일 안정애착(5장 참조)이 깨졌거나 훨씬 더 안 좋은 경우, 가령 주요 양육자에게 정신건강상의 문제가 있거나 약물 의존적이거나 가정폭력을 당해서 안정애착이 아예 없었다면, 그 아이는 버림받음을 경험할 것이고, 그것은 불안을 만들어내며 스트레스의 화학작용을 하게 만들 것이다. 아이는 복원력을 갖지 못할 것이고, 절망을 너무 빨리 할 것이고, 지나치게 어쩔 줄 모르게 될 것이다.

이런 아이들은 이전의 폭력적인 일에 아무것도 할 수 없었던 수치스러움을 경험했을 것이고, 굴종적인 자기 위치가 암기될 것이며, 매우 힘이 센 누군가로부터 느꼈던 공포를 느낄 것이다. 그것은 마치 시간이 멈춰버리고 얼어붙은 것 같은 공포다. 사춘기 동안 어떤 청소년은 '되받아 싸우는 것'을 배우고, 콩팥 위 아드레날린 샘으로부터 부단히 방출되는 **싸우고 도망가는 호르몬**'을 통해 공격적이 된다. 그들은 높은 수치의 아드레날린을 지닌 채 생활하는 데 익숙해지고, 임시변통의 생존법을 배운다. 이런 아이들은 누군가가 자신을 그냥 얼핏 쳐다보는 것까지도 위협으로 지각한다.

희생자들과 공격자가 된 희생자들 모두 자기 자신을 구원받을 가치가 없다고 여기고, 그들이 경험했던 경멸은 자기혐오로 내면화된다. 학대와 방치의 기억은 뇌의 정서 담당 중심부에 깊이 저장된다. 그렇게 폭력적이 된 십 대는 응급 상태로 살면서 '회상 장면flashback'●과 밤에 느끼는 공포에 대처해야만 한다. 과도한 조바심 상태에 있을 때, 그들은 강해져야만 한다. 어떤 아이는 "자신의 희생자를 골라서 폭력의 순환으로 들어가고, [희생자에서 가해자로의] 위치 전환이나 남을 해치고 복수함으로써 '학대받은 적 있는 학대자 서사'를 완성하려는 욕구를 가진다. ⋯⋯ '나중에 학대자가 되는 그 청소년이' 처음에는 자신의 모습을 어린아이, 도와달라고 애원하지만 구출되

● [옮긴이] 자신도 모르는 사이에 과거의 충격적인 사건 경험이 떠오르면서 다시 그 순간에 있는 듯이 느끼는 것으로, 트라우마적인 사건이 있었음을 나타내는 심리적 현상이다.

지 못하는 어린아이로 본다. 이런 이미지는 견딜 수 없는 감정을 불러일으킨다"
(Batmanghelidih, 2009: 14).

두 부류의 아동, 폭력의 주도자와 모방자는 공격받음에 방어하려고 애착을 추구
하는 아이들이다. 이런 아이들이 갱 안에서 발견된다. 갱 리더나 약물 거래자가 곤궁
에 몰린 십 대를 모집해 새로운 애착을 제공하는 인물이 되어줌으로써 해결책을 제
공하는 것처럼 된다. 폭력적인 십 대는 이런 가짜 애착 인물에게 달라붙게 된다. 길
거리 수준에서는 이들이 서로를 향한 애착을 내면화된 형태로 이용하지 않는다. 그
늘은 동료를 믿지 않으면서도 필사적으로 동료를 필요로 한다. 패거리 가입은 안전
을 위해 필요하지만 관계를 풍성하게 만들지는 못한다. 상담사는 그런 내담자를 위
한 적절한 역할모델이 되는 데 어떤 역할을 할지, 그리고 그런 역할이 있을지 (한계를
분명히 하고) 고려해볼 수도 있다.

공격성을 역할모델로 삼은 경우

공격적인 성향의 소년들을 30년 넘게 상담하면서 강화되어온 나의 견해로는, 위협을
지각하고 공격적으로 해결하려는 것은 폭력적인 형제자매 및 부모의 영향(Seymour,
1998; Winstok et al., 2004)이나 공격적이라고 이웃에 알려진 유명한 인물의 영향
(Moore et al., 2008)과 상관관계가 있다.

폭력과 싸움을 통해 획득되는 지위가 있고(Kellerman, 1999), 학교에는 공격적인
행위를 미화하고 강화시킬 준비가 되어 있는 청중이 있다. 나의 경험으로는 **처벌** 및
반응대가cost-response 프로그램은 싸우지 않게 설득하는 데 거의 역할을 하지 못하고,
범죄적인 역할을 모델로 삼도록 강력하게 밀어붙이는 영향력을 지워버리는 데도 거
의 긍정적인 효과가 없으며(Bandura, 1977), 실제적으로는 남이 자신을 거칠게 보길
바라는 아이들에게 평판을 덧붙여주기만 한다. 만일 공공연한 통제에 한계가 있다
면, 내면의 통제가 더 나은 과정이 된다. 그리고 치료가 성공하려면 그 상담은 대안
적인 역할모델 행위를 제시하는 것에 중점을 둘 필요가 있다. 변화를 위한 이런 요건
들이 전통적인 학교 상담사에게는 어려운 도전거리가 될 수 있다.

화내는, 폭력적인, 공격적인 학생 상담

쉽게 불끈 성내고 화를 내는 십 대의 성향은 과도하게 활동적인 편도체와 미발달된 신피질 때문이라고 앞에서, 그리고 5장에서 논의되었다. 뒤에 나오는 사례에서 우리가 검토할 것은 이 과정이 행위와 자기관리라는 차원에서 지니는 함의이다. 그리고 어떻게 하면 학생이 자신의 충동적인 반응을 제어함으로써 퇴학당하는 일을 방지하도록 도울 수 있을지 검토할 것이다.

싸움에 관한 한, 어떻게 한 개인이 화가 나게 되고 자제할 수 없게 되는지 설명해 주는 원인적 요소는 다양하게 많다. 청소년이 카타르시스를 경험하는 것이 중요한지에 관하여 지금까지 많은 논쟁이 있었다. 어떤 사람은 상담 과정을 통해서 상담이라는 한정된 환경에서 혼란과 좌절을 발산할 기회를 준다고 느낀다. 그리고 이렇게 함으로써 긴장을 풀었다고 증언하는 내담자가 많다. 어떤 사람은 그 반대로 주장한다. 화를 정당화하는 것은 보통 자기패배적인 부적응 행위를 반복할 뿐이고, 그래서 강화해준다는 것이다. '왜 제거하고 싶은 행위를 오히려 연습하는가?'라는 것이다. 내가 선호하는 접근법은 내담자가 분노했던 일 이전의 선행 사건들을 검토하도록 돕고, 분노가 터지도록 방아쇠 역할을 하는 특정한 것이 무엇인지 검토하도록 돕는 것이다(Goldstein, 2004).

다음에 제시된 사례는 공격적인 8학년 남자애를 폭력적인 삶의 방식으로부터 돌려놓기 위해 고안된 평가 방법과 상담 프로그램을 보여준다. 문제는 단지 학교에서 계속 싸움을 했다는 것뿐 아니라, 그 아이가 분노를 도구처럼 사용했다고 관찰되었으며 그것이 그의 정체성의 한 부분으로 나타났다는 점이다.

 스테판의 사례 스테판은 인종적으로는 아프리카인이고, 최근에 이 학교로 전학 왔다. 이전 학교에서는 퇴학당했다. 교장을 때렸기 때문이다. 그의 아버지와 네 명의 형은 각기 이웃에게 폭력과 신체적인 공격을 해서 복역한 적이 있었다. 스테판은 첫 학기 절반 동안 심각한 싸움을 세 번 일으킨 후(나도 한 번 목격했다) 또다시 퇴학당할 위기에 있었다. 교사들은 그 아이가 평균 이상의 능력을 가졌으나 자신이 강압적으로 지배해야 '모면할 수 있다고 생각하는' 학생으로 간주했다.

비록 초기에는 그가 나를 어떤 사람으로 볼지 확실하지 않았지만 스테판은 상담받기로 결심했고, 어떻게 다시 퇴학당하지 않고 형들이 밟은 과정을 따르지 않을 수 있을지 탐색하기로 마음먹었다. 우리는 협동적으로 작업하면서 '이건의 3단계 모델'(Eagan, 1990)을 사용했다. 그 간결요법으로 우리는 현실적이고 그의 역량에 맞는 안건 하나를 놓고 분명한 특정 목표가 무엇인지 확인했다. 한마디로 스테판의 주요 목표는 싸움을 멈추는 것이었다. 그는 아동기 내내 폭력을 목격했고 폭력에 연루되어 왔다.

> **스테판** 아빠와 모터크로스 시합에 갔는데, 어떤 사람이 나에게 욕하면서 여길 때 렸어요(스테판은 자기 턱을 가리켰다). 아빠에게 말했더니 아빠는 그를 마루에 때려눕히면서 말했어요. "다시는 절대 내 아이 때리지 마!" 나는 그 사람 머리를 발로 찼어요. 사람들이 몰려와 둘러쌌고 나는 의기양양했지요……. 애들과 한 판 붙었을 때처럼요. 옆집 사람들은 싸우고 약물도 많이 하지만, 그건 마음에 걸리는 일이 아니에요. 나는 내 집에 있으니까요. 웃기는 말이지만, 만일 내가 그 집에 있는 아이들 중 하나라면 그걸 좋아하진 않을 거예요.
>
> **상담사** 그러면 너희 집에서는 약물을 복용하지는 않는구나.
>
> **스테판** 내가 어렸을 땐 했었는데, 이제 그렇게 많이는 아니에요……. 형은 옆집에 가서 화를 내고, 칼로 그를 찌르면서 꺼져버리라고 말했어요. 사방이 피였는데, 별로 상관하지 않는 것처럼 보였어요. 형은 그냥 웃었고, 그게 엄청 무서웠어요.
>
> **상담사** 엄청 무시무시한 것을 보는 것과 싸워서 네가 의기양양해졌다고 조금 전에 말한 것이 어떻게 서로 들어맞을까?

분노조절

스테판에게는 가족 안에서 본받은 폭력과 별도로 싸우기 직전에 올라오는 저변에 깔린 분노가 있었다. 교사에게 훈계를 받을 때, 그리고 자신보다 약하다고 생각했던 또래에게 협박당할 때 올라오는 분노가 있었다. 나의 초기 과제는 이것이 도구적 분노

인지 충동적 분노인지, 그는 어떤 통제력을 발휘할 수 있을지, 그리고 변화를 위해 그가 갖추고 있는 것은 무엇인지를 탐색하는 것이었다. 교사와 또래들이 나에게 준 정보는 스테판이 종종 '눈이 돌아버린다see red mist*'는 것과, 누군가가 그에게 맞서면 분노에 '스위치를 켠다'는 것이었다. 그래서 우리는 무엇이 그의 분노에 기름을 붓는지 이해할 필요가 있었다. 스테판은 두 가지 진단적인 분노조절 평가서를 완성했는데, 그가 쓴 답은 흥미로웠다.

 분노조절 평가 1

✓ 화가 날 때 자신의 행동을 선택하는 것이 늘 가능한가?

　화난 상태에서도 다른 사람들이 어떻게 느끼는지 여전히 알 수 있는가?

　화나게 만드는 것이 있을 때 자신을 명확하고 신속하게 표현하는가?

✓ 화나게 만든 상처 그리고(또는) 두려움이 무엇인지 알고 있는가?

✓ 소리를 지르지 않고도 자신에게 힘이 있다고 느끼는가?

✓ 분노와 함께 생기는 몸의 감각들을 알아채는가?

✓ 스스로 화나려는 것을 느낄 때를 대비해 어떻게 하겠다는 계획이 있는가?

✓ 자신을 화나게 만들었던 것이 어떤 것들이었는지 분류해서, 그것이 그다음에는 영향을 미치지 않도록 해본 적이 있는가?

✓ 자신의 분노가 다른 사람에게 어떻게 영향을 미치는지에 대해 명확히 아는가?

　어떤 상황에서든 긍정적인 것을 발견할 수 있는가?

(출판일 미상인 Pegasus NLP, ≪Mind-Body Health≫에서 차용)

 분노조절 평가 2

화난 감정을 남아 있게 만들었던 일 두 가지를 말해보라.

　사례 1　제이슨은 식당에 있을 때 켈리와 수잔에게 나를 암코양이라고 말했다. 그 애는 우리 엄마가 늙었다고 늘 깎아내렸고, 나를 두들겨 팰 수 있다고 아이들에게 말했다.

　사례 2　오스본 선생이 나에게 다가와서 비키라고 말했다. "왜요?"라고 물었더니, "네 태도가 마음에 들지 않아, 나가!"라고 말했다. 나는 "난 선생님 태도가 싫어요"라고 말하고 교실에서 나왔다.

•　[옮긴이] 극도의 분노로 인해 자제력을 상실하는 상태를 뜻하는 속어이다.

위의 두 사례에서 지금까지 남아 있는 화는 10점을 기준으로 어느 정도인가?

    사례 1   10

    사례 2   8

화가 날 때 무엇을 생각하고 있었는가?

    사례 1   제이슨을 죽여야지.

    사례 2   등신!

화가 났을 때 무엇을 했나?

    사례 1   그 애 얼굴을 박살내었고, 방과 후에 그 애를 죽여줬다.

    사례 2   다음 시간을 알리는 종이 칠 때끼지 계단 아래 있었다

감정이 가라앉으려면 무엇을 해야 하나?

    사례 1   싸움

    사례 2   도망

분노에 관한 한, 식구 중 누구와 비슷한가?

    엄마는 내가 형과 비슷하다고 말한다…… 그리고 아빠하고도…… 내 생각엔 특히 아빠가 술 먹었을 때랑[비슷하게 내가 화를 낸다].

해당되는 것에 밑줄을 그으라.

- <u>화가 나면 욕을 한다</u>, 그리고 내가 뭘 말하든 상관없다.
- <u>누군가에게 덤빈다.</u>
- 물건을 부순다.
- <u>나중에 나는 기분이 나쁘다/ 죄책감이 든다/ 슬프다</u>/ 다른 사람을 미워한다/ 내 자신을 미워한다.
- 내 자신을 통제하지 못하고 있다는 것을 안다.

    개인적인 상처와 스테판의 분노가 남에게 어떻게 영향을 미치고 있는지 알게 된 것은 흥미로웠지만, 그 아이가 행위를 선택할 능력이 있는지는 확신할 수 없었다. 그가 묘사한 두 가지 사건은 유사점과 차이점이 있는데, 어느 경우든 스테판이 어느 편에 힘이 있는지를 인식한 것으로써 설명될 수도 있다. **싸우든지 도망가든지**, 그것은 자신에게 가해지는 위협에 대한 습관적인 반응이 명백했다. 스테판이 자기통제 능력에 대해 어떤 자각을 하고 있는지는 확신할 수 없었지만, 흥미로웠던 것은 그가 그런 일 후에 **기분이 나쁘고 죄책감을 느끼고 슬픈** 느낌을 드러냈다는 사실이었다. 그렇기

그림 9-1 분노 이미지

어떤 그림이 나의 분노를 묘사해주나?
무엇이 나를 곧장 아주 화나게 하는가?

나를 경멸하는데
아무도 상관하지 않는다.

나를 업신여긴다.

내가 하지 않은 일로
질책 당한다.

나를 야단친다.

나에게
고함지른다.

내 식구/친구를
업신여긴다.

참견하며
짜증나게 한다.

때문에 나는 이것을 지렛대 삼아 스테판이 행위를 변화시킬 동기를 유발시킬 수 있으리라고 느꼈다.

스테판이 늘 자기성찰적인 것은 아니어서, 나는 분노 이미지(〈그림 9-1〉)를 사용해 자신의 느낌과 비슷한 이미지 하나를 가지고 자신이 어떻게 느꼈는지를 확인하도록 도왔고, 그 애는 황소를 골랐다. 그다음에는 그를 **화난 황소**가 되도록 만드는 말이 그 차트에서는 어떤 대사인지 물었다. 그 아이는 '나를 업신여겼다', '나에게 고함을 질렀다', '나를 야단쳤다', '내 식구나 친구를 업신여겼다'에 밑줄을 그었다.

'업신여김받는' 느낌은 스테판의 자기이미지를 보여주는 것인데, 이것은 나중에 검토되었다. 그렇지만 그가 교정을 받을 때, 특히 '큰소리로 야단맞을' 때 일어나는 분노를 통제하도록 돕기 위해서 나는 그가 위협받는 상황에 대한 정신적인 이미지를 교체하도록 격려해야 했다. 이런 '자기코칭' 기법을(Nelson-Jones, 1996) 나는 '이미지 교체'라고 부른다(8장; Lines, 2001). 어느 누구도 큰소리로 야단맞는 것을 좋아하지 않지만, 어떤 청소년에게는 고함 소리가 그 어른이 자신을 때릴 것이라는 전조로 느껴지는데, 비록 학교에서는 그런 일이 일어나지 않아도 말이다. 우리는 청소년들이

의식의 원초적 수준에서 반응할 때가 있다는 것을 기억해야 한다.

> **상담사** 선생님이 너에게 고함칠 때는 어떤 일이 너에게 생길 거라고, 선생님이 너를 좋아하는 않는다는 식으로, 너 개인에 대한 것으로 받아들이지 않도록 해보면 좋겠다. 그냥 너희 반을 관리하는 어려운 일을 선생님이 수행하고 있는 것으로 봐주면 어떨까. 선생님들은 화가 나는 척하기도 하고, 어떨 땐 실제로 화를 낼 수도 있지. 그래도 너를 때리지는 않을 거야. 선생님이 너에게 고함칠 때 선생님을 바라보면서 속으로 생각하며 네 스스로에게 말해보렴. 이렇게 말해보는 거야. "괜찮아. 난 알아. 나를 좋아하는 사람이 많아. 특히 상담사 선생님은 나를 좋아해. 난 이 일이 끝나기를 기다리면서 화내지 않으려고 노력해야지. 일이 더 나빠지게 만들 말은 아무것도 하지 말아야지." 그리고 심호흡을 하면서 마음을 가라앉히렴. 아무 말도 하지 말고 선생님한테 들은 대로 행동하면서 말이야.

스테판은 상담 시간 중 연습했고, 곧 숙달되었다.

분노 방아쇠와 인지 재구성

스테판과 같은 학생과 충동적 분노에 관해 상담할 때는 자신을 매우 화나게 만든 일들을 기록해보라고 부탁한다. 그다음 상담에서는 자기통제를 잃도록 방아쇠 역할을 하는 것들이 무엇인지 확인해보도록 한다. 나는 내담자에게 A4용지에 위부터 아래로 줄을 그으라고 요청한다. 왼편에는 분노를 폭발시키는 방아쇠 역할을 하는 것들의 목록을 적고, 오른편에는 이렇게 확인된 방아쇠로 인한 충동적인 분노를 설명해 줄 수 있는 숨겨진 신념이나 가정이 무엇인지 확인하려고 노력한다. 이것을 인지행동치료 방법론을 따라가면서 진행한다. 스테판의 세 가지 무의식적 가정은 다음과 같다.

선행하는 방아쇠 − 깔려 있는 가정

1. 반 아이들이 나를 욕한다. − 애들이 나를 깔보고 바보로 취급한다.

2. 야단맞았다. — 선생님은 내가 좋은 애가 아니라고 생각한다.

3. 어떤 애가 나를 노려본다. — 그 애는 자기가 세다고 생각해서 싸우길 원한다.

이런 비합리적 부정적 신념이나 무의식적 가정은 치료 과정에서 논박되었고, 더 현실적인 신념이나 가정이 스테판의 첫 번째 구성 요소인 부정적인 신념과 가정 위에 겹쳐졌다.

1. 첫 번째 가정은 다음과 같이 재연되었다. **학생들은 나를 욕할 수도 있다. 나를 말려들게 해서 지나친 반응을 하도록 놀리고 있는 것이다. 내 반응을 다른 애들에게 보여주려고 말이다. 그 애들이 그러는 것이 나를 바보로 생각한다는 의미는 아니다.**

2. 두 번째 가정은 틀을 다시 짰다. **선생님은 내가 나아질 수 있다고 생각하기 때문에 나를 교정하려고 애쓴다. 만일 내가 좋아질 수 있다고 생각하지 않는다면, 내 멋대로 하도록 놔둘 것이다.**

3. 세 번째 가정을 바꾸었다. **그 애는 나를 무서워해서, 내가 때릴까 봐 긴장하고 있기 때문에 쳐다보는 것일 수도 있다. 응시하는 것과 싸우고 싶은 것이 분명하게 연결되는 것은 아니다.**

두 번째 부정적인 가정에서 내가 배제할 수 없었던 가능성은 스테판이 낮은 자존감을 경험했을 수도 있고, 상당한 힘을 발휘하는 성인들 가운데서 '뭔가를 증명해야 한다'는 느낌을 경험했을 수도 있다는 사실이었다. 우리는 인간중심모델을 가지고 상담하면서 이런 가능성을 탐색할 수 있었으나, 더 긴급하게 필요했던 것은 싸움의 빈도를 줄이는 것이었고, 이 관심사를 우선적으로 다루어야 했다(〈그림 9-2〉 참조). 스테판의 폭력성 폭발 밑에 깔려 있는 것은 강력한 역할모델의 영향과 그 아이의 사회적 환경 안에서 그 아이의 무의식에 들어 있는 기대들이었기에, 그 아이에게 강화되어 있는 신념과 태도를 바꾸는 일은 더 크고 더 어려운 작업이었다.

스테판은 벌어지는 일이 3단계로 넘어가면 수습하기에 너무 늦고, 심지어는 2단계와 1단계에서도 늦다는 것을 이해하기 시작했다. 싸움이 일어나려는 것을 또래들

그림 9-2 싸움에 이르는 선행 단계

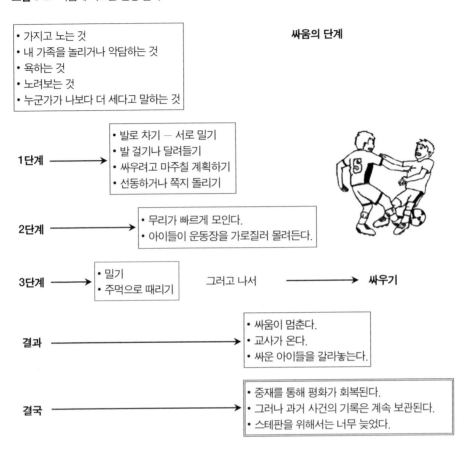

• 가지고 노는 것
• 내 가족을 놀리거나 악담하는 것
• 욕하는 것
• 노려보는 것
• 누군가가 나보다 더 세다고 말하는 것

싸움의 단계

1단계 →
• 발로 차기 ― 서로 밀기
• 발 걸기나 달려들기
• 싸우려고 마주칠 계획하기
• 선동하거나 쪽지 돌리기

2단계 →
• 무리가 빠르게 모인다.
• 아이들이 운동장을 가로질러 몰려든다.

3단계 →
• 밀기
• 주먹으로 때리기

그리고 나서 → **싸우기**

결과 →
• 싸움이 멈춘다.
• 교사가 온다.
• 싸운 아이들을 갈라놓는다.

결국 →
• 중재를 통해 평화가 회복된다.
• 그러나 과거 사건의 기록은 계속 보관된다.
• 스테판을 위해서는 너무 늦었다.

이 감지할 수 있게 되면 기대가 고조되고, 버글거리며 모인 무리로 인해 뒤로 물러나 발을 뺄 출구가 막혀버린다. 싸움이 (그리고 그 대가를 치러야 할 수도 있는 모든 일이) 벌어질 것이 뻔하다. 그래서 우리는 1단계 이전에 그 과정을 다룰 필요가 있었다. 왜냐하면 나는 스테판의 발달단계상 그 아이가 어떤 사건의 결과로 생길 유관 요소들을 다룰 힘이 없다고 느꼈기 때문이었다.

차분한 자아통제 행위 모델링
스트레스에 대한 나의 차분한 반응을 스테판이 관찰할 수 있었던 경우가 몇 번 있었다. 한 번은 스테판이 자신의 분노를 통제하지 못했기에 그를 집에 데려다주라는 부탁을 내가 받았다. 그런데 조급한 어떤 운전자가 내 차 뒤에 바싹 붙어 경적을 울려대었고, 나는 길가에 차를 대고 그가 지나치도록 했다. 스테판의 친구들이 보여주는 이와 유사한 자기통제의 침착함이 효과적인 역할모델이 되었다. 심각한 협박을 받고서 유머를 사용해 그 긴장을 풀며 흔들리지 않는 모습을 보여준 어떤 학생도 본보기가 되었다. 그리고 스테판도 유머 감각이 있었기 때문에 우리는 상담에서 이 사건에 의거하여 스테판이 유머를 사용해 좋은 효과를 볼 수 있는 기법으로 삼았다.

그 이후의 상담치료는 교사가 스테판을 교정해줄 때 그 애가 어떻게 느꼈는지, 그리고 위협당할 때 자신에게 무엇을 말해야 할지에 관한 것들이었다. 우리는 유머, '자기코칭' 기술들, '자기대화'를 도피구로 삼아 그가 계속 차분할 수 있도록 만들 계획을 세웠다(Nelson-Jones, 1996). 싸움이 일어날 것 같은 아주 사소한 기미가 있어도 그 상황으로부터 몸을 피하고 상담 대기실에 와서 앉아 우리가 상담 회기에 연습했던 것을 하도록 스테판에게 지시했다. 교사들은 그에게 교실에서 나갈 통행권을 주었다. 스테판에게는 새로운 상황이 벌어질 때 자신의 반응을 잘 조절하기 위해서 기본적으로 모든 실패와 성공을 계속 점검하는 것이 반드시 필요한 일이 되었다.

존재의 새로운 이야기

빈틈없는 모니터링 프로그램이 스테판을 도와서 충동적인 분노가 싸움을 일으킬 수도 있는 경우를 잘 관리하도록 만들었다. 그러나 명백한 도발이 없어도 스테판이 **싸우기를 원하는** 경우가 있었는데, 그러한 행동을 할 경우 퇴학당하리라는 말을 들었음에도 불구하고, 그것은 원치 않는 결과이었음에도 불구하고, 그 아이는 왜 싸우고 싶어 할 때가 있었을까? 단기적으로는 그 아이가 **일부러** 싸움하는 일을 그만두도록 내가 어떻게 도움을 줄 수 있었을까? 장기적으로는 그가 더 긍정적인 관계로 이끌 행위를 하도록 만드는 대안을 탐색하도록 나는 어떻게 조력을 할 수 있을까? 스테판의 공격성의 원인적 요소들은 왜 그 아이가 '거친 남성'의 모습을 유지할 필요가 있었는지 그 이유만큼 의미심장하지 않았었다. 그러나 이제는 그가 양육되어온 신념과 태도를 검토하지 않을 수 없었다. 그 신념과 태도가 그 아이의 관계적 분위기를 정기적으로 강화시켜왔기 때문이다(Seymour, 1998).

상담으로 드러난 것은 **힘이 정의다**라는 그 아이의 일반적인 서사에 들어 있는 부차적인 주제(Payne, 2006)였고, 나는 열심히 그의 이런 양가감정을 탐색했다.

상담사 어른이 싸우는 걸 보면 어떤 느낌이 드니?

스테판 가슴이 두근거려요. (스테판은 가슴을 손으로 가볍게 두드렸다.) 싸울 거라고 예상하진 않아요.

상담사 아이들이 싸우는 것은 괜찮지만, 어른들은 싸우면 안 된다는 말이니?

스테판 어른이 싸우리라고 기대하지 마세요. 싸워야 한다고 생각하지 않아요.

상담사 내가 관광을 간 적이 있는데 아버지가 그 버스 운전사에게 화가 났어. 그 운전사가 아버지 친구를 기다려주려고 하지 않았기 때문이야. 아버지 친구가 아직 집에서 나오지 않았거든. 아버지는 일어나서 곧장 운전사에게로 가서 버스를 멈추라고 말했지. 내려서 싸우자고 말이야. 나는 염려했지. 아버지가 싸우는 것을 보고 싶지 않았거든.

스테판 그래요, 나도 싫어요…….

자기노출이라는 요소가 우리의 다양한 경험을 찾도록 도와주는 데 필수적이라고 느껴졌다. 그리고 다음의 이야기가 자발적으로 드러났다.

스테판 어렸을 때 난 노인들이 힘들게 장바구니 들고 가거나 정원을 파는 것을 바라보곤 했어요. 내가 도와드리곤 했는데, 엄마가 늘 좋아한 건 아니었어요.

상담사 그랬구나.

스테판 예. 할머니 옆집에 사는 사람은 늙었는데, 그 할아버지는 많이 힘들어했어요. 내가 가서 돕는 걸 엄마는 내버려두었지요. 조이라는 할아버지였는데, 정원 일을 해드리기도 했고, 차 닦는 것을 도와드리기도 했어요. 내 친구는 놀렸지만 상관없었어요.

상담사 내가 생각에는 이 이야기가 네 성격의 다른 면을 보여주는구나. 싸우고 거칠게 보일 필요가 너에게는 그냥 네가 작게 생각되지 않으려는 게 아닐까 생각된단다. 네가 어른이 되었을 때 또 한 명의 '거친 남자'가 되고 싶은 건지, 아니면 배려심과 세심함이 있는 사람이 되고 싶은 건지 궁금하네…….

보통 싸움꾼의 모습인 스테판에게 돌보는 면이 있음이 드러났고, 이 부차적인 주제가 부각되었다. 한편으로는 스테판이 진정으로 이타적인 성향을 지닌 민감한 남자애임이라는 명백한 지표가 있었고, 다른 한편에서는 자신의 사회적 세계 안에서 특별나게 공격적이 됨으로써 생존할 수 있다는 자아개념을 개발할 필요성에 대한 지표들도 있었다. 즉, 스테판은 거의 형들과 아버지의 기대에 맞춰 살아갈 필요가 있었다.

상담사 이렇게 상담을 하면서 무엇을 배웠니?

스테판 싸움은 그럴 만한 가치가 없고, 문제에 휩싸이게 만들 뿐이라는 거요.

상담사 네가 싸움을 멈춘다면 그것이 유일한 이유일까, 문제에 말려들지 않으려는 것만이 네 이유니?

스테판 모르겠어요. 학교에서 잘리지 않으려는 것도 있고요.

상담사 싸움을 멈출 다른 이유가 또 있을까? 네가 자신을 보길 원하는 방식과 관련된 것일 수도 있고, 아니면 남이 너를 어떻게 보길 원하는지와 관련된 이유는 없니? 내 말은, 네가 너를 싸움꾼으로 보고 싶냐는 거야. 싸움꾼 어른이 되고 싶은 건지 묻는 거란다.

스테판 아니요, 진짜 그렇진 않아요.

상담사 더 말해볼게. 너는 어른이 되었을 때 사람들이 무서워서 그냥 친구가 되어주는 그런 사람이 되길 원하니, 아니면 함께 있으면 좋은 사람이기 때문에 친구가 되는 사람이 되기를 원하니?

스테판 두 번째요. 나는 애들이 내가 무서워서 나를 좋아하는 것은 원치 않아요.

상담사 그건 내가 너를 그런 식으로 보아주었으면 하기 때문이니?

스테판 예. (스테판이 웃는다.)

상담사인 나를 기쁘게 하기 위해 변하려는 그의 반응은 치료자와 내담자 사이에 결속이 증가한다는 표시였다. 그리고 그것은 내담자가 상상 속 감각으로 **치료자가 자기와 함께 있다고 느끼게 되었다**는 견해(Thorne, 1984, 2002)를 강화해주는 반응이었다. 만일 내담자가 진짜 개선될 마음이 있다면 날마다 위협을 지각하는 어려움 속에서도 **기꺼이 자신은** 새로운 이야기 안에서 살아보려고 노력해야 한다. 우리는 특정한 성품과 그 성품으로 인한 성과들을 더 상상하며 투영하는 일에 열중했고, 그 치료가 효과적으로 이루어졌다.

> **상담사** 싸움꾼이 되면 어릴 때는 네가 인기를 좀 얻을지 모른다고 말할 수도 있지만, 네가 생각하는 그런 이유 때문에 인기가 생기는 것은 아니란다. 네가 학교를 다니면서 아이들은 네가 그렇게 무섭지 않다고 점점 더 확신할 테고, 네 보호가 필요해서가 아니라 네 성격 때문에 너와 친구가 되거나 다른 식으로 너와 관계되길 원할 거야. 네가 결정해야 한단다. 네가 진짜 우정을 원하는지 아니면 그냥 네 옆에 있으려고 겉으로만 친구인 아이들을 원하는 건지. (스테판은 마치 생각하느라 꼼짝 못하듯이 눈을 깜박이지도 않고 나를 계속 바라보았다.)

겉모습 인기에 대한 내 말은 '사실'로 강요될 수 있는 것이 아니고, 단지 시도를 위한 제안으로 제공될 수 있을 뿐이다(Cooper and Mcleod, 2011). 스테판은 '인기를 주는 차분함과 우정'이라는 새 이야기를 실험하기 시작했고, 거의 즉각적으로 긍정적인 결과를 발견했다. 그 결과 **공격적이지 않은 모습**이라는 '존재' 방식을 강화함으로써 사회적 환경에서 학습되었던 **힘이 정의**라는 서사를 대체해버렸다.

시간이 지남에 따라 스테판은 상담에 오는 빈도가 점점 줄었고, 그 후 일 년 동안 학교에서는 그의 싸움에 대한 보고가 없었다. 스테판은 그저 나를 기쁘게 하기 위해서가 아니라 삶의 경험을 통해 배움으로써 공격적인 태도를 멈추게 되었고 더 호감을 주는 성격의 소유자가 되었으며, 그래서 좋아할 만한 청소년이 되어서 남자애들이 놀면서 서로 장난치고 놀리듯이, 그 애도 그렇게 할 수 있을 정도로 다른 아이들이 편안하게 느끼는 아이가 되어갔다. 그를 너무 밀치면 결국 그에게 마구 맞을 것이라는 두려움이 없어진 것이다. 9학년이 되었을 때 그는 효과적인 또래상담사가 되어 또래상담 팀에 합류했다.

맺는 말

학교 안에서 때때로 일어나는 싸움은 오해, 소문, 우발적인 실랑이와 충돌, 자존심을 건드리는 소문이나 도전으로 인해서지만, 이 장에서 주로 초점을 맞춘 것은 공격적인 역할을 모델 삼은 결과로 인해 지나치게 폭력적인 범주에 들게 된 학생을 대상으로 한 간결요법 개입이었다. 이 책에서 제시된 학생들의 삽화 대부분은 가상의 인물이지만, 학교에서 내가 하는 일의 성격을 나타내준다. 그러나 스테판의 사례에서는 (가명이지만) 실제 내담자였다. 이 사례에는 다양한 접근법들, 즉 분노조절과 인지적 이야기치료 등을 끌어들여, 그가 외적 갈등과 내적 갈등을 해결하는 유일한 방법이 폭력이었을지도 모를 장래로부터 벗어나게 만들었다.

이 장은 학생의 (발달되지 않은 신피질로 인한) 충동적 공격성과 (신념체계로 인한) 도구적 공격성을 둘러싸고 있는 인간관계적 함의 그리고 적절치 못한 역할 모델링의 미묘한 효과를 검토했다. 인용된 어떤 조사연구는 폭력 스펙트럼의 한 극단을 다루고 있으며, 그 연구에서 전문가들은 지지상담의 가치에 대해 회의적인 경향을 보인다. 그러나 학교에서 일반적으로 일어나는 사례들에서는 간결요법이 뚜렷한 효과를 보일 수 있다. 상담사가 스트레스 상황에서도 차분함을 보여주는 역할모델이 될 기회를 잡을 준비가 되어 있을 때 그렇다. 이것은 상담과 심리치료 이론 및 의당 이루어지는 실천을 향해 크게 도전하는 급진적인 제안일 수도 있지만, 학교에서 상담 이외의 다른 역할도 하고 있는 어떤 치료자들에게는 전적으로 적절하게 딱 맞는다고 생각될 제안이기도 하다(3장 참조).

성찰 연습

❶ 다음의 두 진술을 생각해보라. 어느 한쪽이 옳다고 판단되든 그 치료적 함의를 논해보라.

a. 인간주의 경향이 있는 치료자가 본다면 스테판의 '진정한 본성'은 '툭하면 싸우는 공격적인 사람'이 아니라 '돌보는 사람'으로 간주되어야 한다. 스테판은 '힘이 정의'라는 윤리가 우세한 사회적 분위기에서 생존하기 위해 환경의 힘과 성인의 기대를 통해 폭력적인 겉모습을 발달시키는 것이 필요했던 것이다.

b. 사회구성이론의 지식을 가진 간결요법 치료사가 본다면 스테판은 넓은 범위의 자아를 가지고 살고 있으며, 자기 삶의 타당성을 탐색할 수 있는 서사도 다양하다. 만일 구성 개념들이 고정적이지 않고 더 유연하며 창의적이라면, 내담자와 치료사 둘 다 묘책을 찾아낼 여지가

더 많을 것이다.

❷ 위의 진술들을 다음의 질문과 관련 지어 그 타당성을 논하라. 이론이 실천을 이끌어야 하는가, 아니면 실천이 이론 형성을 주도해야 하는가?

❸ 지나치게 폭력적인 청소년들은 치료적 지지가 불가능하다는 데 동의하는가? 도움이 될 수 있다고 낙관한다면, 폭력을 도구적으로 사용해 **거친 남자의 모습**을 지니려는 사람에게 어떤 특정 모델이나 접근법이 가장 효과적이라고 생각하는가?

❹ 분노조절 훈련과 모니터링이 학교 상담사의 역할과 책임이라고 생각하는가? 교육현장에서 협력하는 실천을 위한 사례에 대해서 당신은 어떤 주장으로 대답할지, 교직원의 역할이 각기 명확하게 규정된 경우의 시례에 대해서는 어떻게 대답할지를 논하라.

❺ 치료적 지지와 점진적 훈련 사이 어디에 선을 그어야 할지 생각할 수 있는 전형적인 예를 들어보라.

❻ 공격적으로 기울어질 수도 있는 청소년에게 당신이 스트레스를 받는 동안 차분한 행동을 하는 모델 역할을 하려면 일반적인 상담사와 상담 맥락의 한계를 넘어서는 사회적 상호작용이 요구된다. 이런 일은 학생 생활 주임교사가 학교 밖에서, 때로는 기숙사에서 학생들과 관련될 때 생기기 쉬운 일이다. 그러나 3장에서 지적했듯이, 학교 상담사가 치료 그 자체보다 더 넓은 역할을 하게 될 수도 있다. 만일 교장이 당신에게 매 학기에 학교 디스코 파티에 참석하는 등, 더 넓은 관여를 고려해보라고 요청한다면, 그 한계를 어떻게 정하는 게 가능할지, 그것이 당신 개인에게 지니는 함의는 무엇일지 논해보라.

✓ 학생 사이의 작은 충돌이 때로는 싸움과 공격적인 갈등으로 흐르지만, 학교에서 상담이 요구될 정도의 사건이 되는 경우는 거의 없다. 그 갈등에 원래 해결되지 않는 이슈들이 있었던 것이 아닌 한 그렇다.

✓ 폭력적인 청소년에 대한 조사연구는 중요한 식구 및 거리에서 그에게 역할모델이 되는 사람이 그에게 깊은 영향을 미침을 보여준다.

✓ 폭력이 만연한 가정에서 양육된 청소년은 자신의 분쟁거리를 해결하는 비공격적인 전략에 한계가 있고, 학교 상담사는 이런 학생을 가르치는 역할을 함으로써 도와줄 수 있다.

✓ 분노조절은 학교에서 이루어지는 상담 의뢰의 일반적인 요구 사항이 되어왔다. 내담자가 화난 이유에 대한 평가, 가령 사별이나 해결되지 않는 이슈나 **거친 남자**의 모습을 지님 같은 이유에 대한 정확한 평가가 이루어져야 치료의 방향이 정해진다.

✓ 습관적으로 공격하는 청소년은 인지적 이야기 통합 방식의 치료로 도움을 받을 수 있다. 이런 치료의 강조점은 공격적인 행위로 인해 퇴학, 가정폭력, 장래의 투옥까지 이어질 수 있음을 생각하게 만드는 것이다.

✓ 고위험군 청소년들은 말로 하는 치유 이상의 것이 필요할 수도 있다. 그들에게는 비공격적인 수단으로 자신의 긴장을 해결하는 역할모델 가운데에서 사는 경험의 영향력이 필요할 수도 있다. 이런 필요성은 대부분의 청소년상담사 소관의 정상적인 활동 범위를 초과하도록 만든다.

10 Loss and Bereavement

상실과 사별

이 장에서 다룰 내용

들어가는 말

사별을 겪은 내담자를 학교에서 지원할 때 전통적인 접근법들이 효과가 있다고 입증되어 왔다. 그러나 학교에서는 시간상 제약이 있고 상담만을 위한 적절한 장소가 없는 경우가 있기에 치유 과정이 온전히 이루어지지 않을 수도 있다. 정신역동치료나 내담자 중심 치료나 실존적 치료의 간결한 모델들조차 학교에서는 그 치유력을 실현할 수 있도록 방해받지 않는 환경을 보장받기 힘들다. 이 장은 학생들이 상실을 다룰 수 있도록 개인적으로 또 집단적으로 도와주는 치유 수단들을 간결한 통합모델을 통해 검토할 것이다. 치료는 환경에 맞춰 설계될 필요가 있고, 또한 부모 의존성에서 또래집단을 향한 충성으로 옮겨가고 있는 청소년의 발달 단계에 맞춰질 필요가 있다.

이 장에서는 서구 사회에서 사춘기 이전 아동과 사춘기 학생에게 상실과 사별이 미치는 영향을 먼저 검토할 것이다. 특히 그런 것들이 학교 상황에서 주는 충격은 어떠할지 검토할 것이다. 그다음으로는 사별이 청소년에게 전환 단계들마다 어떻게 영향을 미치는지에 대한 이론적 통찰들을 살펴볼 것이다. 이때 상실에 대한 적응에 특히 집중할 것이다.

사별이 발달에 미치는 영향

서구 일반 가정의 청소년은 동양의 종교 중심 문화권의 청소년에 비해 죽음과 죽어감에 대해 정서적으로 받아들일 준비가 되어 있지 않은 경우가 많다. 동양의 불교에서 나온 한 이야기는 죽음의 보편성을 가르친다.

> 딸을 잃은 어떤 어머니가 한 마을로 들어가서 겨자씨를 모으라는 불가능한 과제를 받는다. 단, 죽은 사람이 없는 집에서만 겨자씨를 얻어야 했는데, 그런 집은 단 한 곳도 없었다! 모든 가정에 죽음이 남긴 흔적이 있었다(Farrell, 1999에서 인용).

현대의 장례식은 의료적인 절차가 되어버렸고, 미디어에서 만들어지는 살인과 죽음의 이미지를 지속적으로 보게 되는 현실 속에서 청소년들은 비존재의 냉엄한 실제에 면역이 되어버린다. 그래서 예상치 못했던 죽음을 십 대가 경험할 때 나타나기도 하는 과도한 불안은 다음의 세 가지 요소로 설명될 수 있다.

- 서구에서는 아동이 영적으로 진지하게 발달하도록 장려되지 않는다.
- 장례식에서 표현되는 가시적인 애도를 아동이 보지 못하게 막는다.
- 영화와 컴퓨터 게임에서 꾸며진 살상을 계속 공급받는다.

이 모든 요소들로 인해 사춘기 이전의 아동과 사춘기 청소년은 사랑하는 이의 죽음이라는 냉혹한 현실에 직면할 준비를 전혀 할 수 없다.

상실에 대한 적응

청소년기의 과제와 난제들, 즉 자율성 증가, 성적인 성숙, 위험 감수, 술과 약물과 성을 경험하려는 시도는 이미 5장에서 십 대의 뇌신경과학 분야에 누적된 많은 증거들(Cicchetti, 2009)과 함께 논의되었다. 뇌신경과학은 청소년에게서 눈에 띄는 특징들인 예민함, 보기에 조마조마함, 휘발성 정서를 설명해준다. 이미 들어 있는 그 특징들에 더해, 사별은 추가적인 압력이 된다. 청소년기 자체가 결코 돌이킬 수 없는 잃어버린 아동기를 애도하는 시기라고 보는 이론가들도 있다(Noonan, 1983). 충동적 반응은 '자아 정체성'(Erikson, 1956)을 위해서, 즉 부모의 과도한 통제를 벗어나 자율성을 향하려면 필수적일 수도 있다. 그러나 죽음은 십 대가 서 있는 발판을 바꾸어놓음으로써 그의 발달을 중단시킬 수 있고, 중단까지는 아니더라도 적어도 심각하게 방해할 수 있다.

난민과 난민 신청 청소년들은 부모와 친척이 살육당하는 것을 목격했을 수 있고, 자신의 문화와 삶의 방식 또한 잃어버렸을 것이다. 애도할 공간이나 기회가 그에게 없었다면, 그의 문화에서 사랑하는 이를 보내는 (장례식과 같은) 의식을 이해해주는 동정적인 눈길을 찾지 못했다면, 주변으로 몰려나고 더욱 더 많은 박해와 불이익을 경험했다면, 사별 경험은 더욱 복잡해질 것이다. (죽음이 종교적 의미를 거의 갖지 못하는) 서구의 세속문화 안에서 학교 입학은 전통문화가 강한 가정 출신의 아이들에게는 압도당하는 경험이 될 것이다.

정서적 효과

청소년기는 어느 한쪽 부모든 부모를 잃기에 적절한 때가 아니다(Smith, 1999). 심리 분석 이론에 따르면 오이디푸스 신화는 개별화 과정을 설명해준다(Jacobs, 1993). 비판의 여지가 없지 않지만(Howard, 2000) 이 이야기가 설명하는 청소년기의 경험은 (하워드가 쓴 말대로 한다면, 남자 청소년의 경험은) 진정한 자아를 발견하기 위해서 부모를 비유적인 의미에서 '죽이는' 경험, 즉 통제와 봉쇄의 경계를 밀어내고 성인기의 길로 들어서는 경험이다.

그러나 어느 쪽 부모든 시의적절하지 않게 사망함으로써 그 과정이 훼방받는다면, 청소년이 자기 분화를 위해 반항해볼 수 있는 토대가 없어진다. 그 십 대는 이때 지지하고 양육해주는 사람을 강탈당하는 셈일 뿐 아니라 개인적인 자아 발달의 체계 또한 강탈당한다. 이주하여 정착한 학생들의 경우, 사랑하는 이의 사망 소식을 고향으로부터 전해 듣는 일은 이중으로 재앙이 될 것이다. 왜냐하면 비용과 거리라는 현실적인 문제로 인해 장례식에 참가할 기회가 없어지고, 따라서 사별의 과정이 연장될 것이기 때문이다.

사춘기를 통해 호르몬의 작용이 '오르락내리락하는 것'이 청소년의 정서적 반응을 격렬하게 만들고, 발달 중 일어나는 심리적·사회적 변화들은 "상실 경험의 다중 충격이 있을 경우에 특히 그 청소년을 위태롭게 한다"(Rowling, 1996). 그러므로 사별로 인해 아버지나 어머니를 상실함은 다음과 같은 이중의 결과를 낳는다.

- '가족'의 개념이 부서짐으로써 안전이 교란된다. 그래서
- 그 청소년의 세계는 안정적이지 못하고, 어떻게 될지 예측하기 어려워진다.

인지적 영향

보호자와 사별한 십 대는 무의식적으로 그를 대체할 권위, 즉 대리 부모나 자기보다 나이가 많은 친구를 찾는다. 또는 종교적·정치적·인도주의적 관심사나 환경에 대한 관심사 같은 도덕적인 이념들을 추구한다(Lines, 1999b). 인지가 발달함에 따라 청소

년은 양육되면서 받아들인 세계관에 도전할 정신적 기능을 얻는다(Jacobs, 1993). 이 과정은 기초적인 우주관으로부터 추상적인 우주관으로 옮겨가는 정적이지 않은 과정이며, 이 과정 때문에 '청춘의 이상주의'가 생긴다고 말할 수 있다.

 '신은 신을 사랑하는 자를 먹여 살린다'처럼 문자적인 견해가 간직될 수도 있는데, 가령 '영감으로 쓰인 거룩한 책'(Lines, 1995b)이나 종교 지도자, 종교 집단 같이 권위에 의한 지지를 받을 때 그럴 수도 있다. 그러나 일반적인 경향은 경험, 은유, 역설에 대하여 상징적으로 기술하는 것이다(Lines, 2006a). '형식적·조작적 사고'는 12~16세에 생긴다(Inhelder and Piaget, 1958). 이 사고는 추상적으로 생각할 수 있고, 장래에 대한 시나리오(6장 참조)를 구성하고 인식된 개념들을 넘어선 삶의 가설을 구성할 수 있으며, 이용 가능한 증거를 가지고 허무주의적 의미를 추론할 수 있는 역량을 뜻한다.

인지발달이 애도 과정과 상실에 대처할 때 지니는 의의는 막대하다. 인지가 발달해야 느낌을 설득력 있게 설명할 근거를 구성할 수 있고, 그 근거로 상실을 다룰 수 있다. 그렇게 근거를 형성할 때 종교적 믿음이나 종교적 믿음의 결여가 무엇보다도 중요한 요소가 되지만, 그 어느 쪽이든 모든 것이 좋아지리라는 결과를 보장하지는 않는다. 어떤 청소년은 믿음이 더 굳건해질 것이고, 어떤 청소년은 믿음을 잃을 것이며, 또 어떤 청소년은 비밀리에 믿음을 키워왔으나 일정 기간 동안 잠재되어온 근본적인 회의에 직면하기 시작한다. 종교적 믿음의 본질과 내용은 문화적으로 결정되지만 그것은 많은 사람들에게 영적인 성장의 시간이 되기도 하고, 아니면 허무주의로 향하는 계기가 되기도 한다. 영적인 의문들이 사별 경험 후에 표면으로 올라오며(Lines, 1999b), 초자연적인 이야기들이 신뢰받게 될 수도 있다(Lines, 2006b).

인간관계에 미치는 영향

사별의 시간에는 인간의 사멸성이 의문에 부쳐진다. 이 시간은 자아를 철저히 재평가하고 다시 조직하는 때가 된다. 그러나 이미 과도기를 지나가는 중인 청소년에게는 일시적으로 방향감각을 잃게 만드는 시간이 된다. 어떤 청소년은 심각하게 우울해지고, 무심해지며, 스스로 고립된다. 정서적으로 지지해줄 역량이 있는 가족처럼 같이 고통을 당하는 사람들조차 자신에게 다가오지 못하게 만든다. 이들에게는 이 상황을 함께 지나가 줄 주변 어른의 강력한 지지가 필요하다. 상담이 도움이 된다. 특히 지원해줄 사람이 없는 청소년에게 도움이 되고, 정서적 버팀이 되어줄 역량이 있는 친구가 없을 경우에도 상담이 도움이 된다.

사회성이 약하고 친구를 사귀는 능력이 부족한 십 대들은 스스로 위축되고 고립될 가능성이 높다. 애도 과정에 있는 청소년이 보여주는 짜증과 이유 없는 분노는 또래에게 반감을 일으키고, 또래들은 자신의 동정심과 염려를 그 아이가 일축해버린다고 느끼게 되는 경우가 많다. 일반적으로 아동은 다른 사람들이 어떻게 생각하고 어떻게 느끼는지를 거의 자각하지 못하지만, 청소년기에는 선천적인 공감 역량이 발달하는 중이기 때문에 그 역량을 키울 필요가 있다(Rowe, 1966). 그 과정에서 증가하는 사회화가 도움이 되지만, 청소년이 다른 사람들과 같은 인간으로서 '서로 연결되어 있다'라는 고도의 감각을 발달시키도록 도울 때는 소통을 통해서 개인적으로 경험을 공유할 수 있는 상황을 만들어줄 필요가 있다(Lines, 2000, 2002b, 2006a).

 어떤 신학자들에게 사회적 진화론이 가리키는 바는 생존하기 위한 인간의 공통성과 협력이다 (Wright, 2009). 창세기 또는 코란의 설화에 따르면 만인은 신의 호흡(영혼)과 동일한 숨을 쉰다. 인간의 상호 연결성에 관심을 끄는 어떤 수단이든, 즉 동료애, 집단 의례, 공동체 정신, 친밀성, 상담 관계 등이 공감을 길러줄 것이다(Lines, 2006a; Mearns and Cooper, 2005; Rowe, 1996).

상담사의 개인적인 자산과 공감이야말로 사별당한 학생이 상실에 대처하고 필요한 적응을 하도록 돕기 위한 선결 요건이 된다.

학교에서의 사별 관리

사별 경험이 심신을 약하게 만들지만, 교사들은 일반적으로 학교에서 청소년과 죽음에 관해 말하기를 불편해한다. 자기 자신의 상실 경험 때문일 수도 있고, '젊은이의 순진함'을 보존하고 싶은 소망이 있을 수도 있고, 이 문제가 너무 깊고 복잡한 것이라고 믿기 때문일 수도 있다(Rowling, 1996). 그러나 교과목 과정 중에 죽음과 죽어감에 대한 자극들이 정기적으로 나타나기에, 이전에 상실을 경험했으나 애통함이 억눌러 있던 학생에게는 그 상황을 다시 겪는 것처럼 느끼게 만들어서 애통함을 막았던 둑이 무너지고, 수업 시간 중에 정신적으로 무너지는 일이 일어날 수도 있다. 죽음을 묻어놓았던 학생의 경우 그렇게 되기가 더 쉽다(Nelson-Jones, 1996). 즉각적인 상담 제공은 이런 경우에 귀중할 수 있다.

학교는 여러 문화가 공존하는 큰 공동체이며, 때로는 교사나 학생의 예기치 못한 죽음이라는 비극에 직면하기도 한다. 교육 당국은 중대한 재난에 대한 지도와 정책을 제공해왔지만, 죽음과 죽어감을 인간사의 당연한 과정으로 받아들이도록 하는 선행적인 교과목이 있어야 할 필요가 있다.

롤링(Rowling, 1996)은 호주 시드니에서 도심과 교외에 거주하는 다문화 학생들이 다니는 두 학교의 11학년 학생들을 연구했다. 학교에서 상실에 대해 가르치는 것이 지니는 가치에 중점을 둔 연구였다. 그의 조사연구는 교사들이 '인간적인 모습'을 보임으로써, 자신의 상실과 애도 경험을 솔직하게 학생들과 공유함으로써, 얻을 수 있는 것이 무엇인지를 보여주었다.

영국의 수학여행 사고, 던블레인Dunblane과 미국 학교들에서 일어난 총기 사건(9장 참조)과 같은 큰 참사들은 학교 공동체를 절망하게 만들었다(McGuiness, 1998). 영국에서는 치명적인 사건들을 관리할 자료를 만들었다. 미국과 호주에서는 학교 총기 사건, 버스 충돌 사고, 태풍과 산불 같은 자연재해의 여파로 인해 교과 과정에서 상실의 문제를 더 직접적으로 다룰 필요성에 대한 인식이 커지고 있다. 롤링(Rowling, 2006)은 현재까지 나온 자료와 영국에서 이용할 수 있는 뛰어난 교수법 중 하나를 요약해준다(English, 2006).

아동과 청소년이 관리받아야 할 상실에는 가족과 친지 및 친구와의 사별뿐 아니라 애완동물의 죽음도 있으며, 부모나 보호자와의 별거 또한 상실에 해당된다. 상실에 속하는 상황은 다음과 같다.

- 학교 또는 이웃이 바뀜
- 새로운 나라로의 이민
- 질병이나 사고로 인한 건강 상실

- 팀 구성 실패와 같은 기대 상실
- 친구의 거절 또는 학업 실패로 인한 자존감 상실
- 최초의 여자 친구 또는 남자 친구와의 결별
- 인생의 한 단계에서 다음 단계로의 이동(Rowling, 1996)

사별상담

성인과 청소년의 사별을 전담하는 상담기관, 가령 영국의 '크루즈 사별 돌봄Cruse Bereavement Care' 같은 기관이 있다. 또한 단기상담이 호스피스 종사자부터 사랑하는 이의 사망을 사망 이전이든 그 이후든 대처할 줄 모르는 가족 구성원에게까지 제공되기도 한다. 학교에서 하는 상담은 이런 상담 제공을 대체하려는 것이 아니라 보완하려는 취지로 이루어진다. 왜냐하면 학생들이 학교보다는 집에 있을 때 강해져야 한다는 느낌을 더 크게 받는 경우가 많기 때문이다.

사별을 경험한 사람을 상담하는 일은 상당히 부담이 큰 작업이다. 상담사가 깊은 감정을 다룰 수 있어야 하고, 자신의 사별 문제를 이미 해결한 상태에 있어야 한다. 사별상담은 애도의 경험에 주의를 기울이고, 상실로 인해 초래되는 내담자의 부적응 행동에 주목한다. 이론적으로 보자면 사별상담은 누군가의 죽음을 경험한 후 상실감에 빠진 개인이 그가 통과하고 있는 패턴이나 단계에 대해 인식할 수 있도록 진행된다. 그럼으로써 내담자가 애통함을 다루어가며 적응하는 반응을 개발하도록 도와주는 방향으로 움직인다. 퀴블러-로스(Kübler-Ross, 1982)의 획기적인 연구가 사별 작업의 근간을 이룬다.

 패럴(Farrell, 1999)은 사별을 당한 이에게 무력감을 남기는 **인간의 본질적 유한성에 대한** 무의식적인 **부인**否認에 도전할 필요가 있음을 말한다. 많은 상담 이론가들이 인간의 사멸성을 수용할 줄 모르는 사람들이 있음을 인정한다(Ellis, 1987; Jacobs, 1993; Nelson-Jones, 1996).

퀴블러-로스(Kübler-Ross, 1982)가 제시하는 바는 정신과 의사든 상담사든 자신의 환자가 사별과 상실을 부인하지 않도록 만들기 원한다면, 그 스스로도 반드시 사별과 상실을 **부인**으로써 다루지 말아야 한다는 것이다. 사별당한 사람이 통과하게 되는 중요한 일곱 단계 중 어느 단계든 하나 이상의 단계에서 죽음의 여파를 정면으로 직면하는 것이 근본적으로 필요하다.

1. '멍한' 느낌
2. 부인과 고립
3. 분노
4. 타협
5. 우울
6. 수용
7. 희망의 느낌(Kübler-Ross, 1982)

일반적으로는 이 순서로 나타나지만, 그다음 단계로 당연히 넘어가거나 혹은 넘어갈 것으로 예측하기는 불가능하다. 사람에 따라서는 단계들이 겹쳐서 지나가기도 하고, 어떤 단계들은 거의 식별되지 못하는 경우도 있다. 각 단계가 나타나는 시기와 기간도 사람마다 다르다. 파크스(Parkes, 1986)는 '애도의 고정단계' 모델에 의문을 표시하며 이런 단계들이 유동적으로 오락가락한다고 생각한다.

상실은 애통함을 경험하는 것에서부터 이전에 하던 활동이나 다른 활동에 에너지를 다시 쏟아붓는 일에 이르기까지 다양한 과제의 완수를 필요하게 만든다(Worden, 1984). 엘모어(Elmore, 1986)는 아동이 부모의 별거를 경험할 때도 사별 때만큼이나 상실의 고정단계 모델이 적용되어야 한다고 생각한다. 아동도 사별을 경험할 때 분명히 부정적으로 반응하기 때문이다(Longfellow, 1979).

간결한 개인 사별상담

어떤 아이에게 사별상담이 필요할 수도 있는 때라고 그 시점을 판단하는 일은 쉽지 않으며, 서구 사회에서 어떤 남자애들에게는 애도하는 슬픔을 공개적으로 드러내는 것이 '허용되지' 않는다. 이런 경우를 7학년 흑인 소년인 자마일의 사례에서 볼 수 있다. 자마일의 아버지는 호수에서 익사했다.

 멀리서 사별을 경험한 자마일　자마일의 아버지는 자동차가 물밑으로 빠져 차 안에서 익사했다. 차의 지붕이 시야에서 사라질 때 사람들은 그저 무력하게 바라보고 있었다. 자마일의 엄마는 자마일을 데리고 장례식을 위해 아프리카 마을로 다녀올 돈을 마련했다. 그러나 자마일에게는 그 여행이 끔찍한 경험이 되었다. 한 달 뒤 학교로 돌아온 자마일의 행동은 위축되어 있었고, 표정은 침울해서 그가 이 상황에 대처하지 못하고 있음을 보여주었다. 그 아이는 모든 도움의 손길을 거절했고, 결국은 가장 친한 친구와 싸우기까지 했다. 이 싸움으로 인해 학생 생활 담당 교사가 그 아이를 상담실로 데리고 왔다. 이는 비자발적 의뢰였으므로 자마일은 눈을 내리뜬 채 말하기를 거부했다.

나는 주의를 다른 데로 돌리는 전략을 사용했다(Beck et al., 1979). 그에게 차를 한 잔 만들어주고, 화분에 물을 주는 친절함을 보여주겠냐고 먼저 물었다. 그것은 그 애가 '상담받는 자리에 앉아' 자신의 기분을 표명하도록 '기대받음'으로부터 물러설 수 있게 해주기 위해서였다. 자마일은 **명함**의 단계와 **분노**의 단계에 있었지만(Kübler-Ross, 1982), 이런 작은 과제를 수행하면서 긴장이 풀어졌고, 아버지가 클래식 자동차에 관심이 있었다고 말하기 시작했다(이는 내 방 벽에 붙은 사진들로 인해 공통 관심사가 촉발된 것이다). 이렇게 상담 가능한 관계의 씨앗이 뿌려지기 시작했다. 내담자는 '치료적인 대화'를 예상하면서 긴장할 수도 있는데 그런 긴장을 달래기 위해서 나는 학생을 데리고 학교를 한 바퀴 도는 경우도 있다. 그러나 자마일에게는 이렇게 할 필요가 없었다. 그 애는 '끄적거리기' 기법을 통해 말하기 시작했기 때문이다.

'연속적인 선' 또는 '난화scribble' 기법은 사별한 아동이나 청소년이 의사소통에 어려움을 느낄 경우 긍정적인 효과를 얻는 데 사용되어왔다(Le Count, 2000). 이 기법은 잘 쓰지 않는 손으로[예를 들어 왼손잡이면 오른손으로], 눈을 감은 채 30초간 내담자가 자유롭게 선을 그리는 것이다. 다음에는 그 선을 약간 자세히 그려서 그 안에서 동물 두 마리나 사람의 모습을 찾아내보라고 내담자에게 요청한다. 그렇게 함으로써, 무의식으로부터 방출된 그 이미지들이 내담자가 자신의 느낌들에 관해 말을 하도록 만드는 매개물로 작용하길 기대한다. 그 그림을 통해서, 또한 '보이는' 것과 해석되는 것을 말로 함으로써 분노의 느낌들이 말로 표현된다.

자마일이 손이 가는 대로 그린 것은 호수에서 날아오르는 비둘기의 형상이 되었고, 이는 아버지가 고요한 물에서 천국으로 '떠났다'는 **그 아이의 믿음**을 상징해준다(〈그림 10-1〉). 이 기법으로 그는 혀가 풀려서 아프리카에서 느꼈던 자신의 모호한 감정들을 말로 표명했다. 그림 같던 그의 고향이 이제는 슬픈 기억들로 지저분해졌고, '영면에 든' 아버지의 얼굴은 사진 속의 잘생긴 모습과 비교되었다. 고향에 갔을 때 사람들이 반겨주는 것과 영국에서 자신이 받는 대우가 대조되었다.

그림 10-1 자마일의 난화

 커스티의 사별　커스티는 교사들에게 주기적으로 욕을 해서 정학당했다. 그 후 면담에서 그 아이 엄마는 커스티가 할머니의 사망 이후 매우 화가 나 있었다고 말했다. 이 면담 이전에 한 번 커스티는 사별상담을 제안받았지만 거부하면서 이렇게 말했다. "너무 화가 나서 어쩔 줄 모르겠어요." 할머니의 상실은 커스티만 아니라 엄마에게도 무거운 짐이 되었다. 커스티는 할머니의 손에 자라났고, 할머니의 죽음 이전에는 방과 후에 자주 할머니에게 들르곤 했다. 할머니는 겨우 두 집 건너에 살았기 때문이다. 장례식 후 커스티는 매일 할아버지에게 들렀고, 할아버지의 기분이 저조하면 엄마를 부르곤 했다.

이 가족은 매주 일요일 아침마다 무덤을 찾아 꽃을 놓는 일상을 반복했다. 이렇게 삼 년째 하고 있었기 때문에 이 가족은 그 일상에 '박혀서' 앞으로 나갈 수 없을 것처럼 보였다. 가족치료를 제공할 수는 없었지만, 엄마의 요청으로 커스티와 개인상담을 하게 되었다.

　　커스티를 엄마가 '데리고' 왔다, '치료받도록'. 처음에 커스티는 말하기를 거부했다. 그 애는 **타협 단계**에 있었다. "할머니를 돌려줘요. 그럼 나도 협조할 테니까!"(Kübler-Ross, 1982)라는 자세였다. 할머니를 잃은 사건으로부터 주의를 돌리는 처음 전략을 통해 우리는 대화를 시작할 수 있었다. 할머니는 브라이언 애덤스의 음악을 좋아했고, 그 가수에 대한 사진과 잡지 기사들을 스크랩해 보관했었다. 나는 커스티가 두 번째 상담을 하러 올 때 그 스크랩북을 가져올 수 있겠는지 물었다.

　　커스티는 그렇게 했을 뿐 아니라 할머니가 가장 좋아하던 음반도 가져왔고, 그 음반을 상담 시간에 틀었다. 그 음악, 특히 **내가 하는 모든 것은 너를 위한 것**이라는 가사는 그 애를 눈물짓게 했고, 나 또한 깊은 슬픔을 느끼며 뭉클해졌다. 그 정서를 생각하며 그 애가 할머니의 마지막 며칠 동안 눈물을 흘리며 침대 맡에 앉아 할머니 눈을 들여다보았으리라 상상이 되자 다시 한번 나는 아주 뭉클해졌다. **내 눈을 봐. [그러면] 네가 내게 어떤 의미인지 알게 될 거야……. 널 위해서라면 죽을 수도 있어……. 뭐든 할 거야, 널 위해.**

이것은 치료적 연대의 시작이 되었다. 치료적 연대는 치유의 잠재력을 지녔고, 그 연대 안에서 노래는 상실의 감정들을 풀어주는 열쇠가 되었다. 시간이 흘러가며 네 번의 간결요법 상담은 끝났지만, 그 아이는 그 이후에도 육 개월 동안 나를 방문했고, '어려운 시간 동안 함께해주어서' 고맙다고 했다. 그 노래가 우리 둘을 연결시켰고, 우리는 가사를 한 구절 한 구절 음미하면서 커스티에 대한 할머니의 소망과 희망을 헤아렸다. 할머니의 육신은 이제 없지만, 영혼으로 함께하는 관계에서 그 아이는 힘을 얻었고, 손녀가 성취를 이루는 삶을 살기 바라는 할머니의 마음을 헤아렸다. 커스티와 함께한 지 오 년이 지난 지금도 나는 여전히 그 노래를 들으면 커스티의 슬픔의 기억과 '연결된다'.

 오빠와 사별한 카리나　9학년 카리나는 집에만 박혀 있었다. 그 아이의 사례에는 다른 통합접근법이 이용되었다. 목표중심적인 치유 작업을 위해서였다. 오빠 대런을 백혈병으로 잃은 그 아이가 고집을 부려서 대런의 침실과 소지품은 그의 죽음 이후에도 그대로 남아 있었다.

그 아이는 불면증으로 고생했고, 잠들 때까지 오빠를 생각하면서 울 때가 많았다. 친구들이 모두 떨어져 나갔고, 아이는 외출을 거부했다. 미래에 대한 아무런 소망이 없어서 학교에 가서 공부할 의욕이 없었다. 그 아이는 자기의 우울한 상태는 엄마와 할머니가 마음이 무너져서 계속 눈물 흘리는 것을 보기 때문이라고 했다.

그러므로 그녀와의 상담은 인간중심 접근법을 통해 그녀의 상실감을 정당화하는 일과는 별개로, 일차적인 초점을 그녀가 앞으로 나아가도록 도와주기, 미래를 만들어가기, 수면 패턴 개선하기를 목표로 정하는 것에 맞추었다. 최종적으로는 엄마와 할머니의 고통을 그 아이가 어떻게 다루어야 할지 고려해보는 것을 목표로 삼는 데 초점을 맞추었다.

카리나는 과학으로 설명되지 않는 두 가지 일로 열심히 나의 주의를 끌려고 했다. 그 두 가지는 경악할 만한 것은 아니었지만 흥미를 돋우는 일이었다. 그 아이가 말하기를 자기 방의 라디오가 혼자 켜지는 일이 많고, 거의 작동하지 않는 CD 플레

이어가 몇 차례 저절로 켜졌다는 것이다. 그 아이는 대런이 그렇게 했다고 확신하고 있었으며, 카리나의 엄마는 자신이 대런을 몇 번 보았다고 주장했다. 카리나는 자신이 대런을 본 적은 없다고 말했지만, 보았다면 아주 좋았을 것이라고 말했다.

나는 초과학적인 경험을 거의 신용하지도 않고, 치료적인 주제로 높은 비중이 있다고 거의 생각하지 않는다. 왜냐하면 일단 정서적·사회적 치유가 일어나면 이 경험들 자체가 바로 그 사람의 신념체계에 통합되어버리기 때문이다. 내가 다른 책에서 말했듯이(Lines, 1999b), 사별상담 중인 청소년에게는 어떤 신념체계가 유지될 필요가 있다. 중요한 것은 이 신념을 뭉개지 않는 것이다. 그것이 얼마나 확신 없이 머뭇거리며 표현되는 신념인가는 상관없다. 왜냐하면 그러한 것일지라도 상실을 다루도록 도와주는 인지적 지원기제support mechanism로 작용하기 때문이다. 그래서 나는 초과학적인 신념을 의미의 은유로 이용한다(Lines, 2006a). 나는 카리나에게 물어보았다. 그 아이에게 대런이 자신에게 무엇을 원한다고 생각하는지? 이 물음은 카리나가 미래 중심적인 관점과 **희망**이라는 느낌을 발전시켜도 됨을 '허락'해주었다(Kübler-Ross, 1982).

우리는 해결책에 초점을 맞춘 회기를 세 번 가졌다. '옴짝달싹 못 하고 박혀' 있지 않는 것을 선택하자마자 우리는 미래 시나리오를 상상하는 데로 움직였다. 카리나의 '박혀 있음'은 대런이 죽었던 시점에 마치 시간이 정지한 것처럼 시곗바늘을 그 시점에 맞추어놓겠다는 **결정**이었다. 대런 없이 사는 것이 카리나에게는 고통스러운 것처럼 보였고, 그래서 **그 고통**을 목표중심 프로그램 안에 넣는 접근 방법이 필요했다.

이러한 접근법을 구성한 사람은 던클리(Dunkley, 2001)인데, 그 접근법은 고통의 장애물을 도표로 제시함으로써, 선호되는 시나리오를 향하는 움직임 안에서 그 '고착된' 상태를 평가한다. 〈그림 10-2〉에서 그 모델이 네 개의 열column로 주어진다. 그것은 동기를 부여하는 면담(2장 참조), 변화의 주기(13장 참조), '이건의 3단계 모델' 안에서 사별에 대처하기를 합쳐놓은 것이다.

그 도표는 자기설명의 과제를 주는데, 카리나의 상황에서는 그녀가 **수용**이라는 바람직한 목표에 도달하기 위해 극복할 필요가 있는 고통스러운 장애물들을 도표로 '봄'으로써 더 신속하게 움직이게 만들어주었다. 목표중심모델의 대부분이 그렇듯이 여기서도 선택거리들이 상담사의 사전처방 없이 내담자와 협력하여 구성되고, 그 강

그림 10-2 고통장벽 도식

1. 어떠했나	2. 지금은	3. 고통이라는 장벽	4. 미래
• 미래에 대한 열정이 없음 • 친구를 위한 에너지가 없음 • 학교는 중요치 않음 • 외로움 • 우울함 • 잠을 잘 못자고 항상 피곤함 • 엄마와 할머니를 대동함	• 말하기 시작함 • 변화하기로 결심 • 대런을 보내주기 원함 • 용기를 더 얻음	• 태도를 바꾸는 것에 대한 죄책감 • 대런의 방 • 이기적이라는 느낌 • 책임감을 느낌	• 미래가 있음 • 친구들이 있음 • 학교생활로 돌아옴 • 수면 패턴 개선

A → 진전

B 고착됨

C

선택거리들 → D

시작 | 중간 | 끝

E ☺

출처: 이 도식은 BACP의 학술지인 《Counselling and Psychotherapy》 2001년 2월 호에 실린 Christine Dunkley의 논문 "The pain barrier diagram"에 최초로 등장했다. 이 책에서 이 도식을 사용함을 저자와 발행인이 너그럽게 허가해주었다.

조점은 미래 지향에 주어진다.

두 번째 회기 이후, A에서 카리나는 '진전'을 마음에 담았고, 낙관적인 마음을 새롭게 했다. 그녀는 자신의 상황을 도표로 본 후 기분이 더 좋아졌고, 상담하면서 그 느낌들을 말한 후에는 기분이 더 나아졌다. B에서는 양극단을 오가는 단계, 즉 참을 수 없는 현재와 그 고통의 장벽을 통과해야만 즐거워질 수 있는 미래에 대한 혼란스러움에 대해 곰곰이 생각했고, 자신이 현재 쓰고 있는 시나리오는 '고착된' 것임을 인정했다. 되돌아가거나(C) 또는 고통의 영역에 머무는(D) 선택을 상상하기는 힘들었고, 고통의 장벽을 밀고 나가는 것(E)이 우정과 독립과 자율이 겸비된 미래를 위해 유일하게 실행 가능한 과정임을 그 아이는 느꼈다. B에 있는 선은 감정이 몰고 가는 행동의 정처 없는 경험을 묘사하는 데 도움이 되고, 그 고통의 장벽을 '시작, 중간, 끝'(D)으로 구획함으로써 장기적 혜택을 위한 저항 극복 과정을 실제로 경험하도록 해준다. 그 과정은 사람마다 다르게 지나간다. 이 도표가 치료를 제공하는 것은 아니지만, 던클리(Dunkley, 2001)가 말하듯이 치유적 도구로서 기능한다. 나는 이 기법이 청소년에게 혜택을 준다는 것을 경험해왔다.

사전에 계획된 네 번의 상담에서는 목표가 충분히 달성되지 않았지만, 카리나는 대런의 소유물 일부를 치우는 방법을 통해서 그 과정을 시작했다. 사교적 인간관계로 들어갈 에너지를 찾기 위해 카리나는 두 번째 목표인 **불면증**을 달래는 일에 집중할 필요가 있었다.

나는 그 아이가 잠들기 전에 얼마나 자주, 그리고 얼마나 오래 깨어 있는 채 누워 있는지 물었다. "거의 밤마다" 그리고 "세 시간까지"가 그 아이의 대답이었다. 나는 그 아이 방에 대런의 사진이 있는지 물었고, 그렇다는 말과 잠들기 전에 그 사진들을 보는 일이 많다는 대답을 들었다. 그것은 긍정적인 태도라고 나는 말해주었다. 그러나 사진을 볼 때면 상실에 대해, 잃어버린 것에 대해 생각하는 것보다는 함께 보냈던 **좋았던 시간들**을 떠올려야 하며, 그래야 대런의 죽음을 지나치게 애도하는 대신 **대런의 삶을 기념**할 수 있다고 말했다. 더 나아가 나는 그 아이에게 그동안 사용하고 있던 방법과는 다른 수면 전략을 생각해볼 것을 권했다.

> **상담사** 몇 시간이고 누워서 잠들려고 애쓰기보다는 일어나서 뭔가 다른 것을 해보면 어떨까. 이불을 밀치고 앉거나, 침대에 걸터앉아서 잡지를 읽거나, 아이팟으로 음악을 듣는 거지. 아니면 아래층에 내려가 뭔가 마시는 것이 도움이 될 수도 있고. 이런 게 부정적인 생각을 떨쳐내는 데 도움이 되는 경우가 많단다. 많은 생각을 이겨내느라 지친 네 몸을 어느 정도 도와주어서 잠드는 데 도움이 되거든.

프랑클(Frankl, 1959: 127)은 이러한 기법을 '역설적인 의도'라고 부른다. 이것은 지나친 긴장으로 늘 깨어 있는 상태가 되어 수면을 방해하는 과도한 긴장 상태를 대체해주는 과정이다. 카리나는 나머지 과제를 완수하기 위한 에너지를 얻는 데 이 방법이 효과가 있음을 알게 되었다. 나중에 후속 회기들에서 확인된 바로는 그 나머지 과제들도 완수되었는데, 그중에는 가족의 애통함에 대한 과도한 책임감에서 벗어나는 것도 있었다.

간결한 집단 사별상담

집단 사별상담은 청소년들이 동일한 것을 경험하고 있을 수 있는 사람들과 함께 자신의 상실에 대면하고, 함께 대화를 하면서 생길 수 있는 탐구정신으로 문제를 탐색해볼 기회를 제공한다(Gergen and Kaye, 1992).

나는 네 명의 소년을 개인적으로 상담한 후 함께 모아 세 번의 집단상담을 해야겠다고 결정했다. 그 마지막 회기는 내가 참석하지 않은 채 녹음되었다. 집단상담은 그들이 각기 받고 있던 개인 상담의 정점이 아니라 중간 부분에 해당되었다. 목표는 사별한 소년 넷의 경험이 각자 다르지만 자신의 경험이 '정상임'을 알도록 만드는 것이었다. 이것을 위해서 그들을 치유 과정을 도와줄 집단상담에 합류시키는 것이 과제였는데, 그것은 의미심장한 개인적 질문들에 대한 답을 찾음으로써 이루어졌다(Rowling, 1996).

 사별을 경험한 집단: 제임스, 필립, 매슈, 클린트　제임스는 집단치료에 들어가기 전에 '인간중심' 상담을 두 번 받았고, 필립은 다섯 번, 매슈는 세 번을 받았다. 클린트는 다섯 번을 상담받았는데, 세 번은 '인간중심'의 회기였고, 두 번의 회기는 인지행동치료 방식이었다.

제임스는 9학년 14세였고, 관계 문제를 겪고 있다고 스스로 말했지만 '친구로서' 장점이 많은 아이였다. 필립과 매슈, 클린트는 7학년(11~12세)이었고 행동 문제로 학생 생활 주임교사가 상담을 의뢰했다.

필립은 관리하기 어려웠다. 학교에 가기를 거부했고, 복도에서 성질을 부렸으며, 계단에 앉아 우는 모습이 자주 발견되었다. 교사들이 진정시키려 할 때마다 "상관 마세요!"처럼 부적절한 말로 일축해버리는 경우가 자주 있었다.

매슈는 엄마를 잃은 후에 자기는 운동을 하면 안 된다고 주장하면서 체육 수업을 막무가내로 거부했다. 그 아이는 교실에서 체육 수업을 받을 때 교사에게 메모를 썼다. "우리 엄마가 체육 선생님이었고 엄마만 나에게 체육을 가르쳐줄 수 있어요." 그 아이는 또한 자신이 이룬 진보에 대한 글을 쓸 때 살기 싫으며 죽어버렸으면 좋겠다고 썼다.

이 소년들 모두 사별로 인해 정서적으로 상처를 입었고, 각 소년의 발달은 각자 겪은 상실로 인해 지체되고 있었다.

클린트는 그 넷 중에 가장 말로 표현을 잘했다. 그 아이가 때로는 교사들에게 적대적이었고, 잘못을 지적받을 때 도전적이었다. 그러나 그런 위기 후에는 눈물을 흘리는 정상적인 태도를 보였다. 그 아이를 만족시키는 것이 때로는 어렵다고 주장하는 사람들도 있었다.

집단상담 이전에 진행된 상담 회기들에서는 상실 도표를 완성해가면서 이야기, 신념, 상실 척도를 함께 나누는 일을 했다. 〈그림 10-3〉에서 보이는 제임스의 상실 도표는 그중 한 본보기이다.

그림 10-3 제임스의 상실 도표

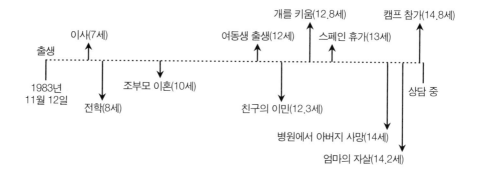

상실 도표는 사별당한 자가 상실을 삶의 경험이라는 광범위한 맥락에서 보도록 도와주는 강력한 수단이 된다. 당연하게도 이것이 청소년과 아동에게는 쉽지 않은 일이다. 내담자들은 출생부터 현재까지 자신의 삶의 과정을 대변하는 선을 그리라는 부탁을 받는다. 각 내담자는 자신이 무언가를 얻거나 상실한 때라고 생각하는 사건들, 가령 사별, 부모의 별거, 이사, 형제자매의 출생 등을 위아래에 표시한다. 이 표식선의 길이(말하자면 1~10mm)는 각각의 사연이 그 사람에게 어느 정도 영향을 미쳤는지를 재는 척도를 나타낸다. 즉, 얻음과 상실의 정도를 나타내준다. 이런 식으로, 사별한 내담자들은 얻은 것과 상실한 것을 **비교하는** 관점을 개발하도록 격려받는다. 어떤 경우에는 상실들이 독립심 성장이라는 의미에서나 가정폭력의 종말이라는 의미에서 **재검토**되어 얻음이 되기도 한다.

사별에 관한 서사

담화는 참가자가 각자 겪은 사별에 대해 기술하는 것부터 시작하며, 그다음에는 각 개인이 지금 자신의 **신념체계**와 인지능력에 따라 어떻게 그 상실을 이해하고 있는지, 상실에 대한 어떤 설명에 현재 자신이 몰두하는지를 이야기하는 것으로 옮겨간다. 마지막으로, 그리고 흥미롭게도 사변적인 사후 존재라는 영적인 주제에 다가가는데, 이 주제에 관해서 내가 다른 곳에서 논의한 적이 있다(Lines, 1999b, 2006b).

어떻게 제임스가 그 면담 내내 주도적인 역할을 했는지는 분명했다. 그는 스스로 그 역할을 했다. 아마도 그가 가장 나이가 많았기 때문이었을 것이다. 제임스는 부모를 둘 다 아주 최근에 잃었고, 매슈는 이 상담치료가 있기 7년 전에 엄마를 상실했다. 그 아이들은 이 집단상담 모임에서 제임스가 토론을 이끌어가고 책임을 맡는 것에 모두 만족했다. 제임스는 '전문가'가 된 셈이다. 때로는 힘들어했지만 말이다.

제임스 난 작년에 부모님을 잃었어. 아빠가 먼저였지. 아빠가 위궤양으로 병원에 갔는데, 그 병이 간과 신장을 망가뜨리는 병의 원인이 된 거야. 예닐곱 주 후에는 엄마가 파라세타몰paracetamol을 잘못 과다복용했고, 죽었어. 아빠는 2월에, 엄마는 4월에 죽었지……. 이런 일은 절대로 극복되지 않아, 그래도 계속 살아가는 법을 배워야 하는 거야.

필 난 2년 전쯤 형을 잃었어. 심장에 문제가 있어서 죽은 거야. 그때 난 초등학생이었는데, 엄마 친구들이 와서 형이 오후에 죽었다고 말해줬어. 나는 울기 시작했고, 집에 갔는데 식구들도 울고 있었어. 잘 때 이층으로 올라가고 싶지 않았어. 무서웠거든, 형이 귀신으로 보일까 봐.

클린트 난 얼마 전에 아버지를 잃었어. 우리가 두 주 동안 떨어져 있었거든. 그런데 어느 날 아버지가 죽었다는 소리를 들은 거야. 그때 아버지는 사실 병원에 있었는데, 폐에 혈전이 생겨서 죽은 거야. 아버지가 죽던 날 암이라고 진단받았는데, 다른 것 때문에 죽은 거지. 우리는, 그러니까 말하자면 아버지가 살아 있을 때는 함께 잘 지냈어(목소리가 갈라지고 목이 메인다). 내 말이 좀 지루하게 들리지(감정을 주체하지 못한다)…… 이제 아버지는 죽었는데. 난 가끔 상담선생님을 만나러 와. 그리고 엄마한테 말하고 물건한테 말하는 때도 있어.

매슈　난 1992년에 엄마를 잃었어……. 엄마는 심장에 문제가 있어서 죽었
어……. 그런데 아빠와 이 이야기를 하려고 할 때마다 아빠는 화부터 내는
거야.

각 참여자는 자신의 이야기를 할 두 번째 기회에는 훨씬 더 자세하게 기술했다.
경쟁적으로 이야기에 끼어들어 서로 방해받기도 했고, 자신의 이야기를 하는 데 아
주 열심이었으며, 상실에 관해 더 세세히 이야기했다. 그 이야기를 하는 것으로, 그
것도 충분히 하는 것으로 감정이 해소되는 것처럼 보였다. 두 응답자의 담화는 극단
적인 대처 방법 두 가지를 보여준다.

제임스가 자신의 이야기를 꺼낼 때는 포괄적으로 시작했지만, 두 번째 말할 때
는 스물일곱 단어를 더 사용하면서 더 정교한 이야기가 되었고, 죄책감의 기미를 넘
어선 가슴 아픈 전개를 보여주는 데로 발전했다. "어떤 점에선 아직 나한테 원망스러
워. 왜냐하면 엄마가 아침 여섯 시에 날 소리쳐 불렀거든. 그런데 난 정신없이 자고
있다가 엄마에게 무슨 일이 일어났는지 몰랐던 거야……. 반쯤 잠에서 덜 깨가지고
그래서 다시 잠든 거야." 제임스의 세 번째 설명은 길이도 두 배가 되었고(252단어),
놀라운 일화도 담겨 있었다. "처음에 의사는 그다음 12시간이 결정적으로 중요하다
고 말했어……. 그래서 '12시간 정도 살겠네'라고들 했던 거야. 아버지는 곤란할 수
밖에 없었지. 18시간을 더 사셨거든"(**모두 웃음**).

매슈의 두 번째 설명은 처음 이야기보다 세 배 정도 길었고, 그날 아침 자신이 어
떻게 엄마를 발견했는지를 담고 있었다. "엄마에게 '굿모닝'이라고 하려고 이층에 올
라가서 방문을 열었는데, 모두가 울고 있는 걸 본 거야. 엄마 옆으로 가서 바닥에 엎
드린 엄마 얼굴을 보았지."

우리가 선택했던 방법 중에는 녹음했던 그 상담 회기 전에 미리 각자 다른 사람
에게 물어볼 질문을 준비하길 부탁하는 것이 있었다. 내가 그 회기에 직접 그 아이들
과 함께 있었던 것은 아니지만, 축어록을 읽어보고 그 아이들이 어떠했는지 추측하
는 일은 어렵지 않았다. 그 아이들의 질문은 의미심장했으며, 그 담화에 새로운 주제
들이 있음을 보여주었다.

- 제임스는 반복적으로 물었다. "네가 어떻게 대처하고 있다고 생각하니?"
- 매슈는 물었다. "너와 부모님의 공통점은 뭐니?"
- 필은 물었다. "너는 천국이 어디에 있다고 생각하니?"
- 클린트는 물었다. "그러니까…… 네가 집에 식구들이랑 모두 함께 있을 때…… 알게 된 게 (학교에서 친구들과 함께 있을 때 아는 것보다) 더 나았다고 생각하니?"

클린트는 질문을 하며 머뭇거렸다. 클린트에게는 아버지가 돌아가셨다는 충격적인 소식을 **학교에서** 듣게 되었다는 사실을 받아들일 수 있는 수단이 필요했다. 필은 자신도 학교에서 소식을 들었다고 넌지시 말했다.

그 회기에 참가자들은 차례로 자신들이 내놓은 질문 중 마음에 가장 걸리는 질문에 대한 대답을 탐색할 수 있게 되었고, 그것은 그 자체로 각자 도달해야 할 단계의 창문이 되었다(Kübler-Ross, 1982). 그것은 또한 치유 과정에 도움이 되었다고 주장될 수 있다. 그러므로 미리 계획한 질문들을 가지고서 그 회기를 각자의 딜레마를 해소하는 데 활용했다.

- 제임스: 어떻게 하면 더 잘 대처할지 아는 것
- 매슈: 엄마와의 동질성을 위해 노력하는 것. 이것만이 그에게 남겨진 유일한 것이었기 때문이다.
- 필: 형이 지금 어디에 있을지를 탐구하는 것
- 클린트: 아버지의 사망 소식을 듣기에 학교가 최적의 장소인지를 평가하는 것

집단상담은 답을 찾으면서 우려되는 것을 소리 내어 말할 기회를 제공했는데, 이렇게 말하는 것이 [상실 극복 단계에서] **수용** 과정의 일환이 되었다. 그렇다면 이런 접근법은 각각의 학생이 치유의 한 중대한 시점에서 자신의 상실을 대면할 수 있도록 만들어주었음이 분명하다. 그러나 과연 이런 초보 경험자들이 사별로 인해 불가피하게 생기는 더 깊은 감정들을 다룰 수 있을까?

공감과 깊은 감정 다루기

이미 일어난 일에 대한 **수용** 정도가 다양함을 나타내는 지표들이 있었다. 특히 엄연한 사실적 용어들의 사용으로 나타나는 지표가 있었다. 가령 '잃었다'라는 도입 단계의 단어를 대신해서 '죽었다'라는 단어가 사용되었다. 제임스가 주도하면서 그 집단에게 "나는 나의 ○○를 잃었다"라는 말귀를 주었고, 그 말귀를 가지고 다른 학생들도 따라서 말을 시작했었다. 그런데 '잃었다'라는 용어 대신 제임스가 다시 처음으로 '죽었다'라고 말했다. ("우리 엄마가 죽었어.") 그러고 나자 응답자들은 각기 돌아가면서, 필은 "형이 죽었어"라고, 클린트는 "아버지가 죽었어 이젠 죽은 사람이야"라고, 매슈는 "엄마가 죽었어"라고 말했다. 그러나 죽음과 죽는 일이 존재하지 않음non-existence을 함축하지는 않았다(Lines, 1999b).

제임스가 엄마의 도움 요청에 응답하지 못한 것에 대한 죄책감을 안고 있음은 분명했다. "어떻든 난 아직 내가 원망스러워. 엄마가 날 크게 불렀거든……." 이 말은 그의 나중 말들, "너는 누구를 절대 비난해서는 안 돼. 특히 자신을. 왜냐하면 누구의 잘못도 아니니까"라는 말들과 상충된다. 이 나중 말은 "결코 극복되지 않아", "계속 사는 법을 배울 수 있을 뿐"이라는 그의 철학과 전적으로 일맥상통한다.

상실의 합리화

제임스는 자신이 모든 대답을 제공해야 한다고 느꼈다. 작은 철학자처럼(Parkes, 1986) 그는 각각의 경험에서 어떤 패턴을 발견했다.

> **제임스** 그러니까, 너희 둘 사이에는 연결점이 있네. 쟤네 엄마는 심장 문제로 죽었고 네 형도 심장 문제로 죽었잖아……. 우리 모두 공통점은 우리 모두 계속 살아왔다는 거, 빈둥거리지 않고. 내 생각에는 죽음을 겪은 이후에 그냥 빈둥거리면서 (흉내 내는 목소리로 바꾸어) "정말 불공평해, 왜 그를 데리고 간 거야?"라고 하는 사람들도 있거든.

이것은 그들의 다양한 경험에서 공통점을 찾을 필요에 의해 제임스가 만든 추정이긴 하지만, 매슈와 클린트가 상실에 직면하고 살아가는 일에 익숙해지겠다고 생각하며 행동하도록 다시 추스르는 데 큰 도움이 되었다. 제임스는 죽음에 대하여 실용적인 설명을 해주었다.

> **제임스** 우리 아버지가 나에게 늘 말씀하신 건, '죽을 때가 되어서 죽는다'는 거였어. 막을 수 없다는 거지. 그래서 내가 그냥 생각하는 건데, 그들은 가버렸고 어떤 것으로도 그걸 바꿀 수는 없다는 거야. 그리고 그들도 내가 나머지 인생 내내 훌쩍이고 있는 걸 원치 않을 거야. 그래서 내가 노력하는 거지. 내기 할 수 있는 한 최선을 다하려고. 나만 위해서가 아니라 그들을 위해서도 말이지.

제임스는 모든 것에 대답을 가지고 있었고, 건전하고도 실제적인 조언을 해주었다. "난 열심히 공부하고 있어. 할 수 있는 한 삶을 누려야 해. 어떤 기회든 잡아야 해. 두 번째 기회는 없을 테니까." 제임스는 또래의 괴롭힘을 묵묵히 받아들여야 한다고 느꼈으며, 누군가 무신경하게 조롱한다고 해서 그를 비난해서는 안 된다고 생각했다. 왜냐하면 '좋은 시간이 언제나 나쁜 시간을 덮어버리는 법'이기 때문이다. 사람은 적은 물질을 소유함에 만족해야 한다고 생각해서 제임스는 크리스마스에 가방 하나만을 원했다.

어떤 응답자에게서도 나머지 친구들의 고통을 함께 느꼈다는 증거는 거의 없었다. 그러나 제임스가 주도적으로 말하면서 느낌을 강조하지 않고 어떻게 대처할지 조언함으로써 그 집단 구성원들을 "구하기"가 강조되었다. 그들은 "비통한 마음은 좋을 것이 없어", "늘 훌쩍거리는 것은 도움이 되지 않게 되어 있어", "공부 열심히 해" 등을 서로에게 말해주었다.

필은 상당히 자기중심적이었다. (그들 모두 발달상 전환기에 있었기 때문이다.) 그는 일시적으로 천문학에 더 많은 관심을 보였는데, 구체적으로 말하지는 않았지만 어딘가 멀리 떨어져 있는 별이나 무엇인가에서 자신의 형을 볼 수도 있으리라는 막연한 희망 때문이었다. 그는 형을 잃은 것으로 인한 영향을 말했다. 첫째로는 밤이 무서웠는데 형의 귀신을 볼까 봐 그랬고, 둘째로는 **망연자실**한 느낌이었다. "꿈을 꾸고 있는 느낌이었어." 그러나 필의 주된 관심사는 형을 다시 보는 것이었다. "어, 제임스형, 천국이 어디에 있다고 생각해?"

흥미롭게도 매슈가 고심하는 것들이 얼마나 축약되어 있고 직접적인지 볼 수 있었다. 그 아이의 사별 경험과 상담 사이에는 칠 년의 세월이 놓여 있었지만, 아이에게는 그 일이 마치 어제였던 것처럼 보였다. 이런 느낌을 가진 채 살아가는 그가 주의를 돌리기 위해 사용하는 전술은 '슬픈 아들과 고인이 된 엄마'의 동질성에 초점을 맞추는 것이었다.

> **매슈** 엄마에 대해서 말하자면, 내 눈과 머리카락 색깔이 엄마하고 똑같고, 듣는 것에 문제가 있는 것도 똑같고 (**제임스와 다른 아이들이 웃음**) 심장에도 똑같이 문제가 있어.

대처 전략

이 아이들의 대처 전략은 대부분 살아가는 일을 받아들이고 익숙해지는 태도와 신념을 갖도록 생각의 방향을 정한다는 점에서 철학적이었다. 제임스를 포함하여 그 누구도 클린트의 무기력한 상태를 해결할 수는 없었다. "형이 죽고 없어서 이젠 좀 지루해." 그럼에도 불구하고 그 애는 여전히 실제적인 대응 전략 몇 가지를 내놓았다.

- **자발적인 상담**: "나는 가끔 상담선생님에게 와……."
- **이야기하기**: "엄마하고 이야기를 해……."
- **사진을 보며 좋았던 때 기억하기**: "사진을 보는데, 내 생각에는 도움이 돼……."
- **울기**

> **제임스** 영원히 울기, 징징거리기는 결국 도움이 되지 않을 거야.
> **클린트** 그래도 나한테는 그렇지 않은 것 같아. 어느 날은 내가 괜찮을 수도 있지만, 그다음 날은 무슨 일이 있을 수도 있잖아.

매슈는 가장 과묵했고, 다른 아이들에게 지지하는 말을 거의 하지 않았다. 현재의 상황이 삶에 대한 그 아이의 허무주의적 태도와 체육에 대한 저항에 불을 지피는

데 더 영향을 미치고 있음이 분명했다. 이는 집단상담에서도 명백했다. 그는 엄마가 죽은 후 아버지가 어쩔 줄 몰라하고, 그것에 관해 말을 할 줄 모른다고 드러냈다. "아버지는 내가 그것에 대해 말하려고 할 때마다 기분이 나빠지기 시작해." 그래서 매슈는 자기 아버지에게 (그리고 동생들에게) 부모 노릇을 해야 했다(방과 후에 동생을 데려오고, 저녁 식사를 준비하는 일 등). 이때 매슈가 심리적으로 간절하게 원했던 것은 아마도 갑자기 빼앗긴 엄마의 포옹과 돌봄이었을 것이다.

아이들에게 상대방의 사별의 감정을 서로 깊이 다루어줄 내적인 힘은 없었을지라도, 서로의 대저 전략과 기본적인 실용주의는 서로 이야기를 주고받는 과정에서 좋은 효과를 발휘했다. 아이들 사이에 공감이 거의 없었음에도, 후속 개별상담에서 분명하게 드러난 것은 서로 이야기를 나누면서 집단으로 '연결되어 있다'는 현상적인 감수성이 이전보다 '자신 바깥의 타인을 위하는 마음'을 더 깊게 만들도록 했다는 점이다(Rowling, 1996).

그룹 회기의 성과

네 명의 소년들은 상실을 받아들이고 이에 대처하는 과정에서 느꼈던 **망연자실, 부정, 분노, 우울함**을 각기 다른 정도로 묘사했다(Kübler-Ross, 1982). 클린트는 가장 두드러지게 **분노**(학교에서 엄마의 죽음을 들었다는 것에 대한)를 지녔으나 **우울**한 기분은 약간 있었고 **수용**하는 쪽으로 가고 있었지만, 매슈의 **분노는** 내면으로 향했으며 체육 교사를 분노의 대상으로 삼았다. 필에게는 **망연자실**과 **부정**의 감정이 주변에 깔려 있었다. 그래서 이런 감정들과 **분노** 사이를 오락가락하면서 **수용**과는 거리가 멀었고, 여전히 꿈을 꾸고 있었다(Parks, 1986). 제임스는 표면적으로는 상실을 수용하고 있었으나 그 역시 (우울 상태는 아니었지만) **분노**가 있었다. 신의 불공정함에 대한 **분노**를 한 번 잠깐 분출하며 해소한 적이 있지만 대체로 그 아이는 자제하는 태도를 유지했고 진정한 느낌과 분리되어 있는 것처럼 보였다. 이 아이들의 **희망**은 죽음 이후의 연속성에 대한 개념, 문자적인 개념 안에 놓여 있었다(Lines, 1999b).

- 필: "내가 망원경으로 본다면 있다면 형을 보게 될 거야."
- 제임스: "(죽은 이들은) 말하자면 떠돌면서 우리를 지켜보고 있는 거야. 약간은

천사처럼, 그렇지만 바보 같은 날개는 없고."

- 클린트: "내 생각에 아버지가 원했던 거기에…… 꿈같이 좋은 곳에 있겠지."

그들 중 세 명은 이 집단회기 이후에 간결요법 개인상담을 계속했고, 집단회기 때 녹음된 많은 주제들에 집중했다. 제임스는 죄책감 문제와 씨름했다. 그 아이를 누나가 돌보아주었고, 교우관계가 개선되었다. 그 아이는 외부기관의 자원봉사 집단에서 주최한 캠프의 초청을 받아들였다.

매슈는 상실에 대해 비통해했고, 오래 지체되며 해결되지 않은 그 감정에 시달렸다. 이는 체육 과목에 대한 분노와 거부를 통해 드러났다. 이런 점에서 제임스의 금욕적인 조언은 도움이 된 것으로 나타났다. 실제로 그는 그 집단면담 후에 자발적으로 체육 수업을 받았다.

클린트는 또래들과 다소 다툼이 있었지만 자신을 가르치는 교사들에게는 더 양보하는 자세가 되었다. 그는 8학년을 마치고 다른 고등학교로 갔지만, 그 전에 상담실에 와서 나와 악수를 했고 자신이 받았다고 느꼈던 모든 지원에 고마워했다.

필은 집을 떠나 떠돌면서 노는 것으로 엄마의 제약에서 벗어나려고 애썼다. 필의 엄마는 아기를 하나 더 낳았다. 그 가족은 가족상담치료를 받으며 '모자의 경계 없이 섞인' 관계에 정서적인 공간을 만드는 것을 목표로 삼았다. 그 상담으로 인해 엄마는 아들의 상실을, 필도 그렇게 똑같이 죽을 수 있다는 희박한 위기와 연결시키는 일종의 신경증으로 자신이 필의 성장을 방해했음을 볼 수 있었다. 또래와 더 강한 우정을 쌓아가면서 필은 자신에게 더 만족하게 되었으며, 상실을 **수용**하고 미래를 대면하는 일을 더 잘할 수 있게 되었다. 그 아이는 또한 더 민감한 주제들을 이후 개인상담에서 이야기했다. 자기가 아기였을 때 아버지가 자살한 사실까지도 포함하여.

내담자 자기평가
아이들에게 각각 집단상담으로 얻은 혜택 및 도움이 되었는지의 여부를 말해달라고 부탁했다.

- 제임스: "나 혼자 고립된 느낌이 줄었어요. 나만 부모를 잃고 견디는 유일한 사

람이 아니라는 그런 느낌이요."

- 클라이언트: "도움이 된 걸 알아요, 예."
- 필: "괜찮았어요. 나만 그런 일을 겪는 게 아니었고요."
- 매슈: (웃으면서) "예. 좋았어요……. 어쨌든 살아야 하니까요."

매슈는 그 후에 이어진 개인상담 회기들에서 훨씬 더 많은 말을 했고, 이전에 밝히지 않았던 내용을 드러냈다. 그중에는 엄마가 자살했다는 이야기(그가 이전에 한 설명은 심장 문제로 인한 사망이었는데, 아마 필의 이야기를 따라 했던 것일 수 있다)와 식구들끼리 (일부러) 멀어졌던 적은 없었다는 이야기도 있었다. 매슈의 엄마는 가족 휴가 직후에 죽었다. 매슈는 상담을 하러 다시 왔다(7장 참조). 또래 관계를 더 잘하고 싶고, '행복해지는 법'을 배우기 위해서였다(Nelson-Jones, 19996).

맺는 말

이번 장과 다음 장에 제시된 증거는 죽음과 상실이 사춘기 이전 아이들과 청소년에게 미치는 심각한 영향을 부각시켜준다. 영원함과 안전함의 감각을 뒤흔들어놓는 죽음과 같은 사건을 다룰 준비가 되어 있는 십 대 아이는 거의 없다. 따라서 교과 과정에 이 주제를 더 적절히 다룰 과목이 들어갈 필요가 있다.

사별상담은 치료사의 역량에 의존한다. 이 일은 상담사에게 많은 함축 의미를 지닐 수도 있고, 그 자신의 개인적인 사별 경험을 건드리는 일일 수도 있기에 힘든 작업이다. 그러므로 슈퍼비전을 받는 것이 중요하다. 학교는 때로 학생이나 교사의 죽음을 다루어야 할 수도 있다. 또는 수학여행에서 일어나는 집단적인 비극에 대처해야 하는 경우도 생긴다. 이런 일은 의심할 바 없이 학교 전체에 영향을 미칠 것이며, 그 공동체는 이런 상황을 뚫고 나가기 위해 치료사에게 의존한다.

이 장은 학교에서 아이들을 지원하는 전통적인 치료 방법의 적절성을 인정했다. 또한 고려했던 것은 상실이라는 상황에 갇힌 내담자들을 위해 다양한 개입을 할 수 있도록 해주는 간결한 통합적인 스타일이다. '난화' 기법과 '고통장벽 도표' 같은 것이 그런 것이다. 사별치료를 받고 있는 네 명의 남학생들의 사전녹화 회기를 더 광범위하게 연구함으로써 이 장의 결론에 도달했다. 그것은 각자의 이야기를 듣고 협동하는 대화를 하는 것이 어떤 식으로든 자신의 경험을 자기 나름의 신념체계와 인지능력 안에서 일반화시키는 데 어떻게 도움이 되는지를 보여주었다.

성찰 연습

❶ 학교에 친척이 여러 명 있는 어떤 가족이 한 달 사이에 두 번의 사별을 겪었다. 한 사건은 오토바이 사고로 큰오빠가 죽은 것이고, 다른 한 사건은 예기치 못한 심장마비로 삼촌이 죽은 일이다. **안전한 애착관계**를 가졌으나 인생 초기에 이토록 짧은 기간에 겹쳐진 상실을 경험한 십 대는 어떤 영향을 받을 것이라고 생각하는가?

❷ 친구가 자동차 사고로 죽은 일로 인해 상담실에 함께 온 서너 명의 아이들을 가정해보라. 아이들이 각기 수업에 결석 허가를 요구한다면 당신은 사전에 계획하는 약속 시간을 잡고 나중에 집단상담이나 개인상담을 제시하면서 이 일을 다룰 것인가? 당신의 대답과 대답의 이유를 대라.

❸ 어느 날 저녁에 교장이 전화를 걸어와 지난 주말에 승합차 사고가 있었고, 그 사고로 학생 아홉 명이 죽었다고 알려주면서 이로 인해 트라우마를 겪는 많은 학생들이 당신의 상담실 문을 두드릴 것에 대비해야 할 것이라고 말해주었다고 상상해보라. 다음 날 많은 학생이 당신을 찾아오는 상황에 어떻게 대처할 것인가?

❹ 사랑하는 가족이나 친구를 잃은 십 대와 함께 할 때는 어떤 특정한 접근법과 기법이 가장 효과적이었다고 생각하는가?

　　a. 당신이 선택한 모델의 어떤 특정한 요소가 청소년의 사별 문제에 가장 적합하다고 생각하는가?

　　b. 앞에서 기술했던 어떤 기법과 개입을 당신의 상담에 활용하려고 고려할 것인가?

❺ 앞에서 제시했던 집단 사별치료에 참여한 남학생 네 명의 다양한 이야기들을 비평하라. 녹화된 한 회기에서 이들이 함께 만든 결과로 인해 도달한 결론에 대한 당신의 견해는 어떠한가?

❻ 일 년 전 아버지가 죽었을 때 사별상담을 한 적이 있는 11학년(16세) 내담자를 상상해보라. 그가 아주 편안한 얼굴로 당신을 찾아와서 자신이 점집에 갔었고, 무당이 '전혀 본 적 없는' 고인에 관한 정보를 자기와 함께 나누었다고 당신에게 말했다고 상상해보라. 그리고 아버지는 이제 안식하고 있지만 언니는 곧 직장을 잃을 것이고 엄마는 좌절하게 될 것이라고 무당이 말했다면서 그 아이가 이야기하는 것을 상상해보라.

　　a. 당신은 이제 이 내담자를 어떻게 상담에 끌어들일 것인가?

　　b. 초자연적 행위에 대한 종교적 신념이나 견해가 당신의 상담 작업에서 어떤 자리를 차지할 수 있을까?

　　c. 이러한 문제에 대한 당신 자신의 견해를 상담에서 함께 이야기할 것인가, 아니면 슈퍼비

전을 받을 것인가?

✓ 문화적으로 서로 다른 집단들의 죽음 이해와 대처 방식은 서로 다르지만, 종교의 의미가 점차 퇴색되어가는 서구 산업국가들에서는 죽음과 죽는 일이 부인되고 그냥 위생적으로 다룰 일이 되어가는 경향이 있다.

✓ 호주의 조사연구에 따르자면, 학교 정규 교과 과정에서 죽음과 죽는 일에 관해 다루어야 한다는 지표들이 있다. 그래야 학생들이 장래에 있을 수도 있는 상실에 더 잘 대비되어 있을 수 있다는 것이다.

✓ 사랑하는 이와의 사별은 사춘기 이전의 아이와 청소년에게 심각한 사회적·정서적 영향을 미치고, 행위에도 영향을 미칠 것이다. 가족 내에서는 '강해야' 한다는 느낌으로 인해 학교에 있을 때 정신의 붕괴를 경험하는 아이들도 있다.

✓ 난민과 난민 신청 중인 아이들에게는 사별이 저 멀리 고향에서 식구를 잃어버렸다는 개인적 상실을 의미할 뿐만 아니라, 가족의 예식과 장례를 통해서 죽음을 다룰 기회와 문화를 상실했음 또한 의미한다.

✓ 발달을 정신역동적으로 해석한다면, 부모 중 어느 한쪽의 죽음이라도 그 죽음으로 인해 자녀는 양육과 경제적 지원을 상실했을 뿐 아니라 자율성과 독립성을 향해 움직일 심리적 수단을 제거당한 셈이다.

✓ 보통 이용되는 정신역동 접근법, 인간중심 접근법, 실존적 접근법이 상실을 다룰 때 효과가 있다고 증명되어왔다. 그러나 '난화' 기법, 고인을 상기시키는 물건들, '고통장벽 도표', 상실 도표 같은 치유 도구를 활용하는 간결한 양식들도 개인상담 작업에서 소통의 통로를 열어줄 수 있다.

✓ 보통 시행되는 사별치료는 다양한 애도 단계에 있는 내담자들을 도와준다. **망연자실**, **부인**과 **고립**, **분노**하게 됨, **타협**하고 싶음, **우울**해짐 등의 여러 단계에서 결국 수용하고 미래에 희망을 두는 데로 발전해가는 단계까지 내담자들은 다양한 단계를 오락가락한다.

✓ 사별을 겪은 청소년에게 '단짝' 친구는 지원군이 될 수 있으며, 집단치료는 고립된 학생들이 함께 이야기를 나눔으로써 자신의 경험을 '일반화'할 수 있는 강력한 수단이 될 수 있다. 비록 표현되는 감정의 깊이를 다룰 역량이 그 참여자들에게 있을 가능성이 없을지라도 그렇다.

11 Parental Separation and Step-parent Conflict

부모의 결별과 의붓부모와의 갈등

이 장에서 다룰 내용

> 부모의 결별에 대한 조사연구
>
> 부모 결별 다루기
>
> 부모의 결별에 직면한 십 대 상담
>
> 결별 이후의 상담
>
> 의붓부모와 갈등하는 학생 상담

들어가는 말

부모의 결별을 경험하고 있는 많은 청소년이 상담을 받으러 온다. 그 시기가 염려와 불안의 시간일 수 있기 때문이다. 이 장에서는 '이혼' 대신 '부모의 결별'이라는 단어를 사용해 포괄적으로 서술하려고 한다. 그리고 나는 청소년을 관리하고 필요한 것을 공급해주는 어른을 '돌보는 자'라기보다는 '부모'라고 본다. 이런 사람을 청소년이 '엄마'나 '아빠'라고 부르지 않을지라도 그렇게 바라보기 때문이다. 청소년이 그들을 엄마나 아빠로 부르지 않는다고 말함으로써 돌보는 자들을 깎아내리려는 것은 아니다. 그들이 청소년의 생물학적인 부모보다 더 좋은 부모인 경우도 많다.

영국의 어떤 지역에서는 한부모가정이 매우 일반적이어서 전통적인 '핵가족'은 소수 인종 공동체들에서만 '정상'으로 되어가는 추세다. 사실 나에게 상담받으러 오는 많은 학생이 백인 비전문직 가족에 속하고, 그 내담자 중 절반만이 양쪽 친부모와 살며, 3분의 1 정도는 한 부모에게 양육되고 있다(부록 1 참조).

이 장에서는 영국의 가족 구성에 대한 통계를 먼저 서술하고 나서, 세 집단의 청소년에게 적용될 수 있는 간략한 통합접근법들을 개괄하려고 한다. 그 세 집단이란, 부모의 결별이 시작될 때 트라우마를 경험한 청소년, 부모의 결별 후 자기존중감을 상실해 괴로운 청소년, 양부나 양모와 갈등을 겪는 청소년으로 나뉜다. 첫 집단은 결별 과정으로 인해 가정에서 생기는 긴장을 대면하는 일에서 지지가 필요하고, 다른 두 집단은 부모 중 한쪽이 가정을 떠날 때 재적응해야 하는 어려움에 대한 지지가 필요하다.

부모의 결별에 대한 조사연구

갑자기 높아진 이혼율에 대응하기 위해 1938년에 결혼생활 자문위원회Marriage Guidance Council가 설립되었다. 이 위원회는 '관계Relate'라는 이름으로 바뀌어 런던에서 중재상담소로서 운영되었다. 1983~1988년 사이에 8000쌍 이상이 이 상담소를 거쳐갔고, 창립 50주년에 그 숫자는 거의 25만 쌍으로 늘어났다(Litvinoff, 1991).

요즘은 결혼생활이 실패하면 종료될 수 있다는 생각으로 결혼하는 경우가 많다. 가족 구조의 변화는 부모의 결별에 대해 자유로워진 대중의 태도, 전통적인 성 역할에 도전하는 여성주의의 영향, 사회적·정치적인 요인의 결과이다. 현대 가정에서는 남성이 육아의 의무를 아주 유능하게 담당하는 경우가 많다.

동거는 선호받는 '가족' 모델이지만, 반복적인 변화와 지지관계망이 사라지는 것을 경험해온 아이들을 불안정하게 만들 수도 있고, 이전에 가정폭력을 경험했던 아이들에게는 유리할 수도 있다(Smith, 1999). 폭력은 부모의 결별 전에도 발생할 수 있고, 결별 후 접촉에서도 발생할 수 있다(Wolfe et al., 1986). 불안과 낮은 자아가치감, 적개심을 가진 분위기에서의 생활, 지속적으로 속이고 거짓말을 하는 성인에게 노출되는 것은 정신 집중에 나쁜 영향을 미친다(Smith, 1999). 부정직함을 보여주는 부모는 자녀의 진실감각 토대를 약화시킨다.

부모의 무너짐에 대한 영국의 통계

'핵가족'이 어떤 공동체들에서는 더 이상 규범이 아니다(Pechereck, 1996). 21세기로 접어들 시기에 영국에는 90만 재혼 가정에(Webb, 1994), 부모 중 한쪽만 생물학적인 부모인 아이들이 20만 명이 될 정도로 많아졌다(Holland, 2000). 2008년 잉글랜드와 웨일스의 혼인신고 잠정 수치는 1895년 이래로 가장 낮았다. 전체 결혼의 37% 정도가 커플 중 한쪽 또는 양쪽의 재혼이었으나, 이것은 1998년보다 4% 줄어든 것이다. 1992년 이래로 잉글랜드와 웨일스에서는 종교적 결혼식보다 일반 결혼식이 더 많았고, 2008년에는 전체 결혼식의 67%를 차지했다(OfNS, 2008a).

동거 커플과 사는 자녀와 한부모가정 자녀의 수는 1998년과 2008년 사이에 60만과 10만으로 각기 증가했다. 동거 커플과 사는 자녀의 비율은 8~13% 늘었고, 한부모가정 자녀의 비율은 22~23% 늘었다(OfNS, 2008a). 한부모가정이 가장 적은 인종은 아시아인이었다. 인도인 가정의 10%, 파키스탄과 방글라데시 가정의 13%만이 한부모가정이었다. 이에 비해 캐리비안 흑인 가정의 절반가량(48%), 그리고 기타 흑인 가정의 52%가 한부모가정이었다. 영국의 백인 가정은 22%가 한부모가정이었다. 캐리비안 흑인 가정의 5분의 1(19%)이 결혼한 커플이었는데, 이는 다른 소수 인종 중에서 가장 낮은 비율이었다. 아시아 가정의 동거 커플 비율이 가장 낮았다(OfNS, 2008a).

2008년 4월에서 2009년 3월 사이 '아동긴급전화'에 전화를 걸었던 아동들이 표현한 '염려'는 부모의 마약과 술 남용에 관한 것이었고, '주요 문제'는 가족 안에서의 '신체적 학대'(35%), 그다음은 '가족 관계 문제'(20%), '성적 학대'(10%), 그리고 '방치'(4%)였다. 외로움 호소는 6%였다(NSPCC, 2010).

가족 관계에 영향을 주는 사회적·문화적 요소

2008년에는 영국 여성의 68%가 부양 자녀가 있는 '일하는 엄마'로 보고되었는데, 이는 지난 50년간 20% 늘어난 수치이다(OfNS, 2008a). 높은 전문자격증을 획득한 여성이 점점 증가하면서 모성보다는 자신의 삶을 추구하는 사람이 많아졌다.

여성이 임신하거나 유아의 첫 몇 달 동안 부부의 관계가 깨지는 일이 드물지 않다. 이 시기가 그 관계를 심각할 정도로 시험하기 때문이다(Smith, 1999). 십 대의 임신 증가는 영국의 근심거리 중 하나다. 준비되지 않은 어린 부모는 양육에 적당하지 않은 상태에서 보통 살고 있기 때문에 특히 그렇다.

부부나 동거인이 '사랑이 식었다'거나 '성적으로 함께 있을 수 없게' 되었을 때 '자녀를 위해 함께한다'는 윤리보다 자신의 욕구와 삶의 성취를 우위에 놓는 것이 더 이상 사회적으로 낙인찍히지 않는다(Litvinoff, 1991). 수공업에서 산업화로의 전환은 많은 남성이 자신의 남성성에 혼돈을 느끼게 만들었다. 또한 아버지가 가족의 갈등을 현대의 사회적 태도와 다른 방식으로 다루는 경우에는 딜레마를 경험할 수도 있다.

결혼서약을 뒷받침하는 종교적 원리가 미세하게 침식당해가면서, 커플이 자녀의 희망에 반대되는 선택을 하는 것에 대한 죄책감이 약화되어왔다. 그리고 중매결혼과 이혼 불가에 관한 전통적 종교의 신념이나 문화적 신념을 고수하는 어떤 인종 공동체들에서는 십 대 자녀가 그들 가치에 반대되는 견해를 가질 때, 말하자면 영국법이 허락하는 동거, 동성애 관계 및 동성 혼인을 선택할 때 긴장감이 더해진다. 역으로, 종교에 헌신하는 가족의 자녀는 부모가 결별함으로써 해당 공동체에서 거부당함을 경험할 수도 있다.

부모 결별의 영향

사별당한 학생(10장 참조)과 부모의 결별을 경험한 학생의 공통점을 비교하는 조사연구가 수행되었다. 이 연구는 상실 경험을 다양한 생리적 장애, 정서적 취약함, 행동 장애, 비행, 반사회적 행위, 신경증, 매달림, 아동 우울증, 심리적 장애와 연결시켰다 (Holland, 2000).

5세 이하 아동이 가족의 변화에 특히 취약하다고 여겨지지만(Dominian et al., 1991; Elliot and Richards, 1991), 일반적으로 청소년 역시 마찬가지로 위태롭고, 특히 부모의 결별이나 의붓부모와의 두 번째 결별을 경험하는 청소년들이 그러하다. 어린 아이는 '정서적으로 얼어붙음'으로 반응하며 퇴행하지만, 청소년(특히 여자 청소년)은 우울해하며 삶의 의욕을 잃기 쉽다(Smith, 1999).

부모의 갈등을 경험하는 아이는 학교생활을 잘해내지 못할 수도 있다(Smith, 1999). 등교 거부, 방해하는 행위, 학습장애 등이 부모의 결별과 연관되어 있다고 생각된다(Holland, 2000).

가정폭력의 영향

만연되어 있는 가정폭력이 부모 결별의 한 원인이다(Lines, 2008). 오늘날에는 여성이 학대하는 배우자와의 관계에 계속 머무는 경우가 줄어들고 있기 때문이다. 폭력적인 가정에서 자란 사람이 폭력적인 성인이 되거나, 역으로 폭력의 희생자가 될 수도 있고, 살아가면서 자기 자녀를 계속 학대할 수도 있다고들 말한다. 이후의 이런 발견을 위해서 이루어진 조사연구는 성인이 자신의 아동기를 어떻게 기억하느냐에 기반을 두기 때문에, 전적으로 신뢰할 수 있는 것은 아니다(Smith, 1999).

영국 보건부가 부모나 의붓부모의 신체적 학대로 인한 아동의 죽음을 보고받는 건수는 해마다 약 120건에 이른다. 이 중 많은 경우가 여성 배우자와 아동을 폭행한 전력이 있는 아버지 또는 의붓아버지에 의해 행해졌다(Smith, 1999). 주로 알코올에 관련된 가족 갈등 때문에 '아동긴급전화'로 전화를 건 아동의 3분의 1이 신체적 폭행을 당했다(NSPCC, 2010).

 조사연구에 대한 평가서가 제시한 바에 따르면 가정에서 신체적 학대를 당한 아동의 40~60% 의 가정에서 여성 배우자에 대한 폭행이 있었다(Smith, 1999). 그리고 '아동긴급전화'는 이 수치를 확인해준다. 북미의 한 연구에 참여한 아동 거의 모두가 어느 쪽 부모로부터든지 당했던 폭력을 세세히 말해주었다(Smith, 1999). 아동은 '속으로 우는 일'에 능하기 때문에 학대의 정도가 늘 탐지되지는 않는다.

그러나 폭력적 양육과 부모의 결별이 성인기의 폭력성과 연관된다는 결정적 증거가 있는 것은 아니다. 캐나다의 조사연구가 발견했던 것은 가정폭력 환경에서 자라난 아동의 4분의 1가량은 영향을 받지 않았다는 것이다. 더구나 소년의 3분의 2와 소녀의 5분의 4가 '정상' 한계치 안에 있었다(Wolfe et al., 1985).

조사연구자들은 모든 아동의 회복 비율은 폭력이 그치거나 신속한 지지가 이루어질 때 높아진다고 말한다. 그러므로 학교상담이 중요하다.

부모 결별 다루기

이혼과 결별이 자녀에게는 끔찍한 결과가 되리라고 사회는 예상하지만(Humphreys and Stanley, 2006), 이 추정은 거의 검증되지 않은 것이다. 청소년들의 말을 직접 들었던 한 연구에서 나온 결론은, 초기의 트라우마에도 불구하고 결별이 제때 잘 다루어진다면 아동은 안전하다고 느끼고 안정된다는 것이다(Smith, 1999).

루이스(Lewis, 1992)가 발견한 것은 학교를 부모의 갈등과 결별로부터의 안전한 피난처로 삼는 학생이 많다는 것이다. 그리고 일반적으로 교사는 사별보다는 결별의 경우에 지지를 더 잘 해준다는 것이다. 라파엘(Raphael, 1984)이 보여주는 것은 사별을 겪거나 부모의 결별을 겪은 학생은 교사가 괴로움을 달래줄 시간이 날 때까지, 홀랜드가 말한 것처럼(Holland, 2000) '제자리걸음'을 하며 버틸 수 있다는 것이다. 상실은 '그것에 압도될 때'만 문제가 된다.

남자아이가 부모의 결별로 여자아이보다 더 심각하게 고통스러워할지의 여부는 아직 의문이다. 조사연구 결과들이 상반되기 때문이다(Smith, 1999). '아동긴급전화'에 따르면, 술을 많이 마시는 우울한 아버지와 사는 남자애가 엄마와 사는 남자애보다 그 상황에 대처하는 데 더 큰 어려움을 경험한다. 부모의 결별을 괜찮아하도록 만드는 것이 무엇인지에 대한 물음에 응답하면서 스미스(Smith, 1999)가 엄마를 중심에 둔 관점으로 쓴 글은 다음의 세 가지 요소로 요약된다.

1. 아동은 아버지를 볼 필요가 있다. 그리고 아버지의 지지와 인정과 돌봄을 받으면서 자신이 아주 특별하다고 느낄 필요가 있다. 이 말은 그냥 아버지를 본다는 말이 아니라, 냉담한 훈육 대신에 진정한 관심과 격려를 경험하는 것을 말한다.

2. 아동은 엄마가 결별 후 정상이라고 할 만한 상태로 돌아오기를 바라고, 자신을 따뜻하게 대해주면서 아버지에 대한 자신의 느낌을 존중해주기를 바란다.

3. 아동은 상황에 대해 듣기를 바라고, 정직한 정보를 이야기해주길 원한다. 아동은 비밀이 있는 것을 원하지 않으며, 부모의 싸움에 끼어 있는 것을 그만두고 싶어 한다. 부모 두 사람 모두 솔직하고 개방적일 필요가 있다. 아동이 깊은 감정들을 다룰 줄 안다는 것을 알아야 한다. 부모 중 누군가의 부정不貞에 관한 정보는 아동에게 어쩌면 숨겨져야 할 수도 있지만, 어떤 점에서는 아동에게 거짓말을 하는 것이 도움이 되지 않고, 부모 두 사람 모두의 계속적인 거짓말은 좋지 않은 행위의 본이 된다.

결별의 시기에 예외 없이 모든 아동은 적개심이 끝나기를 원하지만, 부모의 결별 그 자체와 그 후의 아동 복지가 직접 연관 있다고 보이지는 않는다(Rodgers and Pryor, 1998). 새로운 가족이 구성되고 의붓부모와 연관되는 일은 또 다른 문제가 될 수도 있다.

부모의 결별에 직면한 십 대 상담

가족의 변화에 의해 심한 상처와 충격을 받은 십 대를 상담할 때 그 작업이 치료자에게 영향을 줄 수도 있다. 의식적으로든 무의식적으로든 자신의 상실 경험과 병행되거나 연결된다면 말이다. 이런 상황에서는 그 일이 역전이 문제와 관련된다는 것을 액면 그대로 받아들이고, 치료자는 반드시 슈퍼비전에서 그 문제를 다루어야 한다.

치료자에게 영향을 줄 수도 있는 두 번째 요소는 변화하고 있는 영국 가정생활 구성에 대한 정책과 관련이 있다. 앞서 주목했듯이 여성주의의 상승, 동거의 변화된 성격, 영국의 경제적 전망으로 인해 엄마 노릇과 생활비를 벌어야 하는 이중역할을 할 수밖에 없는 여성이 많아졌는데, 그 결과 남자가 전통적 가족에서는 하지 않던 역할을 하게 되고 엄마는 자녀와 예전보다는 시간을 훨씬 덜 보내는 경우들도 생겼다. 다음에 나올 사례에서는 이런 전문적이고 정치적인 이슈가 옆으로 밀려나게 되는데, 그 이유는 그 치료자가 '**무조건 긍정적 존중**'이라는 상담의 핵심 조건을 선호하기 때문이다. 다음의 본보기 사례는 다원적 간결요법이 가족 변화의 희생자를 어떻게 지지해줄 수 있는지 보여준다.

위에서 인용된 조사연구가 지적해주는 바에 따르면, 부모의 결별이 잘 진행되었을 경우에는 아동이나 청소년이 싱처를 받지 않을 수도 있다는 것이다. 그리고 자신을 지지해주는 기반의 변화를 경험하는 아동과 청소년에게는 학교에서의 간결상담이 적응을 돕는 데 결정적으로 중요한 역할을 할 수도 있다는 것이다.

 안젤라 부모의 결별　열네 살 안젤라는 자료실에서 학교 물품을 훔친 일로 상담실에 처음 오게 되었다. 안젤라의 생활지도 주임이 상담실에 의뢰한 이유는 그 아이가 범죄 집단에 끼어 있는지 의구심이 들었기 때문이었다. 그러나 그렇지 않고 그냥 저지른 일이라고 상담 초기에 분석되었고, 이 일로 안젤라는 교훈을 얻었다. 나중에 안젤라는 다른 문제로 나에게 왔는데, 그 이전에 받은 상담이 도움이 되었음을 알았기 때문이었다. 그녀가 가지고 온 다른 문제는, 부모가 잘 지내지 못하고 있었기에 곧 갈라서지 않을까 하는 염려였다.

저녁마다 부모는 자주 논쟁을 했고, 한 번은 아버지가 엄마를 냄비로 때리기도 했다. 그 결과, 아버지가 집을 나가 할아버지 집으로 살러 갔다. 아버지가 가장 최근에 집을 나갔을 때는 한 달 이상 돌아오지 않았다. 혼외 관계보다는 재정적인 문제가 갈등의 근원으로 생각되었으며, 그 부모는 더 이상 서로 사랑하지 않았고 각 방을 썼다.

안젤라는 엄마와 아주 가까웠는데, 엄마는 안젤라에게 남편을 사랑하지 않게 된 지 1년이 넘었다고 털어놓았다. 안젤라의 아버지는 사업을 했고, 따라서 그 부모의 결별은 경제적으로 영향을 미칠 수밖에 없었다. 아버지는 그 집에서 엄마가 아이들과 계속 살아야 한다는 데 동의했지만, 안젤라의 엄마는 주택대출 상환을 계속할 수 없어서 집을 팔 수밖에 없으리라고 느꼈다.

안젤라를 위한 상담은 암울하게 보이는 미래로 인해, 그리고 변화로 어려워질 가정 형편에 관해 그녀를 지지해주는 것으로 구성되었다. 안젤라가 상담을 요청한 것은 그 전날 밤 집에서 부모가 자녀들을 불러 모아 별거 계획을 말한 다음 날이었다. 자녀들 각자 어느 쪽 부모와 살고 싶은지 선택할 수 있었다. 부모가 모두 열심히 자녀들과 계속 자주 접촉하려고 했다.

넬슨-존스(Nelson-Jones, 1996)가 내담자에게 말해주는 것은, 효과적인 사고기술과 낙관적인 감각을 가지고 있다면 **자신의 미래를 예측하고 창조**할 수 있다는 것이다. "미래는 아직 일어나지 않았기 때문에, 미래에 관한 사실이란 없다"(Nelson-Jones, 1996: 113). 미래를 보는 하나의 방법은 미래를 '객관적 현실과 대조되는 당신의 주관적 현실에 기초한 정신의 구조물'로 바라보는 것이다. "그것은 당신 머리에서 무엇이 일어날지에 관해 그리는 단어들과 그림들이다"(Nelson-Jones, 1996: 113).

상실감과 실망감의 표현과 더불어 불확실한 미래를 상상하는 것을 표현한 한 번의 짧은 회기 후에, 안젤라는 변화한 현실을 효과적인 사고기술로써 낙관적으로 생각해보는 방법을 찾았다. 부모의 결별을 앞에 둔 학생은 그 결과에 대해 비관적인 전망을 하는 경우가 많고, 그래서 민감하게 다루어져야 한다.

그러나 미래 예측에 인지적 왜곡이 담기는 경우도 종종 있다. 부모의 결별을 경험한 내담자가 그 당시에는 트라우마를 겪을지라도 장기적으로는 긍정적이고 더 이로운 것으로 보는 경우도 있지만, 이런 과정 초기에 배후에 있는 유익을 보지 못하는 내담자에게는 그것이 아주 겁나는 전망이다. 위의 조사연구에서 보았듯이, 사별과 크게 다르지 않다. 내담자는 부모가 함께 살기를 멈춘 결과에 대해서 좋은 일은 축소하고 나쁜 일은 확대하는 경우가 많다.

분명하게도 변화에 대한 두려움은 안정을 흔들기 때문에, 어린 내담자에게는 이와 같은 미묘한 국면에서 지지받고 있다는 느낌이 필요하다. 또한 실패에 대한 두려움은 자신을 무겁게 누르고, 또래 관계에 영향을 미치기도 한다. 내담자는 자신의 상황을 **재앙화하기**를 잘하고, 자신에게 매우 엄격하게 군다(Ellis, 1994). 또한 어린 학생은 결별의 원인이 자신의 행위 때문이라고 **잘못 탓한다**(Nelson-Jones, 1996). 그럼으로써 자기가 생각한 대로, 자기 말대로 된다고 생각하는 경향이 증가한다. 하루아침에 자신의 행위를 바꿀 수 없기 때문에, **부모의 계속되는 싸움은 틀림없이 자신의 책임이어야 한다**. 이런 추론으로 그는 비난의 대상을 자기자신으로 바꾸고, 부모의 결별을 '정당화'한다.

점수 매기기로 부모의 갈라섬의 장점과 단점의 무게를 재는 것은 내담자를 도와줄 유용한 방법이 될 수 있다. 그리고 이 기법이 안젤라에게는 부모가 결별을 선택한

그림 11-1　점수표

장점	단점
고함, 싸움, 불신이 없다: 8점	수입이 줄어든다: 7점
학교에서 집중할 수 있다: 6점	엄마나 아빠가 외로워질 수도 있다: 5점
말싸움이 없는 집으로 친구를 데려올 수 있다: 4점	친구들이 나처한 질문을 한다: 4점
합계: 18점	합계: 16점

다고 해서 모든 것을 잃게 되지는 않음을 볼 수 있게 도와주었다. "부모님이 헤어지면 미움, 고함, 불신, 폭력이 줄어들 것이라는 의미에서 말할 수 있는 장점을 1에서 10까지 점수를 매겨보겠니(높은 숫자는 더 좋은 것을 표시한다)? 마찬가지로 단점도 점수 매겨보겠니?" 그녀의 점수와 내용은 〈표 11-1〉에 있다.

　상상하며 예측해보고 용기를 얻은 안젤라는 부모가 이미 헤어졌다고 상상할 때 그 미래가 재앙과 같을지에 대한 **현실검사**를 해보았다. 넬슨-존스(Nelson-Jones, 1996)는 현실검사를 위한 개인적인 목표 설정의 4단계를 제시했다.

- 자기 삶의 주도권
- 초점의 명확성
- 의미 증가
- 동기 증가

　자신의 삶의 주도권을 주장함이란, 안젤라의 경우 자기 미래가 부모의 행복에 전적으로 의존하고 있지 않다는 것을 의미했고, 바라는 일에 쓸모없이 에너지를 소비하는 것은 개인적인 목표로부터 주의를 분산시키고 있음을 의미했다. **동기 증가**는 **의미 증가**에서 파생되고, **명확한 목표는 초점의 명확함**에서 파생된다. 그리고 이것이

치료의 초점이 되었다.

'기적 질문'(de Shazer, 1988)을 통해서 안젤라는, 어느 날 아침 아주 다른 세상에서 깨어났다고 상상해보라는 권유를 받았다(Lines, 2000). 부모가 더 이상 함께 있지 않고, 안젤라는 평일에 엄마와 살면서 주말에는 아빠에게 간다면, 이런 세상은 어떨까? 안젤라가 더 적극적으로 생각해보기 시작하면서 깨달은 것은 열네 살 소녀인 자신의 인간관계적 세상은 별로 변하지 않으리라는 것이었다. 물론 처음에는 상실감이 있을 테고, 좋은 옷이나 외식할 돈은 줄겠지만, 주말에 아버지에게 방문하면 다른 관계적 기회가 생길 수도 있고, 새 친구들을 만들 수 있는 용돈을 얻을 가능성도 있을 것이다.

상담의 마지막 단계에서는 우리 목표를 정할 필요가 있었다. 일어난 일을 **받아들이기**에 관해 긍정적으로 생각하도록 돕기 위해서였다. 그리고 그냥 기분대로 **있기**보다는 무언가를 **하기** 위해서 목표를 정할 필요가 있었다. 청소년은 활동언어로 말한다. 이것은 그들에게 추동력을 줄 수 있고, '현실검사'에서 낙관적 전망을 하게 만들 수 있다. 생각나는 대로 모든 것을 말해보면서, 어떤 시나리오가 좋은지, 그리고 그런 시나리오에서 생길 과제는 어떤 것이 있을지를 이건의 다원적인 틀 안에서 탐색했다.

1. 친구들과 집 바깥에서 더 많은 시간을 보내기
2. 부모의 결정에 중립적으로 처신하고, 이것은 '그들의 선택'임을 성숙하게 받아들이기
3. 부모의 장래 계획이 자신의 기분을 얼마나 끔찍하게 낙담시켰는지에 관해 그 싫은 감정을 말로 표현하고 저항하기

안젤라는 1번을 선택했고, 2번을 이차적이고 보조적인 과제로 삼았다. 그럼으로써 부모의 헤어짐에 관해 더 안정된 느낌을 가질 수 있었을 뿐 아니라, 어른이 책임지는 결정에 대한 이해를 더 명확하게 할 수 있었고, 부모의 그 결정으로 이 세상이 끝나는 것은 아니라는 더 현실적인 관점을 가질 수 있었다.

결별 이후의 상담

부모의 결별 이후 개인상담을 하는 아동은 심층적인 상담치유가 필요한 환자라기보다는 단기간의 지지가 필요한 내담자로 보아야 한다.

 부모의 결별에 대한 루크의 대처　열네 살 루크는 저돌적인 행위로 인해 상담에 의뢰되었다. 그는 수업에 지장을 주었고, 주목을 끌려고 했으며, 친구가 건드리면 쉽게 분노했다. 그의 선생은 아이의 잘못된 행위가 그저 일부러 어깃장을 놓는 것이 아니라는 것을 알아채는 데 특히 익숙한 교사였다. 루크의 형인 미첼은 집을 나가 할머니와 살고, 루크와 여동생(루크는 '공주'라고 불렀다)은 불안정한 집에 남겨져서 알코올에 심하게 의존하는 부모와 살아야 했다. 이렇게 일 년을 살다가 고모가 두 아이들을 맡아서 돌보게 되었고, 매주 한 번 부모를 보는 것이 허락되었다. (현재 부모는 별거하고 있다)

첫 상담 회기에 루크가 말하길, 미첼은 할머니가 소중하게 여기고, 아버지는 공주를 가장 좋아하는데, 자신은 아무하고도 가깝지 않다고 했다. 루크는 상담을 받는 데 열심이었다. 왜냐하면 아버지와의 관계에서 풀리지 않은 문제들이 있었기 때문이었다. 그는 자신이 절대로 공주의 경쟁 상대가 될 수 없음을 알았지만, 그럼에도 불구하고 그 아이에게 아버지는 여전히 특별했다. 그러나 최근의 위기 상황이 문제를 불거지게 만들었다.

루크는 형 미첼을 따라서 프리미어리그 축구 경기를 보러 갔다. 그곳에서 아버지는 축구 경기 프로그램을 팔고 있었다. 미첼에게는 정기관람권이 있었고, 루크는 운 좋게도 미첼의 친구 중 하나가 준 공짜 표를 받았다. 경기가 끝난 뒤, 가족들은 음식점에 갔다. 음료수를 먹다가 여동생이 등받이 없는 간이 의자에서 미끄러졌고, 루크 때문에 그렇게 된 것이라고 탓했다. 이때 루크의 아버지는 한 잔 하고 '기분이 좋았는데' 취하지는 않은 상태였다. 그러나 루크가 자기를 의자에서 밀쳤다고 하는 공주의 불평을 듣고서 루크를 야단치기 시작했다. 아빠가 공격적으로 소리를 지르면서 루크에게 '꺼지라'고 말했다. 루크는 대꾸하다가 화장실로 뛰쳐나갔고, 아버지가 뒤따랐다.

다행히도 루크 아버지의 불같은 성격을 아는 일행들이 그들을 따라 화장실로 들어갔다. 루크의 아버지는 루크에게 달려들어 갈비뼈 부분을 가격했고, 바닥에 넘어진 루크를 발로 찼다. 세 사람이 붙어서 아버지를 떼어낼 수 있었다. 루크는 부상당했을 뿐 아니라 그 폭행에 대한 트라우마가 생겼고, 다시는 아버지를 보지 않겠다고 맹세했다. 루크의 할아버지는 자신의 아들을 책망했으며, 사회복지기관에 연락해 상황을 당분간 지켜보게 했다. 아동보호 법규하의 '아동보호child protection: CP 돌봄 프로그램'에 의거한 조치였다. 상담이 시작된 것은 아동보호 절차가 끝나고, 사회복지기관이 이 사례를 마감한 후였다.

가족의 폭력에 의해 여전히 트라우마를 겪는 아동을 위해서는 내담자 중심 상담이 바람직한 경우가 많고, 부모와 헤어져서 우울 증세가 있는 아동에게는 인간주의 상담과 단기 정신역동치료가 효과적이라고 입증되는 경우가 많다(Cooper, 2008; Leichsenring, 2001; Lines, 2000). 그러나 이 접근법들은 시간이 오래 걸릴 수 있다. 인지적·인간주의적 간결요법의 장점은 인간주의적 상담과 인지적 스타일을 유용하게 통합시켜주는 것으로, 인간주의 상담은 일차적으로 내담자의 상실감과 허탈감을 정당화시켜주는 것을 목표로 하고 인지적 스타일은 사고기술과 제한된 시간 내의 문제해결을 합쳐준다. [조사연구들은 인지적 요법이 불안증에 유효하다고 입증해준다(Cooper, 2008).] 넬슨-존스는 '정신기술'에 관해, 그리고 개인의 딜레마를 해결할 때 열린 선택을 통해서 해결책을 생각할 수 있는 능력에 관해 말한다(Nelson-Jones, 1996).

루크와 협력하며 논의했던 목표는 아버지와의 관계를 복구하는 것이었다. 인간주의적인 요소를 지닌 상담 과제는 아버지에 대한 루크의 양가적 감정을 중심에 두었고, 더불어 앞으로 주말에 아버지를 방문해 함께 지내게 될 때 어떻게 할지를 실제적으로 고려했다. 이것은 아버지가 루크에게 사과하고 루크와 전화 통화를 시작한 후에 특히 중요한 일이 되었다.

내담자 중심 상담을 한 후, 루크에게 미래를 어떻게 생각하는지 물어보았다. 회기 중에 루크는 세 가지 이슈를 꺼냈다. 하나는 음식점에서의 사건 이후에 과연 루크가 아버지를 신뢰할 수 있을까 하는 것이었다. 루크는 술에 취한 아버지가 무섭지 않다고 말했다. 이전에도 이러한 아버지에 대해 많이 대처해보았다는 것이다. 그러나 그 폭행은 루크를 아주 속상하게 만들었다. 게다가 상실감이 보태졌는데, 그것은 루크 엄마가 새로운 사람을 만나고 있으며, (소문에 따르면) 임신했다는 것이었다. 세 번째 이슈는 미첼이나 공주와는 달리 루크는 부모 두 사람 모두에게 **애착**이 없고, 자신의 장래를 위한 **본보기** 어른이 없다는 것이었다. 이 세 가지 이슈를 우리 과제로 삼았고, 다음과 같이 적었다.

1. 앞으로 주말에 아빠와 지낼 때 아빠가 술에 취해서 공격할지도 모르는데, 그러면 내가 어떻게 대처할 수 있을까?
2. 엄마가 다른 사람의 아이를 임신한 것과 엄마가 나와 공주를 '대신할 아이'를

원한다는 것이 나에게 무슨 의미인가?

3. 내가 더 이상 엄마나 아빠와 살지 않는다는 것이 나에게 무엇을 의미하나?

그다음 회기에 나는 루크에게 이전 회기에서 나타났던 이슈 중 어떤 것이 기억나는지 물어보았다. 그의 대답은 두 번째와 세 번째 이슈를 합쳐놓은 것이었다. 루크는 고모와 좋은 관계를 갖고 있는 것이 분명했으나, 부모의 음주 남용으로 인해 부모 모두를 잃었다는 상실감을 해소할 수 없었고, 아버지의 폭행과 어머니가 또 다른 아이를 낳을 예정이라는 사실에 의해서 상실감이 강화되기도 했다.

상담 저변에 놓인 이슈는 이런 상실 경험이 어느 정도나 일반화되고 있는지, 그리고 또래에 대한 그 아이의 행위에 얼마나 영향을 미치고 있는지를 알아내는 것이었다. 정서와 인간관계와 행위에 미친 결과에 대해서 생기는 물음은 그런 결과들이 **엄마도 아빠도 나와 살지 않으며 나를 나만의 가치로 여겨주지 않는다**라고 생각하기 때문일 수도 있는지에 관한 것이었다(McGuiness, 1998).

'정신기술'을 통해서 우리는 루크가 아주 진짜 거부당했다는 느낌을 가지고 스스로에게 무슨 말을 할 수 있을지를 보았다. 상담 관계는 그의 자존감을 세워주는 것을 근본으로 했지만(1장), 아직 상담에서 필요했던 것은 상실감을 정당화함으로부터 독립을 위한 강한 자신감을 주는 것으로 옮겨가는 일이었다. **그 아이를** 선택하고 **그 아이에게** 시간을 들여 **특별한 관심**을 주는 것 자체로 하나의 과정의 출발점이 되었고, 상담은 상담 종료에 관한 이슈를 다루면서 루크가 아직 미약하지만 스스로 충분히 해낼 수 있도록 만들어주는 것이 필요했다.

넬슨-존스는 우리에게 이렇게 상기시켜준다. "개인적인 문제들을 바라보는 한 가지 방법은, 문제들이란 해결책을 찾으라고 당신에게 도전하는 어려움들이라는 것이다"(Nelson-Jones, 1996: 3). 그러나 어떻게 어린 자녀가 부모에게 자신이 사랑받을 가치가 있다고 부모를 설득시킬 수 있겠는가? 대부분의 경우에 자녀는 그럴 필요가 없다. 아동기에 **안정애착**으로 혜택을 받은 아이들 경우에는(5장 참조), 부모가 자녀를 사랑하는 생물학적인 성품을 지니고 있는 경향이 있고, 마찬가지로 자녀는 부모에게 양육되고 사랑받는 성품을 지니고 있어서 무의식적으로 메시지를 결과에 투영한다. 루크의 경우에는 그 목표에 실천적인 과제는 없었고, 그가 받았던 메시지와 반대로 적극적인 생각하기가 들어갔다. 그 아이는 '너는 중요하지 않아, 꺼져버려, 너에게 신경 쓰는 일보다 더 나은 일이 있어!'라고 고함치는 메시지를 받아왔기 때문이다.

　　최소한 한쪽 부모와는 살고 있는 친구들 사이에서 어느 쪽 부모와도 살고 있지 않는 자신을 루크는 어떻게 생각했을까? 넬슨-존스(Nelson-Jones, 1996)가 제시하기를, 우리가 생각하는 것을 멈출 수는 없지만, 생각할 때는 생각하는 일을 **선택**한 것이고, 자기통제로써 **생각하지 않을 것**을 선택할 수도 있다는 것이다. 그는 또한 우리의 유한함에 대한 자각에 관해 말하면서 내가 지구상에서 **내 자리**를 차지하고 있는 **이 시기**에 **내 인생**을 책임지는 것이 필요하다고 했다. 사고를 당했던 사람들(Lines, 1995a), 암으로 죽음을 맞이한 사람들(Eva in Yalom, 1990), 또는 나치 시대의 유대인 대학살과 같은 민족적 비극에서 살아남은 사람들(Frankl, 1959)의 경우에는 자신이 빌린 시간 속에서 제2의 인생을 살고 있는 것처럼 느끼는 경우가 있다. 이것은 하나의 조망이자 철학적인 입장이다. 바라던 삶은 이런 것이 아니었다고 하면서 과거의 상실과 비통한 유감스러움에 머물지 않고, **현재 있는 그대로에 새롭게 초점을 맞추고, 앞으로 올 성장을 위한 기회들에 관해 자신의 실존에 대한 책임을 지는 데 초점을 맞추는 것**이다.

　　루크와 같은 14세 소년에게 자신의 상황, 다시 말해서 음주로 인해 부모 두 사람 모두를 잃어버린 상황에 대해서 더 좋은 방향으로 **재조명**해야 된다고 제안하는 것은 말도 안 되는 것으로 보일 수도 있지만, 이것이야말로 루크가 계속 나아가면서 자신의 인생에서 최선의 것을 얻기 위해 필요한 것이었다. 누가 비난받아야 하는지 몫을 나누는 일은 어느 편에도 거의 도움이 되지 않는다. 루크의 부모는 너무 많은 문제를 가지고 있어서 자녀를 돌보는 일은 고사하고 자신조차 거의 돌볼 줄 몰랐다. 루크는 개별화individuation 과정으로 접어들기 시작했고, 그래서 또래집단에 합류하는 일이 그 아이를 움직여주는 목표가 되었다.

　　루크의 과제를 성취하기 위해 효과적으로 생각하는 기술을 사용하려면, 그 아이가 처한 상실 상황의 틀을 다시 짜야 했다. 강한 감정을 내보내어 해소하도록 격려하는 접근법들과는 반대로, 넬슨-존스는 "느낌들이 선택을 낳는 근원이 되는 경향이 있다. 느낌을 발전시키고 규제할지, 아니면 사소하게 취급할지는 결정할 수 있는 일이다"(Nelson-Jones, 1996: 36)라고 말한다. 무엇을 생각할지 선택하는 일에는 몸이 말하는 것에 귀를 기울이는 일도 포함된다. 그리고 생각한 것에 대해 책임지는 일에는 '내면의 가치 결정 과정'을 경청하는 것이 포함된다(Mearns and Thorne, 2010).

루크는 자신이 돌봄을 제대로 받지 못했다는 것, 엄마와 아빠가 각기 부모로서 실패했다는 것, 부모의 음주가 그의 안녕에 영향을 주었다는 것을 알게 되었다. 초기 작업이 이것을 다루었다. 그러나 그 영향이 영구히 남을 필요가 없다는 것과 그의 상황이 영원히 구제불능일 필요가 없다는 것을 온전히 자각했다.

주의 깊게 말을 선택해서 내가 꾸준히 루크에게 물어본 것은, 이 시절의 경험이 늘 자신의 뒤를 붙잡고 있게 내버려둘 것인지 생각해보라는 것이었다. 그 아이는 단언하듯 "아니요"라고 했다. 그리고 이 확언은 사실 '**나는 이것이 나를 이기도록 내버려두지 않고, 그 위로 올라갈 것이다**'라고 말하는 더 단호한 영혼이 탄생하는 출발이었다. 루크의 힘을 북돋워주는 것 중에는 고모와 살면서 그에게 주어질 기회들에 대해 생각해보는 것도 있었다. 나는 루크에게 고모와 살게 될 때 얻을 인간관계적 장점을 말해보라고 했다.

루크 나는 제이슨과 마이클이랑 친구가 되어 같이 놀았어요. 우리는 수요일에 볼링을 하러 가고……, 일요일 아침에는 고모와 사촌 꼬마들과 수영하러 가고…… 그리고 밤에는 보통 공원에서 롤러블레이드를 탈 거예요.

부모에 대한 책임과 일상적으로 하던 염려에서 일단 **자유로워**지자, 루크는 새로운 인간관계를 맺는 세상으로 들어가기 시작했다.

무의식적으로 내담자에게 '부모 노릇을 하고 싶은' 역전이의 이슈가 내담자에게 힘을 북돋워주는 일에 방해가 될 수 있다. 알코올이 남용되는 가정에 사는 내담자에게는 특히 그렇다. 상담사는 반드시 내담자가 개별화 과정을 통과해 나아갈 수 있도록 돕는 방법을 찾아야 한다. 초기 가족생활의 결핍에도 불구하고 개별화해야 하는 것이 아니라, 그 결핍 **때문에** 개별화해야 한다. 효과적인 사고기술들이 통합주의 상담사에게는 이 목적을 수행할 수단이 되어준다.

학생들은 교과과정에서 전달되는 자료를 통해서 자신의 상실을 떠올리는 경우들을 만나기도 한다. 또래가 온전한 가정에서 즐거웠던 시간을 자랑할 때 박탈감을 느끼고 슬퍼하기도 한다. 그리고 그들과 비교하면서 폭력적이고 불안한 관계가 기억날 수도 있다. 무력화시키는 이런 이미지들에 인지적으로 반응하려면 내담자에게 힘을 북돋는 관점이 필요하다. 루크는 거의 희망과 전망이 보이지 않는 환경으로부터 돌봄을 받는 다른 환경으로 옮겨갈 수 있었다. 간결요법 상담을 통해서 루크는 부정적인 자아틀로부터 벗어나 새로운 정신적 구조를 세웠고, 다음과 같이 말했다. **이것은 내 인생이다. 내가 내 인생 대부분을 만들 것이다. 엉망진창인 내 어린 시절이 나를 물고 늘어지지 않게 할 것이다. 나는 긍정적인 사고를 하면서 앞으로 나아갈 수 있다.**

의붓부모와 갈등하는 학생 상담

어느 한쪽이 의붓인 부모와 사는 것이 어떤 학생에게는 긍정적인 대안이 될 수 있고, 헤어진 부모의 새로운 파트너가 자기 역할을 잘할 수도 있지만, 부모의 새 파트너나 의붓형제를 아이가 받아들이지 못하는 경우도 있다. 가정폭력으로 부모가 헤어졌을지라도, 아이는 그 폭력적인 어느 한편의 부모와 함께 있는 것이 상황을 변화시키리라는 희망을 갖기도 한다.

 아비르와 의붓부모의 갈등 아비르(13세)와 오빠 사이드(15세)는 기억할 수 있는 아동기의 대부분을 엄마와 백인 의붓아버지하고 함께 살았다. 의붓아버지와는 사이가 좋았다. 그러나 주말에는 친아버지 그리고 아버지의 새 파트너와 하룻밤을 지냈다. 아비르가 아버지의 새 파트너와 아기인 크리스티하고만 지내게 될 때도 있었는데, 아비르는 그 아기가 다루어지는 방식에 대해 염려하게 되었다. 가정폭력 때문에 부모가 헤어졌고, 아직도 아버지에게 공격적인 경향이 있다는 것을 알고 있는 아비르는 크리스티가 돌봄을 잘 받지 못하는 것을 보고 불안해졌다. 주말을 지내고 나면 점점 더 염려가 커졌으나 아무에게도 말하지 않았고, 엄마에게도 말하지 못했다.

학교생활 담당 교사가 보기에, 아비르가 학교에서 지나치게 불안해하고 다른 생각을 하고 있는 것 같아서 그녀에게 꾸준히 질문을 했고, 결국 그 아이가 털어놓게 되었다. 아동보호가 의뢰되고 관계당국이 크리스티의 부모를 불러 조사하며 질문했을 때, 그들은 아비르가 친엄마에 의해 학대를 당했지만 무서워서 보고하지 않았다고 주장함으로써 그 심사를 피해버렸다. 그 (근거 없는) 탐문이 아비르의 가족 중심에 들어와서 많은 속상함과 기분 상함이 생겼고, 아비르가 가족 안에서 자기의 혼동을 '행동해버린' 결과가 되어버렸다. 특히 아비르를 향한 엄마의 감정이 시험받았다. 아비르가 '무언가를 말했던 것' 때문에 의도치 않은 일들이 뒤따랐고, 그렇게 말한 것에 대해 정말 용서받았는지가 시험되었다.

사이드와 아비르와 함께 개별회기들을 계획했다. 사이드는 아비르에게 공격적이었고, 아비르는 나이에 맞지 않게 거의 떼쓰듯이 지나치게 소리지르고 고함을 질렀다. 그래서 나는 그들이 젠가 게임*을 하도록 끌어들여서 서로에게 반응하는 행위와 소통 태도를 유심히 보았다. 그렇게 하여 서로에 대한 관계성이 많이 드러났다.

그다음에 두 아이는 '반영순환 질문'(Tomm, 1985)을 연습했다. 이것은 각자 상대방에 관해 무언가를 배울 수 있는 강력한 수단이다. 두 아이가 서로의 마음 상태와 느낌 안으로 꽤 정확하게 들어갈 수 있었으나, 가족 안에서의 과거 사건들에 대해 각자 생각하고 느끼는 것에 관한 결정적인 이슈들은 어느 아이도 이해하거나 인정하지 못했다. 아비르가 알게 된 것은 사이드가 공격적이다가도 결국 계단 꼭대기에 앉아서 울 때는(15세 소년이라면 보통 울지 않는다), 자신이 아버지처럼 여자들을 때리는 남자 어른이 될까 봐 두려웠기 때문이라는 것이었다.

사이드는 여동생이 '어쩔 수 없이 하게 된' 그 폭로로 인해 얼마나 큰 영향을 받았는지 알게 되었다. 여동생이 배신을 느끼게 되었고 아버지는 여동생을 거부하게 되었다는 것을 알게 되었다. 사이드는 또한 이로 인해 필요했던 절차가 여동생과 엄마 사이에 벽을 쌓았음도 알게 되었다. 아비르는 아동보호 관계자가 문 앞에 나타나게 만들었던 무언가를 말해서 자신이 엄마를 배신했다고 느꼈고, 자신은 무엇을 해도 결코 오빠와 엄마 사이만큼 가까워질 수 없다고 느꼈다. 사실 이렇게 시험해본 것이 아비르가 엄마의 인정을 받으려고 하는 '버리는 패'가 되었고, 자신은 엄마의 사랑을 받을 가치가 없다는 **그녀의 마음 안에** 구성되어 있던 대본을 그대로 이룬 셈이었다.

상담사 너는 오빠가 너를 때리면서 즐거워한다고 느끼니? 네가 고함을 지르고 비명을 질러서 오빠를 약 오르게 할 때 말이야.

---

* 젠가 게임은 '스트레스 탑'이라고도 불린다. 블록으로 세운 탑에서 블록을 하나씩 주의 깊게 빼내어 다시 그 꼭대기에 쌓는 게임이다. 손가락 움직임의 기술이 있어야 되는 이 게임은 끝까지 무너뜨리지 않는 사람이 이긴다.

아비르 네, 오빠는 늘 그래요. 오빠는 나를 밀치기 좋아하고 전혀 아무렇지도 않아 해요.

사이드 **아니야.** 난 네가 날 그렇게 몰아가는 게 싫어(아비르는 무슨 말인지 모르겠다는 표정이었다, 눈을 왼쪽으로 올리면서)……. 그건, 그건 내가 아빠보다 나을 것 없다고 생각하게 만든단 말이야(아비르가 오빠를 빤히 본다).

상담사 사이드, 네가 전에 말했는데, 집안에서 일어난 폭력이 대부분 엄마가 당하는 것임을 봤다고 했지, 네 동생은 실제로 아무것도 못 봤고, 그래서 네 동생은 별 영향을 받은 것이 없고.

사이드 네, 맞아요.

아비르 **아니야.** 오빤 내가 뭘 봤는지 모르잖아. 그때는 내가 어렸을지 몰라도, 오빠가 할머니네 있을 때 나도 많이 봤단 말이야(사이드는 오른쪽 위를 쳐다보고, 멍하니 생각에 잠겼다).

상담사 그런데 사회복지사가 문을 두드렸을 때는 어땠을까? 아비르에게 무언가 영향을 줬다고 생각하니?

사이드 별로요. 엄마와 내가 그들에게 대답할 때 아비르는 방에 들어가야 했거든요.

상담사 아비르가 자신이 일으킨 말썽이라고 느껴서 몇 시간 동안 방에서 운 것은 어떤 것 같니? 그냥 크리스티를 보호하기 위해서 옳은 일을 했을 뿐인데 말이야.

사이드 모르겠어요. 질문을 받았던 엄마와 나만큼 힘들지는 않았을 거예요. 엄마가 나를 때렸는지 묻는 그런 질문들이요.

아비르 **바로 그거야, 오빠. 오빠는 모르잖아.** 그게 오빠에게만 영향을 줬다고 생각하지, 나는 아니고. **난 이런 일이 일어나길 바란 게 아니었어.** 나는 그저 타히라가 크리스티를 다루는 방식이 싫다고 말했을 뿐이야……(두 아이는 울기 시작했다).

이제 명백해진 것은 두 아이 모두 치료적인 지지가 필요하다는 것이었다.

아이가 새로운 가정에 편입된 후 의붓부모와 갈등을 경험하는 경우에 심리치료사는 '대처하는 자기대화 coping self-talk'와 '코칭하는 자기대화 coaching self-talk'를 가지고 지지해줄 수 있다(Nelson-Jones, 1996).

 부모의 결별 후 칼의 재적응 칼이 스스로 상담실에 왔을 때는 부모가 갈라선지 3년 후였다. 칼의 학년 주임교사가 몇 달 전에 그에게 상담을 받으라면서, 그의 불같은 성미에 관해 도움을 청하고 분노조절 훈련을 받으라고 이미 말했었다. 칼은 싸움을 해서 세 번 정학당했고, 엄마에게는 폭력적으로 굴었으며, 식구 중 누구에게나 폭발하는 성미 때문에 엄마가 학교에 두 번 와서 학생생활 주임을 만났음에도 불구하고 상담받으라는 충고를 따르지 않다가, 가족이 엄마의 새 파트너인 잭의 집으로 이사하면서 비로소 상담실에 나타났다.

엄마가 잭과 관계를 맺기 시작했을 때 칼은 말로 저항했다 칼은 엄마가 "그저 자기만 돌보는 사람이고 우리 애들이 떠날 때를 위해 계획하고 있다"라고 말했다. 그들이 잭의 집으로 이사 갔을 때 폭력적인 장면이 하나 있었고, 그 일로 칼은 집을 나와 여자 친구 집에서 일주일을 살았지만, 결국은 엄마의 소원에 굴복하고 잭의 집에 들어갔다.

거의 날마다 긴장이 고조되었고, 잭에 대한 칼의 감정은 증오로 변했다. 칼의 열여섯 살 생일이 두 달 앞으로 다가왔고, 생일이 지나면 그 아이는 떠날 예정이었다! 그 아이의 상담 요청은 그 사이의 시간을 잘 지낼 수 있게 도와달라는 것이었다. 더 깊은 이유는 그 집에서 머무를지 아닐지를 탐색하고, 엄마가 '잭에게 얼마나 속아 넘어가고 있는지'를 알게 만들어서 엄마도 떠나게 만들려는 것이었다. 칼이 나에게 오기 전날 밤, 잭과 크게 말싸움한 후 집을 나간 칼을 잭이 추격했다. 잭은 차를 타고 칼을 쫓아가 칼 앞에 급정거했다. 그 두 사람이 얼굴과 얼굴을 맞대었지만 누구도 먼저 주먹을 날리지는 못했다.

이 작은 위기 동안 협력하는 상담을 통해서 칼을 위한 단기 목표가 선택되었다. 공격성을 조절하는 것이 칼에게는 중요했다. 왜냐하면 그것이 다른 맥락에서도 드러났고, 앞으로 또래들과 어울리는 일에 영향을 줄 것이기 때문이었다. 그 아이의 행위는 잭을 쫓아내기 위한 무의식적인 움직임이었을 수도 있지만 역효과만 나타날 수도 있고, 너무 많은 에너지 투자로 너무 적은 효과를 내는 데 말려들게 하면서 그의 개별화 과정(5장 참조)을 방해했다. 부모의 결별 후에 칼은 아빠가 '떨어져'나갔다고 느꼈지만, 주된 이슈는 의붓아버지인 잭과 잠시 어떻게 함께 살 수 있을지였다. 남동생과 여동생은 의붓아버지를 받아들이는 것처럼 보였다.

인간중심상담은 아빠 아닌 남자에게 푹 빠진 엄마를 보는 것에서 커지는 상실감을 견디기 쉽도록 달래주었고, 넬슨-존스의 효과적 사고기술인 '대처하는 자기대화', '코칭하는 자기대화', '내가 할 수 있는 만큼만 하기'와 같은 기술이 칼의 자기통제를 유지하도록 도와주었다(Nelson-Jones, 1996: 46~56).

'대처하는 자기대화'는 스트레스, 분노, 충동 조절에 도움이 된다(Meichenbaum, 1983, 1986). '부정적인 자기대화'는 가능한 **성과**에 초점을 맞춘다. 그것이 칼에게는 잭을 제거해버리는 소원을 의미했다. 그러나 '긍정적 자기대화'는 살아남는 **과정**에 초점을 맞춘다. 그것이 칼에게는 엄마가 잭과 머물 수도 있다는 개연성을 고려하면서 자신의 청소년으로서의 마지막 단계를 '통과하도록' 그다음 단계로 '넘어가는' 일을 '스스로에게 코칭하는 것'을 의미했다. 부정적 자기대화가 칼에게는 잭과 사는 어머니의 삶을 참을 수 없고 상상할 수 없는 것으로 **재앙시하는 일**(Ellis, 1987)과 연관되어 있었다.

이 상담에는 '자기대화' 기술들을 긴장완화기법과 결합시키는 일도 과제에 포함되었다. 나는 칼에게 어떻게 긴장을 완화할 수 있는지 가르쳐주는 것이 도움이 되리라고 생각했다. 왜냐하면 칼의 불안은 사건으로 인해 생긴 것만큼이나 방 안에 앉아서 생각하는 것에서도 생겨났기 때문이다. 상담 회기 중에 실행한 긴장완화 연습은 통상적인 '점진적 근육 이완' 방법을 따라서 진행되었다(Jacobson, 1938). 그리고 깊은 숨으로부터 얕은 숨까지 숨쉬기 연습을 하는 것과 더불어 그 아이가 스트레스를 받는 상황에서 차분해지는 것을 시각화했다(6장 참조).

넬슨-존스(Nelson-Jones, 1996: 136)의 구조화된 접근법의 요소들이 상담의 틀로써 사용되었다.

- 긴장을 풀고 느긋해진다.
- 지배하려는 노력보다는 대처하는 일을 강조한다.
- 명확한 이미지를 찾는다. 그 이미지의 내용을 말로 표현한다.
- 한 단계씩 차례로 접근한다. 작은 불안을 일으키는 장면을 시각화하는 것에서 시작해 큰 불안을 야기하는 장면으로 옮겨간다.
- 코칭과 진정시키는 차원을 지닌 '대처하는 자기대화'를 사용한다.

칼이 최악의 가능성 또는 최악의 시나리오, 즉 엄마가 '잭의 팔에 안겨' 행복해하는 것을 상상했을 때, 그는 상담 중에도 분노했다. 잭에 대한 엄마의 감정을 바꿀 수 없다는 무력함을 느꼈기 때문이었다. 잭에게 추격당하던 장면을 떠올렸을 때는 훨씬 더 격분했다. 그러나 칼이 일단 엄마가 '행복해하는 것'에 초점을 맞추기 시작하고, 잭을 만나기 전에 '우울했었던' 엄마와 대조시키면서, 그의 표현은 분노보다는 후회가 더 많았다. 새롭게 방향을 정한 시각화가 시작되었다. '진정시키는 자기대화'와 '대처하는 자기대화'는 바뀔 수 없는 상황에서 적대감을 누그러뜨리는 작용을 한다. 칼에게는 엄마의 새 파트너에 대한 엄마의 감정을 변하게 만들 **힘도 책임도** 없으며, 자신이 그럴 힘과 책임이 있다고 생각하는 것은 비생산적이었다. 그러나 칼이 **자신의 감정들**을 바꿀 수는 있었다. 엄마의 선택이 자신에게 영향을 미치는 것을 어떻게 허용할지에 관해 효과적으로 사고하는 기술을 통해서 그렇게 할 수 있었다. 요점은 그 아이가 '자기억압'을 하는 생각에서 '자기지지'를 하는 생각으로 옮겨가도록 돕는 것이었다. 이것이 그다음 몇 회기의 주요 초점이 되었다.

칼이 이렇게 반드시 할 수 있다는 것, 그의 부정적 사고가 또래 관계에 악영향을 미치고 있다는 것, 그의 유감스러움이 엄마와의 관계를 악화시키고 있다는 것을 받아들이게 만드는 데 별로 큰 작업이 필요하지는 않았다. 그저 상담 중에 '진정시키는 자기대화'를 칼이 스스로 해보는 연습을 했을 뿐이다.

난 침착하고 느긋함을 유지할 수 있어. 난 엄마와 아빠가 함께 더 행복할 수 있었기를 바라지만, 안 그래도 그걸로 세상이 끝나는 일은 아니니까. 엄마는 잭과 사랑에 빠진 게 분명하고, 난 그것을 바꿀 수 없고. 엄마가 더 이상 우울하지 않아서 난 좋아.

'대처하는 자기대화'도 연습되었다.

우린 움직여야 해. 난 여자 친구가 있고, 우린 행복하잖아. 그리고 열여섯 살이 되면 난 여기서 나갈 거야. 이게 날 얽매도록 하지 않을 거야. 시험이 끝날 때까지 난 몇 달 더 견딜 수 있어.

'자기대화'와 '우울한 엄마'보다 '행복한 엄마'에 대한 긍정적인 시각화 말고도 다른 대처기술들이 칼에게 제공되었다. 앞으로 잭과 가열된 공방을 하는 경우 칼이 타오르는 분노의 불을 끌 수 있도록 하기 위해서였다. 아이들은 의붓부모에게 지적받는 것에 유감스러워하는 경우가 많다. 대부분 같이 사는 어른의 경우 이것을 알고 있지만, 때에 따라서는 청소년이 권위에 말로 도전하는 경우 말싸움이 되기도 한다. 칼의 경우 이런 일이 이미 벌어졌다. 칼에게는 자신이 힘이 있다는 긍정적인 이미지를 갖도록 격려되었다. 이것은 잭에게 도전하라는 의미가 아니라 자기의 감정적 상태를 극복하기 위한 것이었다. 그리고 위기의 순간에 마음에서 부정적인 사고를 멈추고 부정적인 이미지를 비우는 기술들을 응급조치로 쓸 수 있도록 배웠다(Nelson-Jones, 1996).

상담의 종료는 칼이 잭과의 대결을 예상하면서 '코칭하는 자기대화' 기술을 배우는 일이 완성된 다음이었다. 칼은 격렬한 언쟁으로 이끄는 상황을 묘사했다. 칼이 늦게 들어오고 엄마가 칼에게 나가버리라고 말할 때 보통 잭은 칼이 엄마에게 버릇없이 군다고 지적했었다.

잭이 엄마를 편들려고 간섭할 때, 난 이게 어떻게 되어갈지 알고 엄마를 위해서 뒤로 물러서야 한다는 것을 알아. 나는 다른 곳을 보고, 숨을 훅 들이마시면서 어깨의 긴장을 풀어야 하는 거야.

우리는 칼이 '코칭하는 자기대화'로 무엇을 말할 수 있을지 연습했다.

나는 미안하지 않아도 "미안해요"라고 말할 거야. 잭이 끼어들 권리가 없지만 잭이 마지막 말을 하게 내버려둘 거야. 다시 말해서 엄마를 위해서 그러는 거야. 난 그 사람 앞에서 비켜나와 이층의 내 방으로 올라가 긴장완화 연습을 할 거야.

이런 코칭하는 자기대화는 암기로 학습되었고, 상담 중에 연습을 몇 번 했다. 그렇게 대화를 일반화시켜서 칼이 비슷한 다른 상황에서도 적용할 수 있도록 도와주었다.

맺는 말

이 장에서는 부모의 결별도 사별의 한 형태로 보고, 그 영향을 사랑하는 사람의 죽음과 보통 연관되는 모든 심리적 영향과 더불어 숙고했다. 인간주의적 상담은 일반적으로 이 내담자들에게 적용되지만, 제시되었던 세 범주, 즉 부모의 임박한 결별, 부모의 결별, 바뀐 가족 환경에 적응이라는 세 상황은 '스스로 대처하기'와 '스스로 코칭하기'라는 효과적인 사고기술들과 통합된 '해결중심치유법'의 요소들이 치료에 도움이 된다는 것을 잘 보여주었다.

세 사례 각각에서 상실감은 그 학생을 무력감으로 끌고 들어갔다. 그 점에서 바로 인간중심치유법과 기타 인간주의적 치유법들이 '인지행동치료법'보다 더 적절하다고 나타난다. 그러나 시간이 제한된 교육환경 안에서는 인지적·인간주의적 치유법의 인지인 요소들이 유익할 수도 있다. 가족의 상황을 바꿀 수는 없지만 이미 일어난 일에 관한 **내담자의 관점과 태도**를 수정할 수 있기 때문이다.

 ❶ 이 장에서 제시한 연구조사는 영국 내 가족생활의 변화하는 성격에 대한 통계를 주로 망라했고, 정치적 입장을 취하지 않으려고 노력했다.

    a. 이것이 현실적인가?

    b. 결별하려는 학부모가 당신에게 그 사실을 말해주러 왔다고 상상해보라. 그들은 십 대 자녀에게 미칠 결과를 염려하고 있다. 그 영향을 받게 될 십 대 내담자를 지지해줄 때, 부모의 별거 권리라는 견해가 당신의 일에 어떤 영향을 끼칠 것인가? 만일 별거하는 부모가 자녀들의 복지보다는 자신만의 행복에 우선권을 두었다는 표시가 있다면?

❷ 당신의 가계도를 그려보라(www.SmartDraw.com 참조). 그리고 부모의 별거나 새로운 동반자와의 동거로 인해 심각하게 영향을 미쳤거나 영향을 받은 인물이 있으면 표시하라. 되돌아보면서 이 변화로 인해 치른 대가나 얻은 혜택이 무엇인지 잠시 생각해보라.

    a. 특정한 내담자 한 사람을 택해 상담 중 그에게 역전이를 느꼈는지 검토하라.

    b. 청소년 내담자의 중대한 언급을 목록으로 만들고, 상담이 진전되는 동안 어떤 전환 단계들이 있었는지에 대해서도 목록을 만들라. 이것들이 상담 중, 그리고 그 이후에 당신 자신의 감정에 어떤 영향을 주었는지 말해보라. 이 경험을 당신이 신뢰하는 동료와 나누라.

❸ 세 사례 각각에서 개입했던 것들은 주로 사회적 기술 훈련, 대처기술 연습, 통상적으로 합리 정서행동치료에 적용되는 기법의 틀을 다시 짜는 일, 이 세 가지에 중점을 두었다. 그리고 내담

자의 상실감에 공감하는 인간주의 입장을 따른 것은 물론이다.

a. 상담의 개입이, 해소된 느낌이나 상담의 관계를 통해서 효과적인 변화를 가져오는 일은 제쳐놓고, 정신의 재구조화에 몰두하게 되는 경향으로 나아갈 가능성에 대해 논의하라.

b. 위에서 제시된 내담자와 같은 내담자들에게 실시하는 코칭하는 기술과 대처하는 기술들의 강점과 한계는 무엇인가? 1장과 2장에서 인용된 조사연구에 비추어 생각해보라.

❹ 루크의 두 번째 사례는 부모의 협조가 없는 학생의 경우를 보여준다. 어떤 인지적 개입 없이 양질의 치료적 관계를 지닌 인간중심적 대결을 통해서, 어떤 변화가 있으리라고 당신은 생각하는가?

✓ 서양의 다문화적인 사회에서는 동거 가족이 점점 더 늘어가고 있으며 이혼과 별거가 더 일반적이 되고 있음에도 불구하고, 부모가 결별하리라는 예상을 할 수밖에 없는 아동 및 청소년은 여전히 트라우마를 경험한다.

✓ 어느 쪽 부모든 한 사람이 가정을 떠날 경우, 그것이 자녀들에게는 사별과 같은 경험이 되기 쉽다.

✓ 조사연구가 제시하는 바에 따르면, 부모의 결별이 우선은 자녀들을 절망에 빠지게 하지만, 양쪽 부모가 서로 대화를 하는 한, 자녀들은 때가 되면 이미 일어난 일을 받아들일 수 있다. 또한 잘 지내면서 한 개인으로 잘 성장할 수 있다. 그리고 자녀들이 둘 사이에 끼어서 비밀을 지키거나 누설하기를 기대하지 말아야 한다.

✓ 학교 상담사는 결별하는 부모의 자녀들을 인지적·인간주의적 상담의 간결요법 개입으로 지지해줄 수 있다.

✓ 한쪽 부모가 함께 있지 않는 미래를 생각해야 하는 내담자들은 부모의 결별을 **자신의 잘못**으로 돌릴 수도 있다. 이런 경우에 상담이 도와줄 수 있는 것은 변화한 상황의 장점들과 단점들에 등급을 매겨보게 함으로써 그 상황을 재검토하도록 만드는 것이다.

✓ 같이 살지 않게 된 부모와 만나서 하루 자고 가는 일은 새로운 가족과 만나야 한다는 긴장을 만들 수도 있다. 효과적인 사고기술은 청소년이 이런 상황에 대한 생각을 다시 구성하고, 친구들과의 사교모임을 개선하는 방향으로 에너지를 돌리는 데 도움이 된다.

12 Smoking, Drugs and Alcohol Misuse

흡연, 마약 복용, 술 남용

이 장에서 다룰 내용

들어가는 말

이 장에서 제시할 통합적인 간결요법 개입은 흡연과 음주를 시작했거나 마약을 실험해보고 있는 청소년, 유감스러운 습관이 되어가는 어떤 행위를 멈추거나 조절하기 원하는 청소년을 위한 것이다. 또한 이 장에서 제공할 중독행위에 관한 통찰은 중독물질에 의존하는 부모를 둔 사춘기 이전 아동을 돕기 위한 것이다.

그다음으로 말할 것은 아동과 청소년 대상의 다원주의적 상담이다. 그것은 이야기상담의 특징과 합처진 간결요법의 동기강화면담을 통해서 청소년이 자신의 중독을 관리하도록 도와주는 일에 중점을 둘 것이다. 흡연과 음주와 마약 사용 때문에 학교에서 청소년을 상담하는 일에는 중독행위의 미묘한 영향력을 깨닫게 하는 일이 포함되고, 책임지는 결정과 중독행위 조절과 맨정신 유지를 위한 정보 제공도 포함된다.

서구 사회의 마약 이용

서구 문화도 타 문화와 다르지 않게 기분과 마음 상태를 바꾸기 위해 사용되는 화학물질이 주는 쾌락과 위험을 알고 있다. 그리고 개인의 선과 집단의 선을 위해서 그것을 규제하는 법령을 정하는 것도 마찬가지이다. 어떤 문화에서는 마약에 취함이 그저 바람직하지 않을 뿐, 사교생활에 입문하고 적극적으로 끼어드는 데 선결 요건이 되기도 한다. 산업화된 나라들에서는 만취와 마약 남용에 관한 메시지가 뒤죽박죽이고, 역설들이 있다.

영국에서는 16세 이하 청소년의 담배 구매가 불법이다. 그리고 술을 사려면 18세가 되어야 한다. 들이쉴 수 있는 휘발성 물질들은 흡입 목적이 증명될 수 있을 때 판매를 통제하는 것 외에는 법적인 규제가 거의 없다. 마약 입수와 '밀거래'는 해당 마약의 등급이 어느 정도 심각한지에 따라 다양한 처벌을 받게 될 범법 행위이다. 대마초(마리화나)의 '합법화'는 정치적 논쟁에서 정기적으로 등장하는 주제이다.

서구 사회에서 술에 대한 부모의 태도는 양가적이다. 술 소비의 정도나 술친구가 누구냐에 따라 '남용'의 정의를 내리기 때문이다. 예를 들어 청소년이 부모와 함께 있는 점심식사에 포도주를 마시거나 파티에서 위스키나 맥주를 마시면 보통은 문제가 있다고 인식되지 않는다. 그러나 무리 지어 거리에서 술을 마시면 '사회적 문제'라고 생각될 수도 있다. 어떤 학생들은 학교에서 쉬는 시간에 담배를 피우고, 심지어는 술을 마신 것으로 밝혀질 수도 있지만, 많은 경우 이런 통제 물질에 대한 교육기관의 방침이 약물 사용과 밀거래를 공공연하게 감시하고 유연하지 못한 것으로 나타난다.

사회의 메시지가 감지 못할 정도로 미묘하든, 노골적이든, 화학 물질의 오용을 부추길 수도 있다. 사춘기 이전의 여자아이는 '완벽한 몸'에 관한 이미지와 메시지로 폭탄을 맞는다. 이런 메시지들은 여자아이들에게 지금 있는 그대로의 자기 몸이 충분히 멋있지 않다고 느끼게 만든다. 해방된 여성에게 사교적 음주란 전형적인 터부를 벗는 일뿐 아니라 다이어트 시도를 버리는 것을 나타낸다.

십 대 남자애들은 방치와 적절한 역할모델이 없음 때문에 힘들어할 수도 있다 (Biddilph, 2008). 또는 어른들로부터의 신체적 애정을 갈망하기도 하는데, 그런 것은 문화적으로 주로 의구심을 가지게 만든다. 화학물질은 애착욕구(5장 참조)와 안전한 접촉의 결핍을 심리적으로 대체해주기도 한다. 이런 결핍과 욕구를 삶에서 경험하는 남자애들이 많다. 중독 가능성이 있는 물질 남용은 청소년이 미디어로부터 자신에 관해 얻는 경멸적인 메시지로부터 자신을 떼어놓는 한 방법일 수 있다.

중독행위와 치유에 대한 조사연구

쿠퍼(Cooper, 2008: 41)는 "심리치료는 화학물질 남용 문제를 다루는 데 그런대로 효과가 있다고 밝혀져 오긴 했지만, 재발 비율이 상당히 높고 어떤 다른 처치보다 우월하다는 명확한 지표가 없다"(Roth and Fonagy, 2005)라고 주장한다. 나의 판단으로는 정기적으로 **일부러** 흡연과 음주를 하는 학생은 상담을 해도 그 습관을 돌려놓기가 힘들다. 그것은 중독과 중독적인 행위에 대한 잘못된 인식 때문이다. 잘못된 인식 가운데 하나는 담배, 대마초, 알약, 술을 '중심 문제'로 보는 것이다. 더 잘못된 인식은 변화를 위한 동기를 부여하는 요소들을 그저 건강 그리고 재정적이고 사회적인 곤경에만 관련된 이슈라고 보는 것이다.

조사연구자들에게는 중독행위에 해당하는 유전적 소인이 있는 사람보다 왜 어떤 이들은 더 알코올중독에 빠지는지가 결정적으로 중요한 질문이 된다. 중독물질을 남용하는 청소년들에게 그 이유가 다양할 수 있지만, 공통된 요소들이 있다. 주요한 두 원인은 부모에게 어떤 지지를 받는지, 그리고 중독물질의 입수 가능성이다.

조사연구자들이 인정해온 바에 따르면, 전문가들은 '마약과의 전쟁에서 패배하고 있는 중'이다 (Diamond, 2000). 한 가지 중독물질을 포기한 중독자는 다른 물질에 빠지는 경우가 많다 (Knapp, 1996). 이런 경향에 비추어서 성인 술꾼들은 거래하는 식으로 상담에 접근한다. 완전하게 금주하는 것이 아니라 음수를 조절히고 소비를 규제하는 것을 상담 목표로 한다.

대마초 감소는 인지행동치료와 동기강화치료법으로 처치되어왔는데, 성공한 사례들이 있다 (Denis et al., 2004; Emmelkemp, 2004). 코카인 관련 문제와 아편 관련 문제는 다양하게 결합된 심리치료 프로그램으로 다루어져 왔다. 다시 말하지만, 이것도 성공한 사례들이 있다(Crits-Christoph and Gibbons, 1999; Linehan et al., 2002; Roth and Fonagy, 2005). 그러나 심리적 개입만으로도 효율성이 있다는 확고한 증거가 없다(Mayet et al., 2004).

심리역동 단기 치료법은 아편 남용에는 효과가 입증되었으나, 코카인에 대해서는 아니었다 (Fonagy et al., 2005). 알코올 문제에는 간결한 치료법이 효과적이었는데(Moyer et al., 2002), 인지행동치료와 동기강화면담의 측면들과 함께 사용될 때 그러했다(Ball et al., 2007; Cooper, 2008).

안도감을 원해서 자신을 통제하고 있는 화학물질을 갈망하는 동시에 그것을 복용해서 오는 후유증으로 고생하는 이중역설이 중독자들의 인식에는 거의 들어갈 자리가 없다.

남용의 인과관계적 요소

DNA 증거는 생물학과 문화적 요소가 상호 간에 영향을 주고받는다는 지표가 된다 (Diamond, 2000). 조사연구에 따르면 모든 중독은 '통제 중독'과 '기분 상태 관리'에 떠밀려 간다(Knapp, 1996). 중독자는 '규칙에 따라 노는 것'이 지루해져서, 사회적 관습에 따르는 것이 지루해져서 영속적인 쾌락과 고통으로부터의 자유를 추구한다.

흡연이 처음에는 성인이나 중요한 또래의 본보기를 따르는 것**일 수도 있다**(5장). 그러나 마약과 알코올 중독은 가족의 혼란 및 내면의 고통과 혼동으로 인한 증상일 수도 있다. 마약과 알코올이 청소년에게는 자신의 우울감과 자살하고 싶은 느낌에 무감각해지도록 해줌으로써 성폭행의 기억을 차단해주는 방법일 수도 있다(6장과 7장 참조). 유사하게도 동성애자 청소년들은 '자신을 드러내는 일'을 고려할 때 거부당할 두려움을 무디게 하려고 마약을 이용할 수도 있다(13장 참조). 마약은 또한 자신의 성 정체성을 인정하는 일로 고군분투하는 청소년이 자신의 동성애 욕망을 감추는 데 **이용될 수도 있다.**

청소년의 위험 감수

마약은 청소년 특유의 감각 추구와 위험 감수 경향에 불을 붙인다. 캐스린 겔다드와 데이비드 겔다드(Geldard and Geldard, 2010)는 흡연과 음주, 휘발성 물질 흡입과 마약 복용에 연루된 청소년의 위험 감수 행위에 대한 조사연구를 검토했다. 마약에는 암페타민amphetamine과 같은 다양한 알약, '마술 버섯'이나 LSD 같은 향정신성 물질, 그리고 코카인과 헤로인 같은 중독성 마약이 포함된다. 겔다드는 습관 형성 중독을 청소년의 실험 행위와 연결시키는 것은 오도하는 일이라고 주장한다. 그리고 청소년기에 비흡연에서 흡연으로 넘어가는 전환기가 나타나지만(Geldard and Geldard, 2010), 청소년들, 특히 여자애들은 고등학교에 들어가는 스트레스를 받기 이전에 흡연을 시작한다는 증거가 점점 더 많아지고 있다(OfNS, 1998).

또래집단의 영향

조사연구가 보여주는 바는, 마약 복용과 음주를 증가시키는 지배적인 요소는 친구가 그 물질들을 소개해주는 것이다(Geldard and Geldard, 2010). 그 이유는 두 가지이다.

- 사교생활을 하려는 청소년의 경향이 공급자와 접촉하게 만들 수 있다.
- '그 집단'에게 수용되려는 욕구로 인해서, 만일 그 집단이 중요하게 보는 것을 통한 가입을 그가 선택하지 않으면 고립감이 남게 된다.

그러나 또래집단의 영향력은 보통 조사연구의 증거와는 불일치한다. 십 대가 모두 친구에 의해 중독에 끌려드는 것은 아니기 때문이다.

중독은 한 세대에서 다음 세대로 내려가는 경향이 있지만, 다이아몬드(Diamond, 2000)에 따르면 또래집단이 영향을 미친다는 것이 설득력을 지닌다. 흡연은 중요한 친구들의 본보기가 강력하게 영향을 미친다(Hu et al., 1995; Wang et al., 1997). 정기적인 흡연자가 되면 건강에 위험함을 청소년들이 인정하고 받아들이면서도 흡연한다. 그러나 겔다드(Geldard and Geldard, 2010)는 청소년기가 개별화를 향해 자신을 확인하는 국면임을 깨닫는다. 그래서 어떤 청소년은 또래 압력의 맥락에서도 개인적인 결정을 내릴 수 있는 역량이 충분하다고 주장한다.

당연하게도 위의 요소들이 수렴할 때 중독의 위태로움이 강해진다. '마약을 사용하지 않는 식구들', '마약과 술에 관심 없는 친구들', '마약이나 술에 대한 접근 제약', '심리적 곤란함이나 학교에서의 곤경이 없음'이라는 요소들이 합쳐지면 술, 대마초, 등의 약물과 상관없는 맨정신의 상태로 있기가 더 쉬워진다(McBroom, 1994). 학업 수행이 약물 남용과 반비례한다는 것은 놀랄 일도 아니다(Jenkins, 1996).

마약이나 술 의존적인 부모

약물을 실험하는 어린 중독자들 중에는 부모의 중독으로 인해 부모의 돌봄을 상실한 쓰라린 슬픔을 겪고 있는 경우가 많다. 이런 아이에게는 술과 마약이 상징적으로 부모의 돌봄을 대신한다. 정서적으로 자녀를 버린 부모는 그 자녀가 아직 책임질 준비가 되어 있지 않은 역할에 자녀를 방치한 셈이다. 결국 그 자녀는 이른 나이에 성과 마약 복용 같은 위험한 것에 대해 거짓 성숙한 결정을 하게 된다. 이 아이들은 자녀 중심이 아니라 술 중심인 가정에서 살면서 동생들에게 부모 노릇하기를 기대받는다, 부모가 될 준비가 되기도 전에.

상담받는 아이들 중에 죄책감에 눌린 아이들도 있다. 부모가 자신의 중독을 아이 탓으로 돌리기 때문이다. 어떤 아이들은 자기가치감이 낮은데, "만일 엄마와 아빠가 날 사랑한다면 술을 끊을 거예요"라는 이유를 대기도 한다. 술에 취한 부모의 행위로 인해 친구들 가운데서 당황스러웠던 때를 말해주는 아이들도 많다. 또래나 교사가 만일 부모의 만취를 비난하면 자녀는 수치감을 내면화하기 시작한다. 어떤 아이들은 부모 중 술 마시지 않는 쪽 부모를 비난하기도 하는데, 많은 경우 아이들은 음주하는 부모의 건강과 복지를 염려한다. 아이들은 자신이 외출했을 때 무슨 일이 일어나지 않을까, 부모가 피다 만 담배를 손에 든 채 잠들어버리지 않을까 염려한다.

치료를 위한 통찰

익명의 알코올중독자 모임Alcoholics Anonymous: AA과 약물에 초점을 둔 상담사들은 중독자가 중독 물질과 맺는 관계가 강력함을 이미 인정하기 시작했다. 의료적 모델은 AA와 익명의 마약 중독자 모임Narcotics Anonymous 같은 '회복 중인 중독자들'의 지지 공동체 안에서 또는 국민보건서비스 같은 치료센터 안에서 술과 마약을 전적으로 끊는 것을 목표로 한다. 반면 교육 모델은 책임 있게 결정 내리기를 선호한다. 두 모델 다 인정하는 것은 약물과 술이 다른 모든 관심사와 관계들을 아주 빈약한 두 번째 자리로 밀어낸다는 것이다. 지원 기관들과 부모와의 협력이 어떤 사례에서는 본질적으로 중요하며, 지역의 치료센터와 (AA 같은) 조직체는 믿을 만한 많은 경험을 가지고 있다.

마약 물질을 입수하는 어려움이 위험 감수로 인한 흥분 상태의 일부가 되어 청소년을 끌어당긴다. 영국, 스코틀랜드, 미국에서 사용되는 휘발성 물질에 대한 연구들은(Ives, 1994) 결정 내리기 기술, 부모의 관여, 긍정적인 또래의 영향이 중요함을 부각시킨다. 왜냐하면 많은 경우 낮은 자존감으로 괴로워서 '외로운 흡입자'가 되기 때문이다(Lines, 1985). 이런 청소년을 상담하는 사람은 개인 흡입과 집단 흡입의 패턴들을 이해할 필요가 있다. 접착제나, 가령 체취 제거제 같은 용액, 부탄가스, '포퍼즈poppers',* 세정제 등은 언제나 입수가 가능하다. 본드 흡입은 첫 번째 사용 중 사망률이 가장 높은데, 흡입으로 인한 질식사보다는 취한 상태에서 사고를 당한 결과가 많기 때문이다(OfNS, 1998). 코나 입으로 부탄가스를 들이마신 학생이 당하는 사고는 첫 사용으로 사망에 이르는 결과를 낳고 있다.

상담실에 오는 어떤 내담자는 법원이나 상급 교직원에 의해서 보내지는데, 이런 경우는 내담자들이 변화하려는 동기가 제한적이어서 동기부여면담이 가치가 있다(McNamara and Atkinson, 2010). 램버트(Lambert, 1992)의 조사연구는 2장에 인용되었는데, 그에 따르면 치유적 개선의 15%는 서서히 스며든 '희망의 느낌'(O'Hara, 2010)과 '긍정적 변화에 대한 기대감'(Asay and Lambert, 1999) 덕분이다. 환자가 유해무익한 약의 효능을 믿음으로써 실제로 좋아지는 '플라세보 효과'에 비추어보면(Cooper,

---

* [옮긴이] 아질산아밀 앰플을 깨뜨려 흡입하는 마약이다.

2008), 그것은 '동기강화면담'과 같은 간결요법이 긍정적인 결과를 낳는 것일 수 있다.

동기강화면담(Miller and Rollnick, 1991)은 중독행위를 내담자들이 습관적인 행위에 대해 모호한 태도를 취하는 바로 그 지점, "난 그만두고 싶어요, 그만두고 싶지 않아요"라고 말하는 지점에서 다룬다. 그 습관을 포기하지 않겠다는 내담자의 저항을 치명적으로 해로운 '부인'으로 보는 치유법과 반대로, 동기강화면담은 그 모호함이 문제의 핵심이라고 인정한다. 그리고 면담의 목표는 '판단하지 않는' 질문을 통해서 변화의 결단을 위한 동기를 유도해내는 것이다. 약물 남용 청소년에게 아직은 영구적인 신체적 손상이나 신경정신적인 손상이 초래되었을 가능성이 낮다는 사실에 비추어서, 그리고 청소년은 충동적이고 위태로움을 감수한다는 사실에 비추어서 통상적인 동기강화면담 기법이 수정되고 단순화될 필요가 있을 수도 있다(Tober, 1991).

다원주의적 간결요법 상담사는 강력한 환경의 영향이 치유를 위한 변화 요소의 40%를 차지한다는 것을 인정해야 함을 알고 있다(Asay and Lambert, 1999). 환경은 긍정적 변화든 부정적 변화든 마찬가지로 영향을 미친다. "환자를 중독에서 해독시켜서, 그다음에 박탈과 빈곤의 상태로 되돌려보내고 그들이 마약에 계속 손대지 않으리라고 기대하는 것은 그저 불가능한 일이다"(Diamond, 2000: 263).

「사람들이 하는 게임Games People Play」에서 번(Berne, 1968: 64~70)은 알코올중독자의 삶의 양식을 패러디한다. 교류분석의 관점에서 그는 중독자의 사회적 관계에서 지지하는 인물들을 묘사한다. 누누이 말하지만 내가 발견해온 일반적인 가족의 역동은 다음과 같다.

• 알코올중독자의 행위는 **박해자**에 의해 강화된다. 주로 배우자이며, '부모' 같은 태도를 취하고 그 역할상 **알코올중독자**를 괴롭게 한다.

• 알코올중독자는 **구출자**로부터 지지를 받는다. 보통 동성 친구거나 가정의가 그 역할을 한다.

대가 지불은 그리고 그 **게임**의 요점은 폭음이 아니라(이것은 단지 전주일 뿐이다) 숙취이다. 왜냐하면 게임을 하는 자들이 각자의 역할을 하는 것은 숙취의 단계 안에서이기 때문이다. "나에게 유감스러워, 나에게 '부모노릇을 해줘', 나는 아픈 '아이'야'. 교류분석에서는 자각을 통해서, 그리고 모든 당사자들이 그 **게임**을 중단하게 만듦으로써 치유된다. 아동이나 청소년조차도 '아이'나 '어른'으로 지원하는 역할을 하고, 그 자신의 행위로 비슷한 방책을 보여주는 경우도 적지 않다. "나를 막을 수 있는지 두고 봐라"라는 말에는 거짓말, 물건 숨기기, 경멸하는 말을 하려는 것, 도움 되는 사람 찾기, 거저 손을 내밀어줄 호의적인 이웃을 찾기가 포함된다(Berne, 1968: 70). 만일 이런 역동이 가족치유접근법을 필요로 할 경우 학교는 이런 작업을 위한 적절한 장소가 아닐 수도 있다.

청소년의 약물 남용 습관과 회복을 통한 여정은 하나의 통과의례로 이해되어왔다(White and Epston, 1990). 말하자면 한 사람이 사회적으로 재통합되기 전에 경로를 이탈해 시간을 보내는 국면으로 이해되어왔다. 역설적으로 말하자면 헤로인, 메스칼린mescaline,* 코카인이 청소년의 통과의례를 반영하는 비의秘儀와 의식과 제의라는 이해 속에 가려졌다. 그러나 실험적인 행위가 어디로까지 이끌어갈 수 있을지에 대한 신중한 이해는 니코틴과 대마초와 술과 같은 '비교적 안전한' 약물 주변에 있는 청소년을 상담하는 사람에게 중요한 통찰이 된다.

 이야기치료사는 어떤 종류의 질병이 사람에게 영향을 끼치는지보다는 **어떤 종류의 사람에게 질병이 있는지**를 아는 데 더 관심을 둔다. 다이아몬드(Diamond, 2000)는 AA의 29단계 프로그램과 통합한 이야기치료법의 효능을 보여주었다. 이 치료법에서는 치료사가 내담자에게 영구한 변화보다는 점진적인 회복을 목표로 삼도록 격려한다. 내담자가 치료 전에는 마약 복용을 자제하거나 음주로 이끄는 행위를 삼가라는 요청을 받기도 하고, 치료 후에는 덜 해로운 약물을 택하라는 요청을 받는 경우가 많다. 이것은 치료자가 통제하기보다는 내담자의 자기통제를 돕기 위해서이고, '전부全部 아니면 전무全無' 처방을 제시한다는 인식을 피하기 위해서이다(Diamond, 2000). 중독 청소년을 위한 간결요법은 이런 통찰을 이용한다(Moyer et al., 2002).

표적집단에 필요한, 책임지는 결정 내리기

불안은 중독으로 가게 하는 가장 강력한 촉매 중 하나다.

그다음에 알코올중독을 다루는 치료사가 직면하는 가장 어려운 과제 하나는 **내담자의 불안을 최소한으로 유지**하려고 노력하는 한편 **그 사람의 부인을 약화시키고 자각과 자기노출을 증진시키도록** 격려하는 일이다(Diamond, 2000: 62).

책임 있는 결정 내리기는 불안의 원인이 간결요법 상담을 통해 탐구되는 동안

---

* [옮긴이] 선인장에서 추출한 환각물질이다.

단기간에 불안을 제거하는 데 도움이 된다(6장).

마약 정책은 최근에 '도덕 문제로 만들기'를 삼가고 청소년이 책임 있는 결정을 내리도록 교육하는 경향으로 바뀌었다. 그리고 5장에서 논의했던 대로 십 대의 두뇌에 대한 신경과학의 발견들이 제시해주는 바에 따르면, 학생들이 '자신의 생각을 조직'하도록 보조하는 것이 두뇌를 개조하는 데 유리하다. 개별적·사회적·도덕적 수업 프로그램들 안에 있는 약물에 대한 커리큘럼은 이 책의 초점이 아니지만, 상담사가 때로는 표적이 된 개별 학생들로 이루어진 작은 집단에서 교사의 역할을 맡을 수도 있다. 책임 있게 결정을 내리도록 가르치는 일은 '그 문제를 인터뷰하기'라는 이야기 기법(Roth and Epston, 1996)을 이용해 최근에 시연되어왔다(Winslade and Monk, 1999). 집단 구성원들은 표적이 된 **마약**을 마치 그것이 사람인 것처럼 인터뷰할 수 있는 드문 기회를 연습하면서 책임 있게 결정 내리도록 권장된다.

대마초를 남용하는 것으로 확인된 집단

맡은 역할

해당 집단의 두세 명에게 자기가 **대마초 담배**라고 상상하라고 부탁한다. 그렇게 대마초가 그들을 통해 의인화된다. 그들은 **마약 대마초**의 영향 아래 있을 때 지닐 수 있는 강한 매력과 재미와 동시에, 중독되면 기분이 저조하고 우울하며 주변에서 배척받게 되는 결과들을 묘사해주어야 한다. 연기를 잘하면 **마약 대마초**가 친구라고 생각되도록 그 집단이 설득당한다. 그렇게 되는 데는 전형적인 시나리오도 한몫한다. 그 시나리오는 **마약 대마초**가 그 집단에게 파티에서 '즐거운 시간'을 보내게 해주는 것이다. 그 파티에서 모든 이들이 '취했지만', 파티를 연 아이의 부모가 집에 오면서 그들은 마침내 귀가한다.

대마초 오용의 장점

두 번째 단계는 미리 리포터 역할을 맡은 구성원이 기자회견장에서 인터뷰를 하는 것이다. **마약 대마초**가 방어하지 않는 자들을 자기 손아귀에 넣으려고 전형적으로 사용하는 전술들을 그려주기 위해 리포터가 질문을 확대한다. 가령 다음과 같은 질문들이다.

- 당신이 설득하려고 가장 잘 쓰는 속임수는 무엇인가?
- 미래가 없는 이들에게 당신은 어떤 희망과 꿈을 제공하는가?
- 당신이 남자아이에게 쓰는 전술은 여자아이에게 쓰는 전술과 다른가?
- 당신은 어떻게 친구를 끌어들이고 교사와 부모를 떼어놓는가?

대마초 오용의 단점

반쯤 지난 과정에서 그 집단은 방침을 바꾸라고 부탁받는다. 이것이 언론의 탐사 방법이다. **마약 대마초**가 곤경을 모면하면 안 되기 때문에 **그에게** 어려운 질문들을 던지라고 그 집단 구성원들이 요청받는다. 그들은 상담사의 중립성을 통해 생동감을 갖게 되면서 질문들이 선뜻 떠오르게 된다. 질문들의 방향은 **마약 대마초**가 가진 효과들의 사기를 꺾는 쪽으로 돌아간다. 즉 중독자들이 삶을 포기하는 태도, 심각한 중독으로 인해 불가피하게 귀결되는 범죄, 미묘하게 소용돌이치는 비관주의, 그다음에는 **마약 대마초**로 생긴 관계들의 파열이 뒤따르는 것에 주의가 돌려진다.

역할을 벗어나서 하는 후속 토론

마약 대마초의 혜택과 위험성을 관찰하면서 모순되는 주장들에 대해 필기한 후에, 마약 역할을 한 구성원들은 의자를 바꿔 앉아 마약의 정체성을 털어버리고, 그다음에는 토론하는 역할로 다시 들어온다. 윈슬레이드와 몽크가 제시하듯이, 각각의 역할 참여자들에게 자신이 **마약 대마초**와는 다른 점 세 가지를 말해보라고 요청하는 것은 개인들에게 그 역할로 인한 딱지가 붙지 않도록 하는 데 도움이 된다(Winslade and Monk, 1999).

이 역할놀이의 목표는 그 집단이 사람의 마약 문제를 **마약**의 관점에서 보도록 돕는 것이다. 이야기치료의 '다시 이야기하기' 측면은 마무리하는 후속 작업을 통해서 계속된다. 이 후속 작업은 회복에 성공한 중독자들이 '그들의 삶을 조종하려는 **마약 대마초**의 계획을 좌절'시키고, '회복 중인 중독자를 다시 조종하려는 **마약 대마초**의 기만 계획을 좌절'시키는 데 사용되어온 방법들을 부각시켜준다. 즉 실패한 **마약**

대마초 역할을 한 사람은 자신의 가장 당황스러운 실패를 이야기해달라고, 어떤 형태의 중독 저항이 자신을 거의 포기하게 만들었는지를 설명해달라고 부탁받을 수도 있다. 아니면 청소년들에게 들은 어떤 말이 가장 구미에 맞았는지를 말해달라고 부탁받을 수도 있다.

전체회의
우리 집단에서는 래리와 롭이 **마약 대마초** 역할을 하면서 톰에게 대마초를 피우라고 한 시간 이상 밀어붙이고 계속 '겁을 먹게' 욕설을 했다. 그러나 이것은 래리의 여자 친구가 "네가 생각하는 게 겨우 이거니?"라고 말하고, "잘난 체하는 멍청이가 되다니"라고 말하면서 그를 차버리는 결과만 낳고 별 효과가 없었다.

흡연자 상담

중독행위에 대한 전통적인 접근법은 대체로 효과가 없었지만, 다이아몬드(Diamond, 2000)는 통합적인 이야기 접근법의 효능을 주장한다. 간결한 동기강화면담(Miller and Rollnick, 1991)과 '변화 사이클cycle of change: CoC(Prochaska and DiClemente, 1982)도 흡연, 지나친 음주, 마약 남용 등 수많은 중독행위에 효과적임이 입증되어왔고(Cooper, 2008; Devere, 2000), 특히 청소년에게 효과가 있었다(McNamara, 2009). 나는 이러한 측면을 활용하는 통합적인 간결요법 모델들이 청소년 흡연자에게 효과적임을 발견했다. 이 통합모델은 집단작업에도, 개별작업에도 적용된다.

흡연자를 위한 집단치료
상담자원이 부족하기 때문에 금연을 진짜 목표로 삼은 청소년들은 개별상담보다는 집단치료가 더 생산적이다. 특히 부정적인 모델에게 받은 영향력을 지우려는 집단을 위해서는 더욱 그렇다(Hu et al., 1995; Wang et al., 1997). 다원적인 상담의 입장에서 보자면, 변화 사이클 모델을 통해서 협력하는 과제가 제공된다. 그렇게 제공되고 수정된 네 가지 방법은 다음과 같다.

그림 12-1 흡연 변화 사이클

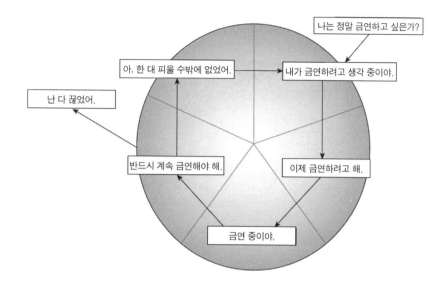

- 부인과 인지적 불협화음을 다룰 동기강화면담
- 흡연 습관 일지 또는 일기 쓰기
- 유혹을 피하도록 일상의 변경 사항을 그 개인에게 맞추어 계획함
- 재검토와 피드백을 위해 일주일에 한 번 모임

도입회기에서는 변화 사이클 과제가 해당 집단에게 〈그림 12-1〉을 통해 설명된다. 서론적인 이런 설명은 흡연 습관을 줄이는 5회기 프로그램을 위한 모델의 치유 전망을 낙관적으로, 그러나 현실적으로 개괄해준다.

나는 변화 사이클을 수정해서 올라타고 내릴 수 있는 놀이터의 뱅뱅이 〈그림 12-2〉처럼 다섯 부분으로 구분했다.

기본 규칙들이 분명하게 진술되어야 어린 학생들이 당연히 하게 되는 비밀 보장에 대한 염려를 누그러뜨려 줄 수 있다. 주마다 모이는 간략한 집단회기는 주로 재검토, 평가, 그리고 격려를 위해서이다. 잘 조율하는 일과 실패한 행동 계획을 수정하는 일 등을 하는데, 이런 방법들은 각 내담자의 사회적 환경에 따라 개별적으로 계획

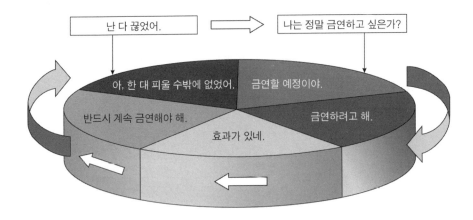

그림 12-2 금연을 위한 변화의 뱅뱅이

난 다 끊었어.

나는 정말 금연하고 싶은가?

아, 한 대 피울 수밖에 없었어.

금연할 예정이야.

반드시 계속 금연해야 해.

금연하려고 해.

효과가 있네.

된다. 상담사는 흡연 습관을 통해서 또래집단이 어떻게 연합하는지, 어떻게 내담자들이 일반적으로 부모가 모르게 하는 것을 선호하는지를 알아야 하고, 점심 먹을 돈이 보통 담배 사는 데 사용된다는 것을 알고 있어야 한다.

집단 구성원들이 각기 자신의 자유의지로 변화의 뱅뱅이에 올라타도록 격려받음으로써 변화가 생긴다. 변화의 뱅뱅이는 '심사숙고'에서 시작한다. 여기서는 동기강화면담과 집단으로 하는 인간중심 치유법Rogerian therpy을 통해서 참여와 이탈이 논의된다. 이 회기 동안 나는 지원자들에게 자습을 위한 개인기록부를 주어서 외재화하는 언어로 이 기록을 완성하도록 만든다(〈그림 12-3〉).

첫 번째 집단회기 동안 각 구성원은 자신의 흡연 습관, 흡연의 정도, (흡연이 필요한 것이 아니라) 흡연하고 싶은 빈도, 어디서·언제·누구와 흡연하는지, 한 주에 들어가는 담뱃값, 몇 살에 흡연을 시작했는지, 흡연에 빠져 있는 정도를 말해달라는 부탁을 받는다. 이 정보는 도덕적 관점에서 판단되지 않고 진보와 성공을 재는 기본선으로 작용한다. 기록하는 일이 약 4주 후에는 쓸데없는 스트레스가 된다. 대부분의 청소년이 초기 단계에서는 자기의 습관과 비용 정도에 주의를 돌리면서 담배를 줄이지만, 첫 번째 한 바퀴 돌 때는 흡연 비율을 낮추거나 완전히 금연하는 것을 어려워한다.

두 번째 회기에서는 우선 불일치에 솔직하고 정직한 태도로 초점을 맞춘다. '인지적 불일치'가 인정되려면 먼저 모호함과 비일관성이 논의되어야 하고, 내담자들이

그림 12-3 개인 기록

담배에게 작별인사하기

_______________의 개인 기록

1. 담배가 어느 정도나 당신을 장악하고 있는가?
2. 담배친구와 이별하면 당신은 무엇을 잃게 될까?
3. 어떻게 담배 친구에게 "꺼져버려"라고 말하기 시작할 건가?
4. '담배에 조종당함'에서 언제 자유로워지길 원하는가?

진보의 진행: 피운 개수

1주	월	화	수	목	금	토	일
2주	월	화	수	목	금	토	일
3주	월	화	수	목	금	토	일
4주	월	화	수	목	금	토	일

자신의 생각과 행위가 고르지 않고 뒤죽박죽임을 인정해야 가능해진다(McNamara and Atkinson, 2010). 습관적인 행위에서는 생각과 행동이 맞지 않는 경우가 자주 있다(〈표 12-1〉 참조).

다시 말하자면, 내담자들이 **자신의 신념을 변경**할 수도 있다. 부인함으로써, 즉 전문 의료인들 중에도 흡연중독 의사와 간호사가 많다거나, 자신의 친척인 흡연자가 팔십 대에도 건강하다는 식의 얄팍한 주장으로 자신을 속이려고 하면서 신념을 변경할 수도 있다. 그들은 자신의 **의지 부족**과 **인과적 변명**, 가령 '시험에 대한 압박감'이나 '나를 돌게 만드는 엄마'라는 핑계를 부각시키면서 **자신을 깎아내릴** 수도 있다. 그런 불일치는 습관적인 행동을 변경시켜줄 동기강화면담을 통해서 해소된다. 면담을 하면서 모호함이 비춰지고, 자존감이 증가되며, 행위에 개인적인 책임이 돌아가고, 동기가 증가함으로써 불일치가 약화된다. 나는 행위를 마음속으로 그려보는 연습을 하라고 격려한다.

표 12-1 인지적 불일치

표현된 나의 소원	실제로 내가 하는 행위
흡연은 내 건강에 해롭다.	나는 담배를 계속 피운다.
나는 건강하고 싶다.	나는 담배를 계속 피운다.
나는 돈에 여유가 있으면 좋겠다.	흡연에 내 돈이 다 들어간다.
내 숨이 깨끗하면 좋겠다.	내 숨에서 담배 냄새가 난다.
내게서 나는 냄새가 괜찮기를 바란다.	내 옷에서 담배에 절은 냄새가 난다.

　　두 번째 단계는 내담자의 변화 능력 안에서 그의 신념을 지원하는 일이고, 그다음에 이 신념을 인지행동기법을 통해서 구체적이고 현실적이며 성취 가능한 행동 계획으로 전환하는 일이다. 유지 단계에서는 재발할 가능성을 인정하고 다루도록 내담자를 돕는다. 왜냐하면 재발은 실패가 아니라 영구히 변하기 위한 과정의 일부이기 때문이다. 조사연구가 보여주는 바로는 흡연, 음주, 헤로인과 코카인 문제를 지닌 자들의 90%가 치료 후 어느 시점에서든 재발한다(Cooper, 2008; Devere, 2000). 재발 후에는 내담자가 뱅뱅이의 어느 지점으로든 돌아가서 올라탈 수 있다. 그렇게 몇 번이든 할 수 있도록 만드는 이 모델은 장기 가능성을 위한 동기를 유발시켜주는 유용한 도구가 된다.

　　습관 형성 행위를 위한 이 모델의 장점은 재발을 다룰 효과적인 수단을 제공해준다는 점이다(Carroll, 1996). 학생들도 그것을 상담실 바깥에서 또한 활용할 수 있다. 그리고 이 점이 주로 내담자의 사교 세계에서 일어나는 치유를 위해 중요하다. 청소년이 실패하더라도(처음에는 대부분이 실패한다), 그들에게는 나중에 더 크게 결심하고 돌아갈 수도 있는 모델을 가진 셈이다. 이 모델은 실패를 부각시킴으로써 그들을 영원히 낙담하게 만들지 않는다. 프로차스카와 디클레멘트(Prochaska and DiClemente, 1982)가 발견한 바로는 흡연자 대부분이 최종적으로 금연하기 전에 이 사이클을 세 번에서 일곱 번 정도 돌아간다.

 흡연자를 위한 집단치유　란지트, 나오미, 덴젤, 윌, 샤리아는 담배에 불을 붙이는 순간에는 잠시 그 담배를 바라보면서 다음과 같이 물어보라고 부탁을 받았다.

"나에게 지금 네가 필요한 거니?"

나는 그들에게 담배를 몇 모금 핀 후에 연기 나는 담배를 응시하며 자문하라고 부탁했다.

"네가 정말로 날 도와주고 있는 거니?"

"네가 나를 어떻게 붙잡고 있니?"

"왜 넌 날 차지하려고 하니?"

"넌 정말 내 기분을 더 좋게 만드니, 아니면 내가 날 속이고 있는 거니?"

이런 외재화하는 질문들이 고안된 이유는 불일치를 약화시키고 해결을 강화하기 위해서이다.

흡연을 포기하고 싶은 학생들과의 집단회기 작업 결과는 다양할 수 있다. 그것은 사회적 요소와 개인적 요소들에 달려 있다. 이 집단과의 작업에서 란지트는 변화의 뱅뱅이에 두 번 뛰어오른 후 하루에 한 대로 줄였다. 나오미는 흡연 행위를 거의 수정하지 않았다, 그 프로그램 중에도 후에도. 덴젤과 윌은 점심시간에 하루에 한 대로 줄였지만, 재발을 두 번 경험하면서 그 후 모두 포기하고 그 뱅뱅이에서 내렸다. 샤리아는 흡연을 하루 석 대로 줄였고, 그 후 비흡연 남자애와 데이트를 한 후에 모두 포기하는 것으로 재시도 중이다.

목표에 도달했다고 치료가 종료되는 것은 아니다. 그 모델이 장래의 변화를 위한 힘을 개인에게 주기 때문이다. 변화는 상담사 덕분에 일어나는 것이 아니라 소망과 동기를 불어넣는 기법을 내담자가 이용한 덕분이다. 변화의 타이밍은 상담이 진행되고 있는 기간에만 제한되지 않는다. 이 접근법의 장점은 그것의 내구성에 있고, 그 뱅뱅이를 상상하고 내면화할 수 있다는 사실에 있다. 그것은 나중에도 되돌아갈 수 있는 영구한 모델로 작용한다. 해결책이 증가되든지 사회적으로 또는 개인적으로 영향을 미치는 요소들이 변할 때 되돌아갈 수 있다.

개인 흡연자 상담

두 번째 사례는 그 접근법이 개인에게 적용되는 것을 그려준다. 이 사례에서 흡연은 중요한 관계를 더 어렵게 만드는 원인이 되어왔다.

 에리카의 흡연 습관 에리카는 엄마에게 담배를 들키고 엄마와 다툰 후에 나에게 왔다. 어떻게 하면 금연할 수 있을지 아이디어를 얻기 위해서였다. 그러나 그 동기의 핵심은 또 다른 싸움을 피하려는 것이 아니었고, 다른 요소가 있었다.

에리카가 금연하고 싶은 이유는 건강이나 개인적인 이미지가 아니라, 숨이나 옷에서 나는 담배 냄새가 때로는 개인적 매력에 대한 청소년의 감각에 거슬렸기 때문이었다. 그 아이는 강아지를 사려면 30파운드를 모아야 할 필요가 있었고, 매주 담배를 사지 않으면 4파운드를 절약해서 용돈에 보탤 수 있었다. 그녀의 흡연 습관, 주변의 친구들, 흡연에 대한 엄마의 태도, 기타 강화 요소들이 탐색되었다.

에리카가 엄마 앞에서 담배를 피우지 않았지만 '손에 담배가 있었다'는 이유로 거리에서 엄마가 야단쳤을 때, 그 아이는 엄마가 너무 심하다고 생각하지 않았다. 에리카는 그 일로 별로 동요되지 않았다. 그로 인해 흡연이 공개되고 결국 일주일 보호감찰 받았지만. 그 아이는 방학 동안보다는 학기 중에 더 담배가 필요하다고 느꼈다. 친구들하고 함께 피는 만큼이나 혼자서도 흡연을 했고, 모든 어른에게 에리카는 고집이 센 아이처럼 보였다.

통합적인 간결요법 상담을 위한 목표를 결정하자마자 눈에 띈 요소들은 다음과 같다.

- 금연하려는 단호한 열망
- 강한 자아를 지닌 성격
- 변화를 위한 명백한 동기
- 일주일에 한 번씩 네 번의 회기 안에서 실현 가능한 목표

우리가 과제들을 타협하고 난 후, 나는 이야기접근법으로 어느 정도 치료 전망이 있는 것으로 보았다. 그러나 두 가지 요소가 에리카에게 호소력이 없어 보였다. 그 아이는 이미 사회복지기관과 상당한 접촉이 있었고, 따라서 서면에 의존한 방법은 별 효과가 없을 가능성이 있었다(그 아이는 직책이 있는 인물을 불신했다). 그 아이가 흡연이라는 자기 '짝'에게 '작별' 편지를 쓴다면('짝'과 '작별'은 다이아몬드가 2000년에 사용한 표현이다), 그 아이가 그 목적에 관하여 의구심을 갖고, 그것을 눈가림이라고 보았을 수도 있다. 그리고 글로 쓴 어떤 것이든 이용될 수 있다고 경계할 수도 있었다.

흡연이라는 문제를 외재화하려고 시도했는데(White, 1989), 즉 침입한 적으로 또는 기분이 저조할 때 자기도 모르게 스며들어 걸리게 된 질병으로 외재화했는데도, 그것은 그 아이가 자신을 '비흡연자'로 보도록 도와주기는커녕 아무 효과가 없었다. 에리카는 자신이 니코틴에 '중독되었다'고 느끼지 않았고, 무력하거나 조절하지 못하

고 있다고도 느끼지 않았다. 오히려 자기 삶의 대부분을 아주 많이 **조절하고 있는** 사람이라고 느꼈다(Geldard and Geldard, 2010).

따라서 해결중심치료의 기법들을 이용한 통합적인 접근이 시도되었다. 그 방법은 **변화가 필요한 것만을 변화시키기**(O'Connell, 2005)에 초점을 맞추었고, '척도 재기'가 학교에서 흡연을 멈추는 진전이 어느 정도 이루어졌는지 관찰하는 데 도움이 된 것으로 나타났다.

기초적인 자료가 첫 회기에서 수집되었는데, 점심시간에 친구 한 명과 함께 체육관 주변에서 흡연을 하고, 하굣길에 버스 정류장에서 한 대를 더 피는 패턴이 드러났다. 두 대 모두 에리카가 '피우고 싶어서' 피운 것이다. 또래의 영향이나 사교적인 압박감 때문(Geldard and Geldard, 2010)이 아니었다. 그러므로 상담 목표는 그 아이의 성격 안에 이미 들어 있는 기질을 그 아이의 사교 습관과 일상을 재구성해서 더욱 격려하는 것으로 정했다.

두 번째 회기에서 우리가 고안한 행동 계획은 점심시간에 한 달 동안 예정되어 있는 드라마 공연을 보조하는 것, 그리고 점심값과 버스값을 절약해 담배 사는 습관을 유지하지 않도록 학교 은행에 계좌를 개설하는 것이었다. 세 번째 회기와 마무리 회기에는 어느 정도 진전이 있었는지를 살펴보았다. 애완동물을 위해 에리카는 돈을 저금했고, 금연 후에 금단증상이 있었다.

척도 재기 기법으로 '한 대 뽑아드는 것'을 떨쳐버린 효과에 대한 자기평가에서 성공적임을 알 수 있었고, 우리의 협력 작업도 성공적으로 마무리되었음을 알 수 있었다.

• "1에서 10까지의 척도에서 1은 '난 이제 혼자서 할 수 있어'를 나타내고, 10은 '선생님의 도움이 절대로 필요해'라는 느낌인데, 우리가 상담을 마무리하기 전에 넌 어떤 숫자에 도달해야겠니?"

에리카는 "2"라고 말했다.

넉 주 동안 그 아이가 '한 대 뽑아드는 것'의 척도를 매긴 것은 각각 7, 2, 3, 1이었다. 높은 숫자는 흡연의 유혹이 가장 강할 때였다. 치료에서 물러나는 것의 척도는 각각 8, 6, 2, 1이었다.

　　예금 목표도 네 번째 주에 도달되었는데, 두 달 후의 후속 회기에서 밝혀진 것은 그 아이가 강아지를 갖는 것 말고 다른 혜택을 위해서 완전히 금연했다는 사실이다. 실제로 에리카는 강아지 대신 휴대폰을 샀다. 엄마가 집에서 강아지 키우기를 허락하지 않았기 때문이다.

마약과 음주 문제를 위한 상담

'익명의 알코올 중독자' 모임을 이끄는 구호 중 하나는 "일단 알코올중독자가 되면, 늘 알코올중독자다"이다. 의료계도 중독을 치유하기보다는 억제하고 관리하는 것을 목표로 한다. 심리치료가 중독행위에서 주로 성공하지 못하는 이유는 잘못된 인식 셋 때문이다.

> 중독자들과 알코올중독자들은 어떤 대가를 치르더라도 **고통을 회피**하는 생활양식을 껴안고, **즉각적인 만족감을 추구**하며, **사람보다는 화학물질을 의존하는, 화학물질을 신뢰**하는 경향이 있다. 달리 말하자면, 중독된 사람들에게 회복이란 자신을 지탱해주는 바로 그것을 버리는 일을 의미한다(Diamond, 2000: 2).

　　전통적인 심리치료는 **고통스럽고 무서운 일**일 수 있다. 통제력을 내려놓길 요구하기 때문이다. 그것은 **단기간의 회복**을 제공하지 **않고** 불편한 느낌을 주는 경우가 많다. 그리고 내담자가 그 과정을 통과하게 하는 일은 **치료자 그 개인**에게 전적으로 달린 일이 된다. 그러므로 성인 마약중독자와 성인 알코올중독자는 치유적 변화의 세 가지 원칙을 포기하게 된다. 내 생각에는 청소년에게 더 희망을 걸 수 있다.

　　변화의 주춧돌은 중독된 내담자가 자신이 중독된 물질과 강한 관계를 맺었음을 인정하는 것이라고 다이아몬드는 말한다(Diamond, 2000). 마약과 술이라는 동반자에게 '외재화하는 언어'와 '떠나는 편지들'과 문서들을 통해서 작별을 던지는 것은 마약이라는 동반자가 없는 삶으로 회복하며 방향을 다시 잡는 한 과정이 된다. 나는 동기

강화면담과 변화 사이클을 이야기치료의 언어 스타일과 합쳤을 때 청소년의 습관적 음주와 기타 마약 복용 행위를 다루는 데 효과적임을 발견했다.

밀러와 롤닉(Miller and Rollnick, 1991)은 '약물에 대한 내담자의 관계'라는 용어보다는 '중독행위에 대한 내담자의 **애착**'이라는 용어를 가지고 말한다. 그다음 선결 요건은 BACP 『윤리강령』(2002)과 안전조치 원칙을 고수하는 것이다. 상담사는 마약과 알코올 흡수를 관리하는 일을 다룰지, 아니면 화학물질 의존성이 증상으로 나타나게 하는 다른 문제들을 집어내어 다룰지 방침을 세워야 한다.

학교 상담사에게 아주 심각한 마약(헤로인과 코카인) 중독자가 의뢰되는 경우는 드물다. 대부분은 다른 학생의 보호를 위해 퇴학당하기 전에, 또는 당국이 징역형을 선고하거나 금주 클리닉에 보내지기 전에 상담에 보내진다. '약물-의존성-처벌 성과'의 삼각관계로 인해 생길 부작용이 많아 보일수록 집단작업보다는 개인상담의 필요성이 높아진다. 학교는 학생들뿐 아니라 학교의 이미지도 보호할 필요가 있고, 집단작업은 간접적으로 약물 남용에 대한 사교적 수용성을 강화시키기 때문에 학교의 상급 관리자들은 그것을 무시하려고 애쓴다. 심각하게 약물에 중독된 자들의 행위가 현재의 경쟁적인 분위기에서는 일상적 흡연자나 도수 낮은 술을 마시는 사교음주자보다 더 많이 비난의 대상이 된다.

 나다니엘의 음주 문제 나다니엘은 음주 문제가 위스키와 독주에까지 점점 커지자 스스로 도움을 받으러 왔다. 부모는 그 아이의 음주에 대해 아주 관대했고, 14세 때 그 애가 중산층 친구들과 놀 때는 부모가 음주를 권장한 적도 자주 있었다. 그 부모는 나다니엘이 매일 부모가 가족경영 직장에서 돌아오기 전 오후에 독주로 칵테일을 만들어 마시고 있었다는 사실을 모르고 있었다.

그 아이의 '남자다운 기량'(그 아이의 표현)은 16세 때 친구들에게 자기가 '그 애들보다 술을 더 많이 마시고도 취하지 않을' 수 있다고 으스댈 때 아주 분명했다. 이 정체성 안에서 놀기보다는 자신이 '그날의 압박감을 묻으려고' 독주에 대한 의존성이 커지고 있음을 이 아이는 정확하게 자각하고 있었다. 이것이 그 당시의 적절한 관찰이었다. 왜냐하면 그의 아버지는 간 질환으로 인해 의료 처치 중에 있었고, 그의 엄마는 브랜디 한 잔을 마신 후에 그의 친구들과 농담하면서 나다니엘을 점점 더 당황스럽게 만들었기 때문이다.

도입회기에는 선호되는 시나리오를 이리저리 훑어보면서 '이건의 3단계 모델'을 통해서 치료의 초점을 찾아보았다(Egan, 1990; Mabey and Sorensen, 1995). 나다니엘은 자신을 '심각하지 않은 알코올중독자'로 보고 싶어 했다. '저항력 줄이기'라는 동기 강화기법(Miller and Rollnick, 1991)은 개인의 자유에 대한 나다니엘의 사고 내면의 모순을 드러내는 데 도움이 되었지만, 이야기치유의 요소들이 그의 금주 목표를 만족시킬 만한 치유 과제들을 계획하는 접근법으로 선호되었다.

'외재화하는 언어'를 통해서 우리는 조금 마시면 '학교생활의 압박감'을 제거한다고 생각하도록 유혹하는 미묘한 적인 **사악한 악마 술**을 쫓아내는 나다니엘'을 이상적인 자아개념의 틀로 재구성했다. 아버지의 건강과 엄마의 과시욕에 대한 그의 걱정과 당황스러움이 인간중심상담을 통해서 먼저 정당화되었다. 그다음 협력하는 대화를 통해서 '**악마 술**을 저지하기'라는 동기를 지렛대 삼기로 나다니엘이 선택함으로써 자신의 개인적인 결단을 고조시켰다. 인지적 불일치가 없었기에 인지적 치료는 없었다. 그 애는 아버지의 건강 악화로 인해 술이 건강을 위태롭게 한다는 것을 완전히 자각하고 있었다. 그리고 자신의 음주를 외적인 상황 탓으로 돌리는 것을 그쳤다.

두 번째 회기는 목표 설정과 행동 계획이라는 이건의 틀을 통해서 변화 사이클 모델을 설명하는 데 시간을 전부 보냈다. 변화의 과정, 즉 '심사숙고', '헌신', '행동', '유지', '재발' 그리고 다시 '심사숙고'로 올라타고 금주에 도달할 때까지 돌아가는 원형의 과정에 관해 논의했다.

이때 그의 변화 동기는 높은 수준이었고, 이것은 그가 '헌신'의 단계에 있음을 나타냈다. 나다니엘의 지적 능력과 변화 사이클 도표를 머리에 입력하는 능력을 고려해서, 내가 보통 사용하던 뱅뱅이 비유는 전통적인 변화 사이클 도표를 위해 꺼내지 않았다. 나다니엘은 심사숙고와 헌신의 첫 두 부분을 통과해 신속하게 움직였지만 행동 단계에는 문제가 있었고, 유지 단계에는 특히 문제가 많았다. 나흘 안에 재발하고 그다음 사흘 동안 폭음한 것은 거의 놀랄 일이 아니었다. 이 패턴은 그 후 석 주에 걸쳐 반복되었다. 폭음 기간이 점차 줄기는 했지만 말이다. 나다니엘은 완전히 금주를 이루지 못해서 의기소침해졌다.

다섯 번째 마무리 회기는 재발에 대한 부정적인 사고를 다루는 아주 현실적인 문제를 처리했다. 통계 정보가 나다니엘에게 제시되었고, 그것이 그의 재발 경험을 '정상화'해주는 느낌을 주는 데 도움이 되었다. 우리는 **악마 술**을 외재화하는 언어를 다시 적용했고, 그의 미묘한 적인 술에게 컴퓨터로 편지를 쓰는 것으로 문제를 의인화함으로써 그 문제에 무게를 더 실어주는 데 도움이 되었다.

친애하는 **악마 술**에게

너는 2년 반 동안 나에게 초대받지 않은 손님이었어. 나는 **네가** 없어야 더 잘 지낼 수 있음을 깨닫기 시작했어.

너는 너와 친해지면 학교생활의 문제가 다 없어질 거라고 했는데, 이제 보니 나를 너무 오래 동안 바보 취급했지. 너와 친해진 다음 날, 난 **네가** 틀렸음을 확신했어. **너는** 여러 가지로 네 자신을 가장하고, 나를 화나게 만들어. **너의** 매끄러움은 스파클링 와인을 통해서 느껴지고, **너의** 유혹하는 날카로움은 자줏빛을 통해서, **너의** 매혹적인 불은 불타는 위스키로, 그리고 **너의** 사교적인 '훌륭함'은 맑디맑은 진을 통해서 느끼게 만들지. 다양한 **너의** 가면이 나를 더 이상 바보로 만들지 못해. **네가** 아빠에게 한 일을 보라고. **네가** 엄마에게 하고 있는 일을 보라고. 미안하지만 난 결심했어. **네가** 과거에 나에게 준 혜택이 무엇이든, 이젠 **네가** 나를 떠나 대신 다른 사람을 괴롭힐 시간이야. 내가 **너의** 우정의 어떤 측면을 아쉬워할 수도 있겠지만 **네가** 나를 더 이상 속이지는 못할 거야.

후회 없이

나다니엘

우선 그 편지는 금주에 대한 그의 동기를 고조시키는 것 말고는 다른 목적이 없었고, 나와 협력하여 작성되었다. 그러나 그의 생각에 미친 강력한 효과와 그다음 주에 완전한 금주를 결심한 것에 비추어서, 우리는 그 편지를 그의 부모와의 마무리 '증인 청중' 모임에서 공유하기로 결정했다(Payne, 2006; White and Epston, 1990).

그 회기는 감동적이었다. 부모는 울기 시작했다. 자신들의 본보기가 아들의 습관에 영향을 미쳤다는 것이 분명해졌기 때문이었으며, 아들이 '그 길을 주도하기로' 결심한 것이 명확했기 때문이었다. 한 달 후와 석 달 후의 후속 회기들에서 그의 금주를 확인했다. 단 한 번의 재발이 있었다고, 그래서 내면화한 변화 사이클의 도표로 다시 돌아갔었다고 그는 고백했다.

맺는 말

흡연과 마약과 알코올을 이용하고 남용하는 십 대들을 상담하는 일에는 문제가 많다. 통상적으로 보면 치유하러 오는 내담자는 자기 삶의 한 측면을 바꾸고 싶어 한다. 그러나 청소년이 불안을 해소하려고 또는 자신의 기분을 바꾸려고 화학물질을 취하기 시작할 때, 이것이 **그들에게는** 부모나 교사나 사회 전반이 문제시하는 만큼 큰 '문제'로 보이지 않을 수도 있다. 다양한 화학물질을 구입하고 오용하는 것에 대한 법이 구체적으로 정해져 있지만, 대중의 태도는 그렇게 고정적이지 않다.

단기 심리역동상담, 인지행동치료, 그리고 특히 동기 강화 스타일의 치유법은 화학물질을 남용하는 내담자에게 그런대로 성공적이었다고 주장하지만, 심리치료는 일반적으로 심각한 알코올중독과 마약중독 치료에 별로 효과를 보지 못했다. 이 장에서 우리는 담배와 대마초 흡연 습관과 음주의 일상적인 습관을 중심에 둔 자기 행위의 한 측면을 바꾸고 싶다고 표현한 청소년들에게 동기강화면담과 이야기치료의 특징들을 적용하는 일을 고려해보았다.

그렇게 하여 보게 된 바는 교육환경에서의 통합적인 간결요법 상담이 진심으로 자기 습관을 돌리거나 바꾸고 싶어 하는 내담자들에게는 효과가 있을 수도 있다는 것이다. 그리고 그런 프로그램의 중요한 요소 하나는, 불가피한 재발에도 청소년이 희망을 다시 갖도록 만들어주는 수단에 중심을 맞추는 것임을 보았다.

성찰 연습

❶ 모든 상담과 심리치료가 내담자를 보조하여 변화시키는 것에 관한 내용이라는 주장이 사실일 수 있다 하더라도, 그 변화가 가르침(심리교육)과 관련 있는지를 묻는 것이 적절하다. 그 질문이 비지시적 상담 스타일에는 압박감을 준다. 마약과 관련된 문제들을 위한 당신 자신의 상담 스타일에 가르침의 요소들, 즉 **인과관계적 요소들**, **위태로운 요소들**, **중독행위에 내재된 위험 요소들**, '**출구**gateway'• **주장**을 지적하는 것으로부터 시작하는 가르침의 요소를 포함시켰는지 그 목록을 간략하게 작성하라. 그리고 어느 시점에서 중독자들이 조금씩 마약 복용을 하다가 어느 시점에서 심하게 복용하는 쪽으로 넘어가는 경향이 있는지 그 목록을 작성하라.

❷ 16세인 내담자가 당신에게 접근해 헤로인을 복용하고 있음을 드러냈다고 가정해보라. 그리

• [옮긴이] 정신질환 치료를 위한 약물이 중독물질 약물 사용을 열어주는 셈이 된다고 주장하는 이론들이 구호로 삼는 단어이다.

고 상담 중에 마약 공급자에 대한 단서를 주었다고 가정해보라. 만일 그가 그 습관을 멈추고 싶고 당신의 지원을 받고 싶다고 말로 표현했다면 학교 상담사로서의 당신 위치에 관한 법적인 이슈를 어떻게 다루겠는가? 내담자가 당신에게 원하는 지원은 비밀 보장을 깨고 부모와 교직원 또는 당국에 정보를 공유하는 것은 아니라고 분명하게 말했다면, 안전조치 원칙과 BACP 『윤리강령』이 충돌하는 갈등을 어떻게 해결할 것인가?

❸ 학교생활 주임교사가 당신에게 14세 여자아이 네 명과 집단작업을 해보지 않겠냐고 묻는다면 어떻게 하겠는가? 그 아이들은 습관적인 음주자들이고, 17세 이상의 남자아이들과 파티에 참석하기 시작했다면 어떻게 하겠는가?

　　a. 그 아이들을 어떻게 집단작업에 참여하도록 만들겠는가?
　　b. 어떤 스타일의 치유법이 가장 적절하리라고 고려하는가?
　　c. 학부모를 관련시키는 것이 필요하리라고 생각하는가? 만일 그렇다면 어떤 형태의 참여가 적절하리라고 생각하는가?

❹ 10학년 15세 학생이 독한 술을 마신 후 약간 취한 상태에서 등교한 후에 상담실로 보내졌다. 학생주임교사의 연락은 그 부모에게 닿지 않았고, 그 청소년의 두통과 기타 취한 증상들은 점점 나아져서 이제 완전히 의식이 돌아오고 대화도 할 만해졌다. 그 애가 부모 두 사람 모두 알코올중독자이고, 그날 아침 일어난 일을 별로 심각하게 생각하지 않으리라고 밝히기 시작했다면 당신은 어떻게 이 내담자와 상담할 것인가?

Key Point

✓ 단기 심리역동상담, 인지행동치료, 동기 부여 치유 스타일이 엔간히 성공해왔다고 주장할지라도 심리치료가 중독행위를 치료하는 데는 일반적으로 거의 효과가 없었다.

✓ 중독자들은 자신이 이용하는 물질과 **강력한 관계**를 형성한다. 그 관계는 그 사람이 사랑하는 사람과 기타 관심을 무시하게 만든다.

✓ 서구 사회에는 약물에 대해 모순적인 메시지가 존재한다. 이것이 상담 중에 드러날 수 있다. 중독에 대한 일상적인 설명이 내담자에게 통찰을 줄 수도 있지만, (감소든 금주나 금연이든) **개인적인 동기**를 활용한 프로그램이 변화의 기회를 더 많이 준다.

✓ 동기강화면담과 변화 사이클은 흡연이나 음주, 마약 남용 같은 중독행위를 효과적으로 다룬다고 입증되어왔다. 그 이유는 주로 이러한 프로그램이 재발을 다룰 수단을 제공해주기 때문이다.

✓ 학교에 있을 때 이따금 금연하는 십 대가 상담사와 접촉하지 않는 기간에는 금연을 지독히도 어려워한다. 주로 그들이 지닌 **사고의 불일치** 때문이다. 그러나 **진정으로 변화를 원하는** 아이들을 위해서는 간결한 동기강화면담을 하는 집단치료가 그 습관을 돌려놓는 데 도움이 될 수 있다.

✓ 동기강화면담은 **인지적 불일치**를 검토함으로 시작해 청소년에게 변화 사이클 주위로 계속 움직이라고 격려한다. 즉 심사숙고, 행동계획, 유지, 그리고 마지막으로 자신이 중독을 결국 포기할 때까지 재발 관리를 하는 것이다.

✓ 동기강화면담과 변화 사이클이 이야기치료법과 해결중심치료의 요소들과 합쳐질 때, '외로운 흡연자'거나 '은둔하는 음주자'인 내담자가 화학물질을 탐닉하는 것을 극복하는 일에 자신의 자원을 활용할 생각을 더 많이 갖게 된다.

13 Teenage Sexuality

십 대들의 성

이 장에서 다룰 내용

들어가는 말

초기 성적 경험에 대한 비정상적인 현실 두 가지가 학교에서 청소년들을 어떻게 지원해줄지 교육자들을 불확실하게 만든다. 그 첫째는 내가 이 글을 쓰는 시점에 영국의 학령 아이들의 임신율이 유럽에서 가장 높다는 사실이다. 대부분의 학교에 성교육 과목이 있음에도 불구하고 말이다. 둘째는 청소년이 자신의 성에 관해 더 개방적으로 표현할 시기가 될 때, 어떤 아이들에게서는 극단의 동성애 혐오가 여전히 만연해 있다는 것이 분명하다는 사실이나.

학교상담의 전문적이고, 법적이고, 윤리적인 위치에 대해서는 4장에서 다루었다. 그 장에서는 학교에서 학생들에게 어느 정도나 비밀을 보장해줄 수 있는지에 대해서도 언급했다. 이 장에서는 십 대의 이성애적, 동성애적, 양성애적인 지향과 행동에 관한 경계선의 함의들이 탐구될 것이다. 동성애 혐오로 생기는 학교 안에서의 압박감 때문에 동성애자의 성이 이성애보다 더 자세히 다루어질 것이다.

초기 청소년의 성 경험

영국에서는 청소년 간에 위험을 감수하고 이루어지는 성행위를 스스로 보고하는 비율이 아주 높다(Downey and Landry, 1997). 1998년 한 해 동안 영국에서 15~19세 십 대의 출산율은 네덜란드의 5배, 프랑스의 3배, 독일의 2배였고, 미국에 대해서는 아직 3분의 2였다. "영국의 십 대 출산율은 유럽에서 가장 높다"(UNICEF, 2001: 2). 2000년에는 16~19세 청소년의 첫 성 경험의 평균 나이가 16세였는데, 그보다 10년 전에는 17세였다. 16세 이전에 첫 경험을 했다고 '보고하는' 남자애는 30%였고, 여자애는 26%였다. 그 수치는 최근까지 일관되게 유지되고 있다(Wellings et al., 2001). "16세 전의 첫 성 경험은 어떤 자격증 없이 육체노동을 하는 사회계급 출신으로서 16세가 될 때까지 부모 두 사람이 같이 살지는 않았던 아이들, 16세 이전에 학교를 떠난 아이들, 그리고 성에 관한 주 정보원이 학교라고 말하지 않았던 아이들에게서 더 일반적이었다"(Dennison, 2004: 2). 특히 13세 전에 생리를 시작한 아이들도 그랬다.

성적 지향성에 대한 조사연구

인구의 10%가 동성애자라고 제시한 초기 이론들(McLeod, 1993)은 이제 남자의 3%, 여자는 그보다 더 적은 퍼센트만큼의 수치들이 선호되면서 무시되어왔다. 최근의 유전학 조사연구는 인간의 성이 선택이라는 구식 견해들에 의문을 던진다. 유전학자들 중에는 동성애자에게서 다른 유전 인자를 확인할 수 있으리라 믿는 사람이 있었다. 그리고 인류학 연구와 사회학 연구에서도 시각적 이미지로부터 일어나는 성적 흥분을 관찰해 다른 유전자의 가능성을 확인한 것처럼 보였다(Harrison, 1987). 그럼으로써 그들은 성적 지향이 '선택으로' 경험될 가능성은 낮다고 추론했다. 그러나 이것이 사실일 수 있어도, 유전적인 증거가 결정적인 것은 아니다. 이렇게 주장하는 것이 특히 양성애자에 대해서는 적절하다.

딘 해머Dean Hamer 연구팀(Hamer et al., 1993)은 남성 동성애자 114명의 외삼촌과 남성 조카를 연관시키는 X 염색체에서 공통된 유전적 표식을 발견했다(Bragg, 1999). 그러나 그 이후의 조사연구는 이 상관관계를 의문시했다(Rice et al., 1999). 이 경우는 아직 결론이 나지 않았다.

어찌되었든, 동성애가 치유 가능한 '비정상적 행위'라는 주장은 다른 조사연구에 비추어볼 필요가 있다. 어떤 연구는 동성애의 원인이나 '치유'를 찾는 일이 무익하다고 지적한다. 그 근거는 "대부분의 남자들(원문 그대로 인용함)이 동성애적인 그리고 이성애적인, 환상이나 느낌이나 행위를 지니고 있다"(Hall and Fradkin, 1992: 372)라는 것이다. 십 대는 첫 성 경험을 갖기 전에 성적 지향성을 지니는 것으로 나타나는데, 그것은 동성애자, 양성애자가 그들의 지향성을 '선택하는' 것이 아님을 제시해준다.

양성애자는 이성애적 욕구와 동성애적 욕구 둘 다를 만족시키려는 성향을 느끼지만, 주로 이성애적 관계에서 만족감을 찾는다(Scher et al., 1987). 대부분의 양성애자가 자신의 동성애적 성향을 실험해보기 전에 이성과 결혼한다고 알려져 있다. 이성애적인 결합을 서둘러 하는 것 자체가 사회적, 가족 내적으로 꽤 큰 갈등을 가져올 성적 지향성에 대한 부인이다(Matteson, 1987). 예상되는 편견과 동성애 혐오에 비추어볼 때, 상담사는 성적 지향성의 병리모델을 반드시 버려야 하고, 심리치료의 동성애 및 양성애 긍정모델을 선호해야 한다(Hitchings, 1994).

동성애자 청소년은 자신의 성적 선호를 낙인찍고 검열하는 서사를 밑에 깔고 있는 문화적 태도를 피할 수 없으며, 그래서 자신의 성 지향성 때문에 자신을 증오하거나 자살을 생각해볼 이유를 가진다.

 자살하고 싶은 생각의 위험성은 동성애자 젊은이 및 양성애자 젊은이와 연관될 때 이중으로 증가한다. 특히 젊은 여성에게서 더 그렇다(Van Heeringen and Vincke, 2000). 미국에서 이루어진 연구들(The Massachusetts Youth Risk Behaviour Survey, 2006)은 동성애자와 양성애자 고등학생들이 이성애자 학생들보다 자살 시도의 위험성이 4배 높은 수치임을 보여준다(Malley et al., 2008). 영국의 동성애자들도 자살 위험에 노출되어 있는데, 특히 동성애 혐오가 만연한 학창시절에 그렇다(Bridget, 2006).

4000명의 동성애자와 양성애자를 대상으로 한 영국의 한 조사에서 발견한 바에 따르면, 남성의 34%와 여성의 24%가 그들의 성적 지향성 때문에 폭력을 당했다. 자신의 성적 지향성 때문에 최근 5년간 괴롭힘을 당한 적이 있는 자가 32%였고, 73%는 욕지거리를 들은 적이 있다는 것이 주목되었다(Mind, 2010). 사마리탄*(Samaritans, 2009)이 보고한 공식적인 통계에 따르면, 북아일랜드를 제외한 영국 전역에서 1999년에서 2008년 사이에 자살률이 하락해왔으나, 15세에서 24세 사이의 젊은이들 사이에서는 매일 적어도 두 명이 자살하는데, 많은 경우가 동성애 이슈에 관한 것 때문이다.

환경의 영향

초기 성적 친밀감에 대한 또래 압력

듀섹(Dusek, 1996)은 어린 시기의 성행위에 대한 문화적 태도의 광범위한 다양성을 논의하면서, 엄격한 금욕을 권장하든 미성숙한 성에 대해 자유방임적이든 부모의 비정상적인 영향력은 미미하다고 말한다. 그와는 반대로, 엄마가 딸을 엄격하게 주시할 때 무방비적 성관계가 줄어든다는 증거가 있다. 나의 경험은 겔다즈(Geldard and Geldard, 2010: 37)가 발견한 것들이 맞다는 것을 말해준다. 즉, 또래 관계가 초기 성적 내밀함을 선택하는 데 영향을 미치는 주요인이며, 일단 성관계를 하면 '산발적이

---

* [옮긴이] 감정적으로 괴로운 사람들, 자살 위험성이 있는 사람들을 돕는 자선단체로, 1953년에 설립되었다.

기보다는 꾸준히' 하는 경향이 있다(Geldard and Geldard, 2010: 37). 이미 성관계를 하는 친구들이 있거나 자신이 **그럴 것이라고 믿는** 친구들이 있는 십 대는 성관계가 '정상'이라고 생각하는 압박감과 뒤처지지 않으려는 압박감으로 인해 일찍이 첫 성관계를 할 확률이 커진다.

중기에서 후기 사춘기는 성적 충동과 쉽게 오락가락하는 기분으로 흥분하기 쉬운, 아주 힘든 시기이다. 이 시기에 내적으로는 호르몬의 영향과, 외적으로는 사회적 요인으로 인해 감정이 휘저어진다(5장 참조). 이 감각적이고 심리적인 욕구들은 부모와 자식의 연대에서 우정의 연대로 전이되는 것과 동시에 일어난다. 남녀관계에서 맹렬한 경쟁심이 생기지만 정상이라고 인식되는 것들에 대해서는 이상함을 느끼고 보조를 맞추지 않는 아이들도 있다.

 첫 성 경험의 비극 18세 리안은 친구들의 압력을 느끼고 거의 알지 못하던 남자와 데이트를 했다. 그 아이는 성행위를 원했고, 처녀성을 잃기를 바랐다. 친구들에게 자신이 '불감증'이 아니며, 친구들과 '유행을 맞춘다'는 것을 보여주기 위해서였다. 그러나 계획에 없던 첫 번째 성적 만남은 비극이 되었다. 나이를 속인 그 남자가 들판에서 그 아이를 강간했다. 그 아이는 반복되는 악몽에 시달렸다. 처녀성을 강탈당하기 전에 긴 풀들이 자신을 휘감아 묶는 악몽이었다. 이것은 그 아이가 더 이상의 친밀한 관계를 맺을 자신감을 없애버렸다. 친구들이 오랜 관계를 맺어가는 것을 보면서 자기의 젊음이 가버리는 것을 보아야 했다.

리안을 위한 상담은 자신감을 회복시키고, 악몽의 힘을 줄이기 위해 이미지 대체를 제공하고(8장 참조), 남성과의 관계에서 자신이 무엇을 원하는지 자신이 결정할 수 있도록 도와주고, 위태로운 상황에서 자신을 보호하는 전략들을 제공해주는 것으로 이루어졌다.

상담사 리안, 네가 악몽의 영향을 느끼지 않도록 우리가 시도해볼 수 있을까. 네가 꿈에서 보는 것에 대해 '새로운 결론'을 써보는 게 어떨까. 그리고 잠들기 전에 그 결론을 생각해 볼 수 있겠니? 말하자면, 너를 공격하는 사람을 떠올려보자. 들판에서 벌거벗고 자기 옷을 찾고 있는 사람, 그의 친구들이 모두 그를 비웃으면서 '변태'나 '아동 추행자'라고 욕하는 것을 상상해보자(리안은 웃었다).

동성애자에 대한 사회적 압력

영국에서 동성애자와 양성애자 청소년들의 첫 성 경험에 대한 체계적인 자료는 소규모 연구인 브리짓(Bridget, 2000)의 자료를 제외하고는 전혀 없다. 어떤 청소년은 성적인 선호에 관한 자기 느낌과 동성 간의 우정에 대한 욕구를 혼동할 수도 있다. 동성의 형제나 자매가 침대를 함께 쓸 때, 주로 호기심으로 인해 성적인 놀이를 하게 될 수도 있다. 이런 실험적인 국면은 오래 지속되는 경우가 거의 없고, 동성애적이라고 말할 수도 거의 없다. 왜냐하면 이성의 형제자매간에도 서로의 몸을 가지고 실험해보는 경우가 드물게 있고, 심지어는 집에서 몰래 은밀한 성관계를 해보기도 하기 때문이다. 어떤 경우에는 동성에 대한 성적 충동이 동성 파트너에게 기우는 경향을 보이는 초기 표식이기도 한데, 이런 것이 알려진다면 동성애를 혐오하는 또래들에게 과도한 조롱을 받는 결과를 낳을 수 있다(Rivers, 1996; Rofes, 1989).

동성애자와 양성애자들은 또래와 가족들과의 관계에서 강도 높은 갈등을 경험할 수도 있다(Anderson, 1993). 그 결과는 자기존중감의 심각한 상실, 낙인찍힘, 외로움, 고립이며, 때로는 우울증의 징후로 나타나기도 한다(Radkowski and Siegel, 1997). 십 대(13~19세) 동성애자의 성적인 행위에 대한 조사연구가 더 많이 필요한 이유는 분명한데, 그것은 사실에 기반을 두고 그 아이들, 특히 동성애자 남자아이들에 대한 지원 프로그램을 만들어내기 위해서라고 서스먼과 더피는 주장한다(Sussman and Duffy, 1996).

 초기 동성애 실험 사례　13세 소년인 데미안과 클라이브는 뒤뜰에서 텐트를 치고 야영을 했다. 그리고 서로 자위를 해주는 무모한 장난을 했다. 그 아이들은 그 경험을 즐겼고, 다음 주에도 야영을 하기로 계획했다. 그러나 다음 날, 데미안은 '친구 녀석들'이 자신에게 경멸적인 딱지를 붙을 수도 있다는 두려움에 클라이브가 동성애자라는 소문을 퍼뜨리기 시작했다. 그날 밤 클라이브는 데미안을 찾아와 강제로 자신의 음경을 데미안 입에 넣으려고 공격했다.

데미안은 자신의 명성에 대한 두려움이 생겨서 자신이 그 성 놀이를 즐겼던 것에 불편해졌던 것이다. 그 애는 자신이 동성애 성관계라고 생각했던 것을 즐겼음이 자신의 성 정체성과 관련해 무슨 의미를 갖는지 불안해졌던 것이다. 클라이브는 말할 필요 없이 엄청나게 화가 났고, 데미안의 배신과 부정직함이 자신을 추락시켰다고 느꼈다. 그 결과, 두 사람은 따로 상담실에 왔는데, 그 이유는 아주 달랐다.

초기 청소년기에 동성끼리의 성 경험이 그 자체로 동성애자나 양성애자라는 증거는 아니고, 청소년이 자신의 성 충동을 실험하게 될 때 그런 실험이 이성애자의 성 관계보다는 안전하다고 생각하기 때문인데, 동성애를 대다수가 혐오하는 사회에서는 잘못 생각한 경우가 되어버린다.

중기 청소년기에 이러한 십 대들이 동성 친구와 성적인 친밀감을 원하는 것이라기보다는 친구와 '사랑에 빠진' 느낌에 대처하고, 서로 껴안고 만지고 싶은 감각적인 원함을 이해하고 싶은 것일 수도 있다. 중고등학교에서 청소년들이 친하게 포옹하는 것은 이상한 일이 아니며, 남자애들끼리의 공개적인 포옹은 여자애들끼리의 포옹보다 덜 눈에 띄지만 그 자체로 성적인 의도가 있다는 지표가 아니다.

인터넷을 통한 성적 학대

인터넷은 8장에서 말했듯이 동성애 혐오적 괴롭힘을 하루 종일 할 수 있는 문을 열어놓았다. 광범위한 청중에게 성적 학대를 방송하고, 위장한 소아성애자들에게 청소년을 소개할 수 있는 웹사이트들을 연결시켜주기 때문이다. 십 대들은 일반적으로 사교 사이트와 데이트 사이트의 잠재적 위험성을 알아챌 수 있게 방비되어 있지 못하다. 이런 웹사이트에서 악의를 가진 자들이 기분 좋게 띄어주는 말을 이용해 자신을 가장하고, 많은 이들이 침실에 웹캠을 설치하고 자신의 신상을 공개하는 데 사용한다. 내가 일하는 학교의 9학년 남학생이 좋아하는 여학생에게 자신의 자위행위의 영상을 웹캠으로 보내는 서투른 짓을 했다. 그 여학생을 자신과 데이트하도록 유혹하기는커녕, 여학생의 엄마가 페이스북에서 그 이미지를 발견했을 때 여학생은 '역겹다'라고 말했다. 여학생의 엄마가 학교에 요구함으로써 학교의 주임교사와 그 남학생이 다투게 되었고, 결과적으로 사회복지기관에 의뢰되었으며, 나에게 치료를 받게 되었다(8장 참조).

청소년사법청Youth Justice Board의 보고서에 따르면, 2002~2003년에 1664명의 아동이 성적 위법으로 경찰의 경고와 법원의 명령을 받았고, 2005~2006년에는 그 수가 1988명으로 증가했다. 성적 위법의 10분의 1은 12세 이하의 아동이 범한 것이었다(Triggle,2007). '아동에 대한 잔혹행위 방지 협회'는 영국, 웨일스, 북아일랜드에 22개의 지부를 운영한다. 이 자선단체는 2010년에 750명의 아이들을 다루었는데, 남자아이가 압도적 다수였다. 그 평균 연령은 13세였지만 5세 정도의 어린아이도 성적 위법으로 그 협회의 전문가들을 만났다. 어린아이들이 인터넷상으로 성적 학대에 관한 이미지들을 보고 있으며, 포르노도 겨우 몇 번의 클릭으로 볼 수 있다. 문제는 그 협회가 보고했듯이, 그런 이미지를 지속적으로 봄으로써 아이들이 둔감해지며, 자신이 보고 생각한 그런 것들이 허용될 수 있는 일이라고 속으로 생각하게 될 수 있다는 점이다(Triggle, 2007).

비밀 보장과 안전조치 실행

법(4장 참조)과 BACP『윤리강령』(2002), 그리고 교육기관에서 원칙과 절차들을 마땅히 고려한 후에도 여전히 십 대의 성생활에 관한 사례들에서는 윤리적 판단과 신중한 재량의 여지가 남아 있다. 일반의와 학교 간호사의 법적 자유재량과 유사한 자유재량을 가지게 될 청소년상담사가 동성애자 청소년을 상담하지 못하도록 막는 직접적인 법은 영국에 없다.

미성년 학생이 부모에게 '커밍아웃'하지 않은 상태에서 합의하에 동성애 관계를 가진 경우, 학교 상담사가 부모에게 알리지 않은 채 어떻게든 그 학생을 지원하면 전문적으로 그리고 윤리적으로 곤란에 빠지게 될 것이다(DfEE, 2000). 내담자가 '길릭 성숙도'에 의거해 검사된 후에도, 내담자의 성적 행동을 상담사가 다룰 때는 상담기관의 상담사가 학교 상담사보다 더 큰 자유재량을 가진다.

3장과 4장에서 논의한 대로, 학교를 기반으로 상담할 때 윤리적인 딜레마가 예상된다면 그런 일이 생기기 전에 상담사가 자신의 직속 관리자에게 조언을 구하거나 고용계약서를 참조하는 것이 바람직하다. 원칙적으로 상담사들은 내담자의 성적 행위에 대한 정보를 노출할지 아니면 비밀에 부칠지를 판단할 때 자신감을 표현해왔다(부록 3 참조). 학교에서 교사는 '합리적인 부모'의 위치에 있지만, 상담사는 그보다 더 넓은 틀에서 일한다. 지역 교육청과 계약을 맺고 합의서에 따라서 또는 학교의 규정에 따라서 학생을 돌보는 일을 하는 사람들은 다음의 두 가지 의무 사이에 서 있게 된다.

- 비밀 보장 규정 아래 내담자에게 충실함, 그리고
- 대리 부모와 같은 법적 위치

학교에서 학생내담자들은 영국의 현행 안전조치 요건들이 허용하는 정도보다 더 높은 수준의 비밀 보장을 요구한다. 그 결과는 갈등인데, 그 이유는 외부 상담기관에 의뢰하는 것이 교육 상태에 있는 동성애자 학생들에게는 문제가 되기 때문이다(Hitchings, 1994). 성적 지향성과 관련해 적절한 상담사와 내담자의 짝을 맞추어주는 일이 상담 문헌에서도 정기적으로 논의되어온 이슈이지만, 학교에서는 이것이 기술적인 질문이 될 수도 있다. 부모가 모르는 채로 부모의 동의 없이 재의뢰하는 경우, 치료사가 어린 학생에게 동성애자 하부문화의 문을 열어주는 셈이 되는 부담을 지게 된다. 학생들에게 동성애 상담전화와 지원 네트워크를 소개하는 것조차 상담사가 비판받을 여지를 만드는 일이 될 수도 있다.

그러나 동성애자 청소년에게는 정보가 필요하다. 이런 난관에 비추어볼 때, 그들을 인터넷 웹사이트에 취약하게 방치하는 것보다는 어디에서 지원 네트워크를 찾을 수 있는지 정보를 주는 일이 더 바람직하다(Scher et al., 1987). 학교 상담사는 성에 관한 상담을 받으려고 스스로 생각하는 학생들을 위해, 첫 출발부터 자신의 일의 테두리를 명확하게 정해놓는 것이 좋을 것이다.

심리치료를 위한 통찰

동성애에 관한 정신역동이론들은 오이디푸스적인 관계에 근거를 둔다(Freud, 1933). 그리고 인지학파 초기의 성 심리 치료사들은 동성애 관계가 '학습된 상황'이라서 '치유' 가능하다고 보았다(Ellis, 1965, 1976). 이런 초기 이해에는 이성애가 아니면 어떤 관계든 병리적인 질병으로 보는 경향이 있었다(Lines, 2002a). 미국정신의학협회는 이제 동성애가 병리적인 상태가 아님을 인정했다. 해리슨(Harrison, 1987)은 성 지향성과 심리적 건강과 병리는 상관관계가 전혀 없다고 지적한다. 그가 보여준 바로는 동성애자나 양성애자 중 어느 한 사람도 그런 사람이 없고, 성 지향성은 생애 초기에 성립되며 변하지 않는다는 것이다(Hooker, 1985).

동성애자 내담자에게 진실하기

모든 상담사는 내담자에게 비심판적이고 수용적이 되는 것을 목표로 해야 한다. 내담자의 인종, 종교, 성 지향성이 어떠하든지 그러하다. 상담사는 상담의 핵심 조건들(Rogers, 1967)에 동의하고, 변화(자신을 용납함도 포함된다)가 용이해지도록 반드시 개방적으로 현재 상담 상황에서 '자신에게 흘러들어 오는' 느낌과 태도에 중심을 맞추어야 한다. 가면을 쓰지 않아야 하고, 공감을 가장해서도 안 된다. 그렇게 해야 '관계의 깊은' 수준에서 상담이 진행된다(Mearns and Cooper, 2005).

'안팎이 같은 진실성congruence'은 진정함이라는 개인적 자질이며, 상담사가 자신의 생각과 느낌에 접촉되었다는 의미를 함축한다. 동성애자인 내담자에게 계속 진실하려면 슈퍼비전이 중요하다고 강조할 수밖에 없다. 슈퍼비전에서는 상담사가 자신과 다른 성적 지향성을 지닌 내담자에 대한 자신의 느낌을 탐색할 기회를 받는다. 특히 상담사가 종교적 신념이나 문화적 신념이 강할 경우에는 그가 심층상담을 하고 있든 간결요법 상담을 하고 있든 슈퍼비전을 받아야 한다.

상담사의 역할은 내담자의 신념을 상담사 자신의 신념에 일치하도록 변화시키는 것이 아니다. **내담자가 스스로에게 옳은 것에 도달하도록** 도와주는 것이다(McLeod, 1993). 그리고 만일 내담자의 노출에 의해서 상담사가 '기분이 상한다'면 '그 게임은 끝내야' 한다(Masson, 1992: 232). 왜냐하면 그 치료적 관계는 도움을 줄 수 있는 관계가 될 수 없고, 그 기분에 의해 치료적 관계가 영향을 받을 수 있기 때문이다. 동성애자 내담자들은 어디에서도 받아볼 수 없었던 이해와 지지를 받고 싶어서 그 상담사를 찾아온 것일 수도 있다.

이성애자 청소년 상담

학대 행위에 깔려 있는 지배적 담론을 부각시킨 저자들이 있다(Payne, 2006; Winslade and Monk, 1999). 5장에서는 청소년들을 아주 성적인 존재로 말하는 서사들을 구성주의적 관점에서 검토했다. 페인(Payne, 2006)은 학대의 희생자에게 지나친 관심을 두는 것이 이런 행위에 정당성을 부여하는 가부장적 서사에 도전하지 못하게 만든다고 주장한다. 앨런 젠킨스의 연구(Jenkins, 1990)를 통해서 윈슬레이드와 몽크(Winslade and Monk, 1999)는 학대 행위와 싸우기 위해 학대하는 자에게 이야기 방식으로 질문하는 개입 방법을 설명해준다. 이런 접근법에서 내가 발견한 문제는, 학대하는 사람은 거의 상담을 하러 오지 않는다는 것이다. 상담실 문에 서 있는 것은 희생자이다.

다음 사례에서는 이성애적 행위를 하는 동의 가능 연령 이하의 내담자 상담과 관련된 상담의 테두리가 부각된다. 이 사례가 보여주는 것은 상담사가 학교에서 내담자를 지지하기 위한 하나의 방법으로, 그를 집에서 돌보는 자를 어떻게 지지해줄지에 관한 것이다. 이야기치료와 인지적·인간주의적 상담과 해결중심적 관점의 특징들을 지닌 다원적인 접근법이 엄마와 딸의 대화를 열어주는 목표를 통해서 묘사되고 있다(Davis and Osborn, 2000).

 캐롤라인과의 첫 상담 13세가 되어가는 캐롤라인은 두 달 동안 13세 남자애와 데이트를 해왔었다. 캐롤라인은 성에 관한 문제를 가지고 자발적으로 상담을 하러 두 차례 왔다. 처음에는 엄마와 의붓아버지가 그 아이의 사촌의 '고자질'을 통해서 무언가를 알아낼까 봐 불안한 느낌 때문에 왔다. 그 아이는 얼마간 이런저런 이야기를 했지만 상담은 제자리걸음이었다. 그 아이는 지난밤 남자 친구와 무슨 일이 있었다고 말했는데, 그것은 아마도 성적인 일이었을 것이라고 나는 추측했다. 결정적으로, 그 아이는 부모가 무언가 말할까 봐 두려웠던 것이다.

캐롤라인은 내 옆에 앉아서 내 눈을 바라보았다. 그 아이는 내가 알아주기를 원하지만 무슨 일이 있었는지 말하기는 어색해하고 있음이 느껴졌다. 나는 그 아이에게 도전하기로 결정하고 물어보았다. "남자 친구와 성관계해 본 적이 있니?" 그 아이는 즉각 안도하는 듯 보였고, 그렇다고 말했다. "미리 조심하고 콘돔을 사용했니?"라고 내가 묻자 아니라고 대답했다.

그 애 허락을 받아, 나는 그 애가 학교 간호사와 이야기하도록 주선했고, 간호사는 임신 테스트를 하도록 해주었다. 간호사는 아이에게 성 건강 상담을 받도록 했고, 피임 교육을 해주었다. 영국 학교에서는 상담사가 학생 개인에게 피임 교육을 하는 것이 허용되지 않는다. 그리고 4장에서 논의했듯이, '2003년 성범죄법'에 비추어볼 때 서로 동의한 십 대의 성행위와 같은 일을 사회복지기관에 보고해야 하는지에 대해서는 의견이 갈린다. 그러나 학교 간호사에게는 환자에 대한 의료적 책임과 더불어 그와 같은 금지 조항이 없다. 이것은 학교 상담사인 나와 학교 간호사가 연관된 이중적인 지원이기 때문에 우리는 이 사례를 길게 논의했고, 이후 나는 이 문제를 슈퍼비전에 가지고 갔다.

'2003년 성범죄법'은 13세 미만 아동이 성관계에 동의할 능력이 없다고 간주한다. 이 법은 범죄의 책임을 질 나이*에 있는 사람들에 의해 아동이 학대받거나 착취당하지 않도록 보호하기 위해 제정되었다. 캐롤라인의 사례는 자신이 준비되지 않았다고 느꼈던 일회성 사건이었다는 학교 간호사의 성찰을 함께 나눈 후, 우리는 그 아이가 즉각적인 위험에 직면한 것은 아니라고 느꼈다. 그럼에도 불구하고 나는 슈퍼바이저의 조언에 따라서 그 아이가 이 문제를 다루는 데 진전이 있는지를 관찰하기 위한 후속 상담을 해야 했다. 그 후, 그 첫 번째 사건에 관해 학교 간호사와 나는 그 애 부모에게 알리지 않기로 결정했다. 이것은 쉽지 않은 결정이었다.

 캐롤라인과의 두 번째 상담　판단받지 않고 수용되는 경험을 한 후에 캐롤라인이 두 번째로 나에게 왔다. 한 친구와 손을 잡고 나타나서 또 성관계를 했다고 말했는데, 이번에는 동급생이 아니라 17세 남자애였다. 내 판단으로 이것은 더 심각한 일이었다. 그 애의 첫 성 경험은 실험적인 것이라고 무시할 수도 있었지만, 이번에는 성 착취의 가능성과 아동보호 절차를 고려할 필요성을 배제할 수 없었다.

우리는 이것을 상담하면서 충분히 논의했고, 나는 그 애에게 내가 그 애의 복지와 위태로움을 생각했으며 이 일을 엄마에게 말하는 것을 우리가 심각하게 고려해보아야 한다고 설명해야겠다고 느꼈다. 나는 '내담자의 비밀 보장'이라는 이슈를 절실히 깨달으며 여기에 '자율성의 존중'과의 충돌을 자각했다. 내가 보통 하는 절차는 내담자에게 주도권을 주고, 결국 그 애에게 그 날 저녁 엄마에게 말할 것인지를 물어보는 것이다. 그 애가 '좋은 기회가 있으면' 할 수도 있다고 말했지만, 나는 그 애가 말을 할지 의심이 들었다. 그렇게 힘든 일이 미뤄진 후에 나는 그 애 엄마에게 그 애 편에서 말했고, 처음에는 그 애가 염려했지만 나중에는 안도했다.

그 애 엄마는 당연히 절망했으나, 말하기를 자신의 남편은 캐롤라인이 성적으로 그렇게 할 수 있음에 놀라지 않았다는 것이다. 그가 "그럴 징후가 있었지"라고 말했기에 엄마는 자신이 알아차

---

* 　16세 미만의 청소년 중 11%가 성교나 구강성교 행위 또는 이러한 것들에 대한 시도를 '자신의 의사와는 반대되게', 자신이 알고 있지만 관계는 없는 사람들에 의해 경험한다고 알려져 있다. 그리고 모든 강간 희생자의 25%가 16세 미만이라고 알려져 있다(Cawson et al., 2000).

리지 못해서 이중으로 바보가 된 느낌이 들었다. 그녀는 자신이 어떻게 행동해야 적절할지를 논의하기 위해 정기적으로 나를 만났다.

캐롤라인의 복지에 관한 나의 관심과는 별도로, 캐롤라인이 여자 친구들 사이에서 그렇게 어린 나이에 처녀성을 잃는 것을 '정상적으로 만드는' 영향을 끼칠까봐 나는 괴로웠다. 이렇게 중간 역할을 함으로써 다른 모든 점에서는 중립적인 내가 그 애의 행위를 열심히 별 것 아닌 것으로 만들어 무심코 용인하는 것일까 괴로웠다. 그러므로 상담을 통해 캐롤라인과 그 친구들에게 '정상화하는' 인식들을 더 넓은 맥락에 놓는 일을 했다. 상담 작업은 우선 캐롤라인의 엄마에게 초점을 두었고, 나는 그 엄마를 앞으로 메리라고 언급할 것이다.

나와 메리는 메리가 허심탄회하게 말할 기회가 필요하다는 것에 동의했고, 이것이 우리 상담 목표가 되었다. 나는 이것의 중요함을 되풀이해 말하면서, 캐롤라인에게 이 순간보다 더 엄마가 필요한 때는 없다고 말해주었다. 메리는 계속 죄책감으로 스스로를 괴롭혔고, 자신의 '순진한 어린 딸'이 더 이상 처녀가 아니라는 사실에 눈물을 흘렸다. 그녀의 애통함은 인간중심상담으로 다루어졌고, 그녀의 사고에 무의식적으로 작용하고 있는 지배 서사를 서로 협력하여 탐색했다. 최우선시되는 문화적 서사들이 메리의 상황에 적용되었고, 〈표 13-1〉에서 보이듯이 수정되었다. 메리가 자신의 자연스러운 슬픔과 죄책감을 넓은 사회적인 맥락에서 보도록 도와주기 위해서였다.

'만일 그랬더라면'(내가 캐롤라인과 시간을 더 많이 보냈더라면……, 그 애에게 더 많은 것을 말했더라면……, 성에 관해 적절한 정보를 주었더라면 등)이라는 파괴적 사고는 기분이 약간 더 나아지게 했지만, 메리는 자신이 캐롤라인과 말하고 싶지 않았음을 인정했다. 사랑하는 사람에게 맞서서 그를 올바르게 만드는 일이 얼마나 어려운지를 인정하는 것이 중요하다. 엄청난 압력이 쌓이면 잘 정리된 각본이 실제로는 생각만큼 그렇게 잘 작용하지 않는다. 넬슨-존스(Nelson-Jones, 1996)의 효과적인 사고기술인 '긍정적으로 사고하기'가 사용되었다.

 나는 어려운 도전에 자주 직면할 때 '사고의 전환'이 도움이 된다는 것을 발견할 때가 종종 있다. 예를 들면 치과에 갔을 때, 주삿바늘이나 드릴에 생각을 고정하지 않고 미래의 상황을 상상하면서 그 불쾌한 일을 뒤로 넘긴다.

표 13-1 메리의 서사 도표

지배 서사	적용된 서사	수정된 서사
요즘 청소년들은 성에 관한 모든 것을 알고 있다.	내 딸은 성에 관한 모든 것을 다 알지 못하기 **때문에** '실험 중이다'.	내 딸은 나에게서 올바른 정보와 조언을 받을 필요가 있다.
여자애들은 "아니야"라고 말할 때에도 성관계를 원하고 있다. '쉽게 안 넘어가는' 척하는 것이다.	내 딸은 성적 약탈자에게 걸려들었을 수도 있다. 내 딸을 잃어버렸다.	우리는 아직 가깝다. 캐롤라인은 지금 내가 필요하다. 그리고 우리 관계가 끊어졌는지 아닌지는 우리가 **결정한다**.
미성숙한 성관계에서 여자애들은 문란하고, 남자애들은 성적으로 왕성하다.	문란한 여자애들이 취약한 남자애들에게 자신의 성에 대해 허풍을 떨다가 당연하게도 일찍 처녀성을 잃는다.	내 딸은 미성년자와의 성관계에서 책임져야 할 누군가에게 유린당했다.
자유로운 여자들이 자녀를 내버려둔다.	나는 일하느라 너무 바빠서 딸의 욕구를 알아차리지 못했다.	내 수입이 내 자녀의 삶을 개선하고, 내 삶이 산업사회의 전형이다.
여성은 자신의 성을 스스로 보호할 책임이 있다.	17세 남자는 내 딸이 임신하더라도 신경 쓰지 않을 수도 있다. **그가 알아야 하는 일이지만**, 딸도 자신의 복지를 안전하게 지켜야 한다.	내 딸이 강간이나 성폭행에 가까운 이런 사건에 대해서 더 잘 준비되도록 내 경험을 들을 필요가 있다.

나는 메리에게 성적인 관계라는 가장 민감한 영역에 대한 정보를 딸과 이야기함으로써 가까워지고 어른처럼 관계가 풍성해짐을 향해 마음으로 초점을 맞추어보라고 했다. 메리는 상담 시간에 자신의 과거 성 경험과 이 일을 관련지을 정도로 확실해졌다. 그리고 자기 어머니의 경멸과 용납치 않음을 다루느라 트라우마가 될 정도의 시간을 보냈음을 떠올렸다. 나는 이것에 대해 캐롤라인이 얼마나 알고 있는지 물어보았다.

메리는 딸이 무엇을 알고 있는지는 확실하지 않지만, 메리가 15세일 때 자기가 태어났다는 사실은 알고 있다고 했다. 그녀는 자신이 어린 시절에 겪었던 엄마와의 균열이 자신과 캐롤라인 사이에 생기는 것을 원하지 않았다. 결과적으로 그녀는 열린 마음으로 대화하고 싶은 마음이 간절해졌다. 조마조마한 마음이 들기는 했지만 말이다. 내가 메리에게 개인적인 어떤 정보를 딸에게 이야기해야 한다고 처방을 내린 것이 아니다. 단지 그녀가 먼저 딸에게 말을 걸기 시작해야 하고, 해결책에 초점을 맞추어야 한다고 말했을 뿐이다. 그리고 그녀가 딸의 처녀성 상실을 유감스러워하게 만든 그 사랑의 강력한 느낌이, 대화의 다리를 이을 기회를 만들어내는 과정 내내 그녀가 차분함을 유지하는 한, 분명히 빛날 것임을 믿어야 한다고 말해주었다.

이 사례에서 나의 주요 내담자는 캐롤라인이 아니라 메리였다. 메리의 목표는 대화 과정을 시작하기 위해 캐롤라인에게 무엇을 이야기할지, 그리고 어떤 어조로 이야기할지 연습하는 것이 우선 과제였고, 그것을 통해 소통 단계에 들어가는 것이었다. 후속 회기 계획은 없었으나, 메리는 전화로 나에게 감사를 전했고, 캐롤라인이 확인해준 바로는 우리의 작업으로 그 모녀가 더 가까워졌다.

동성애자 청소년 상담

자신의 동성애 지향성을 확신하고 부모와 친구들에게 '커밍아웃'을 하는 데 필요한 지지를 얻기 위해 상담실에 오는 학생들에게는 인지행동치료, 해결중심치료, '이건의 3단계 모델' 그리고 인지적·인간주의적 상담이 특히 효과가 있을 수 있다. 그 심리치료는 목적 지향적이고 목표는 내담자가 확신을 갖고 개인적 트라우마를 최소한으로 하면서 커밍아웃이라는 특정한 과제를 수행하도록 도와주는 것이다. 이러한 접근법들은 친구들에게 자신을 드러내고 공개되었을 때 뒤따를 사회적 고립, 딱지붙임, 낙인찍힘을 확신 있게 다루도록 도와준다.

 마크의 커밍아웃 결심　마크는 똑똑한 13학년 학생으로, 여자아이들에게 인기가 있었지만 동급생 중 마초 타입의 남자애들로부터는 배척받았다. 시민권에 관한 수업 중 그의 토론 기술은 뛰어났고, 또래들보다 두드러졌다. 그 애는 교단 가까이에 혼자 앉았고, 모든 애들과 떨어져 있는 듯 보였으며, 여자애 두 명하고만 자주 이야기를 나누었다. 그 애는 나중에 의과대학에 가려는 꿈을 가지고 있었다. 그 애는 내가 방과 후에 혼자 있을 것으로 알고 상담실에 왔고, 곧바로 나에게 자신이 동성애자라고 말했다. "선생님이 알고 계셨는지는 모르겠는데, 저는 게이입니다."

마크는 20대 중반의 수련의와 관계를 갖고 있었다. 그 수련의는 작은 집이 있어서 마크는 주말에 종종 그 집에서 머물면서 합의된 성관계를 가졌다. 엄마에게는 친구 집에 머무는 척했다. 그 관계는 몇 달 전에 시작되어 그 애의 최종 학년에 이르러서는 더욱 강렬해졌다.

시작 상담에서 왜 자신이 동성애자임을 나에게 말하고 싶었는지 물었다. 그의 대답은 자신이 엄마와 친구들에게 커밍아웃하는 데까지 가는 동안 지지를 받고 싶었다는 것이다. 이건의 3단계 구조가 다원적인 관점에서 채택되었다. 윤리적으로 타협해야 할지 고려할 이슈는 없었다. 그래서 상담을 세 회기 진행하기로 합의하고, 두 주 안에 단계별 과제들을 가지고 그 아이의 목적을 이루자는 목표를 세웠다. 그 첫 회기의 나머지 시간은 솔직하고 정직한 대화로 보냈다.

그의 요청대로 그의 성적 지향성과 판단들에 관해 이야기를 나누었다. 특히 자신보다 나이 많은 남자와 관계를 갖고 있기 때문에 자신이 착취당하고 있는지 아닌지의 여부를 다루는 데 도움을 주었다. 그가 선호하는 시나리오가 탐색되었는데, 그것은 자신의 성적 지향성을 정당화하고, 가족이 알게 만드는 것이었다.

법률적 관점에서 보자면 마크는 18세가 되어가는 지적인 청소년으로, **그에게** 자신의 동성애 관계는 문제가 되지 않았다. 그의 관심과 상담실에 온 목적은 엄마에게 커밍아웃을 하는 데 대한 나의 지원을 받으려는 것이었다. 상담은 커밍아웃을 어떻게 할 수 있을지, 무엇을 말할 것인지 연습해보는 것으로 이루어졌다. 그는 자신과 파트너가 안전한 성관계를 하고 있다고 단언했다. 그는 엄마가 자신이 동성애자인 것을 수용하리라고 예상했다. 그의 가족 안에 이미 동성애자가 있었기 때문인데, 두 누이가 그러했다. 이 가족에게 이성애 관계가 '규범'이 아니었다. 마크는 나의 지지를 고마워했고, 그의 목적이 달성되었을 때 상담은 종료되었다.

비밀리에 동성애 관계를 갖고 있는 마크와 같은 사례들에서 보면, 동성애 혐오적인 사회에서 내담자는 (동성애자가 아니라고 추정되는) 상담사에게 내밀한 이야기를 나누기는커녕 접근하는 것조차 상당한 용기를 가져야 한다. 그 내담자는 '커밍아웃' 결정에 관해 불안해한다. 커밍아웃은 사전경고 없이 하게 될 수도 있고, 그것이 어떻게 받아들여질지 거의 자각하지 못한 채 하기도 한다(Hitchings, 1994). 자신의 동성애 성향을 인정하는 것은 자율성을 향한 초기 단계이며, 그래서 학교 상담사는 중대한 도덕적 위태로움이나 물리적인 위태로움에 대한 염려가 없는 한, 그리고 그 청소년이 '길릭 성숙도'에 도달했다면, 이 과정을 도울 수 있다. 상담사는 반드시 "존중하고, 진지하게 들어주는 태도를 유지해야 한다. …… 환자가 드러내는 일이 얼마나 충격적이든, 사소하든, 웃기게 말도 안 되든, 그것은 상관없다"(Frank, 1986: 16).

제시카의 딜레마: 내가 동성애 성향을 지녔나?　제시카는 16세 학생인데, 내면의 갈등을 해결하고자 나에게 상담하러 왔다. 그 애는 엄마하고 관계가 나빠서 상담을 받은 적이 있었다. 그 애는 자신의 말로는 '매우 엄격하게' 키워져서 사교생활에서 불리하다고 느꼈다. 그 애 엄마는 그 애가 학교에서 계획한 모든 사교활동, 즉 극장에 간다든지, 남자애와 데이트를 한다든지, 파티를 간다든지 등에 대해서 집안일을 시키고, 동생들을 돌보라고 하면서 반대하는 것으로 보였다. 최종 학년이 되어가면서 엄마는 이렇게 책임 지우는 일을 덜 했지만, 두 번째 도입회기에 그 애는 파티에서 생긴 특별한 문제를 가지고 왔다.

가장 친한 친구의 열여섯 살 생일 파티에 갔고, 그 집에서 자는 것을 허락받았다. 정해진 시간에 몇몇 친구는 떠나기 시작했고, 치우는 일이 끝나가면서 어떻게 잠을 잘 것인지 의논했다. 자고 갈 아이들에게 침대가 충분히 않았기 때문에 제시카는 사라와 더블베드를 같이 쓰기로 했다. 잠옷으로 갈아입고 몇 시간 동안 파티에 관해 이야기를 나누었다. 잠으로 빠져들면서 아직 완전히 잠들지 않은 제시카는 사라가 자기 등에 바싹 붙는 것을 알아차렸지만 여전히 그것이 무엇인지 몰랐다. 그다음에 사라의 손이 제시카의 가슴을 만지자 제시카는 불안해졌고, 사라가 목에 서너 번 키스를 하면서 "사랑해, 제시카야"라고 부드럽게 말한 후에 제시카는 혼란에 빠졌다. 어떻게 반응해야 할지 몰랐다.

제시카는 이미 사라가 남자애들은 밀쳐내면서 둘 다에게 친구인 어떤 여자애와 둘이서만 대화하고 내내 서로 같이 있고 싶어 하는 것을 수시로 보았고, 그래서 사라와 그 애가 동성애 관계가 아닌지 의구심을 가지고 있었다. 그런데 이 상황에 어떻게 반응할 수 있을까? 제시카는 약간 불안하고 초조해지는 것을 느꼈다. 돌아누워서 사라와 얼굴을 마주해야 하나? 그러면 그녀가 이미 느꼈던 것보다도 더 내밀한 자위로 나아갈 수도 있다. 사라가 그것을 원하는 거라고 자기가 확실히 느꼈나? 사라가 밀고 들어옴을 일축하고 "미안해, 나는 너와 같은 감정이 아니야"라고 말해야 하나? 그런 것이 거부로 상처를 주는 것처럼 보일까? 그녀는 애매하게 "그래, 알아, 잘 자"라고 대답했다.

그들은 성적인 행위로 고조되지 않은 채 잠이 들었고, 다음 날 아침에는 아무 말도 하지 않았다. 제시카가 상담실에 온 것은 자신의 성적인 성향에 관한 혼동을 해결하기 위해서 도움이 필요했기 때문이다. 자신이 이성애 욕구를 가지고 있는지, 아니면 동성애 욕구를 가지고 있는지, 아니면 둘 다인지? 그리고 이런 느낌에 비추어볼 때 앞으로 어떤 성적 만남이든 그것을 조장할지 무시할지 개방적으로 솔직히 논의하고 결정하기 위해 도움받고 싶어 했다. 또한 그녀는 사라와 동성애 관계가 아닌지 자기가 의심하고 있는 그 다른 친구와 사라 사이에 자신이 있는 것에 관해 양가감정을 느꼈다.

인지적·인간주의적 상담(Nelson-Jones, 1999b)으로 진행된 세 번째 회기를 마무리할 때쯤 제시카는 플라토닉 우정 외에 어떤 다른 인상을 줄 어떤 몸짓도 그만두어야 한다고 생각했다. 그 아이는 자신 안에 동성을 향한 이끌림의 흔적이 있고 사라를 좋아함을 인정했지만, 그런 느낌을 자신이 성적으로 표현하고 싶은지는 확신할 수 없었다. 그러므로 그 아이는 나와 자신의 목적을 의논했고, 우리는 역할놀이와 '자기 대화' 연습을 통해서 사라에게 '직접' 말하는 과제를 만들었다(Nelson-Jones, 1996). 그 아이가 무엇이라 말할 수 있을지 연습하고 그것을 진심과 이해를 담아서 해낼 맥락을 의논했다.

당황스럽도록 강한 성적 느낌으로 갈등하는 사람, 동성과 연결되려는 자신의 갈망이 유감스럽기조차 한 사람에게는 목표중심 심리치료가 적당하지 않을 수도 있다. 동성에게 포옹이나 키스를 받거나 더 내밀한 성적인 자극에 연관되는 환상과 욕구에 시달리는 사람에게는, 그리고 자신의 가치 체계와 사회적 기대 사이에서 갈등하는 사람에게는 사회의 만연한 태도 속에서 '우리는 누구인가'에 더 많이 주목하는 이야기치료가 더 유리할 수도 있다.

성에 관한 풍속이 일반적으로 점점 더 느슨해지고 있으나 여전히 동성애 혐오가 있기 때문에 동성애자나 양성애자는 불안하다. 공동체에서 그리고 학교에서 동성애자 젊은이는 '괴상한 놈'이나 '변태'라고 간주되는 경우가 자주 있다. 그런 편견과 낙인이 학교 안에 존재함은 사실이다. "그렇지 않다면, 청소년들이 사교 활동에서 원하는 대로 그저 짝을 이루고, 그것에 관해 이런저런 말이 붙는 일은 없을 것이다"(Harrison, 1987: 226).

 미셸의 딜레마: 동성애자로 인정받기   미셸은 9학년인 친구들과 함께 동성애 관계를 갖는 꿈을 꾸준히 꾸었다(이성애에 관한 꿈은 전혀 없었다). 미셸의 오빠가 미셸을 '동성애자'라고 학교에 소문을 퍼뜨려서, 얼굴을 들고 다닐 수가 없다고 느꼈다. 부모가 자신이 동성애자임을 절대로 받아들이지 않으리라는 것을 깨닫고, 그 애의 불안은 고조되었다.

오빠가 미셸의 비밀 노트에서 동성애에 관한 시를 발견한 후 그 애를 집에서 조롱했고, 그 애는 너무 참을 수 없어서 약을 과다복용하고 자살할까 생각하는 지경까지 갔다. 미셸의 친구들이 미셸이 '괴로운 상태'에 있음을 알고서 상담실에 데리고 왔다. 그 애의 문제는 자신을 받아들이지 못하는 것이 아니라, 자신에게 중요한 사람들에게 받아들여지지 못하는 것이었다.

미셸의 꿈과 시는 그 애의 발달 단계에서 고정되는 동성애 성향을 나타내는 것일 수도 있고 그렇지 않을 수도 있다. 그러나 현명하지 못하게 이런 꿈을 말한 결과로 '매정한' 식구들 가운데서조차 사교적으로 어울리는 데 재앙이 될 수 있다. 상담의 역할은 먼저 그 애의 느낌과 열망의 정당함을 심판하지 않는 태도를 통해 긍정해주고, 그다음에는 사회적 관계에서 갖게 되는 의미들을 생각하게 만드는 것이다. 어떻게 하면 그 애가 부모에게 최소한 그 애의 있는 그대로의 모습을 받아주도록 설득할 수 있을까? 그것은 불가능한 목표로 보였다.

간결하고 집중적인 정신역동상담(어린 시절의 경험과 꿈 분석)으로 한 회기를 보낸 후, 다원적인 강조(Cooper and Mcleon, 2010)를 이야기기법과 해결중심기법을 통합한 내용에 포함시켰다. '기적 질문'(Davis and Osborn, 2000)은 미셸이 다음과 같이 말하게 만들어주었다. "나는 내 친구들, 특히 엄마와 오빠들이 나를 나대로 받아주기를 원해요." 우리는 '문제를 외재화'(White, 1989)하려고 노력했고, 검열적인 '동성애 혐오 서사' 자체가 외계인처럼 부모의 마음에 잠입해 그들의 의식을 바꾸어놓은 문제라고 골라냈다. 이 비유는 우리를 웃게 만들었지만, 곰곰이 생각해보니 그런 접근은 진지함이 결여된 것으로 보였다.

우리는 그 애의 이야기의 '하부줄거리'(Payne, 2006)인 '내가 누구인지 인정을 받지 못함'을 탐색했다. 그렇게 발견한 것은 엄마가 이전에 자신의 딸의 취향, 즉 음악, 옷, 좋아하는 음식, 친구, 노는 장소 등을 바꾸려고 시도했지만 결국 미셸의 성격의 한 측면으로 받아들인 적이 있었다는 사실이었다. 이것으로 우리는 그 애의 부모가 결국 돌아서기까지 얼마나 걸릴지를 추측해보았다. 이것은 도움이 되었고, '언젠가는 엄마가 내가 동성애자이든, 이성애자이든 나를 받아줄 것이다'라는 낙관적인 생각이 늘어났다. 오빠의 태도와 느낌과 견고한 동성애 혐오 편견에 대면하는 현실적인 목표가 정해졌고, 등급 매기기 기법이 그 애가 자신 있게 상담을 종료하는 데 도움이 되었다(O'connell, 2005).

자신이 동성에게 끌리는 것이 성적인 것인지, 아니면 단지 강한 우정에 대한 갈망인지를 헷갈리는 학생이 많다.

 양성애적 느낌을 지닌 남학생 10학년 남학생 폴과 숀이 각각 상담실에 왔다. 둘 다 자신이 동성애자라고 확신했고, 어릴 때부터 자신이 이에 관해 알았다고 생각했다. 폴은 남자애하고도 여자애하고도 각각 함께한 적이 있었고, 강한 양성애적 욕구가 있었다. 숀은 '때가 되었을 때' 저항할 수 없을 정도로 자신의 욕망이 올라가는 충동을 느꼈다. 폴은 지속적으로, 거의 집착적으로 다른 학교에 다니는 남자 친구와 함께하고 싶은 욕망이 있었으나, 그 상담 후 두 주 안에 동급 여학생과 데이트를 시작했다.

숀은 자신의 성향에 관해 단호하게 확신을 가졌고, 때로 모욕을 당해도 여러 가지 방법으로 물리쳤다. 부모는 숀을 부끄럽게 만들면서, 그 아이에게 네가 뒤죽박죽되어 있기는 하지만 사실은 동성애자가 전혀 아니라고 확신시키기 위해 단호했다.

그림 13-2 숀의 서사 도표

지배 서사	적용된 서사	수정된 서사
동성애자들은 성적으로 더 러운 짓을 한다. 괴상한 사람들이다.	부모는 내가 '역겨운' 방식으로 성행위를 한다고 여긴다.	내가 성적으로 무엇을 원하는지 나는 아직 모른다. 부모는 나의 성적 환상을 모르고 있다. 사람들은 동성애자의 삶의 방식에 무지하다.
동성애는 자연스러운 것이 아니다.	내 부모는 자신들과 달리 이성애자가 아닌 애를 낳았다는 것을 수치스러워한다.	내 일반적인 성향이 무엇인지 이제 나는 알고 있다. 슬프지만 그들이 느끼는 수치스러움은 내 책임이 아니다.
청소년의 동성애 성향은 호르몬으로 인한 혼란의 양상일 뿐이다.	부모는 내가 그들과 다를 것이라는 전망을 직면하지 못한다. 내가 혼란스러워한다고 생각하는 것이 그들에게는 편하다.	나는 다른 모든 면에서 내 꿈과 원하는 바를 알고 있다. 왜 나의 성적인 기호에 대해서는 아니겠는가?
동성애자들은 관심을 추구한다.	부모는 내가 주의를 끌려고 한다고 생각하고, 사람들이 알게 되는 것에 당황스러워한다.	그 반대가 나에게는 진실이다. 나는 내 성적 정체성을 비밀로 유지하려고 애쓰고 있다. 도대체 누가 눈에 띄고 싶겠는가?

이 두 사례에서 간결요법 상담은 **자기수용** 말고는 다른 목표를 잡을 것이 없었다. 폴과 숀에게는 〈그림 13-2〉에서 보여주듯이 이야기기법의 질문이 자신을 **있는 그대로** 받아들이는 데 도움이 되었다. 그리고 그들이 동성애 혐오적인 압력에 맞서 싸우도록 도우면서, 8장에서 설명했듯이 자기주장의 사교기술 훈련을 했다.

낙인찍혔다고 느끼는 청소년들에게 말할 사람이 필요하다는 것과 그들의 높은 자살률이 함께 증언해주는 것은 학교에서 청소년들이 동성애적인 욕구에 대처하기 위해 고군분투하고 있다는 사실이다. 이런 청소년들을 분명하게 지원하는 전문적인 과정이 있어야 한다. 전적으로 긍정적인 태도를 가지고 학교 상담사는 반드시 내담자들이 **자신을 용납하도록** 도와야 한다. 그리고 동성애 혐오와 편견에 효과적으로 어떻게 대응할 수 있을지 계획하는 일에 협력해야 한다. 무엇보다도 "윤리적인 상담사는 절대로 억압의 매개가 되어서는 안 되며, 오히려 내담자가 스스로를 이해하고 자신의 성 지향성을 책임 있게 관리하도록 도와주어야 한다"(Harrison, 1987: 226).

맺는 말

십 대의 성만큼 학교 상담사가 대면하게 되는 발달상의 어려운 과제는 거의 없다. 개인적인 판단과 치료적 개입은 다양할 수밖에 없고, 어쩌면 어떤 사례에서는 논쟁거리가 되기도 쉽다. 십 대 사이의 이른 성행위와 동정이나 처녀성을 빨리 상실하라는 또래의 압력, 또는 학교와 사회의 동성애 혐오증에 대한 대처에 관해 알려지거나 알려지지 않은 채 있는 통계들에 비추어볼 때, 현장 상담사들은 그런 욕구를 다룰 수밖에 없다. 논쟁이 있음에도 불구하고 긍정적인 태도를 가지고 다룰 수밖에 없다. 어려움이 있어도 또 위태로울 수 있어도 현장 상담사가 인정할 수밖에 없는 것은, 인간의 성에 대한 탐험이 아슬아슬한 모험일 수 있으며 청소년의 발달에 중요하고 획기적인 단계라는 것이다.

이 장에서 탐구한 것은 초기 청소년의 성행위를 중심에 둔 법적 테두리와 윤리적 테두리였다. 그리고 유전학과 동성애 지향성에 대한 전문적인 질문들을 피하지 않고 다루었다. 그 지향성에 대한 유전적인 증거는 아직 결정적이지 않은 반면, 많이 쌓여 있는 다른 조사연구들은 모든 상담사가 동성애자와 양성애자 학생들에게 긍정적인 자세를 취할 것을 제안한다. 윤리적으로 말하자면, 학교 상담사는 무조건적인 긍정적 존중, 공감, 진정성이라는 핵심 조건들을 그대로 받아들이고 이성애 성관계와 동성애 실험을 하는 십 대들에게도 확대하여 적용해야 한다. 그 모든 것을 '길릭 원칙' 안에서, 그리고 특정한 상담기관이나 기구에서 작용하는 안전조치 원칙이 무엇이든지 간에 그렇게 받아들여야 한다.

목표중심 접근법과 해결중심치료와 이야기치료의 요소들을 결합한 것들이 위에서 제시된 다양한 사례들 안에서 다원적 관점으로 설명되었다. 주요 목표는 첫째로, 실험이 잘못되고 미숙한 판단이 생겼을 때 청소년을 지지해주고, 동성애자 청소년이 **자신을 받아들이고** 자신이 새로이 발견한 지향성을 받아들일 수 있게 격려하는 것이다. 그 모든 것은 더 안전한 성관계를 하도록 안내하는 일이 된다. 둘째로, 내담자가 동성애 혐오적인 두려움과 편견이 있는 친구와 식구들에게 '커밍아웃'하려고 한다면, 그 방법과 태도를 찾도록 보조하는 역할을 해야 한다. '커밍아웃'이 어떤 인종의 가족이나 종교적으로 엄격한 가족에 속한 청소년에게는 더 큰 장애물을 넘는 일이 될 수도 있다.

❶ 4장에서 제시된 가상의 사례는 12세 청소년이 같은 나이의 또래와 성적 관계를 맺었다는 내용이었다. 이 장에서 나온 캐롤라인의 사례도 비슷했다. 이 사례는 논란의 여지가 많다.

    a. 안전조치 절차에 관한 현행 '보고 문화' 속에서 당신이 이런 문화를 이해하고 상담에 적용할 때, 첫 상담 후에 부모나 학생주임 또는 사회복지기관에 해당 문제를 보고하는 것에 대해 당신은 어떤 행동 과정을 취하겠는가? 그런 과정을 밟는 이유를 말해보라.
    b. 앞에서 소개한 마크의 사례에 관하여 동일한 연습을 해보고, 그렇게 한 이유를 말해보라.

❷ 당신은 중등교육을 받고 있는 십 대들이 자신의 성 지향성을 강하게 느낀다고 생각하는가? 학교에서 자신이 동성애자임을 안다고 드러낸 학생들에 관해 학생주임이 어떤 절차를 밟는 문서를 작성할 때, 당신이 돕는다고 가정해보라. 당신의 치료적 통찰에 비추어 어떤 원칙을 가장 중요하게 고려할 것인가?

❸ 성관계를 하고 있는 것으로 알려져 있는 위태로운 학생과 성에 관한 상담을 하면서, 당신 자신의 성 전력 및 경험이나 당신 자신의 자녀에게 줄 조언을 염두에 두지 않고 상담하는 것이 가능하다고 생각하는가? 앞에 소개한 사례 중에 하나를 선택해, 어떤 내용이나 치료적 개입이 당신에게 개인적으로 영향을 주었는지 조금 이야기해보라.

❹ 5장에서 소개한 14세의 내담자를 다시 새롭게 떠올려보자. 그 학생은 오후에 아래층 방에서 엄마가 여러 남자와 성관계하는 소리를 들을 수 있었다. 역할 모델링 원칙 아래, 그 학생이 6개월 동안 데이트하던 같은 나이의 남자애와 성관계를 시작하려 한다는 것을 당신이 알았다면, 어떤 심리교육이 적당하다고 생각할 것인가?

✓ 청소년 간의 성관계는 흥분되는 것만큼이나 트라우마가 되는 시간이 될 수도 있다. 부모의 태도와 문화적 가치가 무엇이 정상이고, 무엇이 건강한 것이고, 무엇이 허용되는지에 대한 관점을 결정해주기 때문이다.

✓ 서구에서는 청소년의 성 발달이 다양하게 나타난다. 어떤 아이에게는 첫 성관계와 동정을 잃는 것이 긍정적인 경험이 아니지만, 어떤 아이에게는 환상을 시험해보는 기회이거나 자존감과 성적인 기량을 올리는 기회가 된다.

✓ 학교 상담사는 십 대의 성행위와 관련해 상담할 때, 반드시 제한 사항들을 고려해야 하고, 그 테두리 안에 있어야 한다. 상담사의 주요 역할은 성교육을 하는 것이 아니라 내담자가 긍정적인 관계를 갖고, 자신의 결정에 책임을 지고, 어떤 성적 지향을 지녔든 성관계는 늘 안전해야 한다는 것을 지향하도록 상담하는 것이다.

✓ 어린 학생들이 미혹되어 성적인 유린을 당하게 될 때, 학교 상담사는 아동보호와 비밀 보장 사이에서 균형을 지키고 미성숙함으로 잘못된 결정을 할 수도 있는 아이들의 복지를 안전하게 지키는 역할에 책임이 있다.

✓ 동성애자 청소년들은 부모와 친구들에게 **받아들여지는** 시기에, 그리고 **스스로를 받아들이는** 마땅한 과정에서 그들의 성적 기호 때문에 트라우마를 겪는 시간을 보낼 수 있다. 특히 동성애 혐오 문화에서 그러하다.

✓ 간결요법 상담은 성적 지향에 관해 알려진 내용에 비추어서, 그리고 자신이 동성애자나 양성애자임을 스스로 아는 자들의 높은 자살률에 비추어서 반드시 모든 스펙트럼의 성 지향성에 대해 긍정적인 관점을 취해야 한다. 이런 사람들은 **치유되어야 할 상태**에 있는 것이 아니라 **다른 점**이 있을 뿐이며, 그 점이 수용되고 다루어져야 한다.

✓ 목표중심치료 접근법은 '커밍아웃'을 할 준비가 된 학생이나 잘못 알려진 징표에 반박하고 싶은 학생들에게는 도움이 되지만, 혼란스러워 하는 학생들에게는 해결중심치료와 이야기치료의 '도표 작성'이 사회의 맥락 안에서 자신의 성향을 명백히 하는 데 도움이 된다.

Appendix

부록

이 장에서 다룰 내용

부록 1: 상담 보고서

초록

간결요법 상담(평균 3~4회기)을 한 학생 중 94.7%가 향상되었음을 보고했는데, 향상의 정도는 10점 등급 매기기에서 4점까지 나왔다. 그리고 97.3%는 기분이 "더 좋다"거나 "훨씬 더 좋다"거나 "지금 괜찮다"라고 말했고, 이들 중 68.4%는 더 이상 상담 지원이 필요 없다고 말할 정도였다. 내담자의 상당수인 84.2%는 자신의 문제가 "심각하다", "꽤 심각하다", "참을 수 없다"라고 말했다. 그들을 상담에 오게 만든 주요 원인은 분노, 사별, 부모와의 언쟁과 관련된 이슈들과 가족 내에서의 이슈들, 그리고 학생끼리의 괴롭힘이었다. 많은 학생이 그들의 학력 평가 결과에 비하여 볼 때 자신의 능력을 과대평가하는 경향이 있었다. 마지막으로, 저조한 학습 잠재력과 관련되어서는 식구 중에 어떤 어른도 정규직으로 일하는 사람이 없는 가정의 60.5%, 학생내담자 5명 중 1명, (아주 당연한 요소인) '개인 공부방'이 없는 것, 국가의 사회복지 혜택에 의존하는 가정 출신 10명 중 1명 등이 포함되어 있었다.

방법

이 보고서는 2010년 여름에 세 번 이상 상담을 받은 학생내담자에게 주었던 자기평가 질의서와 일화적 경험에 대한 삼각측량 연구 결과이다. 학기 중에 상담받은 모든 내담자들이 세세히 검토되진 않았고, 분석을 위해 무작위로 38명이 선택되었다. 단한 번의 회기 개입으로 혜택을 받았다는 학생들의 반응은 (지금까지 그런 학생이 대다수이지만) 이 보고서에서는 고려되지 않았다.

첫 번째 질의서는 일련의 여섯 질문에 체크하는 것이다. 그리고 숫자로 등급 매기기(1~10)는 상담 **후**와 비교해 그 **전**에는 어떻게 느꼈는지를 표시하는 것이었다. (41명에게 질의서가 주어졌지만, 세 명의 것은 자기 등급에 명백한 혼동이 있어서 폐기되었다.) 두 번째 질의서는 무기명으로 작성되었고, 그 전체로 첫 번째 질의서의 내용과 상호참조하기 위한 것이었다. 내담자의 인구학적 사항, 즉 가족 구성, 인종, 가정 경제에 관한 질문이 포함되었고, 그런 질문은 학습 잠재력과 사교적 가동성과 관련이 있을 수 있다. 그 자료의 민감한 성격 때문에 그 질의서는 최종적인 형태가 만들어지기 전에 먼저 네 명의 학생들과 선행적으로 작업해보았다. 그 질문들이 사생활을 건드리는 수준을 주로 확인하기 위해서였다.

정직함이 아주 중요하다는 것이 강조되었지만(질의서에 답을 작성하는 동안 나는 그 자리에 없었다), 그 첫 번째 질의서와 두 번째 질의서 부분들에 주관적인 성격이 있음을 인정한다. 특히 의료기관에서 진료받은 서비스와 운영의 질에 관한 자기평가서는 내재적으로 약점을 지닌다는 것이 보통 인정되는 사실이다. 내담자들이 자기 의사와 간호사에게 충성심을 지니기 때문이다. 그리고 자신의 개인적인 건강에 대한 관심에서 성과를 평가하는 점수를 과장함으로써 실행 정도를 과대평가한다. 동일한 식으로 많은 학생들이 본능적으로 나의 실행 정도를 과대평가하고, 내가 그들에게 말하게 하고 싶은 내용이라고 그들이 생각하는 것을 '요구된' 답이라고 예상하고 적는다. 이 질의서를 학생들이 작성하게 하는 일을 나 대신 다른 사람이 하도록 계획하고 실행했지만, 이 일을 학교에서 어떤 식으로 다르게 할 수 있을지는 모르겠다.

상담 평가 질의서: 결과(%)

1. 의뢰

자신이 의뢰	남이 의뢰	교직원 의뢰	부모 또는 양육자	친구
44.7	55.3	50	0	5.3

주: '교직원 의뢰'와 '친구'에 체크한 학생들이 '남이 의뢰'에도 체크했다.

2. 문제의 일반적 성격

괴롭힘	가족 문제	상실 또는 사별	사이가 틀어짐	기타 이유
10.5	47.3	13.2	5.3	23.6

3. 문제로 인한 정서

분노	기분 나쁨	질병	외로움 또는 고립	기타
39.5	36.8	7.9	2.6	13.1

4. 결과적 행위

성격대로 행동	공격적 행위	부정적이 됨	말썽에 개입	다른 식으로 행동
10.5	21	44.7	15.8	7.9

5. 문제의 심각성

사소함	그런대로 심각함	심각함	아주 심각함	참을 수 없음
15.8	36.9	26.3	13.1	7.9

6. 상담 후 내담자의 느낌

악화	차이 없음	약간 나아짐	나아짐	훨씬 나아짐
0	5.2 (새로운 문제 발생)	26.3	34.2	34.2

7. 향상 점수(1~10)

부정적	1단계	2단계	3단계	4단계	5단계	6단계	7단계	8단계	9단계
0	0	0	4.3	21.1	36.8	15.8	10.5	7.9	2.6

이 마지막 질문에 관해 말하자면, **모든 내담자가** 등급상으로 적어도 3점 정도의 **향상을 느꼈다.** 4점 이상을 쓴 내담자는 94.7%, 5점 이상은 73.6%였다.

8. 상담 종료에 대한 동의

이제 괜찮음	더 이상 상담이 필요 없음	더 상담을 요청함
15.9	68.4	15.9

상담을 더 요청하고 싶다고 한 15.9%의 학생의 경우, 그 문제가 지속되고 있는지 아니면 '새로운 문제'가 발생했는지 구체적으로 질문받지 않았다.

인구학적 질의서: 결과(%)

1. 인종: 스스로 생각하는 자신의 인종

영국인	잉글랜드인	스코틀랜드인	웨일스인	아일랜드인	아시아인	파키스탄인	아프리카인	중국인
18	14	3	0	0	1	1	1	0
47.3	36.8	7.9	0	0	2.6	2.6	2.6	0

[옮긴이] 영국인, 잉글랜드인, 스코틀랜드인, 웨일스인, 아일랜드인의 구별은 영국인 내 서로 다른 인종이라고 생각하는 경향성을 보여준다. 인종 문제를 고려할 때 참고점이 될 수도 있다.

2. 성별과 학년 분포(이 질의서의 2번과 3번에 해당됨)

남성	여성
21	17
55.2	44.7

7학년	8학년	9학년	10학년	11학년	12~13학년
1	11	10	12	4	0
2.6	28.9	26.3	31.5	10.4	0

12~13 학년 학생은 네 명이 상담을 받았으나 질의서를 작성하지 않았다.

3. 자신이 평가한 능력과 영국 학력평가 점수의 차이

아주 똑똑함	평균 이상	약간 평균 이상	평균	평균 이하
3	9	3	18	5
7.9	23.7	7.9	47.3	13.2

'평균'이라고 답하는 것이 안전했던 것처럼 보인다. 자기평가를 이전의 학력평가 점수와 비교했을 때 **내담자 중 53%(20명)가 정확하게 평가했고, 47%(18명)은 부정확했다.** 부정확한 학생 중 15명(83%)이 자기 능력을 과대평가했고, 3명(17%)이 과소평가했다.

4. 문제의 세부 성격

명	%	내용
9	24	분노와 관련된 문제
6	15.8	상실과 사별
6	15.8	부모와의 갈등 경험
5	13	괴롭힘을 당함
3	7.9	너무 자주 말썽에 말려듦
1	2.6	친구들과 멀어짐
1	2.6	우울증
1	2.6	자해
1	2.6	부모의 임박한 결별
1	2.6	교사와의 충돌
1	2.6	공격성을 자제할 수 없음
1	2.6	인터넷 사이트에서 괴롭힘을 당함
1	2.6	축구 팀 가입 테스트에 대한 실망
1	2.6	확신 쌓기
0	0	건강, 장애, 다이어트나 과식에 대한 염려

5. 미리 정한 상담 횟수

3회기	4회기	5회기	6회기	7회기	8회기
16	4	12	2	3	1
42.1	10.4	31.6	5.3	7.9	2.6

6. 변화에 대한 느낌

동일하다	더 나아졌다	약간 더 나아졌다	훨씬 더 나아졌다	이제 괜찮다
2.6	2.6	28.9	42	23.7

어떤 내담자도 악화되었다고 느끼지 않았고, 97.3%의 내담자가 상담의 도움으로 기분이 나아졌다고 말했다.

7. 집에서 함께 사는 형제자매 수

외동	1명	3명	4명	5명	6명	7명	9명	10명
0	11	10	10	2	1	2	1	1
0	28.9	26.3	26.3	5.2	2.6	5.2	2.6	2.6

이 자료와 부모 한쪽이나 양쪽의 고용 상태에 대한 작성 기록의 상관관계를 살펴보면, 53.6%의 학생(즉, 서너 명의 형제자매와 한 집에 사는 학생들)이 비좁은 가정공간에서 힘들어할 수도 있다고 추정될 수 있다. 그리고 18%의 학생이나 **상담에 오는 다섯 명 중 한 명이 '개인 공부 공간'을 찾기가 아주 어렵다고 할 수도 있다. 이것은 학습 잠재력에 많은 의미를 내포한다.**

8. 아동기 부모 또는 양육자

부모	엄마 홀로	아버지 홀로	엄마와 파트너	입양	조부모 또는 친척
50	28.9	5.2	10.5	2.6	2.6

내담자 한 명은 처음에는 할머니가 키웠으나 나중에 부모가 키웠고, 두 명은 부모에게 양육되다가 엄마 혼자서 키웠고, 세 명은 부모에게 그다음은 엄마와 양아버지에게 키워졌다. 두 명은 엄마에게 키워지다가 그다음에는 아버지와 그 파트너에게, 그리고 세 명은 부모가 키우다가 아버지 혼자서 키웠다.

9. 고용 상태에 대하여

한쪽 부모가 전업	무직 부모 또는 양육자	직업훈련 중인 부모	장애수당을 받는 부모
15	18	1	4
39.4	47.3	2.6	10.5

총체적으로 보자면 **상담받는 아이의 가족의 60.53%(또는 10명 중 6명)가 부모나 양육자가 무직이고, 그로 인해 국가복지 혜택에 의존했다.** 이것은 무상급식 숫자와 맞아떨어진다. 내담자 24명(63.10% 또는 매 10명 중 6명)이 무상급식을 받았고 14명(36.8%)이 식비를 지불했다.

10. 장래 계획

졸업 후 뭘 할지 모르겠다.	더 교육받을 계획이다.	언어능력시험에 합격한 후 원하는 것을 정확히 알 거다.	내가 원하는 것: 좋은 성적, 좋은 직업, 내 형처럼 되지 않는 것
5	5	22	6
13.2	13.2	57.8	15.8

요약하자면, **학생의 84.2%가 언어능력시험 후에 자기가 무엇을 원하는지 확실한 아이디어가 생겼다.** 더 교육받는 것 말고 선택된 직업은 다음과 같다.

군인(2명), 작가, 요리사, 아동보호자, 댄스교사, 의사, 운전사, 축구선수(3명), 게임 디자이너, 미용사, 최면치료사, 아픈 아이 돌보는 사람, 기술자(2명), 음악가, 유치원 간호사, 응급처치요원, 정치인, 건축업자

한 명은 "경력 있는 직업을 원하고 형처럼 되고 싶지 않다"라고 적었다. 두 명은 "좋은 성적을 원했다". 한 명은 "가족을 원했고", 두 명은 그냥 "직업을 원했다".

논의거리

이 결과들이 그려주는 것은 상담을 받은 그 청소년 내담자들이 상담이 도움이 된다고 느꼈다는 점이다. 그래서 향상됨을 더 객관적으로 적는 데 사용될 수 있었을 다른 측정 수단이 무엇일지 생각해보는 것은 흥미로울 것이다. ('더 나아진 느낌'은 '더 나아졌다'가 아니기 때문이다.) 가령 출석률이 향상되었다든가, 학업 성취도가 향상되었다든가 같은 척도 말이다.

더 나아가 내담자 성과라고 돌릴 만한 구체적인 요소들을 확인하는 것이 불가능한데, 이 점이 심리치료 조사연구에서 보통 인정받는다. 개인의 삶에서 동시에 일어나고 있는 변화, 가령 친구의 변화, 학년이나 반이 바뀜, 상실 후의 치유, 가족 상황의 변화(가령 양부나 양모가 생긴다거나 손위의 형이나 오빠나 누나나 언니가 집을 떠나는 일), 말썽부리던 이웃의 이사, 가족의 경제 상황 변화 등으로부터 상담의 개입만을 떼어내어 상담만이 향상을 가져온 요소라고 확실하게 말하기는 극히 어려운 일이다. 한

번의 상담 후에 학생의 출석이 향상되었지만 다른 영향력들도 출석률을 향상시켰을 수도 있다. 가령 부모의 더 강력해진 해결 의지, 출결 관리자의 방문, 같이 살지 않는 아버지의 통제가 더 심해짐, 학교로부터의 경고, 교육적 사회복지기관Educational Social Worker: ESW•이 법적인 조치를 하겠다고 위협함 등이 상담 외의 요소로 작용할 수도 있다.

상담의 개입(특히 서너 번의 회기로 단기간 할 수도 있는 간결요법)과 학업 수행도의 상승을 상호 관련시키고 나서 원칙적인 단언을 하는 것들에는 의문을 던질 수밖에 없다. 상담의 목표는 행위 패턴에 대한 통찰을 하거나 수정된 행위를 (인지행동치료를 통해서) 장려하는 것이다. 그렇게 함으로써 비교적 신속하게 향상이 이루어지는데, 그것은 내담자와 (또는) 부모에 의해 평가되어 당연히 주관적이다. 학교 출석을 통한 학습의 척도는 훨씬 더 시간이 걸려야 알 수 있다. 그래서 어떤 한 가지가 다른 것에 영향을 미쳤다고 주장하는 것은 입증되기 어려운 일이다.

결론과 관찰

인구학적 질의서로부터 관찰되는 것이 몇 가지 있다. 38개의 질의서가 단지 상담 작업의 샘플일 뿐이고 (단연코) 한 회기나 두 회기의 치유적 개입을 포함하지 않았다는 것을 염두에 두면, (등록 학생의 구성에 비해) 인종과 성별이라는 점에서 내담자의 분포가 고르다고 판단할 수 있다. 그러나 놀랍게도 학년은 아니었다. 10학년과 11학년, 특히 11학년의 학업의 강도 덕분에 장기간의 작업을 한 학생들은 학년 초에 왔던 주로 8, 9, 10학년이었다. 그러나 7학년은 낮은 비율이었는데, 내 생각에는 그 이유가 중학교 첫 학년에는 담임교사, 간호사, 출결 관리사, 기타 돌봄 교직원들이 그들을 자주 접촉(그리고 비교적 학부모들과도 더 많이 접촉)하면서 돌보기 때문이다. 학교 상담사의 특별 기술이 필요해지고 '길릭 성숙도' 이슈가 생기기 전에는 그들이 모든 학생을 돌보고 행위를 교정해준다.

자기 능력을 '평균'이라고 보고하는 것이 학생내담자에게는 분명히 '안전'하지만,

• [옮긴이] 가족과 학교와 연계해 고용과 관련되어 있는 학생의 교육받을 권리를 지키고, 특히 학교 출석을 관리하는 기관이다.

나를 놀라게 만들었던 것은 그 표본집단의 83%가 자신의 능력을 부정확하게 평가했다는 사실이다. 영어 학력평가 점수와 비교할 때 **과대평가**했고, 이것은 자신을 과소평가한 17%와 비교된다. 학력이 낮은 학생들 중에 스스로를 실제보다 더 능력 있다고 믿게 속이는 '거짓' 신념이나 '부풀려진' 신념과 관련된 이슈가 있을 수도 있다. 심리학에서는 '높은 기대'가 교육과 상담에서 더 나은 결과를 얻게 한다고 인식되기는 하지만, 학생들에게 '현재 자기가 어디 있는지' 그리고 '어디에 있을 필요가 있는지'를 알려주기 위해서는 일찌감치 초등학교에서부터 어떤 정확한 '현실 테스트'가 필요할 수도 있다.

'분노', '사별', '부모나 양육자와의 갈등', 그다음은 '괴롭힘당하는 피해자가 됨'과 '너무 자주 말썽에 말려든다'가 치유적 작업의 대다수를 차지했다는 것은 놀라운 일이 아니다.

내담자의 93.7%가 상담으로 기분이 더 나아졌다고 적었던 것은 위에 언급한 논평에 비추어보면 놀랍지 않지만, 그럼에도 불구하고 안심되는 일이다.

가족 구성과 고용 지위에 관한 자료는 흥미롭다. 얼마나 많은 학생들이 태어나면서부터 현재까지 양쪽 부모 둘 다 함께 있는 가정에서 자랐는지, 한 쪽 부모와는 함께 살지 않더라도 계속 접촉을 하고 있는지 아는 것은 마음 따뜻해지는 일이었다.

그럼에도 불구하고 전업 직업이 없는 부모나 양육자의 가정이 60% 이상이라는 것은 '행동 본받기'라는 점에서 주요 우려 사항이다. 국가복지 혜택을 받고 있는 가정의 비율이 비교적 높다는 사실은 '불가피성'이라는 (누군가의 운이라는) 인상을 남길 수 있고, 아니면 이것이 '자신을 더 나아지게 하는 일'이나 '경력을 더 나아가게 하는 일'과 반대되는 한 사람의 '인생의 선택'이라고 생각하는 쪽을 선호하도록 할 수 있다. **모든 아이가 중요하다**의 현안에 대한 성과를 재는 두 척도가 '긍정적인 기여하기'와 '경제적 복지를 이루는 것'임을 고려한다면, 이 지역의 어떤 학교에는 학과목 계획과 자원봉사의 역할을 탐구하는 일과 관련해 어려운 일들이 많다.

형제자매가 많아 집이 비좁다는 것은 학습 잠재력에 커다란 영향을 미치는데, 가정학습이 지니는 의미 때문이다. (일화적인 자료에 의해 확인되는) 비좁은 상황은 방이 셋인 집에 세 명 이상의 형제자매가 있는 경우, 학생이 공부할 사적인 공간이 정말 문제가 된다. 숙제를 해야 하지만 다른 집안일보다 비교적 덜 중요하게 여겨지고,

높은 목적의식을 가진 어른의 지도와 지도력이 결여되어 있을 수도 있고, 최고의 결과를 낳을 수 없고 학생에게 상승 동력이 될 요소가 제한될 수도 있다.

상담 평가

(해당되는 칸에 체크하라)

상담하러 왔다	상담을 받으라고 요구받았다	상담에 의뢰되었다	엄마나 아빠가 나보고 상담을 받으라고 했다	내가 상담받아야 한다고 친구가 말했다

내 문제는 괴롭힘에 관한 것이다	내 문제는 가족 문제와 관계있다	내 문제는 가까운 사람을 상실한 것에 대처하는 일이다	내 문제는 친구들과 사이가 멀어진 것이다	기타

내 문제 때문에 화가 났다	내 문제가 내 속을 뒤집어놓았다	내 문제로 내가 불편해졌다	내 문제 때문에 외롭다	기타

내 문제 때문에 내가 이상하게 행동했다	내 문제로 내가 공격적이 되었다	내가 부정적으로 생각하기 시작했다	내가 말썽에 말려들기 시작했다	기타

내가 상담하러 오기 전에 내 문제는:

사소한 문제	엔간히 심각한 문제	심각한 문제	아주 심각한 문제	참을 수 없는 문제

상담 후 내가 지금 느끼는 것은:

이전보다 더 나쁘다	전혀 달라지지 않았다	약간 나아졌다	더 나아졌다	훨씬 더 나아졌다

1은 약간 나쁜 느낌이고 10은 참을 수 없는 느낌이다. 1에서 10까지 등급을 매기라.

상담 시간 동안	상담받기 전	상담 이후	상담이 더 필요하다	이젠 괜찮다고 생각한다	도움이 더 필요하다

이름 _____   학년 _____

인구학적 질의서

세 번 이상 상담을 받은 내담자들

다음의 것을 완성하라.

원래 속한 인종이나, 당신이 사회적으로 속한다고 느끼는 인종 집단을 말하라:

_____ (예를 들어, 영국인, 잉글랜드인, 웨일스인, 스코틀랜드인, 아일랜드인,

아시아인, 아프리카인 후손, 파키스탄인, 중국인, 등등)

적용되는 데 밑줄을 그으라.

1. 나는 **남성/ 여성** 이다.

2. 나는 **7학년/ 8학년/ 9학년/ 10학년/ 11학년/ 12학년/ 13학년**이다.

3. 나는 내가 **평균 이하/ 평균적/ 평균보다 약간 위/ 아주 총명**하다고 생각한다.

4. 나의 마지막 영어 학력시험 결과는 **레벨 3/ 레벨 4/ 레벨 5/ 레벨 6**이다.

5. 내가 상담에 온 것은 **스스로/ 부모가 가라고 해서/ 선생님이 내가 가야 한다고 충고해서/
친구가 가야 한다고 말해서/ 상담사가 나를 불러서/ 모르겠다.**

6. 내 문제와 관계있는 것은
**괴롭힘당함/ 화남/ 너무 자주 말썽에 말려드는 것/ 누군가 죽어서 슬픔/ 부모에게 화남/ 내 건강 염려/
나의 장애/ 비만해져서 식이요법이 필요/ 친구와 사이가 틀어짐/ 저조한 기분/ 우울함/ 자해/ 식사 거부/
엄마나 아빠를 보지 않는 것/ 부모의 결별이 임박/ 다른 이유** _____

7. 상담받은 횟수는 **3번/ 4~5번/ 5번 이상**이다.

8. 지금 내 느낌은 **그냥 똑같다/ 약간 더 낫다/ 훨씬 낫다/ 이제는 괜찮**다.

9. 식구 중 형제자매가 **한 명이다/ 우리 집에는 아이가 세 명이다/ 넷이다/ 다섯이다/ 여섯이다/
_____명이다.**

10. 지금 우리 집에 나랑 같이 사는 사람은 **엄마와 아빠/ 엄마만/ 아빠만/ 형이나 누나/ 할머니나 할아버지/ 다른 친척/ 양육자/ 양부나 양모 또는 양부모/ 양육가정/ 친구네 가정/ 또는** _____

11. 지금까지 대부분 나는 _____에 의해 키워졌다.

12. 가족 중 나를 주로 돌보는 사람은 **전업 일이 있다/ 일자리를 찾을 수 없었다/ 장애로 일할 수 없다/ 어린 자녀를 돌보아야 한다/ 직업훈련 중이다.**

12. 나는 현재 학교 무료급식을 받는다: **그렇다/ 아니다.**

13. 장래를 위한 내 계획은 _____을 하는(이 되는) 것이다.

데니스 라인스

2010년 9월 3일

부록 2: 상담 의뢰자

그림 부록 2-1 상담 의뢰자

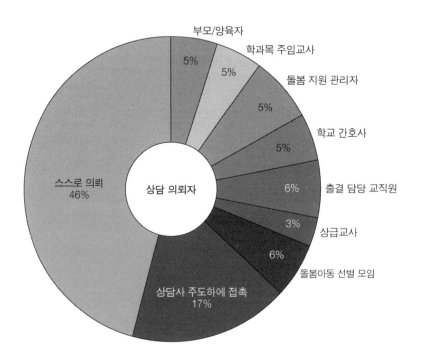

부록 3: 상담사의 반응 — 약식 조사

학교 상담사들에게 (개인에게도 집단에게도) 윤리적인 딜레마들이 제시되었다. 어떤 것은 이메일을 통해서 이루어졌고 어떤 것은 토론에서 도출된 후에 제시되었다. 그룹 토론을 어떤 상담사가 진행했는데, 그 토론을 진행한 사람은 학교의 새로운 방침에 윤리적 딜레마를 느끼는 상담사였다. 그 학교가 모든 교직원에게 어떤 학생이 자신의 성적인 행위를 밝혔다면 그 학생을 '아동보호 주임교사'에게 보고할 것을 요구하는 새로운 방침을 발표했기 때문이었다.

　　그 딜레마에 대해 토론하는 혜택을 가진 상담사들과 함께 제기한 질문들은 '보고할' 의무는 누구의 필요를 충족시키기 위한 것인지에 관한 것들이었다. 불안한 어른들이 스스로 더 기분이 나아지려고 보고하는가?

　　모든 아이가 중요하다라는 현안과 심각한 사례를 검토한 결과, 현장 상담사들은 탄광의 '막장'에 있는 듯한 취약함을 느끼게 되었다. "우리는 우리 스스로를 보호할 필요가 있다." 그리고 어떤 그룹에서는 "이런 보고를 하면 우리가 방어적인 상담을 하게 될 위험에 빠진다는 우려가 표현되었다. 이런 사례들에서 우리는 가끔 팽팽한 밧줄 위를 걷고 있는 느낌을 받는다"라고 했다. 토론 결과들을 아래의 사례들에 논거로 모아놓았다. (논거 중 굵은 글자 부분은 2011년 1월 10일 옥스퍼드서에서 모였던 '교육환경에서 일하는 상담사들 집단The Group for Counsellors in Education Setting'에서 나온 반응들이다.)

사례 1a

한 달 후에 만 13세가 될 한 아이가 13세인 상대방과 성관계를 가졌다는 것을 당신이 알게 되었다. 당신의 내담자인 이 아이가 이것을 밝혔다면, 당신은 그 정보를 학부모나 아동보호 담당교사나 아동 관련 기관에 넘기고 의뢰할 것인가?

내담자를 수용	부모에게 알림	아동보호 주임교사 에게 의뢰	아동 관련 기관에 의뢰
개별 상담사=100%	—	**집단 =100%**	—

논거

의뢰를 한다면 그것이 그 아이에게 트라우마가 되고, 도움을 주는 전문가들을 신뢰하지 않도록 만들 것이다. 나는 성에 관한 법이 그 성격상 나이가 정해지지 않은 사춘기(즉, 현재의 증거상으로는 9~17세)를 다룰 때는 적용 범위가 분명하지 않고 생각한다. 우리는 융통성 없는 규칙 준수보다는 지도하기 위해 있는 그 법을 엄격히 고수함으로써 자연스럽지 않은 개신교 윤리를 편들게 될 위험에 빠진다. 이 아이를 의뢰하는 일이 이루어질 무렵이면, 이 아이는 성관계에 동의하면 되는 나이에 더 가까워진다. 임신과 성 관련 질병의 가능성을 줄이기 위해 사전조치를 취하여 내 자신을 안심시킬 필요는 있을 것이다. 만일 이 아이가 임신했거나 성병에 감염되었다면 나의 행동 과정은 달라질 것이다.

나는 이런 종류의 정보를 전달해야만 한다고 느끼지 않을 것이다. 법을 어기는 일이 일어났지만, 여기에는 힘의 차이도 없고 학대도 없는 것처럼 보인다. 나는 범죄를 보고할 법적인 의무가 없고 고객의 비밀을 보장할 의무가 있다. 그 관계에 어떤 학대의 요소가 있다고 느꼈다면, 그 아이가 어떤 식으로든 심각하게 위험한 상태에 있다고 느꼈다면 그것을 주임교사에게 보고할 것이다.

이것은 가장 어려운 사례였다. 그것이 의미 있는 관계로 보였다면, 그리고 다른 성적인 관계의 전력이 없다면 나는 아마도 그냥 속으로 담아둘 것이다.

한 달 때문에? 아니다. 나는 벌집을 건드리는 것이 필요하다고 생각지는 않을 것이다. 그러나 안전성을 둘러싼 이슈들을 조심스럽게 탐색하면서 그 관계가 학대적인 것이 아니라는 것을 확인할 것이다.

이것은 학교에서 내가 하는 아동보호 역할에서 예상되는 일이다. 청소년상담사로서 나는 우선 내 속에 담아둘 것이다.

일반적으로 동의하는 것은 우리가 담당주임교사에게 그 정보를 넘기겠지만, 학부모에게 알릴지 여부를 결정하는 일은 주임교사의 의무라는 것이다.

이런 사례의 사건 수는 많지 않을 것이라고 느꼈다. 이것과 비슷한 사례가 있었던 한 사람이 있었지만, 그 사례는 한쪽이 원하지 않는데 다른 한쪽이 강압한 것이 분명했던 일이었다.

이 사례가 우리에게 요구하는 것은 힘의 역동을 경계하라는 것이다. 만일 우리가 나이, 규모, 힘, 이해도의 차원들을 이용하며 사례를 평가한다면 이 학생들은 취약하기 때문에 우리는 조언을 찾아야 할 필요가 있을 것이다. 우리에게 분명한 것은 한 차원만을 근거로 결정 내리는 것은 현명하지 않다는 것이다.

처음 있는 일이라면 우리는 사회복지기관에 익명으로 자문을 구할 수 있을 것이다.

사례 1b

당신 내담자의 상대방이 14세나 15세인 것을 알게 된다면 당신의 행동 과정이 어떻게 달라질 건가? 그리고 당신의 판단으로는 내담자가 '길릭 성숙도'에 이르렀다고 느끼다면 어떻게 할 건가?

내담자를 수용	부모에게 알림	아동보호 주임교사에게 의뢰	아동 관련 기관에 의뢰
개별 상담사=60%	—	개별 상담사=20%	개별 상담사=20%

논거

위에서처럼 나의 주된 관심사는 감염 또는 임신과 관련하여 그 아이를 보호하는 일이 될 것이다.

나는 이 상황을 나이가 더 많은 청소년에 대할 때와 정확히 똑같은 식으로 다룰 것이다.

약간 중립적인 위치에 설 것이다. 이 아이가 길릭 성숙도에 이르렀다고 내가 느낄 수도 있기 때문이다. 내 생각에는 내가 아동보호 주임교사와 '비공식적인 대화'를 하고 싶어질 것 같다. (만일 그 주임교사가 '보고하는 문화'에 속하지 않은 사람이고 내가 옳은 일을 하기 위해 신뢰할 수 있는 아주 경험 많은 사람이라면, 그가 내 내담자의 뒤를 봐줄 것이기 때문이다.)

(아동보호 기관에 의뢰한다. 그 이유는 그 여자아이의 나이가 13세 이하임을 염두에 둘 때 상대방과의 나이 차이 때문이다.)

사례 2

당신 내담자가 14세 남자아이라고 가정하자. (당신 판단으로는 꽤 성숙했고, 다시 말하지만 당신 판단으로는 동의를 할 수 있는 어느 정도에 이르렀다.) 그 아이가 같은 학교나 청소년 클럽에 있는 17세 여자애와 성적으로 내밀한 관계를 가지고 있다. 어떤 힘의 차이가 없다고 당신이 결정했지만, 성숙도의 차이에 의문이 있다면 보모나 아동보호 담당 주임교사나 아동복지기관에 알려야 한다는 압박감을 받을 것 같은가? (학교나 청소년 클럽이나 상담소의 계약 조건들이 부모나 법적인 기관을 연루시키지 않고, 그럴 필요 없이, 청소년들과 상담하는 것을 허용한다는 가정하에 생각해보라.)

내담자를 수용	부모에게 알림	아동보호 주임교사에게 의뢰	아동 관련 기관에 의뢰
개별 상담사=100% **집단=100%**	—	—	—

논거

위에서처럼 나의 주 관심사는 성병 감염 또는 임신이라는 점에서의 아동보호가 될 것이다.

이것은 더 불편한 마음이 든다. 17세 여자아이와 성적으로 관계하기 원한다고 시나리오가 묘사하는 성숙함을 지닌 14세 남자아이를 상상하기는 어렵다. 그 반대여도 마찬가지다. 잠시 그 사실을 미뤄둔다면, 위에 주어진 이유만을 위해서는 누구에게도 보고할 것 같지는 않다. 내가 17세 여자애를 염려하지 않는 한 그렇다. 나는 그 여자애 가정의 문화가 어떤지 (학대적인지?) 의아해할 수도 있다. 그리고 상담 과정을 통해 이것에 관한 정보를 얻으려고 경각심을 가질 수도 있다.

혼자만 알 것이다.

먼저, 나는 그 아이가 (우리의 치유적 관계 덕분에) 자신의 관계를 나에게 말할 수 있다는 것에 기꺼워할 것이다. 이 문제를 슈퍼비전에 가지고 갈 것이다(우리의 첫 회기에 내가 개인 슈퍼비전을 받으며 어느 시점에서는 '그 아이에 관해 이야기할' 필요가 있을 수도 있다는 것을 말했다).

학교에서는 문제가 없다. 겨우 3년 차이이고 유린이나 학대의 이슈가 전혀 없다.

청소년의 상황에 한정된 것으로 본다.

여기서 초점은 그 관계에 대해 궁금해하는 탐문에 놓일 것이다. 예를 들어, 이 관계는 그 청소년에게 어떤 영향을 주고 있는가?

우리는 어떤 더 넓은 의미에서 아동보호의 이슈가 있을 수 있는지 궁금해하며 경각심을 가질 것이다.

우리는 이것이 만일 14세 여자애와 17세 남자애라면 우리 반응이 달라졌을지 궁금했다. 결정 내리는 데서 우리가 성적으로 차별하고 있지 않은지를 염두에 두어야 할 필요가 있다는 느낌도 있었다.

사례 3

서로 동성애 관계에 있는 두 명의 내담자가 당신에게 왔다. 그 아이들은 14세와 15세이고 힘의 차이가 없으며 완전히 합의한 관계이다. 그 아이들이 당신에게 온 이유는 학교에서 또래들에게 동성애 혐오적인 조롱을 받을까, 또 부모가 알게 되면 무어라고 말할까 겁났기 때문이다. 그 애들은 아직 가족에게 공개하지 않았다. 당신은 상담사로서 이 두 어린 내담자를 당신 속으로만 '담아둘' 것인가? 아니면 이 정보를 제삼자에게 넘겨야 한다는 압박감을 느끼는가?

내담자를 수용	부모에게 알림	아동보호 주임교사 에게 의뢰	아동 관련 기관에 의뢰
개별 상담사=100% 집단=100% 학교 상급 교직원에게 문제를 알린다.	—	—	—

논거

내가 이 아이들의 삶을 더 비참하게 만들 이유가 없다. 실험적인 동성애 행위의 대부분은 12, 13세에 일어난다. 이 나이에는 어떤 성적 성향을 타고났는지 알 수 있는 지표가 없다. 어쩌면 양성애자일 수도 있고 아니면 나중에 이성애자가 될 수도 있다. 왜 일을 더 힘들게 만들 건가?

나는 이 시나리오를 누군가에게 보고하는 것에 윤리적으로 매우 강하게 반대할 것이다. 그렇게 하는 것은 그 아이들을 이성애 관계를 가지는 동일한 연령대 아이들과 다른 취급을 하는 것이다. 그렇게 하면 그 아이들이 나에게 오게 만든 동성애 혐오적인 역동의 일부가 되는 셈이다. 그러니까 나는 절대로 보고할 수 없다.

담아만 두겠지만, 내가 신뢰하는 동성애자 청소년 전문 상담사에게 의뢰하기 위해 그 아이들의 동의를 얻어내려고 애쓸 것이다.

이 아이들은 그 자체로 충분히 애쓰고 있다. 나는 그들이 괴롭힘이나 모욕을 당하지 않고 자신의 이야기를 들어준다고 느끼는 안전한 곳을 찾았다고 생각하는 것에 기쁠 것이다. 나는 내가 이 아이들이 앞으로 나아가는 일을 지지하며 상담하고 있다고 생각하고 싶을 테고, 이 아이들과 함께 내가 그들을 지지할 수 있는 가능한 방법들을 점검하고 싶을 것이다. 이 아이들이 자기 부모에게 말하고 싶지만 어떻게 할지 모른다면, 나는 이 문제를 어떻게 도울 수 있을지 생각하고 싶다.

성별을 근거로 차별하지 않는다.

여기서의 이슈는 어쩌면 체계적인 부분에 더 많이 관련된다. 제시되고 있는 문제는 동성애 혐오적인 괴롭힘이고, 이것은 학교에 놓인 이슈이다. 그 이슈는 상급 관리팀에게 가져가서 학교 전체의 문제로 제기될 필요가 있다.

우리가 그 나이의 이성애 관계에 있는 아이들의 인적사항을 넘길 것인가?

상담사가 두 명 이상 있는 학교에서는 그 두 학생이 각기 다른 상담사에게 상담받을 것이다. 혼자서 상담을 하는 곳에서는 그 상담사가 둘을 함께 만날지 아닐지에 관한 논란의 여지가 있다. 함께 일하는 상담사가 있으면 그 둘 사이에 있을 수도 있는 어떤 힘의 차이를 관찰할 수 있다.

우선적으로 중립을 지키는 것이 중요하다고 생각하지만, 아동보호의 어떤 이슈가 있을지 늘 경각심을 가지고 '경계해야' 한다.

사례 4

14세 아이가 전날 밤에 집에서 말다툼이 있었다는 정보를 나눈다. 엄마가 그 아이가 '돈을 훔쳐서 그 저녁에 공원에서 술을 마신 것'에 대해 야단을 쳤는데, 그 아이가 '엄마에게 욕했다'면서 양부(그 아이가 세 살 때부터 함께 살아왔다)가 그 아이 입을 손등으로 가격했다는 것이다. 얼굴에 벌건 자국이 있는 그 아이는 아직도 화가 풀리지 않았다. 그 아이가 상담에서 한 말로는, 전에는 이처럼 맞은 적이 없으며 양부가 학대한 전력은 없었다고 한다. 그 학생은 학교에서 대들기를 잘하는 것으로 알려져 있다.

내담자를 수용	부모에게 알림	아동보호 주임교사에게 의뢰	아동 관련 기관에 의뢰
개별 상담사=75%	—	그룹=100%	개별 상담사=25%

논거

나는 양부와 그 아이의 관계를 계속 자세히 들여다보는 한편, 학교에서 대드는 행위를 일으키는 원인이 무엇인지를 통해서 작업하는 데 관심을 가질 것이다. 이 내담자에게 즉각적인 위험이 있는 것처럼 보이지는 않기에 맥락상 일 회의 사건으로 다루는 것이 중요하다.

이 상황은 나를 염려케 한다. 그리고 나의 반응은 부분적으로 그 아이가 양부에 대해서 나에게 하는 말이 얼마나 진실한지 내가 믿는 정도에 달려 있다. 가정 폭력은 정말 회복하기 힘들 정도로 사람을 파괴하기 때문에, 만일 그런 일이 있다고 확신이 든다면 내담자와 다른 식구들에게 진짜 위협받는 일이 있는 것이다. 말하자면, 나는 이 상황을 담아두는 편일 테지만, 주의 깊게 계속 살피면서 나의 염려를 내담자와 논의할 것이다.

속으로 담아두기만 한다.

우리가 상담하면서 지원하는 관계이며 그 아이가 '무엇인가'를 탐색하기 위해 상담할 수 있다는 것을 가정하면서, 나는 얄롬●이 말하듯이 "그것은 모두 치료라는 제분소에서 찧어야 할 곡식이다"라고 추측한다.

학교에서는 선택의 여지가 없다. 상담하면서 그 아이의 동의를 얻어 의뢰할 수 있도록 작업할 것이다.

얼굴에 아직 흔적이 남았다는 것은 심하게 맞았다는 것이 분명하고 우리는 그것을 무시할 수 없다. 그래서 그것을 무시하려는 그 아이의 욕구와 결탁할 수 없다.

● [옮긴이] Irvin David Yalom은 미국의 실존적 정신의학자이다.

대드는 행위와 음주는 우리에게 무엇이 옳지 않은지를 말해준다. 우리의 역할은 이 청소년에게 무슨 일이 일어나고 있는지를 발견하려고 시도하는 것이다.

아동보호 주임교사에게 알릴 것이다.

부록 4: 분노조절 검사

분노조절 검사 화난 반응 등급 0~4	전혀 없다	거의 없다	때때로	대부분	늘	모른다
	0	1	2	3	4	—

해당되는 칸에 체크하시오

충동적 반응

아주 사소한 일로도 아주 화날 수 있다.	___	___	___	___	___	___
화날 때 누군가를 때린다.	___	___	___	___	___	___
화날 때 뭔가를 부순다.	___	___	___	___	___	___
화날 때 벽이나 문을 주먹으로 친다.	___	___	___	___	___	___
화날 때 비명 지르고, 울고, 고함친다.	___	___	___	___	___	___
화날 때 내가 뭘 하는지 모른다. 열 받는다.	___	___	___	___	___	___
화날 때 욕하는데 내가 뭘 말하고 있는지 모른다.	___	___	___	___	___	___
화날 때 속으로 계속 삭이고 있다.	___	___	___	___	___	___
아주 사소한 일에 폭발하여 폭력을 휘두른다.	___	___	___	___	___	___
나도 모르게 주먹이 날아간다.	___	___	___	___	___	___

학습된 반응

화날 때 내가 무엇을 하려는지 알고 통제한다.	___	___	___	___	___	___
내 분노의 패턴은 식구 중 누군가와 닮았다.	___	___	___	___	___	___
내가 강압적으로 굴면 원하는 걸 얻을 수 있음을 안다.	___	___	___	___	___	___
화내는 걸 보여줘서 싸움에 이기는 어른처럼 되고 싶다.	___	___	___	___	___	___
일이 자기 식대로 되지 않으면 우리 식구 모두 화를 낸다.	___	___	___	___	___	___
나는 위협받지 않으려고 화난 것처럼 행동할 수 있다.	___	___	___	___	___	___

상태

내 자신에게 내가 어떤 상태인지에 화가 난다.	___	___	___	___	___	___
내 몸과 내 모습에 화가 난다.	___	___	___	___	___	___

오래 전에 일어났던 일에 관하여 화가 난다.　　　___ ___ ___ ___ ___

화날 때 나를 죽이는 생각을 한다.　　　___ ___ ___ ___ ___

내가 중요하지 않다고 느낄 때 화가 난다.　　　___ ___ ___ ___ ___

내가 지금 왜 이렇게 화가 나는지 모르겠다. 나답지 않다.　　　___ ___ ___ ___ ___

결과로 나오는 행위

화날 때 열 받고, 숨을 몰아쉬며, 가슴이 빨리 뛴다.　　　___ ___ ___ ___ ___

화날 때 자해한다.　　　___ ___ ___ ___ ___

화날 때 먹기를 거부한다.　　　___ ___ ___ ___ ___

화날 때 담배 핀다.　　　___ ___ ___ ___ ___

화날 때 술 마신다.　　　___ ___ ___ ___ ___

내가 하지 않은 일로 비난당하면 화가 난다.　　　___ ___ ___ ___ ___

불가능한 것을 하라는 말을 듣는 게 아주 싫다.　　　___ ___ ___ ___ ___

사람들이 나를 웃음거리로 만들면 내 피가 끓는다.　　　___ ___ ___ ___ ___

화가 나면 난 그 상황을 피해야 한다.　　　___ ___ ___ ___ ___

아주 화가 나면 누군가를 죽이고 싶다.　　　___ ___ ___ ___ ___

화날 때 다른 사람에게 화풀이한다.　　　___ ___ ___ ___ ___

아주 화났던 사건 두 개를 설명하라. 어느 정도 화가 났는지 1~10까지 등급을 매기라.

집에서의 사건

등급 1~10(1=별로 화나지 않음)　□

학교에서의 사건

등급 1~10(1=별로 화나지 않음)　□

차분해지려면 어떤 일이 있어야 하는가?

화내는 일은 식구 중 누구를 따라 하는 건가?

이 책은 교수나 학자가 쓴 책이 아니라 25년 이상을 중고등학교 교육현장에서 청소년을 만나온 상담사가 자신의 풍성한 경험과 사례를 가지고 실제적인 상담 기법을 설명해주는 책이다. 학교라는 제한된 공간과 시간과 교육이라는 특수한 환경의 제약 안에서 어떻게 최대한 학생들의 상처와 아픔과 문제를 줄여나갈지 저자 자신이 고민하면서 시도했던 결과물이 이 책이라고 말할 수 있다.

이 책을 더 잘 이해하고 더 잘 이용하기 위해 미리 알아두면 도움이 될 몇 가지가 있다. 먼저 이 저자는 자신의 상담 방법을 간결한 학교상담이라고 부른다. brief counselling은 보통 단기상담으로 번역되고 그 용어로 정착되어 있음에도 불구하고 우리는 그것을 간결상담으로 번역했다. 그 이유는 이 저자가 말하는 상담은 다양한 이론을 배경으로 한 다양한 기법들을 학생이 가지고 온 문제나 그 학생의 성향 등을 보고 적절한 것을 선택함으로써 그것들을 종합적으로 그러나 간결한 형태로 이용하는 상담이기 때문이다. 그저 상담 기간만 단기인 것이 아니기 때문에 단기상담이라는 용어로는 이 저자가 말해주는 것을 다 담을 수 없다고 생각했다.

둘째, 이 책에는 우리에게 불필요하다 싶을 정도로 많은 상담기관 및 아동복지 관련 기구와 법률 명칭이 나온다. 우리보다 조금 앞서서 아동청소년 복지를 고민하고 실천하는 것을 보여주는 지표라고 생각하고, 잘 알려지지 않은 기관에 대해서는 '옮긴이 주'로 설명을 붙였다. 그리고 우리에게 익숙한 영어 약자들, 가령 CBT와 같은 것도 한글로 옮겼다. 상담 용어에 익숙하지 않을 수 있는 교사들도 이 책을 읽고 학생들을 더 잘 이해하고 지도할 수 있으면 좋겠다는 바람 때문이다.

셋째, 이 책은 학생들이 가져오는 문제들을 내용별로 나누어 논의하는데, 그중에는 성 문제도 있다. 이 책은 그중에서도 동성애자인 학생 상담을 적지 않게 다룬다. 한국 학교에서는 이런 이슈를 가진 학생이 있다고 말하는 것조차 금기시될 수도 있다. 그러나 드러나지 않을 뿐 없다고 말할 수 없는 사례들을 접하는 경우들이 종종 있다. 우리에게도 곧 드러날 수밖에 없는 이런 이슈를 포함해 이 책에서 다루는 성 문제 상담은 우리보다 조금 앞선 것일지라도 예비한다는 의미에서 도움이 될 것이다.

넷째, 이 책은 학교 교육현장에서 어떻게 효율적으로 학생을 상담할 것인가를 논의할 뿐 아니라 학교 상담사가 학교 안에서 일한다는 특수한 조건 때문에 생기는 문제들에 대해서도 자세히 설명해준다. 물론 영국과 한국의 학교 운영 상황은 다르다. 그러나 학교 교육이 주된 과제인 공간 안에서 학생들의 사적인 관심들을 상담하면서 뒤따르는 문제들은 여전히 우리도 생각해보아야 하고, 어떻게 대처할지 준비되어 있어야 할 문제이다. 이 책은 그런 이슈들을 세밀하게 논의한다. 예를 들어 상담에서 아주 중요한 비밀유지 요건이 학교와 학부모와 아동보호법에 의해 어떻게 타협될 수밖에 없는지, 상담사와 교사의 관계는 어떻게 이루어지는지, 그리고 수업 시간과 충돌되는 상담 시간의 조절 문제 등을 구체적으로 설명해준다.

한마디로 이 책은 학생을 상담하기 위해 학교 상담사가 어떤 것들에 대해 마음의 준비가 되어 있어야 하는지를 안내해주는 책이다. 이 책을 편집하느라 자세히 읽어본 편집자 임혜정 씨의 소감이 이 책의 특성을 잘 드러내준다. 권위를 드러내지 않고 아이들 눈높이에서 낮은 자세로 상담하는 태도를 이 책에서 느꼈다는 것이다. 그것이 이 책을 번역한 우리들이 속한 이화목회상담센터가 상담을 바라보는 관점 중 하나이기도 하다. 이화목회상담센터는 여성과 아동 및 청소년을 위한 상담을 목적으로 이화여대 신학대학원에 설치된 부설기관이며, 부근 초등학교, 중학교, 고등학교의 아동 및 청소년 상담과 그 부모들 상담에 오랫동안 관여해왔다. 이 책은 바로 그런 경험을 통해 한국의 아동과 청소년에게, 또 교사와 상담사에게 더욱 더 실질적인 도움이 필요하다는 고민 속에서 번역되었다. 아이도 어른도 아니고 계속 몸과 마음이 변화하며 성장해나가는 과정을 통과하느라 힘든 우리 청소년들을 도와주려고 수고하고 있는 학교 상담사와 교사에게 이 책이 하나의 좋은 길잡이가 되기를 진심으로 바란다. 이런 우리의 마음에 공감하며 이 책의 번역·출판을 결정해준 한울엠플러스에 감사드린다.

옮긴이들을 대표하여
정희성

참고문헌

Abbass, A. A., J. T, Hancock, J. Henderson and S. Kisley. 2006. "Short-term psychodynamic psy-
chotherapies for common mental disorders." *Cochrane Database of Systematic Reviews*, 4,
CD004687.

Aber, J. L. 1994. "Poverty, violence, and child development." In C. A. Nelson(ed.). *Threats to Opti-
mal Development: Integrating biological, psychological and social factors*. Hillside, NJ:
Erlbaum.

Adams, J. 1976. *Understanding and Managing Personal Change*. Oxford: Martin Robertson.

Admas, S. 1990. "Child self-protecion: concerns about classroom approaches." *Pastoral Care in Edu-
cation*, 8(3), pp. 3~6.

Ainsworth, M., M. Blehar, E. Waters and S. Wall. 1978. *Patterns of Attachment: Assessed in strange
situation and at home*. Hillsdale, NJ: Erlbaum.

Ajmal, Y. and I. Rees. 2001. *Solutions in Schools: Creative applications of solution focused brief
thinking with young people and adults*. London: BT Press.

Alloy, L. B. and L. Y. Abramson. 1982. "Learned helplessness, depression and the illusion of con-
trol." *Journal of Personality and Social Psychology*, 42, pp. 1114~1126.

Anderson, D. A. 1993. "Lasbian and gay adolescents: social and developmental considerations."
High School Journal, 77, pp. 13~19.

Anderson, H. and H. Goolishian. 1988. "Human systems as linguistic systems: evolving ideas about
the implications for theory and practice." Family Process, 27, pp. 371~393.

Arnold, L. 1997. *Working with People who Self-injure*. Bristol: Bristol Crisis Service for Women.

Arora, C. M. T. and D. A. Thompson. 1987. "Defining bullying for a secondary school." *Educa-
tion and Child Psychology*, 4(3), pp. 110~120.

Asay, T. P. and M. J. Lambert. 1999. "The empirical case for the common factors in therapy:
quantitative findings." In M. Hubble, B. L. Duncan and S. D. Miller(ed.). *The Heart and
Soul of Change: What works in therapy*. Washington D.C.: American Pshchological Asso-
ciation, pp. 33~55.

Bach, R.(illustrated by R. Munson). 2006(1970). *Jonathan Livingston Seagull*. New York: Scribner
Books.

Baginsky, W. 2004. "School Counselling in England, Wales and Northern Ireland: A review." NSPCC
and Keele University. www.nspcc.org.uk/inform/resourcesforteachers/publications/
schoolcounselling_wdf48931.pdf

Baird, A. J. Fugel-sang and C. Bennet. 2005. *What were you thinking: an fRMA study of Adoles-
cent decision-making*. Paper presented at the Cognitive Neuroscience Society meeting,
New York, April.

Ball, S. A., S. Martino, C. Nich, T. L. Frankforter, D. van Horn and P. Crits-Chrostoph. 2007. "Site
matters: multisite randomized trial of motivational enhancement therapy in community
drug abuse clinics." *Journal of Consulting and Clinical Psychology*, 75(4), pp. 556~567.

Bancroft, J. H. 2009. *Human Sexuality and its Problems*(3rd edition). London: Elsevier-Churchill
Livingstone.

Bandura, A. 1977. *Social Learning Theory*. New York: General Learning Press.

_____. 1986. *Social Foundatios of Thought and Action: A social cognitive theory*. Englewood Cliffs, NJ: Prentice Hall.

Batmanghelidjh, C. 2006. *Shattered Lives: Children who live with courage and dignity*. London: Jessica Kingsley.

_____. 2009. "Terrorised and terrorising teenagers: the search for attachment and hope." In A. Perry(ed.). *Teenagers and attachment: Helping adolescents to engage with life and learning*. London: Worth Publishing, Capter 7.

Beck, A. T., A. J. Rush, B. F. Shaw and G. Emery. 1979. *Cognitive Therapy of Depression*. New York: Guilford Press.

Bergin, A. E. and S. L. Garfield(eds.). 2004. *Handbook of Psychotheraphy and Behaviour Change* (5th edition). New York: Wiley.

Berkowitz, D. A. 1987. "Adolescent individuation and family therapy." In J. C. Coleman, *Working with Troubled Adolescents*. London: Academic Press.

Berman, J. S. and N. C. Norton. 1985. "Does professional training make a therapist more effective?" *Psychological Bulletin*, 98(2), pp. 401~407.

Berne, E. 1968. *Games People Play: The psychology of human relationships*. London: Penguin.

Besa, D. 1994. "Evaluating narrative family therapy using single-system research designs." *Research on Social Work Practice*, 4(3), pp. 309~325.

Besag, V. 1989. *Bullies and Victims in Schools*. Milton Keynes: Open University Press.

Beutler, L. E., M. Marlik, S. Alimohamed, M. T. Harwood, H. Talebi, S. Noble et al. 2004. "Therapist variables." In M. J. Lambert(ed.). *Bergin and Garfield's Handbook of Psychotherapy and Behavior Change*(5th edition). New York: Wiley, pp. 227~306.

Biddulph, S. 1996. *The Secret of Happy Children*. London: Thorsons.

_____. 2008. *Raising Boys: Why boys are different — and how to help them become happy and well-balanced men*(2nd edition). Berkeley, CA: Celestial Arts.

Black, D. and M. Newman.1995. "Television violence and children." *British Medical Journal*, February, pp. 273~274.

Blackmore, S. J. and S. Chaudhury. 2006. "Development of the adolescent brain: implications for executive function and social cognition." *Journal of Child Psychology and Psychiatry*, 47(3), pp. 296~312.

Blos, P. 1979. *The Adolescent Passage: Developmental issues*. New York: International Universities Press.

Bond, T. 1994. *Counselling, Confidentiality and the Law*. Lutterworth: BACP.

_____. 2010. *Standards and Ethics for Counselling in Action*(3rd edition). London: Sage Publications.

Bor, R., J. Ebner-Landy, S. Gill and C. Brace. 2002. *Counsellig in Schools*. London: Sage Publications.

Bowlby, J. 1952. "A two-year-old goes to hospital: a scientific film." *Proceedings of the Royal Society of Medicine*, 46, pp. 425~427.

_____. 1969. *Attachment and Loss, 1: Attachment*. London: Hogarth Press.

_____. 1973. *Attachment and Loss, 2: Separation: Anxiety and Anger*. London: Hogarth Press.

_____. 1980. *Attachment and Loss, 3: Sadness and Depression*. London: Hogarth Press.

Bragg, M. 1999. In Our Time. BBC Radio 4, June. London: BBC Broadcast.

Brammer, L. M. and E. L. Shostrum. 1982. *Therapeutic Psychology*(4th edition). Englewood Cliffs, NJ: Prentice Hall.

Bratton, S. C., D. Ray, T. Rhine and L. Jones. 2005. "The efficacy of play therapy with children: A meta-Analytic review of treatment outcomes." *Professional Psycological Research and Practice*, 36(4), pp. 376~390.

Bridge, J., T. Goldstein and D. Brent. 2006. "Adolescent suicide and suicidal behaviour." *Journal* of *Child Psychology and Psychiatry*, 47, pp. 372~394.

Bridget, J. 2000. "Lesbian, Gay, Bisexual Young People and Teenage Pregnancy." www.lesbianinfo rmationservice.org/pregnancy.rtf

_____. 2006. *Online Research on Lesbian, Gay and Suicide Research in the USA*. www.lesbianinfo rmationservice.org/suicide

British Association of Counselling and Psychotherapy(BACP). 2002. *Ethical Framework for Good Practice In Counselling and Psychotherapy*. Lutterworth: BACP.

_____. 2005. *Therapy Today*. Lutterworth: BACP.

Brooks, T. and A. Silva. 2010. "No longer taboo." *CCYP*, June, pp. 26~27.

Brown, K. 2010. "Living with teenage violence." *Therapy Today*, December, 21(10), pp. 11~15.

Brown, S. A., S. F. Tapert, E. Granholm and D. C. Dellis. 2000. "Neurocognitive functioning of adolescence: effects of protracted alcohol abuse." *Alcoholism: Clinical and Experimental Research*, 24, pp. 164~171.

Buckroyd, J. 2005. In C. Pointon. 2005. "Eating disorders: our knowledge of how eating disorders develop has changed in recent years." *Therapy Today*, 16(8), pp. 4~7.

Burnham, J. B. 1986. *Family Therapy*. London: Routledge.

Butler, G. and J. Low. 1994. "Short-term psychotherapy." In P. Clarkson and M. Pokorny(eds.). *The Handbook of Psychotherapy*. London: Routledge.

Campbell, C. and D. F. Schwartz. 1996. "Prevalence and impact of exposure to interpersonal violence among suburban and urban middle school students." Paediatrics, September, pp. 396~402.

Capey, M. 1998. *Counselling for Pupils and Young Adults: Examples of what LEAs and schools provide*. Berkshire: Education Management Information Exchange.

Carkhuff, R. R. and B. G. Berenson. 1977. *Beyond Counselling and Therapy*(2nd edition). New York: Holt, Rinehart and Winston.

Carr, A. 2002. *Depression and Attempted Suicide in Adolescence*. Oxford: Blackwell.

_____. 2006. *Handbook of Child and Adolescent Clinical Psychology*(2nd edition). London: Blackwell.

_____. 2009a. "Combating depression." In K. Geldard(ed.). *Practical Interventions for Young People at Ristk*. London: Sage Publications, pp. 45~55.

_____. 2009b. "Preventing suicide." In K. Geldard(ed.). *Practical Interventions for Young People at Risk*. London: Sage Publications, pp. 66~78.

Carr, R. 1994. "Peer helping in Canada." *Peer Counselling Journal*, 11(1), pp. 6~9.

Carroll, K. M. 1996. "Relapse prevention as a psychosocial treatment: a review of controlled clini- cal trials." *Experimental and Clinical Psychopharmacology*, 4(1), pp. 46~54.

Casemore, R. 1995. *Confidentiality and School Counselling*. Lutterworth: BACP.

Catchpole, S. 2010. "Working for positive outcomes." *CCPY*, March, pp. 10~14.

Cawson, P., C. Wattam, S. Brooker and G. Kelly. 2000. "Child maltreatment in the United Kingdom: a study of the prevalence of child abuse and neglect." London: NSPCC, ISBN: 1842280066. www.nspcc.org.uk/Inform/publications/downloads/childmaltreatmentintheukexecsumma ry_wdf48006.pdf

CCYP. 2005. *Counselling for Children and Young People*, autumn. Lutterworth: BACP.

Chatterjee, P., D. Bailey and N. Aronoff. 2001. "Adolescence and old age in twelve communities." *Journal of Sociology and Social Welfare*, December.

Cicchetti, D.(ed.). 2009. *Development and Psychopathology*(special issue), 21(1).

Claiborn, C. D., R. K. Goodyear and P. A. Horner. 2002. "Feedback." In J. C. Norcross(ed.). *Psy- chotherapy Relationships that Work: Therapist contributions and responsiveness to pa- tients*. New York: Oxford University Press. pp. 217~233.

Cohn, T. 1987. "Sticks and stones may break my bones but names will never hurt me." *Multi-*

cultural Teaching, 5(3), pp. 8~11.

Coleman, J. C.(ed.). 1987. *Working with Troubled Adolescents: A handbook*. London: Academic Press.

Conger, J. J. 1975. *Contemporary Issues in Adolescent Development*. London: Harper and Row.

Cooper, M. 2006. "Research on counselling in schools." *Therapy Today*, 17(3), pp 49~50.

_____. 2008. *Essectial Research Findings in Counselling and Psychotherapy*. London: Sage Publications.

_____. 2009. "Counselling in UK secondary schools: a comprehensive review of audit and evaluation data." *CPR*, 9(3), pp. 137~150.

_____. 2010. "The challenge of counselling and psychotherapy research." *Counselling and Psychotherapy Research*, 10(3), pp. 183~191.

Cooper, M. and J. McLeod. 2011. Pluralistic Counselling and Psychotherapy. London: Sage Publications.

Cooper, M. and K. Richards.(eds.). 2009. "Counselling in Schools." *Counselling and Psychotherapy Research: Special Issue*, Vol. 9(3), BACP: London: Routledge.

Cooper, M., N. Rowland, K. McArthur, S. Pattison, K. Cromarty and K. Richards. 2010. "Randomised control trial of school-based humanistic counselling for emotional distress in young people: feasibility study and preliminary indications of efficacy." *Child and Adolescent Psychiatry and Mental Health*, 4(1), pp. 1~12.

Costello, E., S. Mustillo, G. Keeler and A. Angold. 2004. "Prevalence of psychiatric disorders in childhood and adolescence." In L. Luborsky, J. Petrila and K. Hennessy(eds.). *Mental Health Services: A public health perspective*. New York: Oxford University Press. pp. 111~128.

Courtois, C. 1988. *Healing the Incest Wound*. New York: W. W. Norton.

Cowen, E. L., A. Pederson, H. Babigian, L. D. Izzo, M. A. Trost. 1973. "Long-term follow up of early detected vulnerable children." *Journal of Consulting and Clinical Psychology*, 41, pp. 438~446.

Cowie, H. 1998. "Perspectives of teachers and pupils on the experience of peer support against bullying." *Educational Research and Evaluation*, 1, pp. 108~125.

Cowie, H. and S. Sharp.(eds.). 1996. *Peer Counselling in Schools*. London: David Fulton.

Cox, S. 2010. "Defining moments." *Therapy Today*, 21(6), pp. 25~29.

Crits-Christoph, P. and M. B. C. Gibbons. 1999. "Relational interpretations." In J. C. Norcross(ed.). *Psychotherapy Relationships that Work: Therapist contributions and responsiveness to patients*. New York: Oxford University Press, pp. 285~300.

Curwen, B., S. Palmer and P. Ruddell. 2000. *Brief Cognitive Bahaviour Therapy*. London: Sage Publications.

Daniels, D. and P. Jenkins. 2000. "Reporting child abuse." *Counselling*, 11(9), pp. 551~554.

Davies, G. T. 1986. *A First Year Tutorial Handbook*. Oxford: Blackwell.

Davis, T. E. and C. J. Osborn. 2000. *The Solution-Focused School Counsellor: Shaping professional practice*. Philadelphia, PA: Accelerated Development.

De Shazer, S. 1988. *Clues: Investigating Solutions in Brief Therapy*. New York: W. W. Norton.

Dehue, F., C. Bolman and T. Vollink. 2008. "Cyberbullying: youngsters' experiences and parental perceptions." *CyberPsychology and Behavior*, 11, pp. 217~223.

Denis, C., E. Lavie, M. Fatséas and M. Auriacombe. 2004. "Psychotherapeutic interventions for cannabis abuse and/or dependence in outpatient settings." *Cochrane Database of Systematic Reviews*, 3, CD005336.

Dennison C. 2004. "Teenage Pregnancy: An overview of the research evidence." Wetherby: NHS Health Development Agency.

Devere, M. 2000. "New models: the counselling of change." *Counselling*, 11(7), pp. 412~413.

Diamond, J. 2000. *Narrative Means to Sober Ends*. New York: Guilford Press.

Dilk, M. N. and G. R. Bond. 1995. "Meta-analytic evaluation of skills training research for individuals with severe mental illness." *Journal of Consulting and Clinical Psychology*, 64(6), pp. 1337~1346.

Dolan, R. J. 2002. "Emotion, cognition, and behavior." *Science*, 298, pp. 1191~1194.

Dominian, J., P. Mansfield, D. Dormor and F. McAllister. 1991. *Marital Breakdown and the Health of the Nation*. London: One Plus One — Marriage and Partnership Research.

Donaldson, D., A. Spiritio, M. Arrigan and J. W. Aspel. 1997. "Structured disposition planning for adolescent suicide attempters in a general hospital: preliminary finding on short-term outcome." *Archives of Suicide Research*, 3, pp. 271~282.

Downey, V. W. and R. G. Landry. 1997. "Self reporting sexual behaviours fo high school juniors and seniors in North Dakota." *Psychological Reports*, 80, pp. 1357~1358.

Dryden, W.(ed.). 2002. *Handbook of Individual Therapy* (4th edition). London: Sage Publications.

Dunkley, C. 2001. "The pain barrier diagram." *Counselling and Psychotherapy*, 12(1), pp. 13~15.

Durrant, M. 1993. *Creative Strategies for School Problems*. Epping, NSW: Eastwood Fmily Therapy Centre.

Dusek, J. B. 1996. *Adolescent Development and Behavior*. Englewood Cliffs, NJ: Prentice Hall.

Egan, G. 1990. *The Skilled Helper* (4th edition). Monterey, Pacific Grove, CA: Brooks/Cole(originally published in 1975).

Eisler, I., C. Dare, G. F. M. Russell, G. I. Szmuker, D. le Grange and E. Dodge. 1997. "Family and individual therapy in anorexia nervosa: a five-year follow-up." *Archives of General Psychiatry*, 54, pp. 1025~1030.

Elliot, B. J. and M. P. M. Richards. 1991. "Effects of parental divorce on children." *Archives of Disease in Childhood*, 66, pp. 915~916.

Elliot, M. 1990. "A response to Steve Adams." *Pastoral Care in Educations*, 8(3), pp. 7~9.

Elliott, R. and A. Zucconi. 2010. "Organization and conceptual framework for practice-based research on the effectiveness of psychotherapy and psychotherapy training." In M. Barkham, G. Hardy and J. Mellor-Clark(eds.). *A Core Approach to Delivering Practice-based Evidence in Counselling and the Psychological Therapies*. Chichester: Wiley, pp. 287~310.

Ellis, A. 1965. *Homosexuality: Its causes and cures*. New York: Lyle Stuart.

_____. 1976. *Sex and the Liberated Man*. Secacus, NJ: Lyle Stuart.

_____. 1987. "The impossibility of achieving consistently good mental health." *American Psychologist*, 42, pp. 364~375.

_____. 1994. *Reason and Emotion in Psychotherapy* (revised edition). Secaucus, NJ: Birch Lane.

Ellis, J. 1996. "Prospective momory or the realisation of delayed intentions: a conceptual framework for research." In M. Brandimonte, G. O. Einstein and M. A. McDaniel(eds.). *Prospective Memory: Theory and applications*. Hillsdale, NJ: Erlbaum, pp. 1~22.

Elmore, L. J. 1986. "The teacher and the child of divorce." Paper presented at the 7th Annual Families Alive Conference, Ogden, UT, September 10~12.

Ennelkemp, P. M. G. 2004. "Behavior therapy with adults." In M. J. Lambert(ed.). *Bergin and Garfield's Handbook of Psychotherapy and Behavior Change* (5th edition). New York: Wiley, pp. 393~446.

English, P. 2006. "Losing Someone Close." http://twup.org.uk

Epston, D., M. White and K. Murray. 1992. "A proposal for a re-authoring therapy: Rose's revisioning of her life and a commentary." In S. McNamee and K. J. Gergen(eds.). *Therapy as Social Construction*. London: Sage Publications.

Erikson, E. H. 1956. "The problem of ego identity." *Journal of the American Psychoanalytic Association*, 4, pp. 56~121.

_____. 1968. Identity: Youth and Crisis. New York: W. W. Norton.

Evans, E., K. Hawton and K. Rodham. 2004. "Factors associated with suicidal phenomena in adolescents: a systematic review of population-based studies." *Clinical Psychology Review*, 24, pp. 957~979.

Fairburn, C. G., M. D. Marcus and G. T. Wilson. 1993. "Cognitive behavioural therapy for binge eating and bulimia nervosa: a comprehensive treatment manual." In C. G. Fairburn and G. T. Wilson(ed.). *Binge Eating: Nature, assessment, and treatment*. New York: Guilford Press. pp. 361~404.

Fallon, J. 2010. "Supervision talk 2." *CCYP*, June, pp. 24~25.

Falzon, R. and S. Camilleri. 2010. "Dyslexia and the school counsellor: a Maltese case study." *Counselling and Psychotherapy Research*, December, 10(4), pp. 307~315.

Farrell, P. 1999. "The limitations of current theories in understanding bereavement and grief." *Counselling*, 10(2), pp. 143~146.

Favazza, A. 1996. *Bodies under Siege: Self-mutilation and body midification in culture and psychiatry*. Baltimore, MD: Johns Hopkins University Press.

Feltham, C. 1997. *Time-Limited Counselling*. London: Sage Publications.

Fergusson, D. E. and P. E. Mullen. 1999. *Childhood Sexual Abuse: An evidence-based perspective*. London: Sage Publications.

Finkelhor, D. 1980. "Sex among siblings: a survey on prevalence, variety, and effects." *Archives of Sexual Behaviour*, 9(3), pp. 171~194.

Finn, S. E. and M. E. Tonsager. 1997. "Information-gathering and therapeutic models of assessment: complimentary paradigms." *Psychological Assessment*, 9(4), pp. 374~385.

Foderaro, L. W. 2007. "Between teacher and student: the suspicions are growing." *The New York Times*, June 20.

Fonagy, P., A. Roth, and A. Higgit, 2005. "The outcome of psychodynamic psychotherapy for psychological disorders." *Clinical Neuroscience Research*, 4(5-6), pp. 367~377.

Forero, R., L. McLellan, C. Rissell, and A. Bauman. 1999. "Bullying behaviour and psychological health among school students in New South Wales." *British Medical Journal*, 319, pp. 344~348.

Frank, J. 1986. "What is psychotherapy?" In S. Bloch(ed.). *An Introduction to the Psychotherapies* (2nd edition). Oxford: Oxford University Press.

Frankl, V. E. 1959. *Man's Search for Meaning*. New York: Washington Square Press.

Freud, S. 1933. *New Introductory Lectures on Psycho-analysis*. London: Penguin.

_____. 1937. *The Ego and the Mechanisms of Defence*. London: Hogarth Press.

Galatzer-Levi, R. M. 2002. "Created in others' eyes." *Adolescent Psychiatry: Developmental and Clinical Studies*, 26, pp. 43~72.

Gardner, F. and S. Coombs(eds.). 2009. *Researching, Reflecting and Writing about Work: Guidance on training course assignments and research for psychotherapists and counsellors*. London: Routledge.

Geddes, H. 2006. *Attachment in the Classroom: The links between children's early experience, emotional well-being and performance in school. A practical guide for schools*. London: Worth Publishing.

Geldard, K.(ed.). 2009. *Practical Interventions for Young People at Risk*. London: Sage Publications.

Geldard, K. and D. Geldard. 2010. *Counselling Adolescents: The proactive approach for young people*. London: Sage Publications.

Gergen, J. K. 2001. *Social Construction in Context*. London: Sage Publications.

Gergen, K. J. and J. Kaye. 1992. "Beyond narrative in the negotiation of therapeutic meaning." In S. McNamee and K. J. Gergen(eds.). *Therapy as Social Construction*. London: Sage Publications.

Gerhardt, S. 2004. *Why Love Matters: How affection shapes a baby's brain*. Hove: Brunner- Routledge.

Gibran, K. 1972(1923). *The Prophet*. New York: Alfred A. Knopf.

Gibson-Cline, J. 1996. *Adolescents from Crisis to Coping: A thirteen nation study*. Oxford: Butterworth-Heinemann.

Giedd, J., J. Blumenthal, N. Jeffries, F. Castellanos, H. Liu, A. Zijdenbos, T. Paus, A. Evans, and J. Rapoport. 1999. "Brain development during childhood and adolescence: a longitudinal MRI study." *Nature Neuroscience*, 2(10), pp. 861~863.

Gingerich, W. J. and S. Eisengart. 2000. "Solution-focused brief therapy: a review of the outcome research." *Family Process*, 34(4), pp. 477~498.

Goldstein, A. P. 2004. *New Perspectives on Aggression Replacement Training*. Chichester: Wiley.

Goleman, D. 2006. *Emotional Intelligence* (10th anniversary edition). New York: Bantam Dell.

Goodyear, R. K. 1990. "Research of the effects of test interpretation: a review." *Counselling Psychologist*, 18(2), pp. 240~257.

Gould, M. 2003. "Youth suicide risk and preventative interventions: a review of the past 10 years." *Journal of the American Academy of Child and Adolescent Psychiatry*, 42, pp. 386~405.

Gould, R. A., M. W. Otta and M. H. Pollack. 1995. "A meta-analysis of treatment outcome for panic disorder." *Clinical Psychology Review*, 15(8), pp. 819~844.

Gregson, O. and T. Looker. 1994. "The biological basis of stress management." *British Journal of Guidance and Counselling*, 22(1) pp. 13~26.

Hagerty, B. B. 2011. "A Neuroscientist Discovers a Dark Secret." https://www.npr.org/templates/story/story.php?storyId=127888976

Hakuta, K., E. Bialystok and E. Wiley 2003. "Critical evidence: a test of the critical period hypothesis for second language acquisition." *Psychological Science*, (14), pp. 31~38.

Hall, A. S. and H. R. Fradkin. 1992. "Affirming gay men's mental health: counselling with a new attitude." *Journal of Mental Health Counselling*, 14(3), pp. 362~374.

Hamer, D., S. Hu, V. L. Magnuson, N. Hu and A. M. L. Pattatucci. 1993. "A linkage between markers on the X chromosome and male sexual orientation." *Science*, July, 261(5119), pp. 321~327.

Hamilton, C. 2004. *Offering Children Confidentiality: Law and guidance*. Colchester: Children's Legal Centre.

Hanley, T. 2010. "School-based counselling: what does the research really say?" *CCYP*, 1, pp. 21~24.

Harrington, R., J. Whittaker, P. Shoebridge and F. Campbell. 1998. "Systematic review of efficacy of cognitive behaviour therapies in childhood and adolescent depressive disorder." *British Medical Journal*, 316, pp. 1559~1563.

Harris, B. and S. Pattison. 2004. *Research on Counselling Children and Young People: A Systematic scoping review*. Lutterworth: BACP.

Harrison, J. 1987. "Counselling gay men." In M. Scher, M. Stevens, G. Good and G.A. Eichenfield (eds.). *Handbook of Counselling and Psychotherapy with Men*. Newbury Park, CA: Sage Publications.

Hawton, K., L. Harriss and D. Zahl. 2006a. "Deaths from all causes in a long-tem follow-up study of 11583 deliberate self-harm patients." *Psychological Medicine*, 36(3), pp. 397~405.

Hawton, K., K. Rodham and E. Evans 2006b. *By Their Own Young Hand: Deliberate self-harm and suicidal ideas in adolescents*. London: Jessica Kingsley.

Hawton, K., L. Harriss and K. Rodham. 2010. "How adolescents who cut themselves differ from those who take overdoses." *European Child and Adolescent Psychiatry*, 19, pp. 513~523.

Herbert, M. 1978. *Conduct Disorders of Childhood and Adolescence*. Chichester: Wiley.

Hickey, D. and A. Carr. 2002. "Prevention of suicide in adolescents." In A. Carr(ed.). *Prevention: What works with children and adolescents? A critical review of psychological prevention programmes for children, adolescents and their families*. London: Routledge, pp. 336~358.

Hill, C. E. 1999. *Helping Skills: Facilitating Exploration, Insight and Action* (2nd edition). Washington,

DC: American Psychological Association.

Hitchings, P. 1994. "Psychotherapy and sexual orientation." In P. Clarkson and M. Pokorny(eds.). *The Handbook of Psychotherapy*. London: Routledge.

Holland, J. 2000. "Secondary schools and pupil loss by parental bereavement and parental relationship separations." *Pastoral Care in Education*, 11, pp. 33~39.

Holmes, J. 1993. *John Bowlby and Attachment Theory*. London: Routledge.

Hooker, E. 1985. "The adjustment of the overt male homosexual." *Journal of Personality Assessment*, 21, pp. 18~23.

Hoste, R. R. and D. le Grange. 2009. "Addressing eating problems." In K. Geldard(ed.). *Practical Interventions for Young People at Risk*. London: Sage Publications, pp. 169~179.

Houston, G. 2003. *Brief Gestalt Therapy*. London: Sage Publications.

Howard, A. 2000. *Philosophy for Counselling and Psychotherapy: Pythagoras to postmodernism*. London: Macmillan.

Howard, K. I., S. M. Kopta, M. S. Krause and D. E. Orlinski. 1986. "The close-effect relationship in psychotherapy." *American Psychologist*, 41, pp. 159~164.

Hu, F. B., B. R. Flack, D. Hedeker and O. Syddiqui. 1995. "The influence of friends and parental smoking on adolescent smoking behaviour: the effects of time and prior smoking." *Journal of Applied Social Psychology*, 25, pp. 2018~2047.

Huey, S., S. Henggeler, M. Rowland, C. Halliday-Boykins, P. Cunningham and S. Pickrel. 2004. "Multisystemic therapy effects on attempted suicide by youths presenting psychiatric emergencies." *Journal of the American Academy of Child and Adolescent Psychiatry*, 43, pp. 183~190.

Humphreys, C. and N. Stanley(eds.). 2006. *Domestic Violence and Child Protection: Directions for good practice*. London: Jessica Kingsley.

Inhelder, B. and J. Piaget. 1958. *The Growth of Logical Thinking from Childhood to Adolescence*. London: Routledge and Kegan Paul.

Ives, R. 1994. "Stop sniffing in the States: approaches to solvent misuse prevention in the USA." *Drugs, Education, Prevention and Policy*, 1, pp. 37~48.

Jacobs, M. 1993. *Living Illusions: A psychology of belief*. London: SPCK.

_____. 2010. *Psychodynamic Counselling in Action*(4th edition). London: Sage Publications.

Jacobson, E. 1938. *Progressive Relaxation*(2nd edition). Chicago, IL: University of Chicago Press.

James, A. 2010. *School Bullying*. London: NSPCC. www.nspcc.org.uk/inform/research/briefings/school_bullying_pdf_wdf73502.pdf

Jayasinghe, M. 2001. *Counselling in Careers Guidance*. Buckingham and Philadelphia, PA: Open University Press.

Jenkins, A. 1990. *Invitations to Responsibility: The therapeutic engagement of men who are violent and abusive*. Adelaide, Australia: Dulwich Centre Publications.

Jenkins, J. E. 1996. "The influence of peer affiliation and student activities on adolescent drug involvement." *Adolescence*, 31, pp. 297~306.

Jenkins, P. 2005. "Working together: the rise of mandatory child abuse reporting." *CCYP*, autumn, pp. 2~4.

Jenkins, P. 2010 "Child protection: the duty to refer." *CCYP*, March, pp. 17~20.

Kellerman, J. 1999. *Savage Spawn: Reflections on violent children*. New York: The Ballantine Publishing Group.

Kilpatrick, D. G., R. Aciermo, B. Saunders, H. Resnick and C. Best. 2000. "Risk factors for adolescent substance abuse and dependence: data from a national sample." *Journal of Counselling and Clinical Psychology*, 65, pp. 1~12.

Kilty, J. and M. Bond. 1991. *Practical Methods of Dealing with Stress*. Guildford: Human Potential Resource Group, University of Surrey.

Klonsky, M. 2002. "How smaller schools prevent school violence." *Educational Leadership*, 59(5), pp. 65~69.

Knapp, C. 1996. *Drinking: A Love Story*. New York: Dial Press.

Koss, M.P. and J. Shiang. 1994. "Research on brief psychotherapy." In A.E. Bergin and S.L. Garfield (eds.). *Handbook of Psychotherapy and Behaviour Change*(4th edition). New York: Wiley, pp. 664~700.

Kübler-Ross, E. 1982. *On Death and Dying*. London: Tavistock.

Kuhl, P. K. 2004. "Early language acquisition: cracking the speech code." *Nature Reviews Neuroscience*, 5(11), pp. 831~843.

Lambert, J. L. 1992. "Implications of outcome research for psychotherapy integration." In J. C. Norcross and M. R. G. Goldfried(eds.). *Handbook of Psychotherapy Integration*. New York: Basic Books.

Lambert, M. J. and A. E. Bergin. 1994. "The effectiveness of psychotherapy." In A. E. Bergin and S. L. Garfield(eds.). *Handbook of Psychotherapy and Behaviour Change*(4th edition). New York: Wiley, pp. 143~189.

Lambert, M. J. and B. M. Ogles. 2004. "The efficacy and effectiveness of psychotherapy." In M. J. Lambert(ed.). *Bergin and Garfield's Handbook of Psychotherapy and Behavior Change* (5th edition). New York: Wiley, pp. 139~193.

Layard, R. 2004. *Mental Health: Britain's biggest social problem*. http://cep.lse.ac.uk/layard/psych_treatment_centres.pdf

Lazarus, A. A. 1981. *The Practice of Multimodal Therapy*. Baltimore, MD: Johns Hopkins University Press.

_____. 1990. "Why I am an eclectic(not an integrationist)." In W. Dryden and J. C. Norcross (eds.). *Eclecticism and Integration in Counselling and Psychotherapy*. Loughton: Gale Centre Publications.

_____. 2005. "Multimodal therapy." In J. C. Norcross and M. R. Goldfried(eds.). *Handbook of Psychotherapy Integration*. New York: Oxford University Press.

Le Count, D. 2000. "Working with 'difficult' children from the inside out: loss and bereavement and how the creative arts can help." *Counselling*, 18(2), pp. 17~27.

Le Grange, D. and J. Lock. 2007. *Treating Bulimia in Adolescents: A family-based approach*. New York: Guilford Press.

Lees, S. 1993. *Sugar and Spice*. London: Penguin.

Leichsenring, F. 2001. "Comparative effects of short-term psychodynamic psychotherapy and cognitive-behavioural therapy in depression: a meta-analytic approach." *Clinical Psychology Review*, 21(3), pp. 401~419.

Lethem, J. 1994. *Moved to Tears, Moved to Action: Solution-focused brief therapy with women and children*. London: Brief Therapy Press.

Lewinsohn, P. M. and G. N. Clarke. 1999. "Psychosocial treatments for adolescent depression." *Clinical Psychology Review*, 19(3), pp. 329~342.

Lewinsohn, P. M., H. Hops, R. E. Roberts, J. R. Steely and J. A. Andrews. 1993. "Prevalence and incidence of depression and other DSM-III-R disorders in high school students." *Journal of Abnormal Psychology*, 102, pp. 133~144.

Lewis, J. 1992. "Death and divorce: helping students cope in single-parent families." *NASSP Bulletin*, 76(543), pp. 55~60.

Lilliengren, P. and A. Werbart. 2005. "A model of therapeutic action grounded in the patients' view of curative and hindering factors in psychoanalytic psychotherapy." *Psychotherapy: Theory, Research, Practice, Training*, 3, pp. 324~399.

Lindsay, W. R. 1987. "Social skills training with adolescents." In J. Coleman(ed.). *Working with Troubled Adolescents*. London: Academic Press.

Linehan, M. M., L. A. Dimeff, S. K. Reynolds, K. A. Comtois, S. S. Welch and P. Heagerty. 2002. "Dialectical behavior therapy versus comprehensive validation therapy plus 12-step for the treatment of opoiod dependent women meeting criteria for borderline personality disorder." *Drug and Alcohol Dependence*, 67(1), pp. 13~26.

Lines, D. 1985. *Counselling Adolescents in Secondary School.* Unpublished booklet(dennis@schoolcounselling.co.uk).

_____. 1995a. *Coming Through the Tunnel.* Birmingham: published by the author(dennis@schoolcounselling.co.uk).

_____. 1995b. *Christianity is Larger than Fundamentalism.* Durham: Pentland Press.

_____. 1996. "Early secondary pupils' experiences of name-calling behaviour through a discourse analysis of differing counselling interviews." Unpublished dissertation, Westhill College, Birmingham(dennis@schoolcounselling.co.uk).

_____. 1999a. "Secondary pupils' experiences of name-calling behaviour." *Pastoral Care in Education*, 17(1), pp. 23~31.

_____. 1999b. "Bereavement group therapy in school: the role of a belief in a post-death existence within adolescent development for the acceptance process of loss." *Journal of Children's Spirituality*, 4(2), pp. 141~154.

_____. 2000. *Counselling Approaches for Young People in Secondary School: From Traditional Approaches to Eclectic and Integrative Counselling.* Birmingham: published by the author (dennis@schoolcounselling.co.uk).

_____. 2001. "An approach with name-calling and verbal taunting." *Pastoral Care in Education*, 18(1), pp. 3~9.

_____. 2002a. *Brief Counselling in School: Working with young people from 11-18*(1st edition). London: Sage Publications.

_____. 2002b. "Counselling in the new spiritual paradigm." *Journal of Humanistic Psychology*, 42(3), pp. 102~123.

_____. 2003. "Collaborative practice." *Counselling in Education*, winter, pp. 5~10.

_____. 2005. "A peer counselling service in a secondary school to combat bullying: issues in planning and ongoing management." *Pastoral Care in Education*, 23(2), pp. 19~27.

_____. 2006a. *Spirituality in Counselling and Psychotherapy.* London: Sage Publications.

_____. 2006b. *Brief Counselling in School: Working with young people from 11-18*(2nd edition). London: Sage Publications.

_____. 2008. *The Bullies: understanding bullies and bullying.* London: Jessica Kingsley Publishers.

_____. 2010. "The duty to refer." *CCYP*, June, pp. 30~31.

Lipton, B. 2009. *The Biology of Belief: Part 1.* Northampton: The Healing Trust, pp. 44~46.

Litvinoff, S. 1991. *The Relate Guide to Better Relationships.* London: Vermilion.

Longfellow, C. 1979. "Divorce in context: its impact on children." In G. Levinger and O. C. Moles (eds.). *Divorce and Separation.* New York: Basic Books.

Luxmoore, N. 2000. *Listening to Young People in School, Youth Work and Counselling.* London: Jessica Kingsley.

_____. 2006. *Working with Anger and Young People.* London: Jessica Kingsley.

Mabey, J. and B. Sorensen. 1995. *Counselling for Young People.* Buckingham: Open University Press.

Maher, P. 1990. "Child protection: another view." *Pastoral Care in Education*, 8(3), pp. 9~12.

Malley, E., N. Posner and L. Potter, et al. 2008. "Suicide risk and prevention for lesbian, gay, bisexual, and transgender youth." *Suicide Prevention Resource Centre.* www.sprc.org/library/SPRC_LGBT_Youth.pdf

Maluccio, A. N. 1979. *Learning from Clients: Interpersonal helping as viewed by clients and social workers.* New York: Macmillan.

Mander, G. 2000. *A Psychodynamic Approach to Brief Therapy*. London: Sage Publications.

Manji, I. 2004. *The Trouble with Islam Today: A wake-up call for honesty and change*. Edinburgh: Mainstream Publishing Company.

Mann, J., A. Apter and J. Bertolote. 2005. "Suicide prevention strategies: a systematic review." *Journal of the American Medical Association*, 294, pp. 2064~2074.

Margolin, G. and E. B. Gordis. 2004. "Children's exposure to violence in the family and community." *Current Directions in Psychological Science*, 13(4), pp. 152~155.

Masson, J. 1992. *Against Therapy*. London: Harper-Collins.

Matteson, D. R. 1987. "Counselling bisexual men." In M. Scher, M. Stevens, G. Good and G. A. Eichenfield(eds.). *Handbook of Counselling and Psychotherapy with Men*. Newbury Park, CA: Sage Publications.

Mayet, S., M. Farrell, M. Ferri, L. Amato and M. Davoli. 2004(2010). "Psychosocial treatment for opiate abuse and dependence." *Cochrane Database of Systematic Reviews*, 4, CD004330.

McBroom, J. R. 1994. "Correlates of alcohol and marijuana use among junior high school students: family, peers, school problems, and psychosocial concerns." *Youth and Society*, 26, pp. 54~68.

McDermott, I. 2008a. "NLP Toolbox 4: in the right state to make change possible." *CCYP*, December, pp. 16~18.

_____. 2008b. "NLP Toolbox 2: different questions, new futures." *CCYP*, June, pp. 13~14.

McDermott, I. and W. Jago. 2001. *Brief NLP Therapy*. London: Sage Publications.

McGinnis, S. and P. Jenkins(eds.). 2009. *Good Practice Guidance for Counselling in Schools*(4th edition). Lutterworth: BACP.

McGivern, R. F., J. Andersen, D. Byrd, K. L. Mutter and J. Reilly. 2002. "Cognitive efficiency on a match to sample task decreases at the onset of puberty in children." *Brain and Cognition*, 50, pp. 73~89.

McGuiness, J. 1998. *Counselling in Schools: New perspectives*. London: Cassell.

McLeod, J. 1993. *An Introduction to Counselling*. Buckingham: Open University Press.

_____. 1998. *Narrative and Psychotherapy*. London: Sage Publications.

_____. 2003. *An Introduction to Counselling*(3rd edition). Buckingham: Open University Press.

_____. 2009. *An Introduction to Counselling*(4th edition). Maidenhead: Open University Press.

_____. 2010. *Case Study Research in Counselling and Psychotherapy*(2nd edition). London: Sage Publications.

_____. 2011a. *Doing Counselling Research*(2nd edition). London: Sage Publications.

_____. 2011b. *Qualitative Research in Counselling and Psychotherapy*(2nd edition). London: Sage Publications.

McNamara, E. 2009. *Motivational Interviewing: Theory, Practice and Applications with Children and Young People*. Ainsdale: Positive Behaviour Management. www.positivebehaviourmanagement.co.uk

McNamara, E. and C. Atkinson. 2010. "Engaging the reluctant with MI." *CCYP*, December, pp. 15~21.

McNamee, S. and K. J. Gergen. 1992. *Therapy as Social Construction*. London: Sage Publications.

Mead, M. 1928. *Coming of Age in Samoa*. Harmondsworth: Penguin.

_____. 1930. *Growing up in New Guinea*. Harmondsworth: Penguin.

_____. 1949. *Male and Female*. Harmondsworth: Penguin.

Mearns, D. and M. Cooper. 2005. *Working at Relational Depth in Counselling and Psychotherapy*. London: Sage Publications.

Mearns, D. and B. Thorne. 2010. *Person-centred Counselling in Action*(3rd edition). London: Sage Publications.

Meichenbaum, D. 1983. *Coping with Stress*. London: Century.

_____. 1986. "Cognitive-behaviour modification." In F. H. Kanfer and A. P. Goldstein(eds.). *Helping People Change*(3rd edition). New York: Pergamon.

Mental Health Foundation/Camelot Foundation. 2006. *Truth Hurts: Report of the national enquiry into self-harm among young people.* London: Mental Health Foundation.

Mikkelsen, E. J. 2001. "Enuresis and encopresis: ten years of progress." *Journal of American Academy of Child and Adolescent Psychiatry,* 40(10), pp. 1146~1148.

Miller, S. D., B. L. Duncan and M. A. Hubbie. 1997. *Escape from Babel: Toward a unifying language for psychotherapy practice.* New York: W. W. Norton.

Miller, W. R. and S. Rollnick. 1991. *Motivational Interviewing.* New York: Guilford Press.

Milner, P. 1980. *Counselling in Education.* Trowbridge: Redwood Burn.

Mind. 2010. "Suicide Rates, Risks and Prevention Strategies." www.mind.org.uk/help/research_and_policy/suicide_rates_risks_and_prevention_strategies#young

Minuchin, S., B. L. Baker, B. L. Rosman, R. Liebman, L. Milman, and T. C. Todd. 1975. "A conceptual model on psychosomatic illness in children: family organisation and family therapy." *Archives of General Psychiatry,* 32, pp. 1031~1038.

Molnos, A. 1995. *A Question of Time: Essentials of Brief Dynamic Psychotherapy.* London: Karnac.

Moore, K., N. Jones and E. Broadbent. 2008. "School Violence in OCED Countries." http://plan-international.org/learnwithoutfear/files/school-violence-in-oecd-countries-english

Morrison, B. 2002. "Bullying and victimisation in schools: a restorative justice approach." *Trends and Issues in Crime and Criminal Justice,* February, 219. Canberra: Australian Institute of Criminology.

Morrow-Bradley, C. and R. Elliott. 1986. "Utilization of psychotherapy research by practicing psychotherapists." *American Psychologist,* 41(2), pp. 188~197.

Mosher, W. D., A. Chandra and J. Jones. 2005. "Sexual behavior and selected health measures: men and women 15-44 years of age, United States, 2002." *Advance Data from Vital and Health Statistics,* no. 362. Hyattsville, MD: National Center for Health Statistics.

Moyer, A., J. W. Finney, C. E. Swearingen and P. Vergun. 2002. "Brief interventions for alcohol problems: a meta-analytic review of controlled investigations in treatment-seeking and non-treatment-seeking populations." *Addiction,* 97(3), pp. 279~292.

Mufson, L., K. P. Dorta, K. Pollack, D. Moreau and M. Weissman. 2004. *Interpersonal Psychotherapy for Depressed Adolescents*(2nd edition). New York: Guilford Press.

Muncie, J., M. Wetherell, R. Dallas and A. Cochrane(eds.). 1995. *Understanding the Family.* London: Sage Publications.

Murgatroyd, S. and R. Woolf. 1982. *Coping with Crisis.* London: Harper and Row.

National Institute for Clinical Excellence(NICE). 2004. *Self-harm: The short-term physical and psychological management and secondary prevention of self-harm in primary and secondary care.* London: NICE.

Naylor, P. and H. Cowie. 1999. "The effectiveness of peer support systems in challenging school bullying: the perspectives and experiences of teachers and pupils." *Journal of Adolescence,* 22, pp. 467~479.

Nelson-Jones, R. 1996. *Effective Thinking Skills.* London: Cassell.

_____. 1997. *Practical Counselling and Helping Skills: Text and Exercises for the Life Skills Counselling Model.* London: Cassell.

_____. 1999a. "Towards cognitive-humanistic counselling." *Counselling,* 10(1), pp. 49~54.

_____. 1999b. *Creating Happy Relationships: A guide to partner skills.* London: Cassell.

Ness, C. D. 2004. "Why girls fight: female youth violence in the inner city." *The Annals of the American Academy of Political and Social Science,* 595(1), pp. 32~48.

Noonan, E. 1983. *Counselling Young People.* London: Routledge.

Norcross, J. C. and L. Grencavage. 1989. "Eclecticism and integration in counselling and psychotherapy: major themes and obstacles." *British Journal of Guidance and Counselling*, 17(3), pp. 227~247.

NSPCC. 2010. "Information for journalists: Facts and figures about child abuse." www.nspcc.org. uk/news-and-views.

O'Connell, B. 2005. *Solution-Focused Therapy* (2nd edition). London: Sage Publications.

O'Connor, R. 2010. "Adolescent Self-harm in Northern Ireland." www.cawt.com/Site/11/Documents/ Projects/DSH/RoryOConor.pdf

O'Hanlon, B. and J. Wilk. 1987. *Shifting Contexts: The generation of effective psychotherapy*. New York: Guilford Press.

O'Hanlon, W. 1992. "History becomes her story: collaborative solution-oriented therapy of the after-effects of sexual abuse." In S. McNamee and K. J. Gergen(eds.). *Therapy as Social Construction*. London: Sage Publications.

O'Hara, D. 2010. "Hope: the neglected common factor." *Therapy Today,* November, 21(9), pp. 17~19.

Oaklander, V. 1978. *Windows on our Children: A Gestalt therapy approach to children and adolescents*. Moab, UT: Real People Press.

Olweus, D. 1978. *Aggression in the Schools: Bullies and Whipping Boys*. Washington, DC: Hemisphere.

_____. 1991. "Bully/victim problems among school children: basic facts and effects of a school-based intervention." In D. Pepler and K. Rubin(eds.). *The Development and Treatment of Childhood Aggression*. Hillsdale, NJ: Erlbaum.

_____. 1992. "Bullying among school children: intervention and prevention." In R. D. Peters, D. McMahon and V. L. Quincy(eds.). *Aggression and Violence Throughout the Life Span*. Hillsdale, NJ: Erlbaum.

_____. *1993. Bullying at School: What we know and what we can do. Oxford: Blackwell.*

Orlinsky, D. E., M. H. Ronnestad and U. Willutzski. 2004. "Fifty years of psychotherapy process-outcome research: continuity and change." In M. Lambert(ed.). *Bergin and Garfield's Handbook of Psychotherapy and Behavior Change* (5th edition). New York: Wiley, pp. 307~389.

Ortega-Ruiz, R., J. A. Mora-Merchan, and T. Jäger(eds.). 2007. "Acting Against School Bullying and Violence: The role of media, local authorities and the internet." Landau: Verlag Empirische Pädagogik. www.bullying-in-school.info

Parkes, C. M. 1986. *Studies of Grief in Adult Life*. Madison, CT: International Press.

Patterson, G. R. 1982. *Coercive Family Process*. Eugene, OR: Castalia.

Patterson, G. R. and M. Stouthamer-Loeber. 1984. "The correlation of family management practice and delinquency." *Child Development*, 55, pp. 1299~1307.

Paul, G. 1967. "Strategy for outcome research in psychotherapy." *Journal of Consulting Psychology*, 31(2), pp. 109~118.

Payne, M. 2006. *Narrative Therapy: An introduction for counsellors*. London: Sage Publications.

Pechereck, A. 1996. "Growing up in non-nuclear families." In A. Sigston, P. Corran, A. Labraun and S. Wolfrendale(eds.). *Psychology in Practice with Young People, Families and Schools*. London: David Fulton.

Pegasus NLP. undated. *Mind-Body Health*. www.pe2000.com

Pendergrast, M. 1996. *Victims of Memory*. London: Harper-Collins.

Perry, A.(ed.). 2009. *Teenagers and Attachment: Helping adolescents to engage with life and learning*. London: Worth Publishing.

Peterson, A., B. Compas, J. Brooks-Gunn, M. Stemmier, S. Ey, and K. Grant. 1993. "Depression in adolescence." *American Psychologist*, 48, pp. 155~168.

Phillips, M. L., W. C. Drevets, S. L. Rauch, and R. Lane. 2003. "Neurobiology of emotion perception I: the neural basis of normal emotion perception." *Biological Psychiatry*, 54, pp. 504~514.

Pikas, A. 1975. "Treatment of mobbing in school: principles for and the results of an anti-mobbing group." *Scandinavian Journal of Educational Research*, 19, pp. 1~12.

_____. 1989. "A pure concept of mobbing gives the best results for treatment." *School Psychology International*, 10, pp. 95~104.

Pike, K. M. and J. Rodin. 1991. "Mothers, daughters, and disordered eating." *Journal of Abnormal Psychology*, 100, pp. 198~204.

Pointon, C. 2005. "Eating disorders: our knowledge of how eating disorders develop has changed in recent years." *Therapy Today*, 16(8), pp. 4~7.

Powers, P. S. and Y. Bannon. 2004. "Medical comorbidity of anorexia nervosa, bulimia nervosa, and binge eating disorder." In T. D. Brewerton(ed.). *Clinical Handbook of Eating Disorders: An integrated approach*. New York: Marcel Dekker, pp. 231~255.

Prever, M. 2010a. *Counselling and Supporting Children and Young People: A person-centred approach*. London: Sage Publications.

_____. 2010b. "Needed: your self." *CCYP*, September, pp. 26~30.

Prochaska, J. O. and C. C. DiClemente. 1982. "Transtheoretical therapy: toward a more integrative model of change." *Psychotherapy: Theory, Research, and Practice*, 19, pp. 276~288.

Pynoos, R. S., A. M. Steinberg and J. C. Piacentini. 1995. "A developmental model of childhood traumatic stress." In D. Cicchettii and D. J. Cohen(eds.). *Developmental Psychology 2: Risk, Disorder and Adaptation*. New York: Wiley.

Radkowski, M. and I. J. Siegel, 1997. "The gay adolescent: stresses, adaptations and psychosocial interventions." *Clinical Psychology Review*, 17, pp. 191~216.

Raphael, B. 1984. *Anatomy of Bereavement: A handbook for the caring professions*. London: Hutchinson.

Reid, W. 1996. "School counselling: a client-centred perspective." Australia: Kids Help Line (www.kidshelp.com.au/school/report).

Reinecke, M., N. Ryan and D. Dubois. 1998. "Cognitive-behavioural therapy of depression and depressive symptoms during adolescence: a review and meta-analysis." *Journal of the American Academy of Child and Adolescent Psychiatry*, 37(1), pp. 26~34.

Rhodes, J. and Y. Ajmal. 1995. *Solution-Focused Thinkinging Schools*. London: Brief Therapy Press.

Rice, G., C. Anderson, N. Risch and G. Ebers. 1999. "Male homosexuality: absence of linkage to microsatellite markers at Xq28." *Science*, 284(5414), pp. 665~667.

Rigby, K. 2002. *New Perspectives on Bullying*. London: Jessica Kingsley.

Rivers, I. 1996. "The bullying of lesbian and gay teenagers in school: a hidden issue." Keynote speech given at the NUT Conference, Birmingham, 7 December. (Transcript address: Department of Psychology, University of Luton, Park Square, Luton, Bedfordshire LU 3JU.)

Rodgers, B. and J. Pryor. 1998. *Divorce and Separation: The outcomes for children*. York: Joseph Rowntree Foundation.

Rofes, E. 1989. "Opening up the classroom closet: responding to the educational needs of gay and lesbian youth." *Harvard Educational Review*, 59(4), pp. 444~453.

Rogers, B. 2000. *Cracking the Hard Class: Strategies for managing the harder than average class*. London: Sage Publications.

_____. 2002. *Classroom Behaviour*. London: Sage Publications.

Rogers, C. R. 1961. *On Becoming a Person: A therapist's view of therapy*. London: Constable and Co.

_____. 1967. *On Becoming a Person*. London: Constable and Co.

Rogers, L. and H. Pickett. 2005. "Play therapy lends itself to work with adolescents." *Therapy Today*, 16(8), pp. 12~15.

Root, M. P. P., P. Fallon. and W. N. Friedrich. 1986. *Bulimia: A systematic approach to treatment.* New York: W. W. Norton.

Roth, A. and P. Fonagy. 2005. *What Works for Whom? A critical review of psychotherapy research*(2nd edition). New York: Guilford Press.

Roth, S. and D. Epston. 1996. "Consulting the problem about the problematic relationship: an exercise for experiencing a relationship with an externalized problem." In M. Hoyt(ed.). *Constructive Therapies II*. New York: Guilford Press.

Rowe, D. 1996. "Developing spiritual, moral and social values through a citizenship programme for primary schools." In R. Best(ed.). *Education, Spirituality and the Whole Child*. London: Cassell.

Rowling, L. 1996. "Learning about life: teaching about loss." In R. Best(ed.). *Education, Spirituality and the Whole Child*. London: Cassell.

Russell, G. F., G. I. Szmukler, C. Dare and I. Eisler. 1987. "An evaluation of family therapy and anorexia nervosa and bulimia nervosa." *Archives of General Psychiatry*, 44, pp. 1047~1056.

Ryle, A. 1990. *Cognitive-Analytic Therapy: Active participation in change.* Chichester: Wiley.

Saigh, P. A., M. Mrouch and J. D. Bremner. 1997. "Scholastic impairments among traumatised adolescents." *Behaviour Research and Therapy*, 35, pp. 436~439.

Salmivalli, C., K. Lagerspetz, K. Björkqvist, K. Osterman. and A. Kaukianen. 1996. "Bullying as a group process: participant roles and their relations to social status within the group." *Aggressive Behaviour*, 22(1), pp. 1~15.

Samaritans. 2009. "Samaritans information resource pack." www.samaritans.org/PDF/Samaritans InfoResourcePack2009.pdf

Samdal, O. and W. Dur. 2002. "The school environment and health of adolescents." *WHO Policy Series: Health Policy for Children and Adolescents*, Issue 1. Copenhagen: WHO Regional Office for Europe.

Sanders, D. and F. Wills. 2003. *Counselling for Anxiety Problems*(2nd edition). London: Sage Publications.

Sanderson, C. 1995. *Counselling Adult Survivors of Child Sexual Abuse.* London: Jessica Kingsley.

Schafer, S. 1977. *The Victim and His Criminal.* Reston, VA: Reston Publishing.

Scher, M., M. Stevens, G. Good and G. A. Eichenfield(eds.). 1987. *Handbook of Counselling and Psychotherapy with Men.* Newbury Park, CA: Sage Publications.

Seligman, S. E. P. and C. Peterson. 1986. "A learned helplessness perspective on childhood depression: theory and research." In M. Rutter, C. E. Izard and P. B. Read(eds.). *Depression in Young People.* New York: Guilford Press.

Sellen, J. 2006. *See Beyond the Label: Empowering young people who self-harm and those who seek to support them.* London: Young Minds.

Sercombe, H. 2010. "Teenage brains." *CCYP*, March, pp. 21~24.

Seymour, A. 1998. "Aetiology of the sexuality of children: an extended feminist perspective." *Womens' Studies International Forum*, 21(4), pp. 415~427.

Shaffer, D. and J. Gutstein. 2002. "Suicide and attempted suicide." In M. Rutter and D. Taylor (eds.). *Child and Adolescent Psychiatry*(4th edition). Oxford: Blackwell, pp. 529~554.

Shapiro, D. A. and D. Shapiro. 1982. "Meta-analysis of comparative therapy outcome studies: a replication and refinement." *Psychological Bulletin*, 92(3), pp. 581~604.

Sherratt, E., C. MacArthur, K. Cheng, A. Bullock and H. Thomas. 1998. *Young Peoples' Lifestyle: Survey 1995-1996(West Midlands)*. Birmingham: NHS Executive, Birmingham University.

Shortt, A. and S. Spence. 2006. "Risk and protective factors for depression in youth." *Behaviour Change*, 23(1), pp. 1~30.

Shriver, L. 2003. *We Need to Talk About Kevin*. New York: Counterpoint.

Smith, H. 1999. *Children, Feelings and Divorce*. London: Free Association Books.

Smith, M. L., G. V. Glass and T. L. Miller. 1980. *The Benefits of Psychotherapy*. Baltimore, MD: Johns Hopkins University Press.

Smith, P. K. and S. Sharp(eds.). 1994. *School Bullying: Insights and perspectives*. London: Routledge.

Smith, P. K., J. Mahdavi, M. Carvalho, S. Fisher, S. Russell and N. Tippett. 2008. "Cyberbullying: its nature and impact in secondary school pupils." *Journal of Child Psychology and Psychiatry*, April, 49(4), pp. 376~385.

Smokowski, P. R., M. W. Fraser, S. H. Day, M. J. Galinsky and M. L. Bacallao. 2004. "School-based skills training to prevent aggressive behavior and peer rejection in childhood: evaluating the making choices program." *The Journal of Primary Prevention*, 25(2), pp. 233~251.

Sorensen, D. 2002. "Statistician, The Scottish Executive Education Department." In D. Lines(2007) "Violence in school: what can we do?" *Pastoral Care in Education*, 25(2), June, 2007, pp. 14~21.

Speedy, J. 2000. "White water rafting in cocktail dresses." *Counselling and Psychotherapy*, 11(10), pp. 628~632.

Stassen Berger, K. 2007. "Update on bullying at school: science forgotten?" *Developmental Review*, 27(1), pp. 90~126.

Steering Committee. 2002. "Empirically supported therapy relationships: Conclusions and recommendations on the Division 29 task force." In J. C. Norcross(ed.). *Psychotherapy Relationships That Work: Therapist Contributions and Responsiveness to Patients*. Oxford: Oxford University Press, pp. 441~443.

Straus, M. A. 1996. "A spanking and the making of a violent society." *Pediatrics*, October, pp. 837~842.

Street, E. 1994. *Counselling for Family Problems*. London: Sage Publications.

Sukhodolsky, D. G. and V. V. Ruchkin. 2004. "Association of normative beliefs and anger with aggression and antisocial behavior in Russian male juvenile offenders and high school students." *Journal of Abnormal Psychology*, 32(2), pp. 225~236.

Sussman, T. and M. Duffy. 1996. "Are we forgetting about gay male adolescents in AIDS related research and prevention?" *Youth and Society*, 27, pp. 379~393.

Talmon, M. 1990. *Single Session Therapy*. San Francisco, CA: Jossey-Bass.

The Sainsbury Centre for Mental Health. 2006. *We Need to Talk: The case for psychological therapy on the NHS*. London: Sainsbury Centre for Mental Health.

The Massachusetts Youth Risk Behaviour Survey. 2006. www.cdc.gov/mmwr/pre-view/mmwrhtml/ss5505a1.htm

Thomas, R. M. 1990. *Life-Span Stages and Development*. London: Sage Publications.

Thornberg, R. 2010. "Victimising of Bullying: A grounded theory."(*ECER Programmes*) www.eera-ecer.eu/ecer-programmes/conference/ecer-2010/contribution/1188-2/?no_cache=l

Thorne, B. 1984. "Person-centred therapy." In W. Dryden(ed.). *Individual Therapy in Britain*. London: Harper and Row.

_____. 1994. "Brief companionship." In D. Mearns(ed.). *Developing Person-centred Counselling*. London: Sage Publications.

_____. 1999. "The move towards brief therapy: its dangers and its challenges." *Counselling*, 10(1) pp. 7~11.

_____. 2002. *The Mystical Power of Person-centred Therapy*. London: Whurr.

Thornberry, T. P. 1998. "Membership in youth gangs and involvement in serious violent offending." In R. Loeber and D. P. Farrington(eds.). *Serious and Violent Juvenile Offenders: Risk Factors and Successful Interventions*. Thousand Oaks, CA: Sage Publications.

Tober, G. 1991. "Motivational interviewing with young people." In W. R. Miller and S.

Rollnick(eds.). *Motivational Interviewing*. New York: Guilford Press.

Tolan, J. 2003. *Skills in Person-centred Counselling and Psychotherapy*. London: Sage Publications.

Tomm, K. 1985. "Circular questioning." In D. Campbell and R. Draper(eds.). *Applications of Systemic Family Therapy: The Milan Approach*. London: Academic Press.

Toolkit. 2010. *Toolkit*. (PDF) www.bacp.co.uk/information/schoolToolkit.php

Treasure, J., G. Todd, M. Brolly, J. Tiller, A. Nehmed and F. Denman. 1995. "A pilot study of a randomised trial of cognitive analytical therapy vs educational behavioral therapy for adult anorexia nervosa." *Behaviour Research and Therapy*, 33(4), pp. 363~367.

Triggle, N. 2007. "Warning over children who abuse." News item, BBC News, March 2. http://news.bbc.co.uk/l/hi/health/6408837.stm

Trowell, J., I. Joffe, J. Campbell et al. 2007. "Childhood depression: a place for psychotherapy. An outcome study comparing individual psychodynamic psychotherapy and family therapy." *European Child and Adolescent Psychiatry*, 16, pp. 157~167.

Truax, C. B. 1971. "Self-disclosure, genuineness and the interpersonal relationship counsellor." *Education and Supervision*, 10(4), pp. 351~354.

Truax, C. B. and R. R. Carkhuff. 1967. *Towards Effective Counselling and Psychotherapy*. Chicago, IL: Aldine.

Tryon, G. S. and G. Winograd. 2002. "Goal consensus and collaboration." In J. C. Norcross(ed.). *Psychotherapy Relationships that Work: Therapist contributions and responsiveness to patients*. New York: Oxford University Press, pp. 109~125.

Tudor, K. 2001. *Transactional Analysis Approaches to Brief Therapy*. London: Sage Publications.

UNICEF. 2001. *A League Table of Teenage Births in Rich Nations*. Innocenti Report Card No. 3. Florence: UNICEF Innocenti Research Centre. www.unicef-irc.org/publications/pdf/repcard3e.pdf

Van Heeringen, C. and J. Vincke. 2000. "Suicidal acts and ideation in homosexual and bisexual young people: a study of prevalence and risk factors." *Social Psychiatry and Psychiatric Epidemiology*, November, 35(11), pp. 494~499.

Vidovic, V., V. Juresa, I. Begovac, M. Mahnic and G. Tocilj. 2005. "Perceived family cohesion, adaptability and communication in eating disorders." *European Eating Disorders Review*, 13, pp. 19~28.

Wang, M. Q., E. C. Fitzheugh, J. M. Eddy and Q. Fu. 1997. "Social influences on adolescents smoking progress: a longitudinal analysis." *Adolescence*, 21, pp. 111~117.

Waterman, A. 1984. *The Psychology of Individualism*. New York: Praeger.

Watzlawick, P., J. Weakland and R. Fisch. 1974. *Change: Principles of Problem Formation and Problem Resolution*. New York: W. W. Norton.

Webb, S. 1994. *Troubled and Vulnerable Children: A practical guide for heads*. Kingston-upon-Thames: Cromer.

Wellings, K., K. Nanchahal, W. Macdowall, S. McManus and R. Evans et al. 2001. "Sexual behaviour in Britain: early heterosexual experience." *Lancet*, 358, pp. 1843~1850.

West, W. 2000. *Psychotherapy and Spirituality*. London: Sage Publications.

_____. 2004. *Spiritual Issues in Therapy*. Hampshire: Palgrave Macmillan.

Whiston, S. C. and T. L. Sexton, 1998. "A review of school counseling outcome research: implications for practice." *Journal of Counseling and Development*, 76, pp. 412~426.

White, A. and H. S. Swartzwelder. 2005. "Age-related effects of alcohol on memory and memory-related brain function in adolescents and adults." In M. Galanter(ed.). *Recent Developments in Alcohol, 17: Alcohol problems in adolescents and young people*. New York: Springer, pp. 161~176.

White, M. 1989. *Selected Papers*. Adelaide: Dulwich Centre Publications.

_____. 1995. *Externalising Conversations Exercise*. Adelaide: Dulwich Centre Publications.

White, M. and D. Epston. 1990. *Narrative Means to Therapeutic Ends*. New York: W. W. Norton.

Whitney, I. and P. K. Smith. 1993. "A survey of the nature and extent of bullying in junior/middle and secondary schools." *Educational Research,* 35, pp. 13~25.

Wilson, C. J. and F. P. Deane. 2001. "Adolescent opinions about reducing help-seeking barriers and increasing appropriate help engagement." *Journal of Educational and Psychological Consultation,* 12(4), pp. 345~364.

Winslade, J. and G. Monk. 1999. *Narrative Counselling in Schools: Powerful and Brief*. Thousand Oaks, CA: Corwin Press.

Winstok, Z., Z. Eisikovits, and O. Karnieli-Miller. 2004. "The impact of father-to-mother aggression on the structure and content of adolescents' perceptions of themselves and their parents." *Violence against Women*, 10(9), pp. 1036~1055.

Wolberg, L. R. 1968. *Short-term Psychotherapy*. New York: Grune and Stratton.

Wolfe, D. A., P. Jaffe, S. K. Wilson, and L. Zak. 1985. "Children of battered women: the relation of child behaviour to family violence and maternal stress." *Journal of Consulting and Clinical Psychology*, 53(5), pp. 657~665.

_____. 1986. "Child witnesses to violence between parents: critical issues in behavioral and social adjustment." *Journal of Abnormal Child Psychology,* 14(1), pp. 95~104.

Worden, W. 1984. *Grief Counselling and Grief Therapy*. London: Tavistock.

World Health Organisation. 2002. "Suicide Rates and Absolute Numbers of Suicide by Country." www.who.int/mental_health/prevention/suicide-country-reports/en/index.html

Wright, R. 2009. *The Evolution of God: The Origins of Our Beliefs*. London: Little, Brown Book Group.

Wu, L. 1987. "The effects of a rational-emotive group on rational thinking, social anxiety and self-acceptance of college students." *Bulletin of Educational Psychology,* 20, pp. 183~203.

Yalom, I. D. 1990. *Existential Psychotherapy*. New York: Basic Books.

Ybarra, M. L. and K. J. Mitchell. 2005. "Exposure to internet pornography among children and adolescents: a national survey." *CyberPsychology and Behavior,* 8(5), pp. 473~486.

Yerkes, R. M. and J. D. Dodson. 1993. "The relation of strength of stimulus to rapidity of habit-formation." *Journal of Neurological Psychology,* 18, pp. 459~482.

Youdell, D. 2003. "Identity traps or how black students fail: interactions between biographical, sub-cultural, and learner identities." *British Journal of Sociology of Education,* 24(1), pp. 3~18.

Yule, W. and A. Gold. 1993. *Wise Before the Event: Coping with Crisis in School*. London: Calouste Gulbenkian Foundation.

Yurgelun-Todd, D. 2002. "Inside the Teenage Brain. Frontline Interviews Fact Sheet." www.pbs.org/wgbh/pages/frontline/shows/teenbrain/interviews/todd.html

법률 문서와 정부의 문서

Axon v. Secretary of State for Health. 2006. "Sue Axon's attempt to sidestep the Gillick ruling, as established in the case of *Gillick v. West Norfolk & Wisbech Health Authority*(1986) AC 112 that it is contrary to the rights of parents to respect for their family life under Article 8 of the European Convention on Human Rights".

'Children Act.' 1989. London: HMSO. http://www.legislation.gov.uk/ukpga/1989/41/contents

_____. 2004. London: HMSO. http://www.legislation.gov.uk/ukpga/2004/31/contents

'Data Protection Act.' 1998. London: HMSO. http://www.legislation.gov.uk/ukpga/1998/29/contents

Department of children, schools and families. 2010. *Working Together to Safeguard Children: A guide to inter-agency working to safeguard and promote the welfare of children.* www.education.gov.uk/publications/eOrderingDownload/00305-2010DOM-EN.pdf

DfEE. 2000. *Sex and Relationship Educational Guidance.* London: DfEE 0116/2000. https://www.pshe-association.org.uk/system/files/Sex%20and%20Relationship%20Education%20Guidance%202000.pdf

_____. 2001. *Promoting Children's Mental Health within Early Years and School Settings.* London: DfES 0121/2001. http://www.mentalhealthpromotion.net/resources/promoting-childrens-mental-health-with-early-years-and-school-settings.pdf

_____. 2004. *Every Child Matters: Change for Children.* London: DfES 1110-2004. www.publications.parliament.uk/pa/cm200405/cmselect/cmeduski/40/40.pdf

Gillick v. West Norfolk Wisbech Area Health Authority. 1986. AC 112, (1985) 3 All ER 402, HL.

'Human Rights Act.' 1998. London: HMSO. http://www.legislation.gov.uk/ukpga/1998/42/contents

Office of National Statistics(OfNS). 1998. *Young Teenage Smoking in 1998: A Report on the Key Findings from the Teenage Smoking Attitudes.* London: OfNS.

_____. 2008a. "Marriages." www.statistics.gov.uk/cci/nugget.asp?id=322

_____. 2008b. "Fewer children live in married couple families." www.statistics.gov.uk/cci/nugget.asp?id=2193

_____. 2008c. "Focus on ethnicity and identity: households." www.statistics.gov.uk/cci/nugget.asp?id=458

_____. 2008d. "Focus on gender: work and family." www.statistics.gov.uk/cci/nugget.asp?id=1655

'Police and Criminal Evidence Act(PACE).' 1984. London: HMSO. http://www.legislation.gov.uk/ukpga/1984/60/contents

'Prevention of Terrorism Act.' 2005. www.legislation.gov.uk/ukpga/2005/2/contents

'Safeguarding Vulnerable Groups Act.' 2006. www.legislation.gov.uk/ukpga/2006/47/contents

Safe Network. 2011. www.safenetwork.org.uk/getting_started/Pages/Why_does_safeguarding_matter.aspx

'Sexual Offences Act.' 2003. London: HMSO. http://www.legislation.gov.uk/ukpga/2003/42/contents

지은이 **데니스 라인스(Dennis Lines)**

데니스 라인스는 1947년 버밍엄의 어떤 공장 노동자와 스태포드셔의 간호사 사이에서 태어났고, 버밍엄에서 학교를 다니기 시작했다. 15세에 학교를 자퇴한 그는 공구 제작자의 견습공이 되었고, 그의 경력 첫 12년을 엔지니어링 분야에서 일했다. 그 경력은 그가 서른 살 때 뉴먼교육대학교(Newman Teacher Training College)에서 교육을 받은 후 바뀌었다. 셴리코트 학교(Shenley Court School)에서 종교 교육, 과학, 그리고 체육을 가르치는 교사가 된 것이다. 그러나 이것이 청소년들과 그가 함께하기 시작한 첫 일은 아니었다. 그는 18세 이후로 계속 자신이 살던 지역에서 청소년 클럽들을 운영했고, 많은 청소년과 캠핑 프로그램을 진행했다. 잠시 브롬스그로브에서 아동의 집을 운영했고, 많은 청소년들을 위탁양육했다. 그는 버밍엄 십 대 양육 팀(Birmingham Teenage Foster Team)에 속한 공인 양육자이다.

1986년에 비극적인 사고를 만나, 데니스는 목뼈가 골절되어 10개월간 오스웨스트리 척추 부상 병동에 입원했다. 전신마비가 온 그는 남의 도움에 의존하게 되었는데, 그때 그의 학교 학생들이 교대로 그를 돌보는 일들을 열정적으로 해서 널리 알려졌다. 데니스는 '해결중심' 상담사인 빌 오코넬(Bill O'Connell)과 인지감정행동치료 전문가이자 그 치료의 훈련 전문가인 윈디 드라이든(Windy Dryden)의 문하생이다.

청소년과 함께 광범위한 경험을 하고, 엔지니어링, 교사 훈련, 상담이론과 실천에서의 공식적인 교육을 받으면서, 데니스는 청소년이 학교에서 일으키거나 또는 겪게 되는 어려움들에 대한 통찰을 얻었고, 교육현장에서 아주 효과적일 수 있으면서도 간단하게 적용할 수 있는 통합적이고도 다중적인 접근들을 찾아냈다. 그는 십 대의 어려움에 관한 다양한 주제들을 학술잡지에 광범위하게 기고했고, 네 권의 책을 출판했다. 그 네 권은 세 번째 판인 이 책 『간결한 학교상담(Brief Counselling in School)』을 비롯하여, 사고를 당한 이후에 나온 자전적인 이야기 『터널을 통과하여 나오기(Coming Through the Tunnel)』, 세이지에서 출판한 또 다른 책인 『상담과 심리치료에서의 영성(Spirituality in Counselling and Psychotherapy)』, 제시카 킹슬리 출판사(Jessica Kingsley Publishers)에서 출판한 『괴롭히는 자들(The Bullies)』인데, 이 마지막 책은 가까운 친족 관계에서 이루어지는 지배와 복종의 역동성을 검토하는 책이다.

옮긴이   **정희성**

Ph.D 드류대학교
이화여자대학교 교수
기독교학과/신학대학원 목회상담학

장정은

Ph.D 드류대학교
이화여자대학교 교수
기독교학과/신학대학원 목회상담학

박강희

문학박사 이화여자대학교 목회상담 전공
이화여자대학교 목회상담센터 슈퍼바이저

오승민

이화여자대학교 목회상담 전공 박사 수료
청소년상담사, 국제모래놀이치료사(ISST)
이화여자대학교 목회상담센터 슈퍼바이저

김영란

문학박사 이화여자대학교 목회상담 전공
이화여자대학교 목회상담센터 슈퍼바이저

김시원

문학박사 이화여자대학교 조직신학 전공
한국목회상담협회 전문가 회원

한울아카데미 2158

쉽고 간결한 학교상담

지은이 **데니스 라인스**
옮긴이 **정희성·장정은·박강희·오승민·김영란·김시원·이화목회상담센터**
펴낸이 **김종수** ⏐ 펴낸곳 **한울엠플러스(주)**
편집책임 **최규선** ⏐ 편집 **임혜정**

초판 1쇄 인쇄 **2019년 9월 23일** ⏐ 초판 1쇄 발행 **2019년 10월 4일**
주소 **10881 경기도 파주시 광인사길 153 한울시소빌딩 3층**
전화 **031-955-0655** ⏐ 팩스 **031-955-0656**
홈페이지 **www.hanulmplus.kr**
등록번호 **제406-2015-000143호**

Printed in Korea.
ISBN 978-89-460-7158-2 93180(양장)
     978-89-460-6643-4 93180(무선)

* 책값은 겉표지에 표시되어 있습니다.
* 이 도서는 강의를 위한 학생판 교재를 따로 준비했습니다.
  강의 교재로 사용하실 때는 본사로 연락해 주십시오.